Vry

Beschaffung und Lagerhaltung

Materialwirtschaft für
Handel und Industrie

umweltfreundlich
... weil auf chlor- und säurefrei
gefertigtem Papier gedruckt

 Sie finden uns im Internet unter: www.kiehl.de

LEHRBÜCHER
für Fachwirte und Fachkaufleute

Beschaffung und Lagerhaltung

Materialwirtschaft für Handel und Industrie

Von Diplom-Volkswirt
Wolfgang Vry

7., aktualisierte und erweiterte Auflage

Kiehl

Zur Herstellung dieses Buches wurde chlor- und säurefrei gefertigtes Recyclingpapier, zur Umschlagkaschierung eine Folie verwendet, die bei der Entsorgung keine Schadstoffe entstehen läßt. Auf diese Weise wollen wir einen aktiven Beitrag zum Schutz unserer Umwelt leisten.

ISBN 3 470 **63127** 1 · 7., völlig neue Auflage 2004
© Friedrich Kiehl Verlag GmbH, Ludwigshafen (Rhein) 1986
Alle Rechte vorbehalten. Das Werk und seine Teile sind urheberrechtlich geschützt. Jede Nutzung in anderen als den gesetzlich zugelassenen Fällen bedarf der vorherigen schriftlichen Einwilligung des Verlages. Hinweis zu § 52 a UrhG: Weder das Werk noch seine Teile dürfen ohne eine solche Einwilligung eingescannt und in ein Netzwerk eingestellt werden. Dies gilt auch für Intranets von Schulen und sonstigen Bildungseinrichtungen.

Druck: Druckhaus Beltz, Hemsbach – ba

Vorwort

Das Lehr- und Arbeitsbuch Beschaffung und Lagerhaltung - Materialwirtschaft in Handel und Industrie dient vor allem der Vorbereitung auf die Prüfung zum Handels- und Industriefachwirt. Es richtet sich deshalb in erster Linie an die Teilnehmer der entsprechenden Lehrgänge. Es kann jedoch auch von Nutzen für die Teilnehmer anderer Ausbildungsgänge sein. In der vorliegenden Neubearbeitung wurden die Themenbereiche Beschaffung und Lagerhaltung (Handel) und Materialwirtschaft (Industrie) zusammengefasst. Der Bearbeitung liegt deshalb neben dem Rahmenstoffplan für Handelsfachwirte in der aktuellen Fassung auch der Rahmenstoffplan für Industriefachwirte zu Grunde.

Das Buch führt in Begriffe, Grundlagen und Probleme der Bereiche Beschaffung und Lagerhaltung in Handel und Industrie ein. Die grundlegende Thematik gibt zwar die Systematik der Gliederung in die beiden Hauptkapitel (Beschaffung und Lagerhaltung) vor. Es erwies sich jedoch als zweckmäßig, zentrale Begriffe und Grundtatbestände, die für beide Themenbereiche von Bedeutung sind, in einem einleitenden Kapitel zu behandeln. So ergibt sich die Dreiteilung des Textes.

Bei der Abfassung des Buches werden die in den Rahmenstoffplänen angegebenen Lernziele angemessen berücksichtigt. Die Rahmenstoffpläne geben für die drei Lernzielbereiche Wissen, Können und Erkennen im Allgemeinen untere Lernzielstufen an: Einblick, Überblick, Kenntnis (Wissen), Fähigkeit, Fertigkeit (Können) und Bewusstsein, Einsicht (Erkennen), die höheren Lernzielstufen (Vertrautheit, Beherrschung, Verständnis) werden selten gefordert. Es erschien deshalb sinnvoll, für den Text der Neufassung einen mittleren Schwierigkeitsgrad (Abstraktionsgrad) anzustreben. Mit den Aufgaben im Anhang kann allerdings auf unterschiedliche Anforderungen eingegangen werden.

Die Aufgaben am Ende des Buches dienen der Wiederholung, Vertiefung und der übenden Anwendung der im Text dargestellten Zusammenhänge und Beispiele. Neben diesen Aufgaben enthält der Anhang auch zusammenfassende Übungen, die sich im Allgemeinen auf mehrere Textteile beziehen und von Fallbeispielen ausgehen. Diese Aufgaben eignen sich in besonderem Maße zu Gesamtwiederholungen sowie zur Vorbereitung auf Klausuren und auf mündliche Prüfungen. Die angegebenen Lösungsvorschläge sollen bei der Aufgabenbearbeitung helfen.

Für Anregungen, Kritik und Hinweise sind Verlag und Verfasser stets dankbar.

Bad Oldesloe, im Sommer 2004

Wolfgang Vry

Inhaltsverzeichnis

Vorwort 5
Inhaltsverzeichnis 7
Abkürzungsverzeichnis 10

1. Voraussetzungen, Grundbegriffe und Grundtatbestände 11
   1.1 Einführung 11
   1.2 Die Organisation von Beschaffung und Lagerhaltung
       (Materialwirtschaft in Handel und Industrie) 14
       1.2.1   Aufbauorganisation 15
       1.2.2   Management by Exception 21
       1.2.3   Ablauforganisation 22
               1.2.3.1 Arbeitsablaufplan 22
               1.2.3.2 Netzplan 24
   1.3 Aufgaben und Ziele von Beschaffung und Lagerhaltung 27
       1.3.1   Aufgaben von Beschaffung und Lagerhaltung 27
       1.3.2   Unternehmensziele (Einführung) 28
       1.3.3   Ziele von Beschaffung und Lagerhaltung 31
   1.4 Balanced Scorecard 33
   1.5 Lagerbuchführung 36
       1.5.1   Aufgaben 36
       1.5.2   Unterlagen und Verfahren 36
       1.5.3   Verhältnis zur Hauptbuchführung 38
   1.6 Lagerbestand 38
       1.6.1   Lagerbestandsermittlung (Inventur) 38
       1.6.2   Bestandsbewertung 39
               1.6.2.1 Grundsätze der Bewertung 40
               1.6.2.2 Verfahren der Bewertung 41
   1.7 Lagerhaltungskosten 44
   1.8 Analyseinstrumente 46
       1.8.1   A-B-C-Analyse 46
       1.8.2   X-Y-Z-Analyse 50
   1.9 Rationalisierung in der Materialwirtschaft 52
       1.9.1   Materialnummerung 52
       1.9.2. Normung und Typung 54

2. Beschaffung 57
   2.1 Bedarfsermittlungen 57
       2.1.1   Programmorientierte Bedarfsermittlung 57
       2.1.2   Verbrauchsorientierte Bedarfsermittlung 59
       2.1.3   Make or Buy 64
       2.1.4   Produktakquisition 65

	2.1.5	Besonderheiten im Handel	66
2.2		Beschaffungspolitik	67
2.3		Bezugsquelleninformation	69
2.4		Beschaffungsmärkte	70
	2.4.1	Marktformen	71
	2.4.2	Konzentrationen	71
	2.4.3	Kooperationen	73
	2.4.4	B2B-Geschäfte zwischen Handelsunternehmen und Herstellern	75
	2.4.5	E-Commerce bei Beschaffung	76
2.5		Beschaffungsmarktforschung	78
	2.5.1	Bereiche der Beschaffungsmarktforschung	78
		2.5.1.1 Lieferanten	78
		2.5.1.2 Konkurrenz	80
		2.5.1.3 Preise	80
	2.5.2	Arten der Beschaffungsmarktforschung	81
		2.5.2.1 Sekundärforschung	81
		2.5.2.2 Primärforschung	81
	2.5.3	Lieferantenbeurteilung und -auswahl	82
2.6		Category Management und Supply Chain Management	83
2.7		Just-in-Time-Beschaffung	86
2.8		Beschaffungsplanung	87
	2.8.1	Zeitplanung	87
	2.8.2	Preisplanung	88
		2.8.2.1 Angemessenheit des Einstandspreises	89
		2.8.2.2 Preisvergleich	89
		2.8.2.3 Beschaffungspreispolitik	90
	2.8.3	Beschaffung von Investitionsgütern	93
		2.8.3.1 Kostenvergleichsrechnung	93
		2.8.3.2 Kapitalwertverfahren	94
		2.8.3.2.1 Grundbegriffe	94
		2.8.3.2.2 Das Kapitalwertverfahren als Investitionsrechnung	96
	2.8.4	Mengenplanung	97
		2.8.4.1 Aspekte wirtschaflicher Mengenplanung	97
		2.8.4.2 Bestellhäufigkeit	98
		2.8.4.3 Optimale Bestellmenge	99
		2.8.4.3.1 Optimale Bestellmenge	99
		2.8.4.3.2 Kostenausgleich	102
2.9		Beschaffungsprinzipien	104
	2.9.1	Einzelbeschaffung	104
	2.9.2	Vorratsbeschaffung	104
	2.9.3	Fertigungs- und absatzsynchrone Lieferung	105
2.10		Beschaffungswege	105
	2.10.1	Direkte Beschaffung	105
	2.10.2	Indirekte Beschaffung	106
	2.10.3	Streckengeschäft	107
2.11		Organisation der Beschaffung	108
	2.11.1	Zentrale Beschaffung	108
	2.11.2	Dezentrale Beschaffung	109

Inhaltsverzeichnis

2.12 Anlieferung (Transportmittel) 110
    2.12.1 Transportmittel 110
    2.12.2 Eigen- oder Fremdtransport? 112
    2.12.3 Logistikunternehmen 114
2.13 Lieferterminkontrolle 116
2.14 Rechtliche Aspekte der Beschaffung 117
    2.14.1 Kaufvertrag 117
    2.14.2 Besondere Formen von Kaufverträgen 119
    2.14.3 Weitere wichtige Verträge 120
    2.14.4 Allgemeine Geschäftsbedingungen 122
    2.14.5 Leistungen 124
    2.14.6 Leistungsstörungen und Rechtsfolgen 125
        2.14.6.1 Unmöglichkeit der Leistung 126
        2.14.6.2 Verzögerung der Leistung 127
        2.14.6.3 Sachmängel 128
    2.14.7 Der Verbrauchsgüterkauf 131
    2.14.8 Fernabsatzverträge 132
    2.14.9 Verjährung von Forderungen 134
    2.14.10 Weitere Einreden gegen die Leistungspflicht 136

3. Lagerhaltung 137
3.1 Waren- und Materialeingang 137
    3.1.1 Belegprüfung, Mengenprüfung und Zeitprüfung 137
    3.1.2 Qualitätsprüfung 138
        3.1.2.1 Umfang der Prüfung 138
        3.1.2.2 Auswahl von Stichproben 140
        3.1.2.3 Prüfverfahren 140
    3.1.3 Rechnungsprüfung 140
    3.1.4 Einlagerung und Einordnung 141
3.2 Funktionen der Lagerhaltung 142
    3.2.1 Überbrückung 142
    3.2.2 Sortimentsgestaltung 143
    3.2.3 Manipulation 144
3.3 Lagerarten 144
    3.3.1 Zentrale und dezentrale Lager 146
    3.3.2 Eigen- und Fremdlager 146
    3.3.3 Funktionsschwerpunkte bei Lagerhaltung (zielorientierte Lager) 147
    3.3.4 Warenspezifische Anforderungen 148
    3.3.5 Stufenlager 148
3.4 Lagereinrichtungen 150
3.5 Lagerarbeiten 151
    3.5.1 Lagerpflege und Manipulation 151
    3.5.2 Lagerkontrolle 151
3.6 Kommissionierung 152
3.7 Lagerbestandsplanungen 154
    3.7.1 Bestandsarten 155
        3.7.1.1 Höchstbestand 155

		3.7.1.2	Mindestbestand	156
		3.7.1.3	Meldebestand	156
		3.7.1.4	Lagerbestand	157
	3.7.2		Der optimale Lagerbestand	158
	3.7.3		Verringerung von Lagerbeständen	160
	3.7.4		Lagerkennziffern und Lagerbestandsplanungen	162
		3.7.4.1	Lagerkennziffern	162
			3.7.4.1.1 Durchschnittlicher Lagerbestand	162
			3.7.4.1.2 Durchschnittliche Lagerdauer und Umschlagshäufigkeit	166
		3.7.4.2	Lagerplanung mithilfe von Kennzahlen	167
3.8	Entsorgung			169

Aufgaben 173
   Einführung 173
   Verzeichnis der Übungs- und klausurtypischen Aufgaben 174
   Aufgaben zur Wiederholung und Vertiefung 176
   Zusammenfssende Übungsaufgaben und klausurtypische Aufgaben 195
Lösungsvorschläge 231
Stichwortverzeichnis 299

Abkürzungsverzeichnis

AB	=	Anfangsbestand
dLb	=	durchschnittlicher Lagerbestand
dLd	=	Durchschnittliche Lagerdauer
EB	=	Endbestand
EPr	=	Einstandspreis
Jb	=	Jahresbedarf
K_{Best}	=	Kosten der Bestellung (gesamt)
k_{best}	=	Bestellkosten je Bestellung
K_L	=	Lagerkosten
K_{Lh}	=	Kosten der Lagerhaltung
K_Z	=	Zinskosten
MEB	=	Monatsendbestand
n	=	Häufigkeit
QEB	=	Quartalsendbestand
Uh	=	Umschlagshäufigkeit

1. Voraussetzungen, Grundbegriffe und Grundtatbestände

1.1 Einführung

In der Einkaufsabteilung der Lebensmittelgroßhandlung Anton Müller GmbH in Lübeck löst die Mitteilung der Lagerbuchhaltung, dass für den Artikel „Weizenmehl Typ 405" der Meldebestand erreicht sei, nach entsprechenden Beschaffungsaktivitäten die Bestellung dieses Artikels aus. Der Eingang der bestellten Waren leitet umfangreiche Tätigkeiten im Lager ein: Prüfungen, Einlagerung, Buchungen in Karteien, Manipulation, Bereitstellung für den Versand. Die Aktivitäten im Zusammenhang mit Bestellung und Einlagerung eines Rohstoffs oder Materials in einem Fertigungsbetrieb sind ähnlich. So wird z.B. in den Ostholmer Mühlenwerken, die ein umfangreiches Sortiment von Mehlprodukten herstellt bzw. als Handelsware beschafft und vertreibt, die Mitteilung der Lagerbuchhaltung, dass für ein bestimmtes Verpackungsmaterial der Bestellpunkt erreicht sei, zur rechtzeitigen Bestellung, zur Einlagerung des gelieferten Materials und zu seiner Bereitstellung für die Produktion führen.

Bei der Markt-GmbH wird ein großer Teil der Waren für die einzelnen Märkte, das sind SB-Märkte mit Lebensmitteln als Sortimentsschwerpunkte, zentral beschafft. Die Zentrale steht mit den Märkten über ein gut organisiertes Informationssystem in Verbindung. Dadurch erhält sie automatisch die für den Einkauf und die Beschaffungspolitik erforderlichen Daten; die Zentrale wird so informiert über die Bestände, Bestandsänderungen, Umsatzschwerpunkte, Verkaufsergebnisse nach Sonderaktionen, besondere Kundenwünsche u. dgl. Die Zentrale übernimmt nahezu alle Beschaffungsaktivitäten; die eingekauften Waren werden von den Herstellern den Märkten im Allgemeinen direkt mit Lkw zugestellt.

Die Beschaffungsaktivitäten des Großhändlers, des Fertigungsunternehmens und des Einzelhandelsunternehmens sind darauf ausgerichtet, dass Waren und Materialien rechtzeitig, d.h. zum Bedarfszeitpunkt, und in ausreichender Menge angeliefert werden. So wird dafür gesorgt, dass die Lieferbereitschaft der Anton Müller GmbH, die Produktionsbereitschaft der Ostholmer Mühlenwerke und die Verkaufsbereitschaft der SB-Märkte den Zielen der Unternehmen entsprechen.

Diese Beispiele beschreiben Situationen mit ihren Folgeerscheinungen, die so oder ähnlich in jedem Betrieb auftreten können. Beschaffung und Lagerhaltung begründen - mit der Ereignisfolge Bedarfsermittlung bzw. Erreichung des Bestellpunkts, Beschaffungsaktivitäten (Bestellung u.a.), Eingang, Einlagerung (Lagerhaltung), Bereitstellung für Produktion, Versand und Verkauf – den größeren betrieblichen Kreislauf: Von der Beschaffung aller erforderlichen Faktoren über die Leistungserstellung zum Absatz mit den entsprechenden Gegenströmen von Einnahmen und Ausgaben (vgl. Abb. 1.1).[1]

---

[1] Die folgenden Ausführungen lehnen sich bei der Erklärung von Begriffen und Zusammenhängen dieser Ereignisfolge an, d.h. sie werden in ihrer Anordnung von der angedeuteten Sachlogik bestimmt. Den beiden Hauptkapiteln „Beschaffung" und „Lagerhaltung" wird deshalb ein einleitendes Kapitel vorausgeschickt; in ihm werden zunächst Grundbegriffe und -tatbestände erklärt, deren Kenntnis für das Verständnis der beiden Hauptkapitel erforderlich ist.

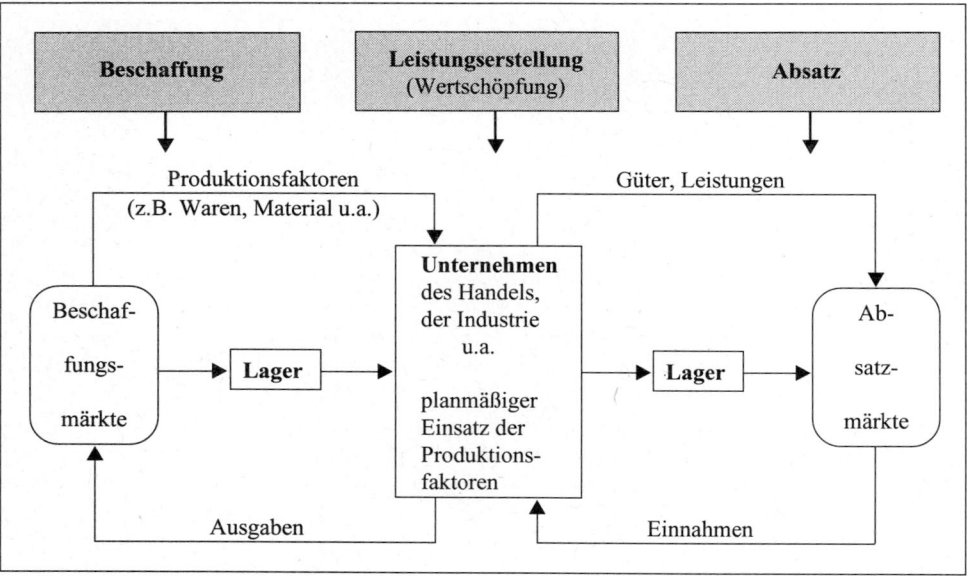

Abb. 1.1: Betrieblicher Kreislauf (schematische Darstellung)

Im Einzelnen können den bisherigen Ausführungen folgende Aspekte der Thematik *Beschaffung und Lagerhaltung (Materialwirtschaft)* entnommen werden.

- Beschaffung mit Lagerhaltung stellt lediglich eine Funktion des betrieblichen Kreislaufs dar; das Konzept für die Materialwirtschaft ist deshalb ein Teil des unternehmerischen Gesamtkonzepts. Entsprechend werden ihre **Ziele von den Unternehmenszielen abgeleitet**.

- Für Beschaffung und Lagerhaltung bestehen **Ziele**, z.B. ständige Produktionsbereitschaft, Verkaufsbereitschaft usw.

- Für die Erreichung der Ziele werden **Strategien** entwickelt.

- Für Beschaffung und Lagerhaltung bestehen **Pläne**; das zeigt sich z.B. darin, dass Beschaffungsaktivitäten durch einen Vorgang bzw. zu einem Zeitpunkt eingeleitet werden, damit die Waren oder Materialien zur richtigen Zeit in der richtigen Menge an den richtigen Ort eintrifft.

- Für Beschaffung und Lagerhaltung bestehen Zuständigkeiten; sie schlagen sich im **organisatorischen Aufbau** (Aufbauorganisation) nieder.

- Es gibt unterschiedliche **Lagerarten**.

- Für die Zustellung von Waren und Materialien gibt es verschiedene **Transportmöglichkeiten**, z.B. Zustellung mit eigenen Lkw.

- Zwischen Unternehmen und ihren Lieferanten werden mithilfe moderner Informationssysteme neue **Formen der Zusammenarbeit** entwickelt (wie im Beispiel zwischen dem SB-Markt und seiner Zentrale).

1.1 Einführung

In den Einführungsbeispielen werden Fertigungs- und Handelsunternehmen unterschieden. Zu den Handelsunternehmen zählen Groß- und Einzelhändler. In der traditionellen Definition ist der Großhändler dadurch gekennzeichnet, dass er seine Waren vom Hersteller bezieht und an Wiederverkäufer, also an Unternehmen des Einzelhandels, liefert und der Einzelhändler dadurch, dass er die vom Großhandel bezogenen Waren schließlich an die Endverbraucher verkauft. Dieser Definition steht nicht entgegen, dass der Großhandel gelegentlich auch vom Handel (Spezialhandel) und von Importeuren Waren bezieht und neben dem Einzelhandel auch Weiterverwender und Großverbraucher beliefert. Diese traditionelle Beschaffungskette wird in Abb. 1.2/1 angedeutet.

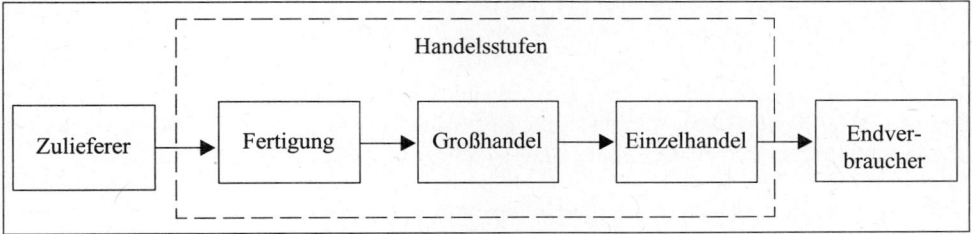

Abb. 1.2/1: Traditionelle Beschaffungskette

Allerdings gilt diese „klassische" Definition nur noch bedingt. Fertigungsunternehmen beliefern häufig den Einzelhandel direkt oder der Einzelhandel übernimmt mithilfe einer Zentrale die Großhandelsfunktion. Mit der Lieferung, dem Transport der Waren, werden häufig Logistikunternehmen beauftragt, die gelegentlich auch die Lagerhaltung u. dgl. übernehmen. Darüber hinaus arbeiten Einzelhandels- und Fertigungsunternehmen zusammen, indem sie über ein Informationssystem Daten austauschen (vgl. Einführungsbeispiel). Abb. 1.2/2 deutet eine Beschaffungskette an, in die alle Beteiligten einbezogen werden: die unmittelbar beteiligten Fertigungs- und Einzelhandelsunternehmen und die mittelbar beteiligten Transport- und Lagerhaltungsunternehmen (Logistikunternehmen); angedeutet werden sowohl der sichtbare Teil der Kette, der Warenfluss, als auch der unsichtbare Teil, der Informationsfluss. Diese Beschaffungskette wird als **Supply Chain** (Logistikkette) bezeichnet.[2]

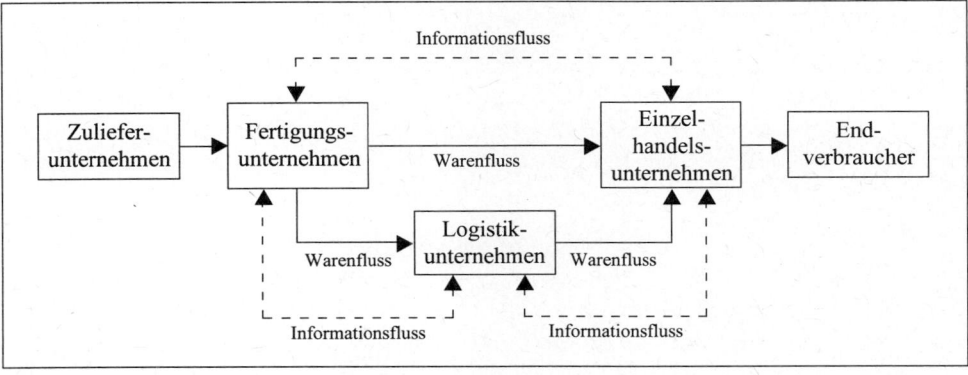

Abb. 1.2/2: Supply Chain (Logistikkette)

---

[2] Die hier angedeutete Logistikkette mit der Betonung der Beschaffungsbeziehungen zwischen Hersteller und Handel wird in diesem Buch weitergehend thematisiert.

Die wesentliche Aufgabe der Materialwirtschaft in Handel und Industrie besteht also darin, Waren und Materialien zu beschaffen und für die Leistungserstellung i. w. S. bereitzustellen.

Handelsunternehmen benötigen für die Erstellung von Handelsleistungen,

- **Waren**, die zwar substanziell nicht verändert, aber umgruppiert, gelagert, präsentiert, manipuliert usw. werden, und
- Materialien, z.B. Verpackungsmaterial, Strom zum Betrieb von Kühleinrichtungen, Kraftstoff für die Lieferfahrzeuge u. dgl.; diese Materialien sind im Allgemeinen mengen- und wertmäßig von untergeordneter Bedeutung (und deshalb den Hilfs- und den Betriebsstoffen in der industriellen Fertigung vergleichbar).

Fertigungsunternehmen benötigen für die Produktion **Werkstoffe** (das sind Roh-, Hilfs- und Betriebsstoffe), **Teile** u.Ä. Sie werden bei der Herstellung neuer Produkte verbraucht. Sie werden im Allgemeinen zusammenfassend als Materialien bezeichnet; im Einzelnen zählen dazu

- die Rohstoffe, sie gehen als Hauptbestandteile in das Produkt ein,
- die Hilfsstoffe, sie gehen auch in das Produkt ein, sind aber mengen- und wertmäßig von untergeordneter Bedeutung, eine einzelne Erfassung lohnt sich deshalb nicht, Hilfsstoffe sind z.B. Schrauben, Nägel u.dgl. bei der Möbelherstellung,
- die Betriebsstoffe, sie werden bei der Produktion eingesetzt, werden aber nicht Bestandteil des Produkts, Betriebsstoffe sind z.B. Strom, Kohle, Dieselkraftstoff u.dgl.,
- Fertigteile,
- Ersatzteile (Verschleißteile).

Daneben beschaffen Industrieunternehmen zur Vervollständigung ihres Sortiments im Hinblick auf bestimmte Kundenerwartungen häufig sog. **Handelswaren**; sie werden substanziell nicht verändert und bei der Herstellung von Produkten weder verbraucht noch gebraucht.

1.2 Die Organisation von Beschaffung und Lagerhaltung (Materialwirtschaft in Handel und Industrie)

Die **Organisation der Materialwirtschaft** (Beschaffung und Lagerhaltung) befasst sich mit den organisatorischen, institutionellen und personellen Voraussetzungen für die Beschaffung und die Lagerhaltung. Dazu zählen

- die Gestaltung des organisatorischen Aufbaus des Managements dieses Funktionsbereichs,
- die Institutionalisierung des Funktionsbereichs Beschaffung und Lagerhaltung in der Unternehmensorganisation,
- die Koordination des Bereiches Beschaffung und Lagerhaltung mit anderen Unternehmensbereichen,
- die Definition von Aufgaben, Weisungsbefugnissen usw. des Beschaffungsmanagements.

1.2.1 Aufbauorganisation

Der Funktionsbereich Beschaffung und Lagerhaltung bzw. Materialwirtschaft ist wie die anderen wichtigen Funktionsbereiche, z.B. Absatz bzw. Verkauf, Personalwesen, Fertigung usw., in den organisatorischen Aufbau des Unternehmens einbezogen.

Die **Aufbauorganisation** eines Unternehmens gibt das organisatorische System seiner Arbeitsteilung und Zuständigkeiten wieder. Es stellt das Leitungssystem (mit seinen Ebenen) des Unternehmens dar. Organisatorische Einheiten sind die Stellen, die durch ihre Kompetenzen voneinander abgegrenzt, durch Weisungen und Kooperation miteinander verbunden sind. Nach der Art der Abgrenzung der Stellen und der Kommunikation zwischen ihnen lassen sich verschiedene Arten der Aufbauorganisation unterscheiden: z.B. das streng hierarchisch gegliederte Einlinien-System, das Stab-Linien-System, modifizierte Liniensysteme. Viele Managementprinzipien sind im Allgemeinen nur verständlich vor dem Hintergrund von Liniensystemen und dem ihnen zugrunde liegenden Schema von Über- und Unterordnung.

Die Ausführungen lassen sich durch die schematische Darstellung des **Einliniensystems** veranschaulichen. Sie gibt die Stellen und das Weisungssystem in modellhafter Vereinfachung wieder; angegeben sind auch die Führungsebenen (Leitungsebenen). Die Darstellung deutet einen Fertigungsbetrieb mit kaufmännischer Verwaltung an. Für einen Handelsbetrieb lassen sich die Besonderheiten des organisatorischen Aufbaus leicht ableiten.

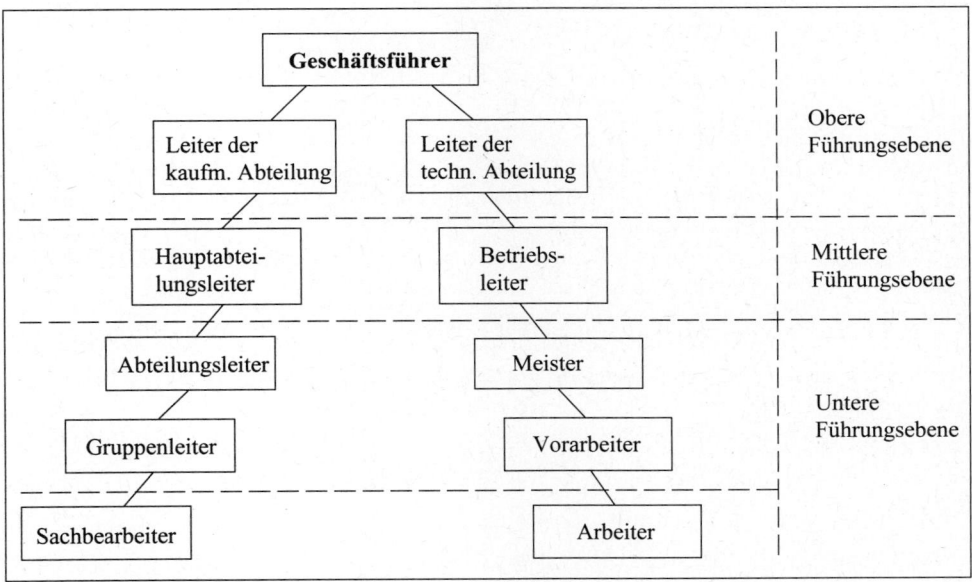

Abb. 1.3: Einliniensystem

Die Leitungsebenen lassen sich charakterisieren durch die Art und den Umfang der Aufgaben, die ihnen jeweils zugeordnet sind. Unterschieden werden Gesamtaufgaben für die oberste Leitungsebene von Hauptaufgaben der mittleren, von Teil- und Einzelaufgaben der unteren Ebenen. In der folgenden Tabelle werden die Aufgabenebenen allgemein beschrieben und mit Beispielen aus dem Bereich Beschaffung und Lagerhaltung (Materialwirtschaft) erläutert.

Leitungs-ebenen	Aufgaben	Allgemeine Beschreibung	Beispiele
1	Gesamt-aufgaben	grundsätzliche Entscheidungen, Entwicklung von Zielvorstellungen	Sortimentsentscheidungen, Entscheidungen über Standorte von Lagern
2	Haupt-aufgaben	Realisierung der Zielvorstellungen durch z.B. beschaffungs- und lagerpolitische Entscheidungen	Kontakte zum Verkauf (Handel), zur Produktion (Fertigung), Entscheidungen über den Grad der Lieferbereitschaft (Handel), Entscheidungen in Fragen der Lagerpolitik
3	Teil-aufgaben	Realisierung der Hauptaufgaben	Entscheidungen für Bezugsquellen, Entscheidungen über Lagerordnungen
4	Einzel-aufgaben	Realisierung der Teilaufgaben	Anfragen, Angebotsvergleich, Abwicklung der Bestellungen; Einlagerungen, Lagerarbeiten, Ermittlungen von Lagerkennziffern

Tab. 1.1: Aufgaben und organisatorischer Aufbau

Das skizzierte Einliniensystem genügt wegen seines streng hierarchischen Aufbaus den Erfordernissen moderner kaufmännischer Verwaltung und Organisation eines Unternehmens nicht. Deshalb werden einzelnen Leitungsstellen **Stäbe** zugeordnet. Sie beraten die Stellen und bereiten Entscheidungen vor. Stäbe haben im Allgemeinen keine Entscheidungs- und Weisungsbefugnisse. Zu unterscheiden sind persönlicher Stab, er ist einer Instanz der oberen Führungsebene zugeordnet und unterstützt sie bei Erfüllung ihrer Führungsaufgaben, z.B. Direktionsassistent, spezieller Stab, er wird i.d.R. für spezielle Fachprobleme eingesetzt, z.B. für Marktforschung.

Die Kombination eines Einliniensystems mit Stäben wird als **Stab-Linien-System** bezeichnet. Der organisatorische Aufbau nach diesem System nutzt die Vorteile des übersichtlichen, klar gegliederten Einliniensystems und die Fachkompetenz von Stäben. Der Aufbau ist funktionsorientiert und beruht auf den von der Zentrale ausgehenden Entscheidungen.

Die Ausführungen lassen sich anhand der folgenden schematischen Darstellung veranschaulichen. Sinnvolle Ergänzungen und Erweiterungen können leicht nachvollzogen werden. Dargestellt werden die Stellen auf den verschiedenen Führungsebenen und die zwischen ihnen bestehenden Verbindungen. Die Ziffern I, II und III deuten die Funktionsbereiche der Abteilungen an. Beispielhaft werden einige Stäbe angedeutet (S = Sekretariat, R = Rechtsabteilung, M = Marketingbereiche wie Marktforschung u.Ä.).

1.2 Die Organisation von Beschaffung und Lagerhaltung

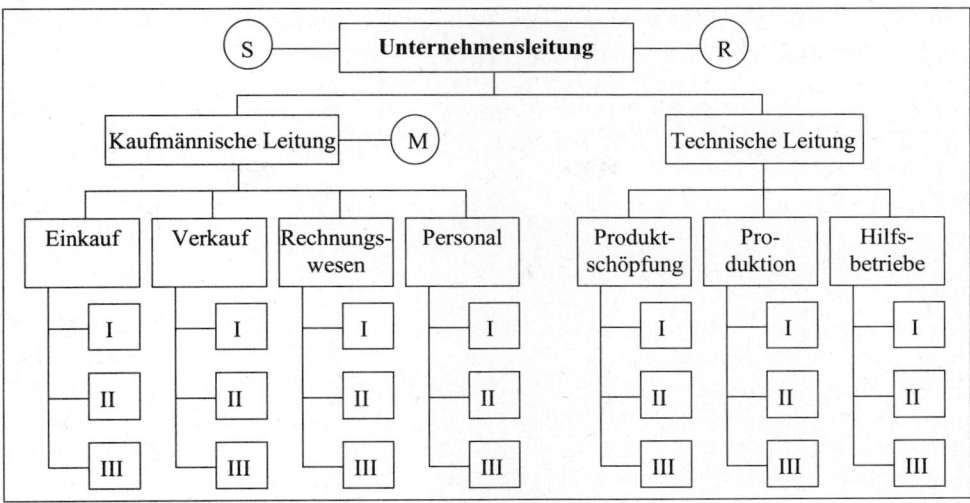

Abb. 1.4: Schematische Darstellung einer Stablinienorganisation

Von der Linienorganisation, deren wesentliches Element die zentralen Entscheidungen sind, wird die **Spartenorganisation** unterschieden. Unter einer Spartenorganisation versteht man einen organisatorischen Aufbau, bei dem die Funktionen einzelnen Sparten (Bereichen) zugeordnet sind. Die Sparten (z.B. einzelne Betriebe eines Fertigungsunternehmens, Filialen eines Handelsunternehmens) übernehmen die in die jeweilige Sparte fallenden Funktionen. Die Spartenleiter (Betriebsleiter, Filialleiter) werden verantwortlich für Einkauf, Personalwesen, Lagerwesen, Finanzierung usw. Grundlage dieser Organisation sind also die dezentralen Entscheidungen. Es ist möglich, bestimmte Funktionsbereiche aus allen Sparten zentral zusammenzufassen, so dass gleiche Aufgaben von einer Stelle ausgeführt werden können. Diese Funktionsbereiche werden als **Zentralfunktionen** bezeichnet.

Die Ausführungen können anhand der folgenden Darstellung, die eine Spartenorganisation in streng dezentraler Form wiedergibt, nachvollzogen werden.

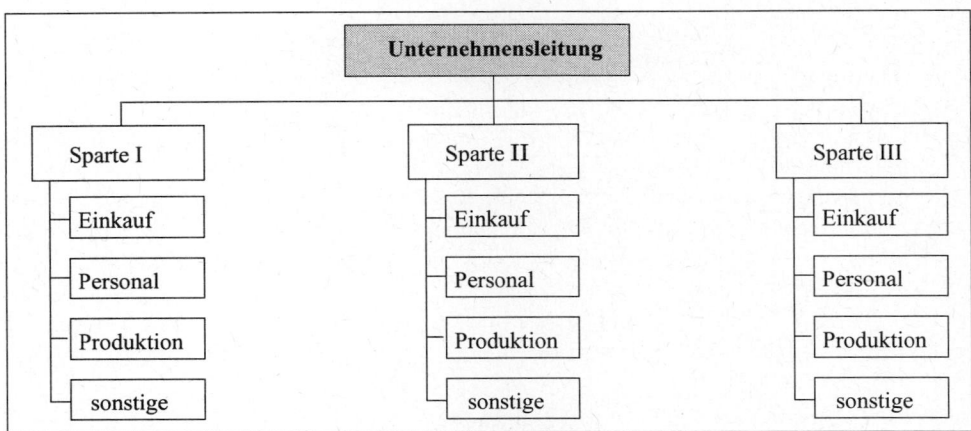

Abb. 1.5: Schematische Darstellung einer Spartenorganisation

Nach diesen Ausführungen kann die **Organisation der Materialwirtschaft** nach folgenden Gesichtspunkten im Unternehmensaufbau berücksichtigt werden.

- Funktionen bzw. Teilfunktionen der Beschaffung und Lagerhaltung sind Grundlagen der Organisation, z.B. Anfragen einholen, Angebotsvergleich, Bestellung, Wareneingang, Einlagerung, Lagerarbeiten usw.
- Produkte bzw. Produktgruppen sind Grundlagen der Organisation.
- Einkaufsgebiete sind Grundlage der Organisation.

Die **funktionsorientierte Organisation** von Beschaffung und Lagerhaltung (Materialwirtschaft) nutzt die Vorteile des Einlinien-Systems, die in der klaren und übersichtlichen Kompetenzzuweisung an die zuständigen Stellen besteht. Die Stellen sind auf die entsprechenden Funktionen spezialisiert, z.B. Anfragen, Angebotsvergleich usw. Die Stellen werden von einem Leiter (Manager) des Bereichs geleitet. Diese Organisationsform hat ihre besondere Bedeutung in Unternehmen mit einem kleinen oder sehr homogenem Produktprogramm.

Vorteile: Die Stellen werden mit Mitarbeitern besetzt, die jeweils qualifizierte Spezialisten sind. Das Erfahrungswissen dieser Funktionsspezialisten kann genutzt werden. Der Leiter kann für eine zentrale Steuerung der Ausführung von Aufgaben sorgen. Nachteile: Ausgeprägtes Ressortdenken der Funktionsspezialisten setzt sich häufig durch. Die Abstimmungen zwischen den einzelnen materialwirtschaftlichen Funktionsbereichen wird dadurch schwierig. Die Ausführungen zur funktionsorientierten Organisation lassen sich anhand der folgenden schematischen Darstellung nachvollziehen.

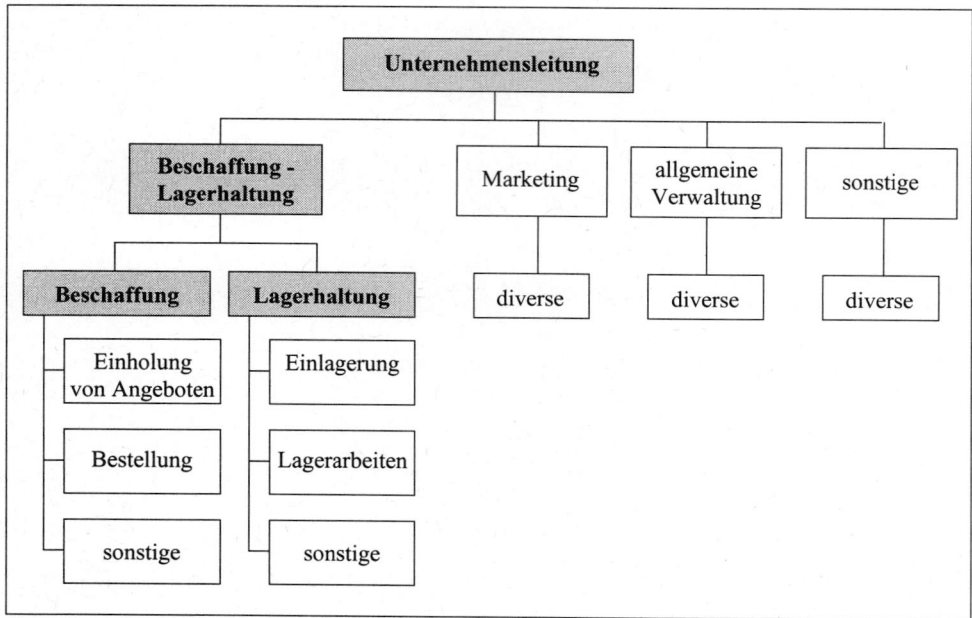

Abb. 1.6: Funktionsorientierte Organisation von Beschaffung und Lagerhaltung

1.2 Die Organisation von Beschaffung und Lagerhaltung

Die **Produktorientierung der Beschaffungsorganisation** kann als ein Beispiel für die Spartenorganisation genommen werden. Eine Produktorientierung bietet sich für Unternehmen mit umfangreichen und differenzierten Produktprogrammen an. Durch die Produktorientierung wird erreicht, dass z.B. Beschaffungsaktivitäten auf ein Produkt bzw. auf eine Produktgruppe bezogen werden. Eine Produktgruppe wird von einem Produktleiter (-direktor) oder von einem Produktmanager geleitet. Er ist u.a. verantwortlich für die Beschaffungsaktivitäten in dem Bereich. Häufig bleiben Aufgaben, die in allen Produktgruppen anfallen, z.B. Lagerhaltung u.ä., der Zentrale vorbehalten.

Die Ausführungen zur produktorientierten Beschaffungsorganisation werden durch die folgende schematische Darstellung veranschaulicht. Dargestellt wird die dezentrale Beschaffung von Roh-, Hilfs- und Betriebsstoffen. Jede Sparte wird für die Funktionen wie z.B. Einholung von Angeboten, Bestellung usw. zuständig. Weitere Beispiele für Spartenorganisation (z.B. Filialen, Einkaufsgebiete, Betriebsstätten) lassen sich leicht in Anlehnung an dieses Beispiel nachvollziehen.

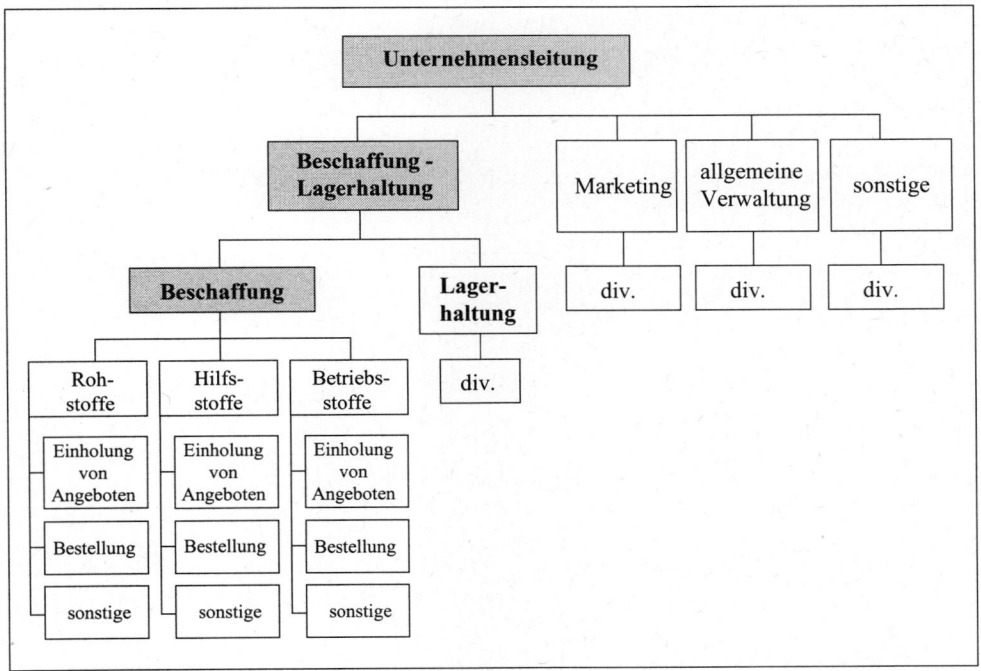

Abb. 1.7: Produktorientierte Beschaffungsorganisation

Mit der sog. **Matrixorganisation** wird versucht, zwei Organisationsprinzipien miteinander zu kombinieren, z.B. die funktionsorientierte Organisation mit der Spartenorganisation. Es entsteht ein Mehr-Linien-System. Eine einzelne Stelle kann Weisungen von einem Funktionsmanager und von einem Spartenmanager erhalten. Der Spartenmanager plant, koordiniert, kontrolliert usw. den von ihm betreuten Bereich (z.B. eine Produktgruppe); der Funktionsmanager koordiniert im Rahmen seiner Funktion (z.B. Beschaffung) die einzelnen Sparten (z.B. alle Produktgruppen). Im Allgemeinen haben die Weisungen des Spartenmanagers Vorrang. Die Matrixorganisation kann auf verschiedenen Hierarchieebenen eingesetzt werden (vgl. Abb. 1.8).

Vorteile:

- Die Spartenmanager sind im Allgemeinen Spezialisten für ihren Bereich. Ihre Kompetenz kann zur Lösung solcher Probleme genutzt werden, die sich aus der ständigen Veränderung von Umweltbedingungen ergeben.
- Probleme können schneller gelöst werden als in rein funktionsorientierten Organisationen.
- Die vorgesetzten Stellen werden entlastet.
- Die Kooperation zwischen zwei Managementbereichen führt zu einer höheren Entscheidungsqualität.

Nachteile:

- Es besteht ein ständiger Zwang zur Kooperation und Koordination.
- Wegen der möglichen Kompetenzüberschreitungen sind Konflikte zwischen Sparten- und Funktionsmanagern unvermeidlich.

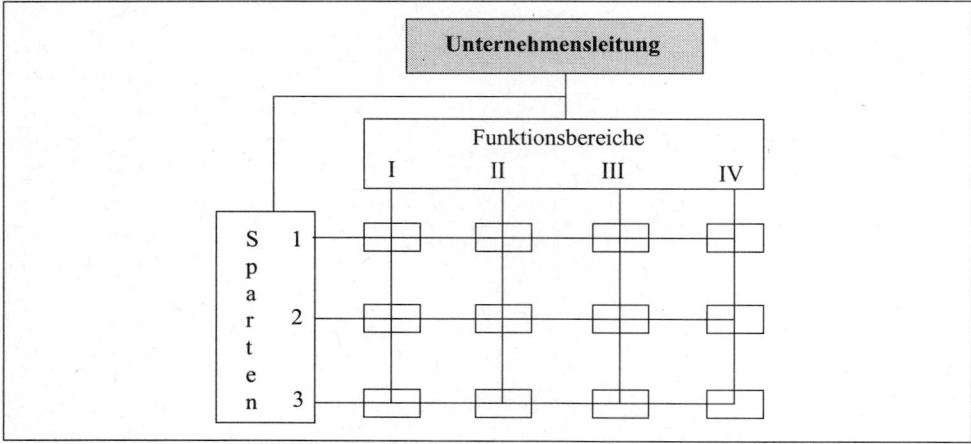

Abb. 1.8: Schematische Darstellung einer Matrixorganisation

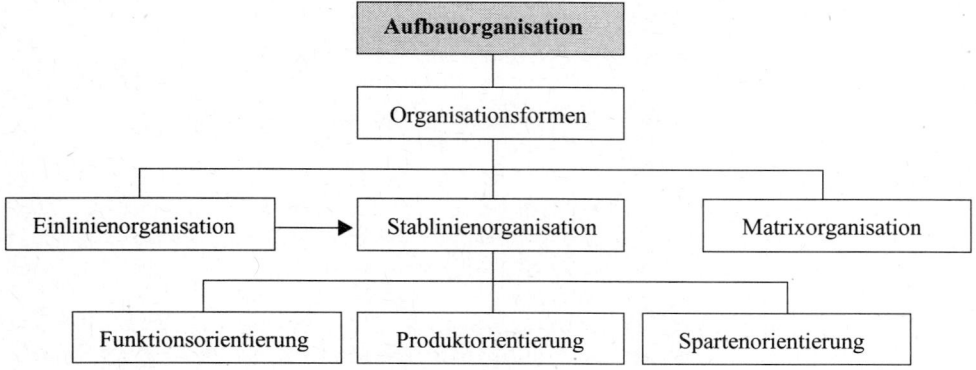

1.2.2 Management by Exception

Im Zusammenhang mit der Definition von Zuständigkeiten und Verantwortungsbereichen einzelner Führungsebenen bzw. Stellen spielen sog. Management-by-Prinzipien eine Rolle. Sie sollen dazu beitragen, die Führung eines Unternehmens effizienter zu gestalten. Von besonderer Bedeutung ist dabei das Management by Exception (MbE). **Management by Exception** heißt Führung nach dem Prinzip der Ausnahme. Dieses **Managementprinzip** setzt eine Aufbauorganisation nach dem Liniensystem bzw. Stabliniensystem voraus und verlangt die **Delegation von Aufgaben** an untere Ebenen.

Vorgesetzte sollen nur die Aufgaben ausführen, die ihnen aus grundsätzlichen Erwägungen überlassen bleiben müssen. Alle anderen Aufgaben sollen nachgeordneten Stellen übertragen werden. Typisch für diese Form der Aufgabendelegation ist, dass die untergeordneten Stellen für die Ausführung der Aufgaben einen Handlungsspielraum erhalten. Vorgesetzte greifen in die Ausführung nur ein, wenn die Grenzen des Spielraums überschritten werden, d.h. wenn die Ausnahme eintritt. Dadurch erhalten sie die Möglichkeit zur Kontrolle.

So kann z.B. einem Einkäufer für die Beschaffung von Waren (im Handel) bzw. von Materialien (in der Industrie) ein bestimmter Höchstbetrag vorgegeben werden. Wenn er diesen überschreiten muss, ist der Vorgesetzte zu informieren bzw. um Genehmigung zu bitten.

Ein Beispiel dafür ist die sog. **Limitplanung** im Handel, vor allem im Handel mit Non-Food-Artikeln. Limits sind Einkaufsetats; sie binden die Einkäufer bestimmter Sortimentsbereiche durch wertmäßige, gelegentlich auch durch mengenmäßige Vorgaben. Limitplanungen gehen von der Planung des Gesamtumsatzes und des dafür erforderlichen Wareneinsatzes aus; berücksichtigt wird dabei auch der geplante Lagerumschlag. Durch die Limitplanung wird erreicht, dass die Einkaufsmengen und -werte in einzelnen Sortimentsbereichen der Umsatzplanung und dem geplanten Wareneinsatz entsprechen.

Festgelegt werden freie Limits und Limitreserven. Freie Limits legen den Handlungsspielraum der Einkäufer fest; innerhalb dieser Grenzen können sie frei, d.h. ohne Rücksprache mit den Vorgesetzen, einkaufen. Wenn sie allerdings über die Limitreserven verfügen wollen, müssen sie die Vorgesetzten informieren oder um Zustimmung bitten.

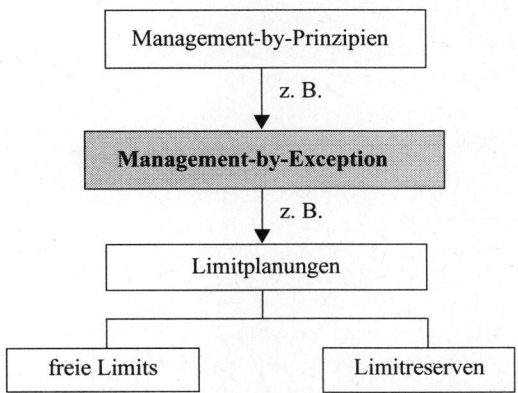

1.2.3 Ablauforganisation

Von der Aufbauorganisation ist die Ablauforganisation zu unterscheiden. Die Ablauforganisation regelt in zeitlicher und örtlicher Hinsicht den Ablauf von Arbeitsvorgängen bzw. –verrichtungen im Zusammenhang mit einer umfassenden Aufgabe oder mit einem Projekt. Sie verbindet die jeweilige einzelne Verrichtung mit dem entsprechenden Arbeitsplatz und mit den erforderlichen Sachmitteln so, dass die Arbeitsvorgänge sachlogisch aufeinander bezogen werden und lückenlos, d.h. ohne zeitlichen Verzug, aufeinander folgen können. Das Ziel der Ablauforganisation ist letztlich die Minimierung von Durchlaufzeiten und die Maximierung von Kapazitätsauslastungen.

Ablauforganisation findet auch in der Materialwirtschaft Anwendung, z.B. bei der Beschaffung oder bei der Einlagerung. Die einzelnen Vorgänge, die bei Beschaffung oder bei Einlagerung anfallen, werden so organisiert, dass sie sachlogisch und ohne zeitliche Verzögerungen aufeinander folgen können.

Organisatorische Abläufe werden im Allgemeinen auch grafisch dargestellt. Beispiele dafür sind der Arbeitsablaufplan und der Netzplan.

1.2.3.1 Arbeitsablaufplan

Die einfachste Darstellungsform in der Ablauforganisation ist der Arbeitsablaufplan. Die bei einem Gesamtvorgang anfallenden einzelnen Arbeitsvorgänge, die **Ablaufabschnitte**, werden zunächst erfasst und in die Reihenfolge gebracht, die sich durch die Organisation ergibt. Für die Darstellung werden die Ablaufabschnitte in dieser Reihenfolge in einen Ablaufbogen eingetragen; in dem Bogen wird die Ablaufart jedes Abschnitts durch ein entsprechendes Symbol gekennzeichnet. Die Ablaufart gibt an, was in dem jeweiligen Ablaufabschnitt geschieht.

Im Allgemeinen werden folgende **Ablaufarten** unterschieden.

- **Fördern** – Als Fördern bezeichnet man die Lageveränderung eines Arbeitsgegenstandes, z.B. den Transport eines Werkstücks von einer Werkstatt zur nächsten, die Weitergabe eines Formulars, Briefes, Vordrucks u. Ä. Das Symbol für Fördern ist ein Pfeil (⇨).

- **Einwirken** – Als Einwirken bezeichnet man die Veränderung eines Arbeitsgegenstandes, z.B. die Formänderung eines Werkstücks durch Be- oder Verarbeitung, das Ausfüllen eines Formulars, die Abzeichnung eines Vermerks, die Zahlungsanweisung u.Ä. Das Symbol für Einwirken ist ein Kreis (○).

- **Prüfen** – Das Prüfen bezieht sich vor allem darauf, ob der Arbeitsgegenstand den Anforderungen entspricht; geprüft wird z.B., ob eingehendes Material den erwarteten oder vorgeschriebenen Qualitätsanforderungen entspricht, ob eine Eingangsrechnung sachlich und rechnerisch richtig erstellt wurde. Das Symbol für Prüfen ist ein Quadrat (□).

- **Liegen** – Liegen bezeichnet die Unterbrechungen von Einwirkungs- und Prüfungsvorgängen, die sich aus dem organisatorischen Ablauf ergibt, so liegt z.B. ein Brief vorübergehend in einem Eingangskorb, ein Werkstück wartet bis zur weiteren Bearbeitung in einer Warteschlange u.Ä. Das Symbol für Liegen ist ein links geschlossener Halbkreis (D).

1.2 Die Organisation von Beschaffung und Lagerhaltung

- **Lagern** – Als Lagern wird das Liegen von Arbeitsgegenständen in Lagern bezeichnet; z.B. wird ein Produkt bis zum Abtransport oder bis zur Abholung im Auslieferungslager gelagert, ein bearbeitetes Formular wird im Archiv abgelegt usw. Das Symbol für Lagern ist ein nach unten gerichtetes Dreieck (∇).

Im Ablaufbogen werden die entsprechenden Arbeitsvorgänge, d.h. die Ablaufarten, durch Ausfüllen der entsprechenden Symbole gekennzeichnet. Durch Verbindung der ausgefüllten Symbole ergibt sich die übersichtliche Darstellung des Arbeitsablaufs.

Der Arbeitsablaufplan lässt nur die Darstellung einfacher Bearbeitungsvorgänge zu. Parallele oder alternative Vorgänge können nicht dargestellt werden. Allerdings eignet er sich besonders gut zur Erfassung und zur Kritik von Ist-Zuständen von Arbeitsabläufen; Probleme wie z.B. langes Liegen und lange Förderwege können erkannt und analysiert werden. Die Ablaufbögen enthalten deshalb häufig Hinweise auf die Dauer von Liege- und die Länge von Förderwegen. (In dem folgenden Beispiel wird darauf andeutungsweise hingewiesen.)

Im Folgenden soll in einem einfachen Beispiel ein Arbeitsablaufplan dargestellt werden.

Bei der Landtransport GmbH geht eine Bedarfsmeldung des Lagers in der Einkaufsabteilung ein. Der Einkaufsleiter gibt Anweisungen an den Sachbearbeiter, Angebote einzuholen und die eingegangenen Angebote zu vergleichen. Die Ermittlung der günstigsten Beschaffungsquelle führt schließlich zur Bestellung.

	Ablaufabschnitt	Ablaufarten des Arbeitsgegenstandes	Wege in m	Dauer in min.	Bemerkungen
1	Bedarfsmeldung an Einkaufsabteilung	○➡□▽			
2	Bearbeitungsvermerke durch Einkaufsleiter	●➡□▽			
3	im Postausgangskorb	○➡□▽			
4	zum Sachbearbeiter	○➡□▽			
5	im Posteingangskorb	○➡■▽			
6	Einholung von Angeboten	●➡□▽			
7	Vorgang auf Wiedervorlage	○➡□▼			
8	Angebote von Poststelle zum Sachbearbeiter	○➡□▽			
9	im Posteingangskorb	○➡■▽			
10	Aufbereitung der eingegangenen Angebote	●➡□▽			
11	Prüfung der Angebote	○➡■▽			
12	Vorlage bei Einkaufsleiter	○➡□▽			
13	Prüfung der Vorlage	○➡■▽			
14	Entscheidung	●➡□▽			
15	Bestellung diktieren	●➡□▽			
16	Bestellung unterschreiben	●➡□▽			
17	Bestellung im Ausgangskorb	○➡■▽			
18	Bestellung zur Poststelle	○➡□▽			
19	Bestellkopie auf Wiedervorlage	○➡□▼			

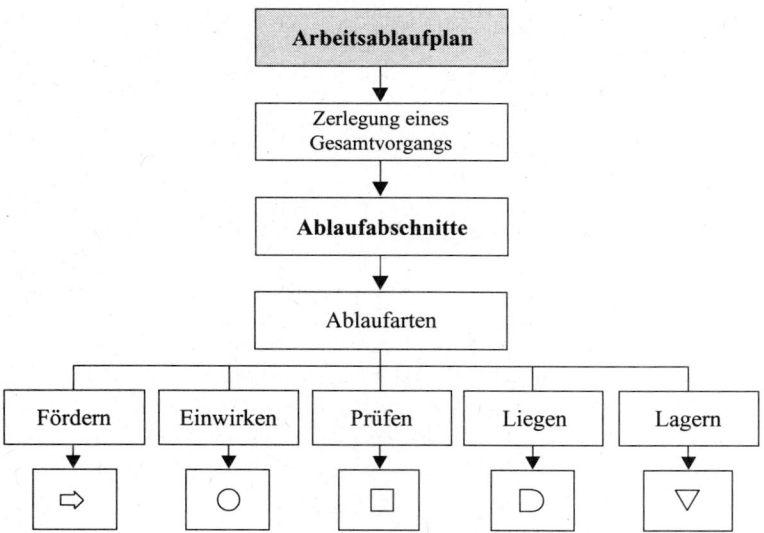

1.2.3.2 Netzplan

Ein Beispiel für die grafische Darstellung der Ablauforganisation ist der Netzplan; mithilfe eines Netzplans wird der Ablauf eines Projekts organisiert. Der **Netzplan** ist die **grafische Darstellung aller Ereignisse eines Projekts in logisch richtiger Reihenfolge** mit Angabe der erforderlichen Zeiten. Der grafischen Darstellung liegt eine Tabelle mit den erforderlichen Daten zugrunde.

In der Grafik werden die Ereignisse des Projekts mit Symbolen, z.B. mit Buchstaben, in sog. Knoten erfasst (vgl. Abb. 1.9); die Knoten enthalten auch Angaben über die Dauer des jeweiligen Ereignisses (z.B. in Wochen). Die aufeinander bezogenen Knoten (Ereignisse) sind durch sog. Kanten miteinander verbunden. Man kann so erkennen, welches Ereignis einem anderen vorläuft.

Aus der Grafik wird auch ersichtlich, wann ein Ereignis frühestens begonnen werden kann und wann es frühestens beendet ist. Angegeben wird die früheste Anfangszeit (FAZ) eines Ereignisses in Wochen (Tagen o.ä.) nach Beginn des Projekts, die früheste Endzeit (FEZ) ergibt sich, wenn zur FAZ die Ereignisdauer hinzugezählt wird (FAZ + Ereignisdauer = FEZ). Die Grafik enthält auch die späteste Endzeit (SEZ); sie gibt an, wann ein Ereignis spätestens beendet sein muss, damit mit dem nächsten begonnen werden kann; wenn von der SEZ die Ereignisdauer abgezogen wird, erhält man die späteste Anfangszeit (SAZ = SEZ - Ereignisdauer); sie gibt an, wann mit dem Ereignis spätestens begonnen werden muss, damit es rechtzeitig fertig wird.

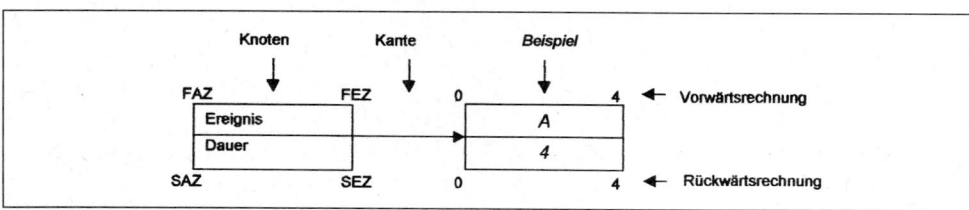

Abb. 1.9: Die Elemente des Netzplans

1.2 Die Organisation von Beschaffung und Lagerhaltung

Häufig folgen einem Ereignis mehrere Ereignisse, die gleichzeitig beginnen können aber unterschiedlich lange dauern; wenn sie Voraussetzung für ein folgendes Ereignis sind, kann dieses erst beginnen, wenn das vorlaufende Ereignis mit der längsten Ereignisdauer beendet ist. Für die Abwicklung der gleichzeitig stattfindenden Ereignisse entstehen dadurch Freiräume, sog. Pufferzeiten. Die **Pufferzeiten** ergeben sich durch Subtraktion der FEZ von der SEZ (P = SEZ - FEZ).

In Abb. 1.10 kann die Bedeutung eines Netzplans beispielhaft nachvollzogen werden. Angegeben werden die Ereignisse eines Projekts, die Dauer der Ereignisse in Wochen und FAZ, FEZ, SEZ, SAZ. Die Zeichnung zeigt, dass frühestens nach 4 Wochen mit den Ereignissen C, B, D begonnen werden kann, weil dann das Ereignis A beendet ist. E setzt B und C voraus, mit E kann aber erst begonnen werden, wenn das Ereignis mit der längsten Ereignisdauer, nämlich B, beendet ist. Mit F kann erst begonnen werden, wenn E und D beendet sind, die FEZ von E bestimmt die FAZ von F. Das Projekt ist nach 19 Wochen beendet (FEZ von G).

Wenn das Projekt tatsächlich nach 19 Wochen beendet sein soll (SEZ von G), muss mit G spätestens nach 18 Wochen begonnen werden, dafür muss F spätestens nach 18 Wochen fertig sein (SEZ von F), das ist aber nur möglich, wenn spätestens nach 15 Wochen mit F begonnen wird (SAZ von F). Wenn aber mit F spätestens nach 15 Wochen begonnen werden muss, müssen E und D spätestens nach 15 Wochen fertig sein. D kann allerdings bereits nach 8 Wochen beendet sein, es entsteht also eine Pufferzeit von 7 Wochen (SEZ - FEZ), mit dem Ereignis D kann also später als möglich begonnen werden, die hier eingesetzte Kapazität steht also für andere Arbeitsgänge zur Verfügung. Auch bei C entsteht eine Pufferzeit (4 = 10 - 6).

Als **kritischen Weg** bezeichnet man die Folge von Ereignissen ohne Pufferzeiten. Er gibt die Gesamtdauer des Projekts an. In Abb. 1.10 bilden die Ereignisse A, B, E, F und G den kritischen Weg.

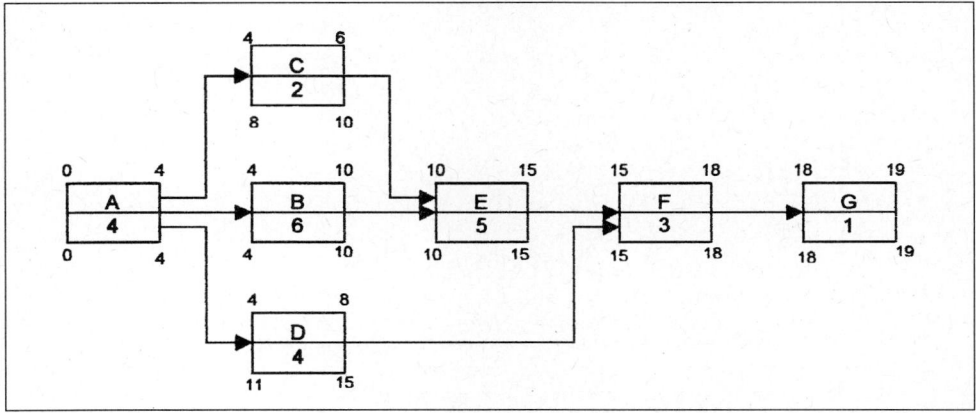

Abb. 1.10: Netzplan (verkürztes Beispiel)

Die bisherigen Ausführungen werden in folgendem einfachen Beispiel zusammengefasst.

Die Landtransport GmbH plant die Anschaffung einer Fräsmaschine. Die einzelnen Vorgänge bzw. Ereignisse dieses Projekts sollen in einem Netzplan erfasst werden, dabei soll u.a. auch geklärt werden, wann und wie lange die beiden Elektriker des Betriebes für Installationsarbeiten zur Verfügung stehen müssen und wann ungefähr mit der Produktion an dieser Maschine begonnen werden kann.

In der folgenden Tabelle (Tab. 1.2) werden die Ereignisse von der Einholung von Angeboten bis zur Beendigung des Probelaufs mit den Zeiten erfasst. In der nächsten Spalte werden die Ereignisse angegeben, die für das jeweilige Ereignis vorausgesetzt werden. Schließlich werden die frühesten und spätesten Anfangs- und Endzeiten und die Pufferzeiten ermittelt.

	Vorgang	Dauer des Vorgangs in Wochen	Vorgang ... muss abgeschlossen sein	FAZ	FEZ	SAZ	SEZ	PZ
A	Angebote einholen	3		0	3	0	3	0
B	Entscheidung treffen	2	A	3	5	3	5	0
C	bestellen	1	B	5	6	5	6	0
D	Fundamente erstellen	3	B	5	8	7	10	2
E	Elektrische Leitungen installieren	2	B	5	7	10	12	5
F	Lieferung der bestellten Maschine	4	C	6	10	6	10	0
G	Maschine aufbauen	2	F, D	10	12	12	12	0
H	Maschine anschließen	1	E, G	12	13	13	13	0
I	Probelauf	1	H	13	14	14	14	0

Tab. 1.2: Daten zum Netzplan (Beispiel)

Die Daten der Tabelle werden zur grafischen Darstellung verwendet.

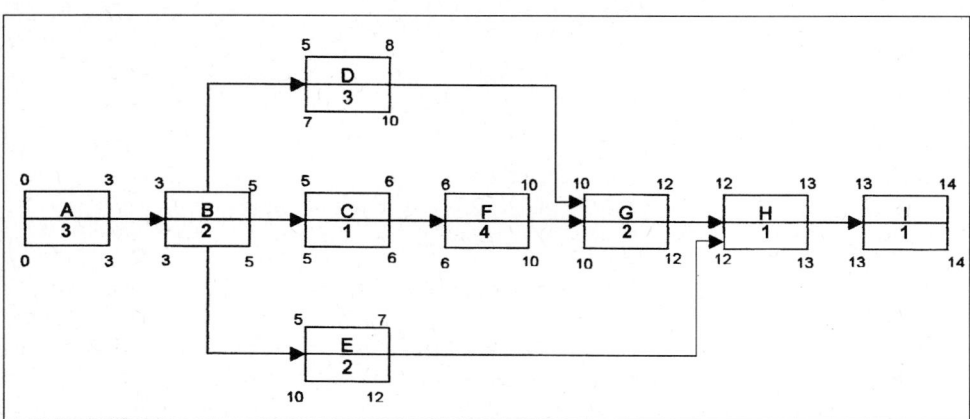

Abb. 1.11: Netzplan (Beispiel)

Es zeigt sich, dass das Projekt nach 14 Wochen beendet ist und dass mehrere Pufferzeiten anfallen. Mit der Produktion kann also nach 14 Wochen begonnen werden, und der Beginn der Installationsarbeiten lässt sich verschieben.

1.3 Aufgaben und Ziele von Beschaffung und Lagerhaltung

1.3.1 Aufgaben von Beschaffung und Lagerhaltung

Aus der Gesamtaufgabe des Unternehmens ergeben sich Haupt-, Teil- und Einzelaufgaben für die Beschaffung und Lagerhaltung (Materialwirtschaft in Handel und Industrie). Zu den Hauptaufgaben können die folgenden Aufgaben gezählt werden.

- Einkauf von Waren, Faktoren usw.,
- Vorratshaltung,
- Bereitstellung für die Produktion bzw. für den Verkauf,
- Verwertung und Verkauf überzähliger Güter (einschließlich Entsorgung).

Die Hauptaufgaben werden in Teil- und Einzelaufgaben realisiert. Im Folgenden werden einige dieser Aufgaben aufgezählt.

- Einkauf von einzelnen Materialien (z.B. Stoffe, Teile usw.), einzelnen Warengattungen (z.B. Food, Non Food),

- Einkauf im Inland, Einkauf im Ausland,

- Information über Bestände,

- Durchführung von Beschaffungsaktivitäten,

- Ermittlung von Bezugsquellen,

- Bestellung der nach Art und Qualität richtigen Ware zum ausgehandelten Preis in den erforderlichen Mengen,

- Überwachung des Wareneingangs,

- Sicherung der den vorgegebenen Zielen entsprechenden Lieferbereitschaft durch angemessene Lagerhaltung,

- Kommissionierung.

Innerhalb dieses Aufgabenrahmens können **spezielle Aufgaben** definiert werden. Spezielle Aufgaben ergeben sich im Allgemeinen aus den materialwirtschaftlichen Zielen. Spezielle Aufgaben können z.B. sein: Ermittlung der auf Dauer günstigsten Bezugsquelle, Minimierung des Einstandspreises durch Aushandeln von Rabatten, Minimierung der Lagerhaltungskosten, Verringerung der Fehlmengenkosten durch Verbesserung der Lieferbereitschaft, Festlegung optimaler Bestellpunkte, Ermittlung der optimalen Bestellmengen.

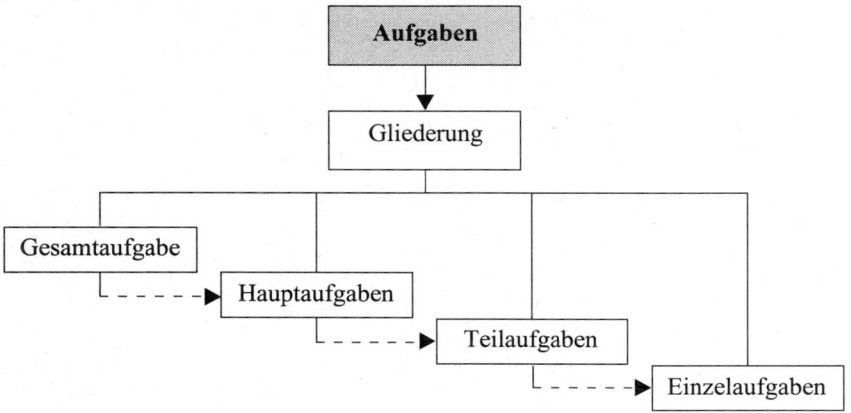

1.3.2 Unternehmensziele (Einführung)

Ein Unternehmen bzw. die Leitung eines Unternehmens fällt Entscheidungen zur Lösung anstehender Probleme. Sie betreffen z.B. die Änderung des Standorts, die Inanspruchnahme der Dienste eines Lagerhalters, die Änderung der Rechtsform, die Kooperation mit anderen Unternehmen, die Einrichtung neuer Absatzwege. Dabei werden die **Ziele** dieses Unternehmens erkennbar: z.B. Verbesserung der Gewinnsituation, Kostensenkungen, Existenzsicherung usw. Die Ziele eines Unternehmens sind die Grundlagen unternehmerischen Handelns.

Das wichtigste Unternehmensziel ist die Gewinnvermehrung (**Gewinnmaximierung**). Das Ziel kann als absolute Größe, aber auch als Rentabilität angegeben werden. Als absolute Größe wird der Gewinn als Differenz zwischen Umsatzerlösen und Kosten definiert. Die Rentabilität, z.B. Rentabilität des Eigenkapitals, ergibt sich aus dem Verhältnis des Reingewinns zum Eigenkapital. Eng verbunden ist damit das Ziel, den Wert des Unternehmens und damit das Vermögen der Eigentümer bzw. der Anteilseigner zu steigern (vgl. z.B. den sog. **Shareholder Value**).

Besondere Bedeutung haben auch die sog. **Sicherungsziele**. Da es sich dabei vor allem um die Substanzerhaltung handelt, sind **Produktivität** und **Flexibilität** die entsprechenden Ziele. Als Produktivität bezeichnet man das Verhältnis der Ausbringungsmenge zur Menge des Mitteleinsatzes (in einer Periode); Ziel ist also die zur Substanzerhaltung erforderliche Produktivität. Damit dieses Ziel auf Dauer erfüllt werden kann, muss das Unternehmen flexibel sein, d.h. sich Veränderungen der Nachfrage usw. anpassen können. Ein anderes Sicherungsziel ist die **Liquiditätssicherung**; das bedeutet, ein Unternehmen muss zur Sicherung seiner Existenz dafür sorgen, dass es seinen laufenden finanziellen Verpflichtungen auch laufend nachkommen kann. Schließlich ist auch die Erschließung neuer Märkte ein Sicherungsziel (**Marktsicherung**).

Unternehmen können daneben noch andere Ziele verfolgen. Dazu können Ziele wie z.B. Unabhängigkeit oder Vereinigung (Kooperation und Konzentration) gehören. Daneben spielen auch **soziale und ökologische Ziele** eine Rolle.

Die Ziele werden im Allgemeinen von den Eigentümern des Unternehmens bestimmt. Wenn - wie z.B. in der AG oder in der GmbH - Vorstand oder Geschäftsführer die Ziele definieren, haben die

1.3 Aufgaben und Ziele von Beschaffung und Lagerhaltung

Eigentümer bzw. Miteigentümer Rechte auf Mitsprache. Andere Gruppen können gelegentlich Einfluss auf die Zielbildung nehmen, z.B. die Belegschaft, die Lieferanten, die Kunden, die Banken.

Die Definition eines Unternehmensziels hat im Allgemeinen **drei Elemente**. Zunächst wird angegeben, worauf sich das Ziel inhaltlich bezieht, das können z.B. Gewinn, Umsatz, Kosten, Absatz, usw. sein. Dann wird meistens bestimmt, in welchem Umfang das Ziel erreicht werden soll, z.B. Steigerung des Umsatzes um 20 % gegenüber dem Vorjahr. Häufig enthält die Zielformulierung auch die Absteckung des zeitlichen Rahmens, d.h. es wird angegeben, in welchem Zeitraum das Ziel erreicht werden soll.

In einem Unternehmen bestehen grundsätzlich mehrere Ziele nebeneinander, die miteinander in Beziehung stehen. Die Ziele können sich entsprechen; so wird mit dem Ziel Kostensenkung auch das Ziel Gewinnerhöhung erreicht. Man spricht in diesem Fall von **Zielkonformität** (oder Zielkomplementarität). Es ist jedoch auch möglich, dass die Verfolgung eines Ziels dazu führt, dass ein anderes nicht erreicht werden kann; so kann z.B. ein Unternehmen, das die Vergrößerung des Marktanteils für ein Produkt oder eine Produktgruppe anstrebt, zumindest vorübergehend bei diesen Produkten das Ziel der Gewinnvermehrung nicht erreichen. In diesem Fall besteht ein **Zielkonflikt**. Ein Zielkonflikt liegt z.B. auch vor, wenn ein Unternehmen sein Sortiment erweitert, um seinen Umsatz zu erhöhen; in diesem Fall führt das Ziel der Umsatzerhöhung zu Kostensteigerungen. **Zielindifferenz** liegt vor, wenn die Verfolgung eines Ziels andere Zielsetzungen nicht berührt.

Ziele eines Unternehmens sind **Sollgrößen** für einen zukünftigen Zustand. Sie sind Grundlagen der Planung von Strategien, Maßnahmen und Kennzahlen, aus denen sich schließlich die Handlungen und Aktivitäten ergeben, mit denen der Sollzustand erreicht werden soll.

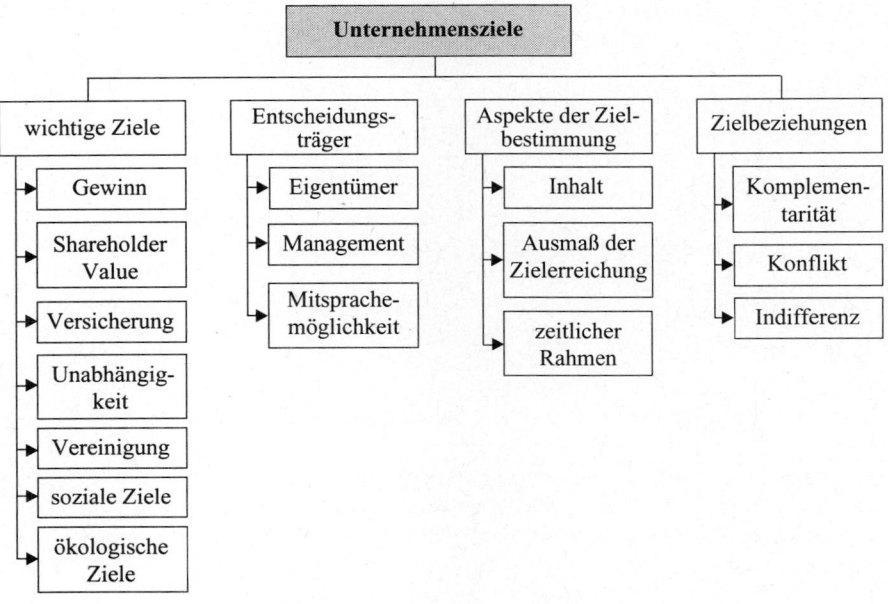

In einem Unternehmen hängen die Ziele über ein **Zielsystem** zusammen. Das Unternehmensziel bestimmt die Ziele der Unternehmensbereiche. Wenn z.B. das Unternehmensziel mit einer Erhöhung des Gewinns um einen bestimmten Prozentsatz festgelegt wird, dann ergeben sich für die Unternehmensbereiche Beschaffung, Lagerhaltung, Marketing usw. entsprechende Unterziele bzw. Bereichsziele. Der Zusammenhang lässt sich in Anlehnung an die Darstellung des hierarchischen Aufbaus eines Unternehmens folgendermaßen schematisch nachvollziehen.

Zielhierarchie	Geltungsbereich der Ziele
Oberste Ziele, Gesamtziele	Unternehmung
Oberziele, Bereichsziele	Funktionsbereiche, z.B. Beschaffung, Lagerhaltung, Marketing,
Zwischenziele (z.B. für Beschaffung)	Ziele der Warengruppen A, B, C usw.
Unterziele (z.B. für Beschaffung die Ziele der Politikbereiche)	Bezugsquellenermittlung

Tab. 1.3: Zielhierarchie

Neben den im Text angedeuteten Unterscheidungen von Zielen (Unternehmensziele – Bereichsziele, Oberziele – Unterziele) sind auch die folgenden von Bedeutung.

- **Materielle – nichtmaterielle Ziele**: Materielle Ziele können mit quantitativen Größen angegeben werden, z.B. mit Euro, Prozent u. Ä., bei nichtmateriellen Zielen ist das im Allgemeinen nicht möglich. Materielle Ziele sind z.B. Umsatzsteigerung, Gewinnerhöhung, Kostensenkung u.Ä. Zu den nichtmateriellen Zielen gehören z.B. Imageverbesserung, Erhöhung der Kundenzufriedenheit u.Ä.

- **Strategische – operationale Ziele**: Strategische Ziele dienen der Planung; sie gehen von der Unternehmensleitung aus und berühren alle Bereiche des Unternehmens. Operationale Ziele verbinden die Planungsebene mit der Durchführungsebene. Sie betreffen einzelne Unternehmensbereiche. Sie werden fast immer in quantitativen Größen angegeben.

Für die Ziele werden **Maßnahmen** angegeben, mit denen das Ziel erreicht werden soll. Sie werden durch **Kennzahlen** präzisiert; die Zielsetzung soll eindeutig erkennbar werden. Anhand des Vergleichs der Kennzahlen mit den Ist-Werten kann aber auch festgestellt werden, ob Ziele und Zwischenziele erreicht werden; sie dienen also auch der Analyse und der Kontrolle.

Kennzahlen werden als Grundzahlen oder Verhältniszahlen vorgegeben, Verhältniszahlen können Gliederungs-, Beziehungs- oder Messzahlen sein.

- **Grundzahlen** sind absolute Zahlen, z.B. Verringerung des Personalbestands von insgesamt 500 um 50 Mitarbeiter.

- Eine **Gliederungszahl** gibt das Verhältnis einer Teilmasse zu einer umfassenden gleichartigen Gesamtmasse an; z.B. Verringerung des Personalbestandes um 10 % (50 Mitarbeiter, die entlassen werden sollen, werden zur Gesamtzahl der Mitarbeiter von 500 in einem Prozentsatz angegeben.

- Eine **Beziehungszahl** gibt das Verhältnis einer statistischen Größe zu einer anderen, andersartigen Größe an. Die statistischen Größen müssen in einem sinnvollen Zusammenhang zueinander stehen. Ein wichtige Kennzahl ist die Rentabilität, sie gibt das Verhältnis des Gewinns zum eingesetzten Kapital an.

- Eine **Messzahl** setzt gleichartige statistische Größen zueinander in Beziehung; sie unterscheiden sich entweder in sachlicher, örtlicher oder zeitlicher Hinsicht. Z.B. wird der geplante Umsatz des kommenden Jahres zum Umsatz des Vorjahres in Beziehung gesetzt.

Kennzahlen können Ist- und Soll-Werte sein. Die Kennzahlen für die angestrebten Ziele sind Soll-Zahlen, für ihre Berechnung werden immer Ist-Werte zu Grunde gelegt. Bei der Kontrolle werden die erreichten Werte, das sind immer Ist-Werte, mit den vorgegebenen Soll-Werten verglichen.

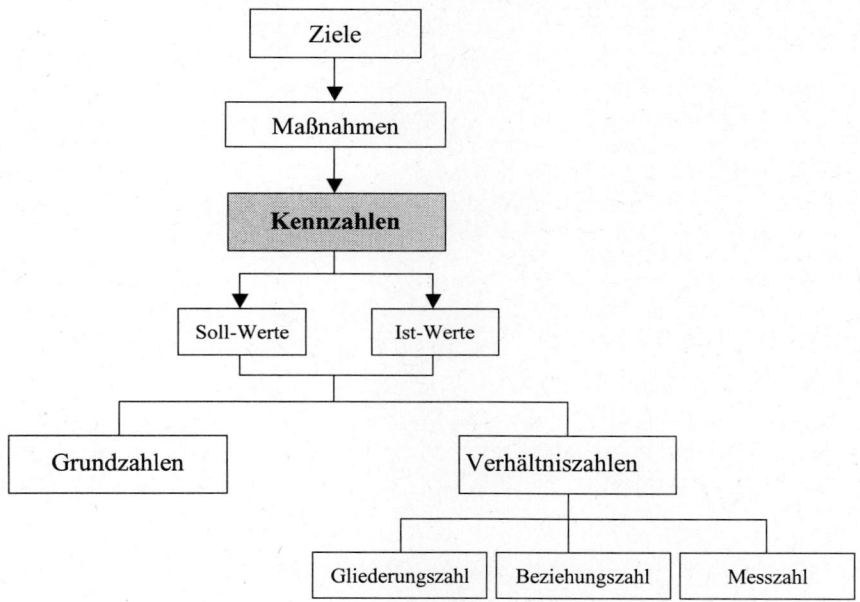

1.3.3 Ziele von Beschaffung und Lagerhaltung

Die Ziele von Beschaffung und Lagerhaltung (Materialwirtschaft) ergeben sich aus den Aufgaben für die Beschaffung und die Lagerhaltung. Diese Aufgaben lassen sich in zwei Bereiche zusammenfassen: **Einkauf und Logistik**.

Die Materialwirtschaft hat die Produktionsfaktoren zu beschaffen; in der Industrie z.B. Rohstoffe u.Ä., im Handel die Waren. Die für die Beschaffung zuständigen Abteilungen kaufen diese Faktoren ein; sie verfolgen dabei im Allgemeinen das Ziel, das Preis-Leistungs-Verhältnis zu optimieren; Zielgrößen sind demnach Kosten und Qualität. Dieser Aufgabenbereich soll als **Einkauf** bezeichnet werden.

Die Beschaffungskosten von Materialien und Waren sind in der Fertigung und im Handel von großer Bedeutung; sie beeinflussen in besonderem Maße die Gewinne der Unternehmen. Die Materialwirtschaft muss deshalb diese Kosten zu minimieren suchen. An die Funktionen, Haltbarkeit, Art, Verwendbarkeit u. Ä. der zu beschaffenden Materialien und Waren werden bestimmte Anforderungen gestellt. Diese Qualitätsanforderungen ergeben vor allem aus den Qualitätszielen der eigenen Produktion und den Kundenerwartungen; sie stehen evtl. im Zusammenhang mit einer bestimmten Marketingstrategie. Die Materialwirtschaft deshalb ihre Beschaffungsaktivitäten auch auf die Qualitätsziele ausrichten.

Die Materialwirtschaft zielt darauf ab, dass die Produktionsfaktoren in erforderlicher Qualität und Menge verfügbar sind, wenn die Leistungen erstellt werden sollen, d.h. wenn produziert wird bzw. (die mit Handelsleistungen versehenen) Waren im Handel angeboten werden (bedarfsgerechte körperliche Verfügbarkeit). Diese Aufgaben werden im Allgemeinen logistische Aufgaben genannt; der Aufgabenbereich soll deshalb als **Logistik** bezeichnet werden.

Zur Logistik der Materialwirtschaft gehören Beschaffungs- und Lagerhaltungslogistik. Die **Beschaffungslogistik** befasst sich mit den Aufgaben zur Planung, Steuerung des Material- und des Warenflusses; in einigen Aspekten besteht ein Zusammenhang mit dem Einkauf. Die **Lagerhaltungslogistik** befasst sich mit der Systematik der Lagerordnung, der Form der Kommissionierung, der Förderung von Material- und Waren usw.

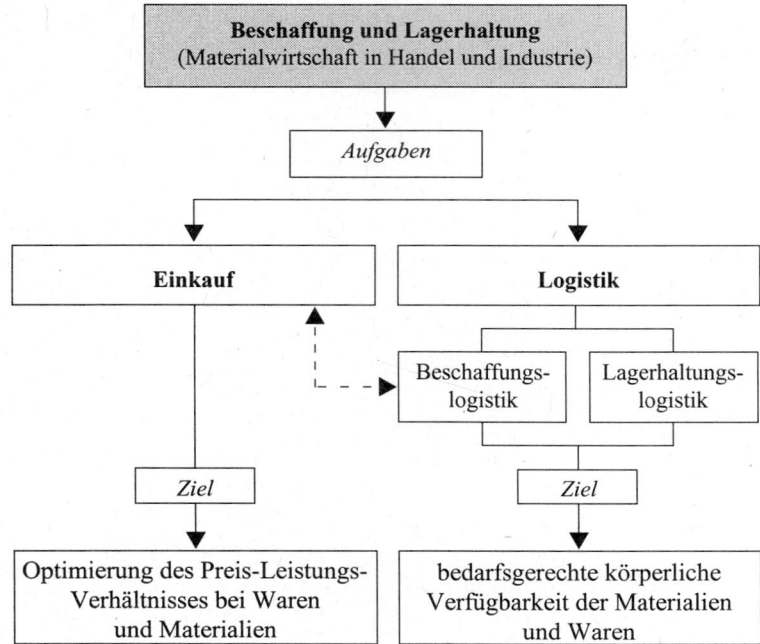

1.4 Balanced Scorecard

„Die Balanced Scorecard schafft einen Rahmen, eine Sprache, um Mission und Strategie zu vermitteln." So kennzeichnen die Autoren das von ihnen entwickelte Instrumentarium, mit dem die Unternehmensvision und die Unternehmensstrategie in ein geschlossenes **System von Leistungsmessungsfaktoren** übertragen werden können. Die Balanced Scorecard wurde aus der Einsicht heraus entwickelt, dass die Strategien eines Unternehmens nicht nur auf der finanziellen Perspektive beruhen dürfen, sondern vielmehr auch auf anderen Perspektiven, die für den Unternehmenserfolg von Bedeutung sind. Neben der Finanzperspektive berücksichtigt die Balanced Scorecard deshalb auch die Kunden-, die interne Prozess- sowie die Lern- und Entwicklungsperspektive.[3]

Im Mittelpunkt der Balanced Scorecard steht die **Vision** des Unternehmens. In der Vision drückt sich eine Wunschvorstellung des Unternehmens aus, sie wird als realisierbares, wenn auch nur vage formuliertes oberstes Ziel den Mitarbeitern vorgegeben. Die Mitarbeiter müssen bereit und in der Lage sein, das Ziel zu akzeptieren und die Zielvorstellung zu verinnerlichen. Folgendes Beispiel für eine Vision eines Kaufhausunternehmens wäre denkbar: *Breite und teilweise tiefe Sortimente in einer Vielzahl von Fachgeschäften an einem Standort (unter einem Dach).*

Aus einer Vision wird die **Mission** abgeleitet. In der „Mission" stellt ein Unternehmen seine Vision nach außen in prägnanter Form dar. Sie ist vor allem an die Kunden gerichtet. Für das Beispiel einer Vision eines Kaufhausunternehmens könnte die Vision folgendermaßen lauten: *Unser Kaufhaus bietet tausendfach alles unter einem Dach.*

Die Balanced Scorecard soll diese Mission mit angemessenen **Strategien** für konkrete Handlungen verbinden. Eine Unternehmensstrategie ist eine Grundsatzentscheidung, die alle Bereiche des Unternehmens berührt; sie ist auf Dauer angelegt.

Es erscheint sinnvoll, die Zielverfolgung und das Ausmaß der Zielerreichung nicht nur unter finanziellem Aspekt sondern ganzheitlich zu betrachten. Die Balanced Scorecard gestattet diese ganzheitliche Betrachtung durch die Berücksichtigung mehrerer **Perspektiven** (Blickwinkel, Betrachtungsweisen). Im ursprünglichen Konzept der Balanced Scorecard (Kaplan/Norton) werden die folgenden vier Perspektiven formuliert. (In der Praxis werden sie häufig lediglich als Grundlagen für die Formulierung eigener Perspektiven, die die spezifischen Gegebenheiten der Unternehmen berücksichtigen, genutzt.)

Die **Finanzperspektive** ist aus zwei Gründen die Hauptperspektive:

- Sie bietet die Möglichkeit zur Prüfung, ob die Verwirklichung der Unternehmensstrategie letztlich zur Verbesserung des Gesamtergebnisses führt bzw. geführt hat.

- Die anderen Perspektiven sind auf sie bezogen.

Die Kennzahlen der Finanzperspektive sind immer Rentabilitätskennziffern; sie haben zwei Funktionen; sie dienen zunächst der Messung der finanziellen Ziele, sie sind aber gleichzeitig auch Endziele der anderen Perspektiven.

---

[3] Kaplan, R. S und Norton, d. P.: Balanced Scorecard, Stuttgart 1997 (Übersetzung)

Für Kunden- bzw. Marktsegmente, die für die Gesamtstrategie von Bedeutung sind, werden strategische Ziele und Kennzahlen formuliert. Im Rahmen der **Kundenperspektive** wird verfolgt, ob und in welchem Umfang diese strategischen Ziele mit den geplanten Maßnahmen erreicht werden. Mit den Kennzahlen für die Kundenperspektive werden z.B. die Kundenzufriedenheit, die Kundenbindung u. dgl. gemessen.

Im Rahmen der **internen Prozessperspektive** geht es darum, die internen Prozesse zu finden und herauszustellen, mit denen die Ziele von Finanz- und Kundenperspektive am besten erreicht werden können.

Die **Lern- und Wachstumsperspektive** befasst sich mit der Infrastruktur, die erforderlich ist, um die Ziele der anderen Perspektiven zu erreichen. Zu dieser Infrastruktur zählen Qualifizierung, Motivation und Zielausrichtung der Mitarbeiter und ein leistungsfähiges Informationssystem.

Aus der Unternehmensstrategie werden **strategische Ziele** für die Perspektiven abgeleitet. Strategische Ziele verbinden – über entsprechende Maßnahmen – die strategische Ebene mit der Durchführungsebene (operationale Ebene). Zwischen den Zielen bestehen enge Zusammenhänge; sie sind voneinander abhängig und ergänzen sich gegenseitig bei der Zielerreichung. Diese Zusammenhänge zeigen sich in Ursache-Wirkung-Ketten, die in Wenn-dann-Aussagen ausgedrückt werden können. *Wenn z.B. der Datenaustausch zwischen einem SB-Markt und seinem Lieferanten so organisiert ist (Lern- und Wachstumsperspektive), dass der Markt – den Kundenwünschen entsprechend – immer verkaufsbereit ist,* **dann** *wird die Kundenzufriedenheit und damit auch die Kundenbindung gefördert (Kundenperspektive);* **wenn** *dadurch das Ziel der Kundenperspektive erreicht wird,* **dann** *wird der Umsatz steigen (Finanzperspektive).*

Die Festlegung entsprechender **Maßnahmen** soll dafür sorgen, dass die Ziele realisiert werden können.

Für die strategischen Ziele werden **Kennzahlen** ermittelt. Kennzahlen werden als Grundzahlen oder Verhältniszahlen vorgegeben; sie dienen vorrangig der weitergehenden Präzisierung der Ziele, die Zielsetzung soll eindeutig erkennbar werden. Sie dienen aber auch der Analyse und der Kontrolle. Allerdings steht die Kontrolle nicht im Vordergrund. Die Kennzahlen sollen von den betroffenen Mitarbeitern akzeptiert werden können; so dienen sie auch der Kommunikation und der Motivation.

Die Kennzahlen sind Indikatoren, und zwar entweder Spät- oder Frühindikatoren. Die **Spätindikatoren** geben Endergebnisse des gesamten Prozesses (oder größerer Abschnitte des Prozesses) an. Spätindikatoren sind z.B. Umsatz, Gewinn, Kundenzufriedenheit. **Frühindikatoren** sind vorlaufende Indikatoren Sie zielen auf die laufenden Vorgänge in frühen Phasen des Prozesses ab, die das Ergebnis am Ende des Prozesses (oder eines größeren Prozessabschnittes) bestimmen bzw. mitbestimmen; sie werden deshalb auch als **Leistungstreiber** bezeichnet. So könnte z.B. ein Frühindikator für den Spätindikator *Gesamtumsatz* der *Umsatz in einem bestimmten Sortimentsteil* sein.

In der folgenden Abbildung werden die Zusammenhänge zwischen den Elementen der Balanced Scorecard dargestellt.

1.4 Balanced Scorecard

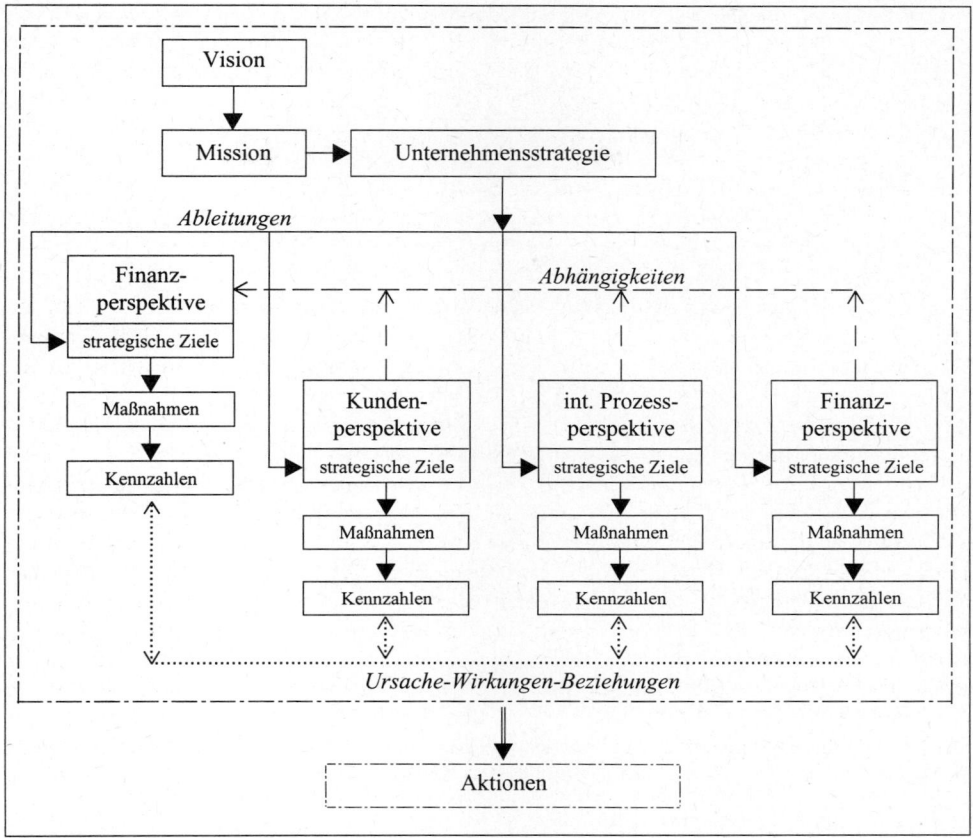

Abb. 1.12: Balanced Scorecard (schematische Darstellung)

Die **Vorteile** der Balanced Scorecard als Managementsystem sind offensichtlich. Sie drücken sich u.a. in folgenden Punkten aus.

- Die Balanced Scorecard bereitet die Umsetzung von Strategien in konkrete Handlungen vor.

- Durch die Einbeziehung mehrerer Perspektiven wird die ausschließliche Betrachtung des finanziellen Aspekts vermieden. Aber auch bei Berücksichtigung verschiedener Sichtweisen bleibt der Bezug auf die Finanzperspektive bestehen.

- Das Konzept der Balanced Scorecard gestattet die Anpassung der Perspektiven an unternehmensspezifische Gegebenheiten.

- Im Konzept der Balanced Scorecard ist die Beteiligung von Mitarbeitern auf verschiedenen Organisationsebenen, z.B. bei Zielfindungen, insbesondere bei der Ableitung von Bereichszielen, vorgesehen. Dadurch werden die Mitarbeiter motiviert.

- Die Identifikation der Mitarbeiter mit dem Unternehmen, seinen Zielen und Strategien, wird gefördert.

- Die Balanced Scorecard ist vorrangig ein Kommunikations- und Lernsystem.

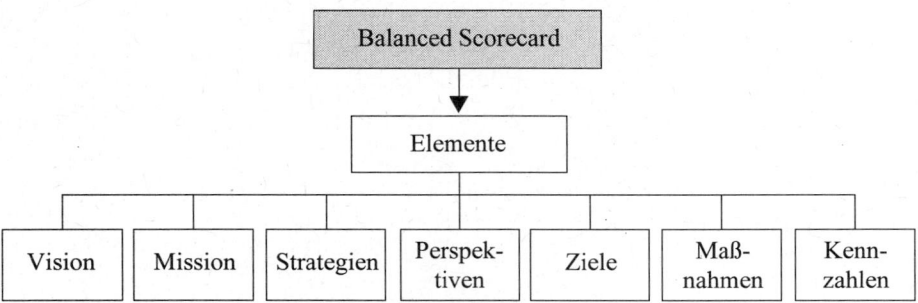

1.5 Lagerbuchführung

1.5.1 Aufgaben

Der Bestellpunkt (Meldebestand), von dem eingangs die Rede war, wurde von der Lagerbuchhaltung an die Einkaufsabteilung weitergegeben. Die Lagerbuchhaltung ist die Abteilung, die für die Lagerbuchführung zuständig ist.

Die Lagerbuchführung erfasst alle Lagerbewegungen. Gebucht werden die eingehenden und ausgehenden Waren nach Arten und Mengen (Fortschreibung der Lagerbewegungen). Die Fortschreibung ermöglicht damit, jederzeit den jeweiligen Bestand festzustellen und ihn so zu überwachen. Die Lagerbuchführung bildet auch die Grundlage für eine Kontrolle der gesamten Lagerwirtschaft.

1.5.2 Unterlagen und Verfahren

Die im Folgenden aufgeführten Papiere können Primär- oder Sekundärunterlagen für die Buchungen von Wareneingängen und -ausgängen sein.

Wareneingang

- *Lieferschein*; er ist der eingehenden Sendung beigefügt und dient primär der Kontrolle von Art und Menge der eingehenden Ware. Kontrolliert wird aber auch seine Übereinstimmung mit anderen Belegen der Buchführung. Bei bestimmten Verfahren reichen seine Angaben bereits für die Buchung aus;
- *Bestellsatzkopie*; auch die Durchschrift aus dem Bestellsatz (Mitteilung über Art und Umfang der Bestellung) dient zunächst der Kontrolle (z.B. der Richtigkeit anderer Belege, des Eingangstermins), damit aber auch der Richtigkeit der Buchung;
- *Rücklieferungsschein*; Beleg über zurückgesandte (zurückgenommene) Ware;
- *Eingangsrechnung* (Kopie); bei bestimmten Buchungsverfahren sind auch Angaben über Preise erforderlich, der Lieferschein reicht dann nicht für die Buchung.

1.5 Lagerbuchführung

Warenausgang

- *Lieferschein*; er wird der ausgehenden Sendung beigefügt. Er kann u.a. auch als Buchungsgrundlage dienen;

- *Versandorderkopie*; Kopien der Versandorder gehen (vom Verkauf) in das Lager und dienen dort als Unterlagen für die Kommissionierung (und evtl. Verpackung), Ausstellung der Packzettel und der Buchung des Warenausgangs;

- *Warenentnahmezettel*; er dient der Buchung eines Warenausgangs, der nicht (oder nicht unmittelbar) in den Versand geht, z.B. Entnahmen für den eigenen Verbrauch, bei Abholung durch Kunden.

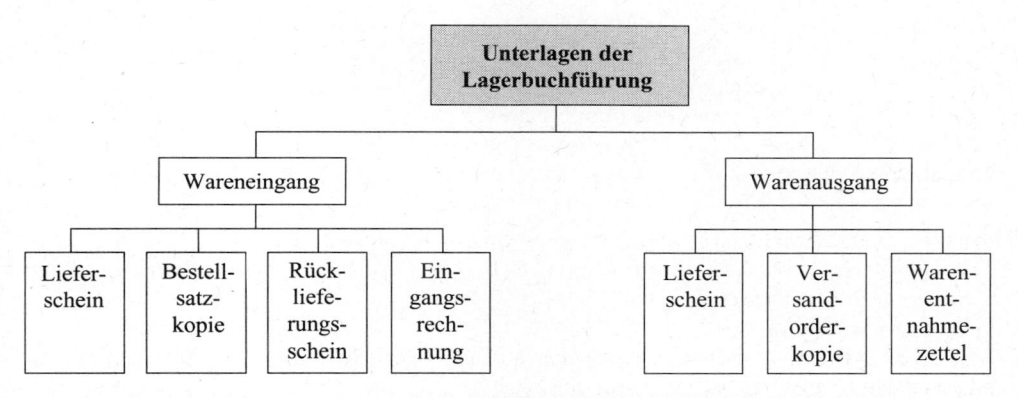

```
                    Unterlagen der
                    Lagerbuchführung
          ┌──────────────┴──────────────┐
      Wareneingang                 Warenausgang
   ┌────┬────┬────┐             ┌────┬────┐
Liefer- Bestell- Rück- Ein-   Liefer- Versand- Waren-
schein  satz-   liefe- gangs- schein  order-   ent-
        kopie  rungs- rech-           kopie    nahme-
               schein  nung                    zettel
```

Man unterscheidet die im Folgenden beschriebenen Verfahren der Lagerbuchführung. Welches Verfahren ein Unternehmen anwendet (oder überwiegend anwendet), ist abhängig davon, welche Ziele die Buchführung erfüllen und welche Informationen sie liefern soll.

Beim **Fachkartenverfahren** werden am jeweiligen Lagerort die einzelnen Warenkarten (Lagerfachkarten) geführt. In diesen Lagerfachkarten werden die Bestandsbewegungen mengenmäßig erfasst. Grundlagen der Buchungen sind z.B. Lieferscheine, Wareneingangsmeldungen, Entnahmescheine, Orderkopien u.ä.

Die Lagerkarten für jede Warenart können aber auch zentral in einer Kartei geführt werden. Die Bestandsveränderungen werden dann i.d.R. nicht nur mengen-, sondern auch wertmäßig erfasst. Für dieses Verfahren hat sich die Bezeichnung **Kontenverfahren** durchgesetzt.

Das **EDV-Verfahren** löst heute andere Verfahren weitgehend ab. Bei diesem Verfahren werden die im Lager erfassten Daten über Zu- und Abgänge an ein Rechenzentrum übermittelt. Die Überlegenheit dieses Verfahrens liegt in der Planung und Organisation der Beschaffung, des Lagers und des Absatzes erforderlichen schnellen und zentralen Zugangs zu den Lagerdaten.

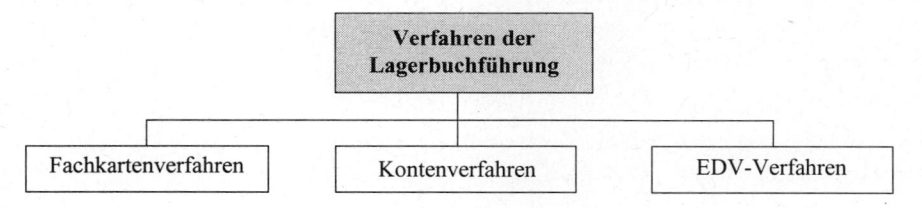

```
              Verfahren der
              Lagerbuchführung
       ┌──────────┼──────────┐
Fachkartenverfahren  Kontenverfahren  EDV-Verfahren
```

1.5.3 Verhältnis zur Hauptbuchführung

Die Lagerbuchführung ist eine sog. **Nebenbuchführung**. Nebenbücher sind Hilfsbücher der kaufmännischen Buchführung. Dadurch wird ihr Verhältnis zur Hauptbuchführung bestimmt: Nebenbücher sollen das Hauptbuch durch ergänzende Informationen erläutern.

Die Lagerbuchführung dient der Ergänzung der Finanzbuchhaltung. Diese Aufgabe hat sie mit andern Nebenbüchern des Warenverkehrs gemeinsam, z.B. mit Kunden- und Lieferantenkarteien oder mit dem Wareneingangsbuch. Sie erläutern die Bewegungen auf den Warenkonten. Ihre Angaben müssen deshalb mit den Werten auf den Hauptbuchkonten übereinstimmen, aber auch mit den entsprechenden Angaben in den anderen Nebenbüchern.

Der Zusammenhang zwischen Lagerbuchführung und der Hauptbuchführung wird besonders deutlich beim Jahresabschluss. Mit Hilfe des Warenschlussbestandes am Jahresende wird der Warenumsatz zu Einstandspreisen ermittelt, der wiederum für die Ermittlung des Rohgewinns erforderlich ist. Dieser Warenschlussbestand am Jahresende kann u.U. den Unterlagen der Lagerbuchführung entnommen werden. Darum müssen die Methoden der Lagerbuchführung in gleichem Maße den Grundsätzen ordnungsmäßiger Buchführung entsprechen wie die der Hauptbuchführung.

1.6 Lagerbestand

1.6.1 Lagerbestandsermittlung (Inventur)

§ 240 HGB schreibt dem Kaufmann vor, dass er für das Ende jedes Geschäftsjahres sein gesamtes Vermögen und seine Schulden in einer Aufstellung erfasst; die Vermögensgegenstände sind dabei zu bezeichnen und zu bewerten. Dazu müssen auch die Warenbestände zu diesem Stichtag (Jahresende) ermittelt und bewertet werden. Die Bestände werden deshalb gezählt, gewogen und gemessen, d.h. es findet eine körperliche Bestandsaufnahme statt, die bekanntlich gerade in Handelsbetrieben häufig Probleme aufwirft.

Diese Bestandsaufnahme bezeichnet man als **Inventur**, da sie zu einem Stichtag vorgenommen wird, als **Stichtagsinventur**. Das Ergebnis der Inventur, das Verzeichnis der aufgenommenen Vermögens- und Schuldenteile, ist das Inventar (vgl. § 240 HGB).

Ursprünglich war nur die Stichtagsinventur als Inventur zugelassen. Ihre Vorteile liegen in ihrer zeitlich engen Beziehung zur Bilanzierung. Die Erstellung der Bilanz kann unmittelbar an ein Inventar anschließen, das sich aus einer gerade abgeschlossenen körperlichen Bestandsaufnahme ergeben hat. Man sagt ihr auch besondere Genauigkeit nach. Das kann aber nur für Betriebe gelten, deren Lagerbuchführung keine anderen (ordnungsmäßiger Buchführung entsprechenden) Verfahren zur Feststellung der Bestände anwendet bzw. anwenden kann, also für kleine Betriebe und vor allem für Einzelhandelsbetriebe.

Gerade Einzelhandelsbetriebe machen auch die Nachteile der Stichtagsinventur deutlich. Sie führt nämlich zu erheblicher Arbeitsanhäufung zu bestimmten Zeiten und gelegentlich zu Betriebsunterbrechungen an Inventurtagen.

Nachteilig kann auch sein, dass ungeschultes Personal für die Inventur eingesetzt werden muss.

Die Stichtagsinventur, d.h. die körperliche Bestandsaufnahme zum Geschäftsjahresschluss, kann nach § 241 Abs. 3 HGB unter bestimmten Bedingungen entfallen. Die Bestände und ihre Werte müssen dann allerdings zum Geschäftsjahresschluss durch andere Verfahren, die den Erfordernissen ordnungsmäßiger Buchführung entsprechen, festgestellt werden. Die Fortschreibungen im Rahmen der beschriebenen Verfahren erlauben diese genaue Festlegung der Bestände zum Stichtag: Ein ermittelter Bestand wird um entsprechende Zu- und Abgänge vermehrt bzw. vermindert (Skontration), so dass sich der neue Bestand ergibt. Der sich so zum Stichtag ergebende Bestand wird bewertet. Bei entsprechender Organisation der Verfahren ist der jeweilige Bestand immer (zumindest mengenmäßig) feststellbar.

Diese Art der Inventur bezeichnet man als **permanente Inventur.** Die permanente Inventur ist also eine Inventur durch Skontration. Erforderlich ist jedoch, dass durch eine körperliche Bestandsaufnahme mindestens einmal im Jahr die Buchbestände überprüft werden; diese Aufnahme muss aber nicht mehr zum Schluss des Geschäftsjahres erfolgen.

Beim Abschluss müssen allerdings die Bestände mit Mengen und Werten aufgelistet sein. Dieser Teil des Inventars zum Jahresabschluss kann entfallen; es genügt, wenn ein besonderes Inventar vorliegt, das aus einer körperlichen Bestandsaufnahme stammt, die in dem Zeitraum von drei Monaten vor und zwei Monaten nach dem Stichtag durchgeführt wurde.

Vorgeschrieben ist **eine** körperliche **Bestandsaufnahme im Jahr.** Viele Betriebe führen aber häufiger solche Überprüfungen der Buchbestände durch. Einzelne Betriebe nehmen Bestände von A-Gütern und von Gütern mit hoher Umschlagshäufigkeit bis zu zwölfmal im Jahr auf.

Die Vorteile der permanenten Inventur liegen auf der Hand. Die Bestandsaufnahmen werden in unterschiedlicher Häufigkeit und zwar bei Bedarf durchgeführt. Die Arbeitsanhäufungen lassen sich so besser steuern. Zusätzliche Kontrollen werden dadurch erreicht, dass die Bestandsaufnahmen in unregelmäßigen Abständen angesetzt werden. Häufig stehen dafür geschulte, spezialisierte Mitarbeiter zur Verfügung.

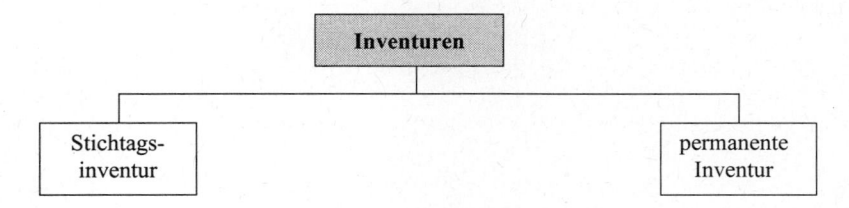

```
                    Inventuren
                   /          \
         Stichtags-           permanente
         inventur             Inventur
```

1.6.2 Bestandsbewertung

Ein einfaches, aus der Buchführung bekanntes Beispiel vermag die Bedeutung der Bestandsbewertung zu veranschaulichen. Mit Hilfe des bewerteten Inventurbestandes wird zum Ende des Geschäftsjahres der Warenumsatz zu Einstandspreisen (Wareneinsatz) ermittelt. Er ergibt sich, wenn von der Summe aus Anfangsbestand und Zugängen der Schlussbestand abgezogen wird. Die Höhe des Wertansatzes für den Schlussbestand wirkt sich entsprechend auf den Wert des

Wareneinsatzes aus: Bei einer hohen Bewertung des Schlussbestandes ergibt sich ein niedriger Wert des Wareneinsatzes (und umgekehrt). Der Wert des Wareneinsatzes beeinflusst wiederum die Höhe des Warenrohgewinns und damit auch des Reingewinns. Da zudem der Schlussbestand eines Jahres mit dem Anfangsbestand des Folgejahres identisch ist, zeigt sich auch der Einfluss seiner Bewertung auf die entsprechenden Berechnungen des Folgejahres. Zur Verdeutlichung das folgende vereinfachte Zahlenbeispiel:

S	Wareneinkaufskonto		H
Anfangsbestand	100.000,— €	80.000,— €	Schlußbestand lt. Inventur
Zugänge	200.000,— €	220.000,— €	Wareneinsatz
	300.000,— €	300.000,— €	

S	Warenverkaufskonto		H
Wareneinsatz	220.000,— €	310.000,— €	Umsatz
Rohgewinn	90.000,— €		
	310.000,— €	310.000,— €	

Die Bewertung des Warenbestandes hat also mittelbaren Einfluss auf den Rohgewinn und auf entsprechende Berechnungen des Folgejahres.

Der Gesetzgeber, vor allem der Steuergesetzgeber, nimmt über verschiedene Vorschriften Einfluss auf die Bewertung.

1.6.2.1 Grundsätze der Bewertung

Grundsätzlich gilt die Forderung nach einer **Einzelbewertung**. Die einzelnen Teile des Gesamtbestandes sind zu erfassen und zu bewerten.

Sammelbewertung (Pauschalbewertung) ist jedoch zulässig, wenn eine Einzelbewertung nicht möglich ist. Voraussetzung ist, dass die zu bewertenden Waren gleichartig und vertretbar sind.

Die Bestände müssen i.d.R. zu ihren Anschaffungskosten bewertet werden. Hinzu kommt jedoch folgender Grundsatz: Bestehen für einen Bestand zwei Werte, nämlich Anschaffungs- und Tageswert, so ist der niedrigere Wert anzusetzen. Diesen wichtigen Bewertungsgrundsatz nennt man **Niederstwertprinzip.**

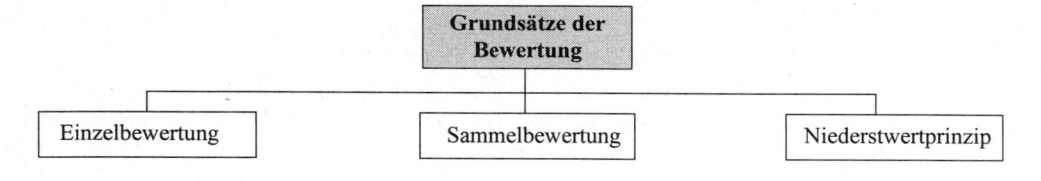

```
                    ┌─────────────────────┐
                    │  Grundsätze der     │
                    │    Bewertung        │
                    └──────────┬──────────┘
         ┌─────────────────────┼─────────────────────┐
┌────────┴────────┐   ┌────────┴────────┐   ┌────────┴────────┐
│ Einzelbewertung │   │ Sammelbewertung │   │Niederstwertprinzip│
└─────────────────┘   └─────────────────┘   └─────────────────┘
```

1.6.2.2 Verfahren der Bewertung

Als Ansätze für die Bewertung sieht das EStG in § 6 die Anschaffungskosten, die Herstellungskosten oder den Teilwert vor. Die Anschaffungskosten ergeben sich als Einkaufspreis abzüglich Rabatt und Skonto zuzüglich Bezugskosten. *„Teilwert ist der Betrag, den ein Erwerber des ganzen Betriebes im Rahmen des Gesamtpreises für das einzelne Wirtschaftsgut ansetzen würde; dabei ist davon auszugehen, dass der Erwerber den Betrieb fortführt"* (§ 6 Abs. 1 Ziff. 1 EStG).

Die Bewertung von Warenbeständen nach diesen relativ einfachen Vorschriften stößt aber auf Schwierigkeiten, wenn Sammelbewertungen erforderlich sind. Häufig stammen Waren aus verschiedenen Lieferungen, sie werden aber nicht getrennt, sondern vielmehr vermischt gelagert.

Zur Lösung dieses Bewertungsproblems hat die Betriebswirtschaftslehre einige Verfahren entwickelt (vgl. § 256 HGB).

Bewertung zum Buchbestandspreis

Der Buchbestandspreis ist ein Durchschnittspreis. Er ergibt sich als gewogenes arithmetisches Mittel aus den Mengen und Werten von Anfangsbestand und Einkäufen.

	Menge in kg	Einstandspreis je kg in €	Wert in €
Anfangsbestand	300	10,—	3.000,—
Einkauf	400	15,—	6.000,—
Einkauf	150	17,50	2.625,—
Einkauf	225	20,—	4.500,—
	1.075		16.125,—

Tab. 1.4: Buchbestandspreis

$$\text{Durchschnittspreis} = \frac{16.125}{1.075} = 15 \ (15,-€)$$

Der Buchbestandspreis ist 15,– €. Ein Schlussbestand von 500 kg würde demnach mit 7.500,– € anzusetzen sein. Der Bestand ist aber nur dann mit diesem Preis zu bewerten, wenn der Tageswert nicht niedriger ist.

Bei der Bewertung nach Eingangsdurchschnittspreisen wird ähnlich verfahren; jedoch wird in die Berechnung der Anfangsbestand nicht einbezogen.

In einer modifizierten Form des dargestellten Verfahrens wird der Durchschnittspreis nach jeder Bestandsveränderung ermittelt (gleitende Durchschnittspreise). Nicht nur die Zugänge (mit den Einstandspreisen), sondern auch die Abgänge (mit den ermittelten Durchschnittspreisen) werden bei der Berechnung berücksichtigt:

Beispiel:

	Menge in kg	Einstandspreis je kg in €	Wert in €
Anfangsbestand	300	10,—	3.000,—
Einkauf	400	15,—	6.000,—
Bestand	700	12,86	9.000,—
Verkauf	450	12,86	5.787,—
Bestand	250	12,85	3.213,—
Einkauf	150	17,50	2.625,—
Bestand	400	14,60	5.838,—
Verkauf	125	14,60	1.825,—
Bestand	275	14,59	4.013,—
Einkauf	225	20,—	4.500,—
Bestand	500	17,03	8.513,—

Tab. 1.5: Gleitende Durchschnittspreise

Anmerkung zur Rechnung: Der Anfangsbestand von 300 kg wird mit 10,- € bewertet, dieser Einstandspreis ergibt sich aus dem Vorjahr. Die Bewertung ergibt 3.000,- €. Der Einkauf von 400 kg wird mit 15,- € bewertet, dieser Preis ergibt sich aus der Rechnung, Wert: 6.000,- €. Der sich ergebende Bestand von 700 kg wird mit einem Durchschnittspreis bewertet, der folgendermaßen errechnet wird:

$$\frac{3.000 + 6.000}{300 + 400} = \frac{9.000}{700} = 12,86 \text{ €}$$

Mit diesem Preis wird auch der folgende Verkauf von 450 kg bewertet, Wert 5.787,- €.

Wenn der Tageswert nicht niedriger als 17,03 € je kg ist, wird der Schlussbestand von 500 kg mit 8.513,- € bewertet.

Das Verfahren mit gleitenden Durchschnittspreisen ist genauer als das reine Buchbestandspreisverfahren. Beide entsprechen den Grundsätzen ordnungsgemäßer Buchführung (Einschränkungen gibt es bei hohen Preisschwankungen). Sie sind auch steuerrechtlich zulässig. Da sie zudem relativ leicht zu handhaben sind, werden sie besonders häufig angewandt.

Bewertung nach dem Fifo-Verfahren

Bei dem Fifo-Verfahren wird unterstellt, dass die zuerst beschafften Waren auch zuerst verkauft werden („fifo" = Abkürzung für first in - first out). Das bedeutet, dass die noch nicht verkauften Waren - der Bestand - auch die zuletzt eingekauften Waren sind. Dieser Bestand ist deshalb auch zu den Einstandspreisen der zuletzt gekauften Waren zu bewerten.

1.6 Lagerbestand

Beispiel:

	Menge in kg	Einstandspreis je kg in €	Wert in €
Anfangsbestand	300	10,—	3.000,—
1. Einkauf	400	15,—	6.000,—
2. Einkauf	150	17,50	2.625,—
3. Einkauf	225	20,—	4.500,—

Tab. 1.6: Fifo-Verfahren

Der Schlussbestand wird mit 500 kg ermittelt. Dieser Bestand hat einen Wert von 9.000,— €. Der Wert ergibt sich nach folgender Rechnung:

225 kg zu 20,— € (vgl. 3. Einkauf), Wert: 4.500,— €
150 kg zu 17,50 € (vgl. 2. Einkauf), Wert: 2.625,— €
125 kg zu 15,— € (vgl. 1. Einkauf), Wert: 1.875,— €

500 kg Wert nach dem Fifo-Verfahren   9.000,— €

Das HGB sieht dieses Verfahren ausdrücklich vor (vgl. § 256 HGB). Es entspricht bei sinkenden Preisen den Grundsätzen vorsichtiger Bewertung. Diese Grundsätze werden jedoch bereits gebrochen, wenn der zu bewertende Bestand, der Inventurbestand, mengenmäßig größer ist als die zuletzt gekaufte(n) Menge(n). Auch bei steigenden Preisen könnte das Fifo-Verfahren angewandt werden, wenn der Inventurbestand nicht größer ist als die zuletzt gekaufte Warenmenge.

Das Einkommensteuerrecht gestattet die Anwendung des Fifo-Verfahrens nicht. Es ist nur ausnahmsweise dann zulässig, wenn die angenommene Reihenfolge der Entnahmen - „first in, first out" - nachweislich der tatsächlichen entspricht.

Bewertung nach dem Lifo-Verfahren

Bei Anwendung des Lifo-Verfahrens wird angenommen, dass die zuletzt eingekauften Waren zuerst verkauft wurden („lifo" = Abkürzung für last in - first out). So kann unterstellt werden, dass sich der ermittelte Bestand (Inventurbestand) aus dem Anfangsbestand und evtl. aus den zuerst gekauften Warenmengen zusammensetzt. Der Bestand ist deshalb mit den Preisen des Anfangsbestands und - wenn er höher ist als der Anfangsbestand - mit den Preisen der ersten Einkäufe zu bewerten.

Zur Verdeutlichung wird das Beispiel auf Seite 42 fortgeführt. Bei Bestandsaufnahme ergab sich ein mengenmäßiger Schlussbestand von 500 kg. Dieser Bestand hat einen Wert von 6.000,- €. Der Wert ergibt sich nach folgender Rechnung:

300 kg zu 10,— € (vgl. Anfangsbestand), Wert: 3.000,— €
200 kg zu 15,— € (vgl. 1. Einkauf), Wert: 3.000,— €

500 kg Wert nach dem Lifo-Verfahren   6.000,— €

Handelsrechtlich ist dieses Verfahren zulässig (vgl. § 256 HGB). Aber nur dann, wenn die Preise steigen; bei sinkenden Preisen verstößt die Anwendung gegen das Niederstwertprinzip. Die Ausführungen der Beispiele für Lifo- und Fifo-Verfahren zeigt die Überlegenheit des Lifo-Verfahrens bei steigenden Preisen.

Ausnahmsweise ist das Lifo-Verfahren auch steuerrechtlich anwendbar, wenn der Steuerpflichtige entsprechende Lagerbewegungen nachweist. Bei manchen Lagern kann der Nachweis relativ problemlos geführt werden, dann nämlich, wenn die Entnahmen nicht anders möglich sind (z.B. Kieslager im Baustoffhandel).

Bewertung nach dem Hifo-Verfahren

Die Anwendung der Hifomethode setzt die Annahme voraus, dass die am teuersten eingekauften Waren zuerst verkauft wurden. Der Bestand ist deshalb mit den Einstandspreisen der billiger eingekauften Waren zu bewerten.

Bei steigenden Preisen bestehen handelsrechtlich keine Bedenken gegen die Anwendung dieses Verfahrens. Es berücksichtigt in besonderem Maße das Niederstwertprinzip. (Nach den Zahlen des Beispiels auf Seite 43 entspricht es dem Lifo-Verfahren).

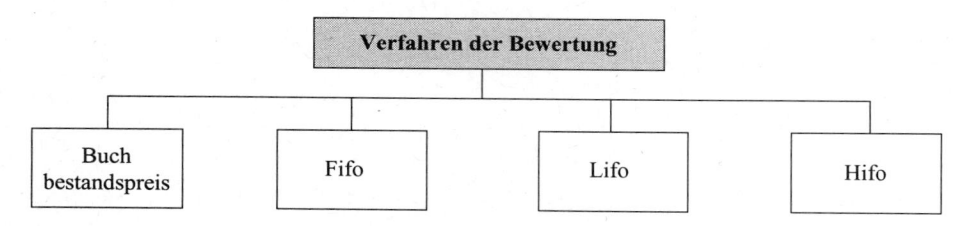

```
                    Verfahren der Bewertung
         ┌──────────────┬──────────────┬──────────────┐
    Buch           Fifo           Lifo           Hifo
 bestandspreis
```

1.7 Lagerhaltungskosten

Lagerhaltung ist teuer. Bei Waren- und Materiallagerungen, d.h. bei materialwirtschaftlichen Vorgängen, entstehen in großem Umfang Kosten. Als Beispiele können die folgenden Angaben dienen. Unternehmen der Logistikbranchen nehmen die Kosten der Materialwirtschaft mit folgenden Werten an (mitgeteilt von Fa. Wittek GmbH).

Branche	Kosten in v.H. vom Umsatz (ca.)
Maschinenbau	16
Holz, Textil	19
Papier	24
Chemische Industrie	30
Metall	36
Nahrungsmittel	40

Tab. 1.7: Lagerhaltungskosten in v.H. vom Umsatz in einzelnen Branchen

1.7 Lagerhaltungskosten

Folgende **Kostenarten** zählen zu den Lagerkosten:

Raumkosten: Abschreibungen, Instandhaltung, Versicherung, Energie etc.;

Personalkosten: Löhne, Sozialaufwendungen etc;

Risikokosten: Versicherungen, Abschreibungen, Schwund, Verderb, Veralterung, Preisschwankungen.

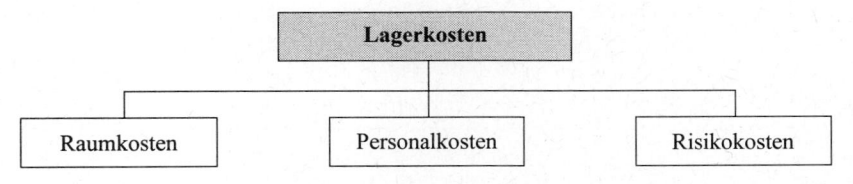

```
                    Lagerkosten
          ┌─────────────┼─────────────┐
     Raumkosten    Personalkosten   Risikokosten
```

Aus den Lagerkosten ergibt sich der Lagerkostensatz. Er bezieht die Lagerkosten in einem Vom-Hundert-Satz auf den mit den Einstandspreisen bewerteten durchschnittlichen Lagerbestand. Die Summe der bei Lagerung anfallenden Kosten bezeichnet man als **Lagerkosten** (K_L), unter **Lagerkostensatz** (q_L) ist der prozentuale Anteil der Lagerkosten am durchschnittlichen Lagerbestand zu verstehen.

$$K_L = \text{Summe aller Lagerkosten}$$

$$q_L = \frac{K_L}{dLb}$$

Zinskosten sind kalkulatorische Kosten. Die Lagerhaltung bindet Kapital, das bedeutet Entgang von Zinsgewinn. Bei hohem Bestand, d.h. hoher Kapitalbindung durch die Lagerhaltung, ist der Zinsentgang auch hoch. Die Zinskosten (K_Z) sind also abhängig von der Höhe des Bestandes.

$$K_Z = dLb \cdot i \quad (i = \text{Zinssatz})$$

Die **Lagerhaltungskosten** ergeben sich als Summe aus Lager- und Zinskosten.

$$K_{Lh} = K_L + K_Z$$

Daraus folgt für den Kostensatz der Lagerhaltung:

$$q_{Lh} = q_L + i$$

Wenn bei einem durchschnittlichen Lagerbestand von z.B. 50.000,– € der Kostensatz der Lagerhaltung 9 % beträgt, ergeben sich als Lagerhaltungskosten

$$K_{Lh} = 50.000 \cdot 0{,}09 = 4.500 \; €$$

Der hier dargestellte Zusammenhang zeigt, wie die Höhe der Lagerhaltungskosten über den Kostensatz der Lagerhaltung vom Bestand abhängt. Bei steigendem Bestand nehmen die Lagerhaltungskosten (proportional) zu.

Der beschriebene Sachverhalt lässt sich auch grafisch darstellen:

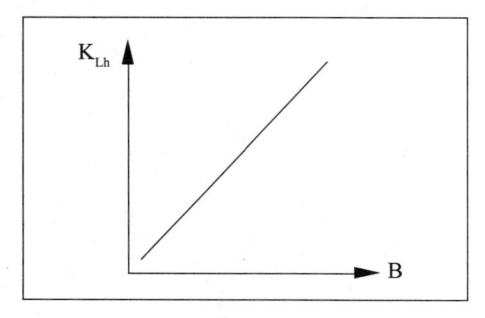

Abb. 1.14: Lagerhaltungskosten

1.8 Analyseinstrumente

1.8.1 A-B-C-Analyse

Für Organisation und Planung im Zusammenhang mit Beschaffung und Lagerung interessieren den Kaufmann nicht nur die Kennziffern und der Kostensatz der Lagerhaltung. Ihre genauen Werte sind für kleinere und mittlere Betriebe ohnehin schwer zu ermitteln. Häufig genügen allgemeine Kenntnisse der mit Zahlen verbundenen Zusammenhänge; diese bilden bereits eine für den Bedarf vieler Unternehmen ausreichende Grundlage für planerische Überlegungen. Ähnliches lässt sich auch für die sog. A-B-C-Analyse sagen.

Der **A-B-C-Analyse** liegt ein einfacher Gedanke zugrunde. Erfahrungsgemäß hat ein Kaufmann sehr wichtige (wertvolle), weniger wichtige und nebensächliche, eher unwichtige Artikel zu beschaffen und zu lagern. Er könnte für diese drei erkennbar unterschiedlichen Artikelgruppen eine Einteilung in drei Kategorien vornehmen (A, B, C), für die er die verschiedenen Aktivitäten bei Beschaffung, Lagerung usw. in unterschiedlichem Umfang einsetzt: Bei Artikeln der Kategorie A in großem Umfang, bei Artikeln der Kategorie C in geringerem.

Kriterien für die Einteilung in die Kategorien A, B und C sind **mengen- und wertmäßiger Anteil** am Umsatz.

- Artikel der Kategorie A sind mengenmäßig relativ gering, wertmäßig aber relativ stark am Umsatz beteiligt (z.B. könnte der Mengenanteil 10 % und der Wertanteil 60 % betragen).
- Artikel der Kategorie B haben einen mittleren Mengen- und Wertanteil (z.B. wären Anteile von jeweils 30 % denkbar).
- Bei Artikeln der Kategorie C entspricht einem relativ hohen mengenmäßigen Anteil ein relativ geringer Wertanteil (z.B. Mengenanteil: 60 %, Wertanteil: nur 10 %).

Der hier beschriebene Sachverhalt lässt sich mit den beispielhaft angegebenen Zahlen grafisch in einer Konzentrationskurve darstellen (vgl. Abb. 1.15). Die Zeichnung zeigt, dass sich eine A-B-C-Analyse und damit auch ihre Anwendung in der Planung lohnen könnten: Wert und Mengen der Artikel sind ungleich verteilt, auf einen relativ geringen Mengenanteil entfällt ein hoher Wertanteil (A) und auf einen hohen Mengenanteil (bei C) entfällt ein geringer Wertanteil. Je

1.8 Analysen der Materialien

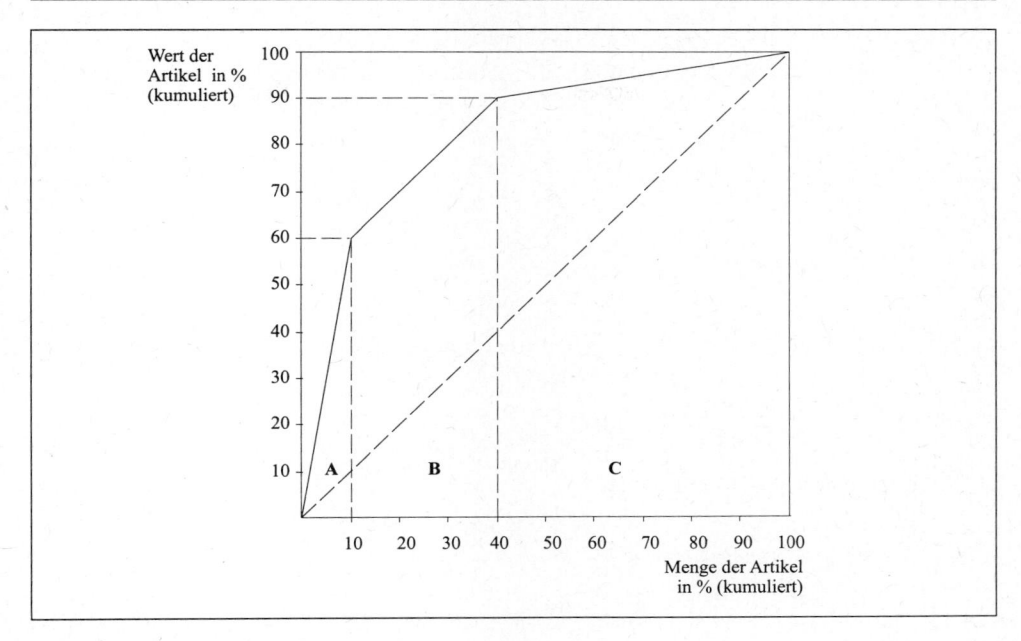

Abb. 1.15: Konzentrationskurve

weiter die Konzentrationskurve von der Diagonalen entfernt verläuft, desto stärker ist die Konzentration von hohen Wertanteilen auf geringe Mengenanteile. Auf die Analyse könnte verzichtet werden, wenn die Konzentrationskurve sehr nahe bei der Diagonalen läge, d.h. bei Gleichverteilung von Mengen und Werten.

In ähnlicher Weise lassen sich auch die Lieferanten einteilen. Lieferanten der Kategorie A sind zahlenmäßig gering, mit ihnen wird aber der größte Teil der Einkäufe abgewickelt. Auf sie müssten sich deshalb die Beschaffungsaktivitäten konzentrieren.

Eine grobe Einteilung seiner Artikel und Lieferer kann dem Kaufmann für seine Rationalisierungsarbeit nützlich sein. Auch wenn er darauf verzichten muss, die Analyse differenziert durchzuführen, hilft ihm die Anwendung ihres Grundgedankens, Schwerpunkte bei Planung und Organisation von Beschaffungs- und Lagerproblemen zu bilden und aufwendige Aktivitäten zu vermeiden, wenn diese wirtschaftlich unangemessen sind.

Das folgende Beispiel soll darstellen, wie eine A-B-C-Analyse durchzuführen ist. Die Reihenfolge der einzelnen Schritte der Analyse zeigt folgendes Schema:

1. **Erfassung des Materials**
   Der Jahresbedarf der einzelnen Artikel in kg, Stück etc. wird angegeben mit ihren Preisen, danach wird der Jahresbedarf bewertet.

2. **Sortierung des Materials**
   Nach dem Wert des Jahresbedarfs werden die Artikel in eine Rangordnung gebracht.

3. **Berechnungen**
   Die prozentualen Anteile der einzelnen Artikel am Jahresbedarf sind zu errechnen für Mengen und Werte; diese Anteile werden kumuliert.

4. Auswertung
Die Wertgruppen werden ermittelt, d.h. die Artikel werden den drei Kategorien zugeordnet gemäß ihrem Mengen- und Wertanteil. Evtl. ist eine Zeichnung anzufertigen.

5. Analyse
Die Ergebnisse werden beschrieben und auf ihre Anwendung bei Beschaffung und Lagerung organisiert.

Ausführung des Beispiels:

In Tab. 1.8 wird der Jahresbedarf in Stück je Artikel mit den entsprechenden Stückpreisen aufgenommen, in einer weiteren Spalte wird der ermittelte Wert des Jahresbedarfs erfasst. Nach der Höhe dieses Wertes werden den Artikeln Rangplätze zugeordnet (letzte Spalte).

Artikel Nr.	Jahresbedarf in Stück	Preise je Stück	Jahresbedarf in €	Rangplatz
101	100	400,—	40.000,—	1
102	10.500	1,50	15.750,—	4
103	1.000	30,—	30.000,—	2
104	600	7,—	4.200,—	6
105	600	5,—	3.000,—	7
106	300	9,—	2.700,—	8
107	210	10,—	2.100,—	9
108	40	462,50	18.500,—	3
109	15.000	0,75	11.250,—	5
110	1.000	1,—	1.000,—	10

Tab. 1.8: ABC-Analyse – Ausgangsdaten

In Tab. 1.9 werden die Artikel nach diesen Rangplätzen geordnet. Diese Tabelle nimmt auch den Jahresbedarf in Mengen und Werten auf und zeigt jeweils die absoluten und relativen Zahlen. Die relativen Zahlen werden außerdem kumuliert. In der letzten Spalte werden die Kategorien (Wertgruppen) angegeben.

Rangplatz	Artikel Nr.	Jahresbedarf (Mengen)			Jahresbedarf (Werte)			Wertgruppe
		in Stück	in Prozent	in Prozent kumuliert	in € je Artikel	in Prozent	in Prozent kumuliert	
1	101	100	0,34	0,34	40.000,—	31,13	31,13	A
2	103	1.000	3,41	3,75	30.000,—	23,35	54,48	A
3	108	40	0,13	3,88	18.500,—	14,40	68,88	B
4	102	10.500	35,78	39,66	15.750,—	12,26	81,14	B
5	109	15.000	51,11	90,77	11.250,—	8,75	89,89	C
6	104	600	2,04	92,81	4.200,—	3,27	93,16	C
7	105	600	2,04	94,85	3.000,—	2,33	95,49	C
8	106	300	1,02	95,87	2.700,—	2,10	97,59	C
9	107	210	0,72	96,59	2.100,—	1,63	99,22	C
10	110	1.000	3,41	100,00	1.000,—	0,78	100,00	C
		29.350	100,00		128.500,—	100,00		

Tab. 1.9: ABC-Analyse – Aufbereitung der Daten

1.8 Analysen der Materialien

Die Auswertung in Tab. 1.10 zeigt die Zuordnung der Artikel zu den Kategorien A, B, C und die Wert- und Mengenanteile je Kategorie (Wertgruppe). Mit den Anteilswerten wird eine Konzentrationskurve gezeichnet (Abb. 1.16).

Wertgruppe	Artikel	Anteile am Jahresbedarf in	
		Mengen	Werten
A	101, 103	3,75 %	54,48 %
B	108, 102	35,91 %	26,66 %
C	109, 104, 105, 106, 107, 110	60,34 %	18,86 %

Tab. 1.10: ABC-Analyse – Zusammenfassung in Wortgruppen

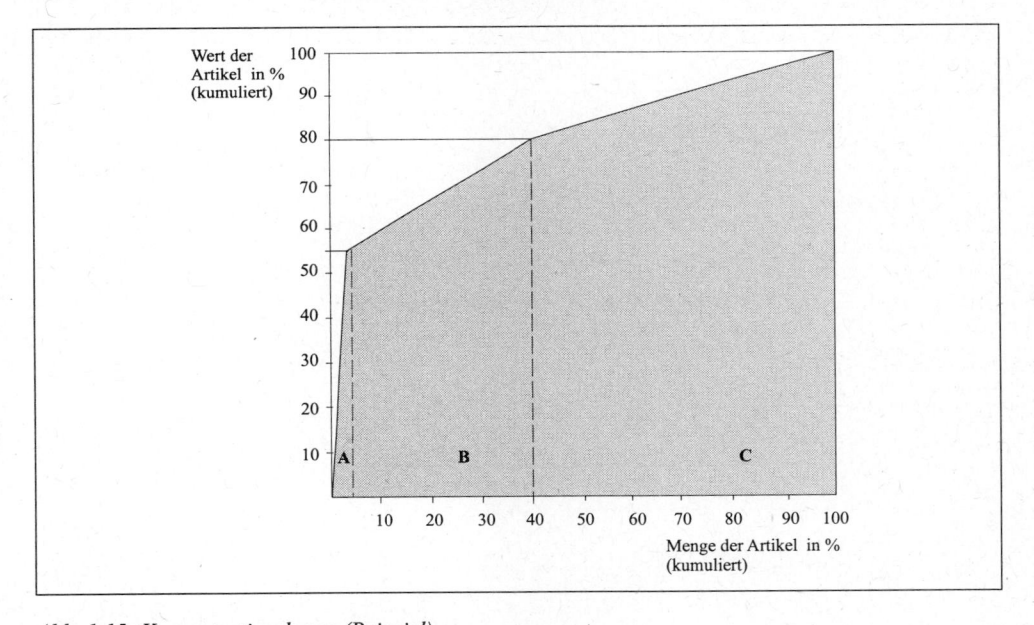

Abb. 1.15: Konzentrationskurve (Beispiel)

In diesem Beispiel werden zwei Artikel in die Kategorie A genommen, zwei weitere in B, der Rest in C. Vergleicht man die entsprechenden Beziehungszahlen (Verhältnis Wert zu Menge) erscheint die Zuordnung gerechtfertigt.

A = 54,48 : 3,75 (= 14,53)
B = 26,66 : 35,91 (= 0,74)
C = 18,86 : 60,34 (= 0,31)

Bei Kategorie A konzentriert sich ein hoher Wert auf eine relativ kleine Menge. Um die Artikel in dieser Kategorie muss sich deshalb der Händler bei Planung und Organisation von Beschaffung und Lagerung in besonderem Maße bemühen.

Die folgende Tabelle gibt für einige Vorgänge aus Beschaffung und Lagerhaltung die mögliche Zuordnung zu den Kategorien A und C an.

Vorgänge	Güterkategorien	
	A	C
Beschaffungsmarktanalysen	umfangreich und sehr intensiv	können weitgehend entfallen (häufig Verwendung interner Bezugsquellen)
Bedarfsermittlung	sehr exakte Berechnungen	vereinfachte Bedarfsermittlung
Bestellhäufigkeit	hoch oder gering mit häufigem Abruf	gering, mit relativ hohen Bestellmengen
Bestandsüberwachung	sehr aufwändig, häufige Bestandskontrollen	Bestandskontrollen, Bestandsfortschreibungen
Just-in-Time-Beschaffung	nach Möglichkeit häufig	selten bzw. nie

Tab. 1.11: Merkmalsausprägungen bei A- und C-Gütern

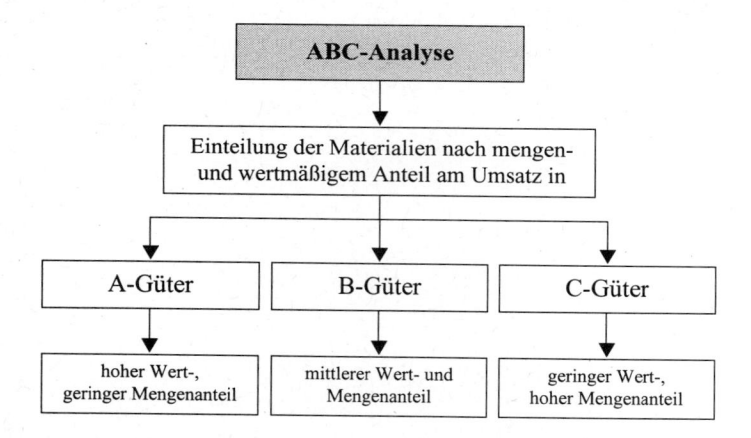

```
                    ABC-Analyse
                         │
                         ▼
        Einteilung der Materialien nach mengen-
        und wertmäßigem Anteil am Umsatz in
        ┌────────────────┼────────────────┐
        ▼                ▼                ▼
    A-Güter          B-Güter          C-Güter
        │                │                │
        ▼                ▼                ▼
  hoher Wert-,    mittlerer Wert- und   geringer Wert-,
geringer Mengenanteil   Mengenanteil   hoher Mengenanteil
```

1.8.2 X-Y-Z-Analyse

Die zu beschaffenden Güter u. dgl. können außer nach ihren Mengen und Werten (wie bei der ABC-Analyse) auch nach anderen Kriterien, den sog. **XYZ-Kriterien**, analysiert werden.

Ein wichtiges XYZ-Kriterium ist die **Vorhersagegenauigkeit**; Güter und Materialien können z.B. danach eingeteilt werden, wie genau Termine und Mengen für die Beschaffung vorhersehbar sind. Als X-Güter werden solche Güter bzw. Materialien bezeichnet, die eine sehr hohe Vorhersagegenauigkeit haben. Es kann bei ihnen genau vorhergesagt werden, zu welchem Termin welche Gütermengen zu bestellen sind. Zeitpunkt und mengenmäßiger Umfang des Bedarfs liegen fest; mit dem Risiko überhöhter, unvorhergesehener Lagerhaltung ist nicht zu rechnen.

1.8 Analysen der Materialien

Y-Güter sind Güter bzw. Materialien mit mittlerer Vorhersagegenauigkeit; Mengen und Termine sind zwar planbar, es muss jedoch mit Schwankungen im Bedarf gerechnet werden; sie werden z.B. durch Mode, Wetter u. Ä. verursacht. Z-Güter (Z-Materialien) sind schließlich Güter, für die der mengen- und termingemäße Bedarf nicht vorhergesagt werden kann. Das gilt z.B. für Ersatzteile u. Ä.

Für Dispositionsentscheidungen im Handel kann das **Verbraucherverhalten** als Einteilungskriterien für Warengruppen dienen. X-Waren könnten Waren sein, bei denen die Kundennachfrage relativ konstant ist; zu diesen Waren zählen z.B. bestimmte Hygieneartikel wie Seife, Rasiercreme, Klopapier. Als Y-Waren könnte man die Waren bezeichnen, bei denen die Nachfrage von saisonalen Bedingungen, z.B. von hohen Festtagen, abhängig ist; so nimmt z.B. die Nachfrage nach Mehl für die häusliche Weihnachtsbäckerei ab Ende Oktober zu. Schließlich wären Z-Waren solche Waren, deren Nachfrage einen Trend aufweist: einen steigenden Trend, wie ihn z.B. die Nachfrage nach amerikanischen Weinen aufweist, oder einen fallenden, wie man ihn z. B. bei Rum vorfindet.

In der folgenden Übersicht werden einige XYZ-Kriterien und ihre Ausprägungen zusammengefasst.

Kriterien	X	Y	Z
Vorhersagegenauigkeit	hoch	mittelmäßig	gering
Kundennachfrage	konstant	saisonal schwankend	fallend oder steigend
Anbieter (Anzahl)	viele	mehrere	einer
Beschaffungsaktivitäten	sehr umfangreich	umfangreich	gering

Tab. 1.12: XYZ-Kriterien

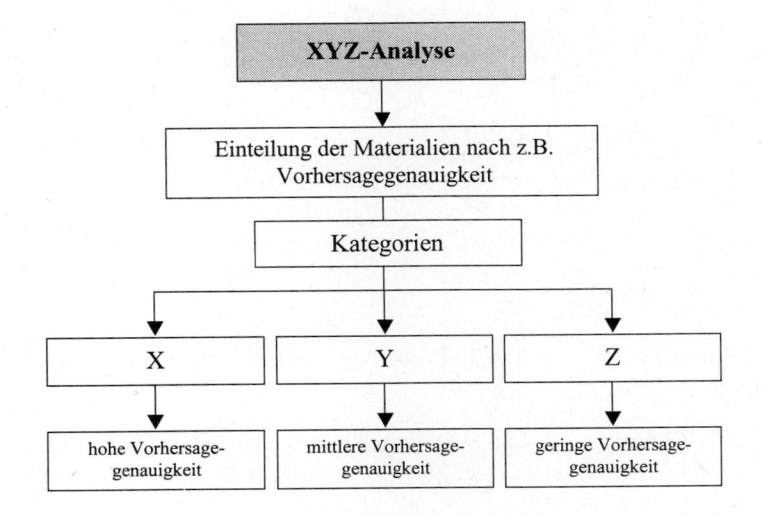

1.9 Rationalisierung in der Materialwirtschaft

1.9.1 Materialnummerung

Zur **Rationalisierung der Lagerhaltung** erhalten eingelagerte Materialien eine „Nummer"; das können Ziffernfolgen, Kombinationen von Ziffernfolgen, Buchstaben, Kombinationen von Buchstaben mit Ziffern u.Ä. sein. Die Nummerung dient der **Verschlüsselung** bestimmter Informationen über die eingelagerten Materialien u.dgl.

Zu unterscheiden sind **sprechende Schlüssel** von **nicht sprechenden Schlüsseln**. Sprechende Schlüssel haben den großen Vorteil, dass sie einfach zu lesen und zu erlernen sind; die angewandte Symbolik ist ohne Hilfsmittel zu entziffern, sie „spricht". So gibt z.B. die Lagerplatznummer 1 02 03 014 an, dass ein bestimmtes Material im 1. Lager, im 2. Regal, in der 3. Regalebene, im 14. Lagerfach zu finden ist.

Das Beispiel der *Lagerplatznummer 1 02 03 014* macht zweierlei deutlich.

1. Die Nummer weist eine **hierarchische Systematik** auf (vergleichbar etwa der Systematik einer Postleitzahl). Die erste Ziffer gibt den Lagerort an, die folgenden Ziffern („Unternummern") geben jeweils Unterbegriffe der vorhergehenden Begriffe an: das erste Lager hat mehrere Regale, jedes Regal hat mehrere Ebenen usw.

2. Die **Anzahl der Stellen** einer Nummer ist abhängig von dem Ordnungsbedarf. Die einstellige Anfangsziffer besagt, dass es offensichtlich nicht mehr als 9 Lager gibt, die zweite Unternummer (2. Ziffer) weist darauf hin, dass das Lager über mehr als 9 Regale verfügt usw.

Wegen ihrer Einfachheit reichen sprechende Schlüssel für differenzierte Verschlüsselungen umfangreicher Informationen nicht aus. Deshalb werden i.d.R. nicht sprechende Schlüssel oder Mischformen angewandt; die in ihnen enthaltenen Informationen werden mithilfe von EDV-Systemen entschlüsselt.

Zur Verschlüsselung dient im Allgemeinen ein **Klassifikationssystem**. Die Materialien werden systematisch nach den Ausprägungen bestimmter Merkmale erfasst. Die Merkmalsausprägungen werden durch verständliche Abkürzungen, durch sprechende und durch nicht sprechende Symbole verschlüsselt. Gelegentlich werden der Name des Gegenstandes und seine weiteren Kennzeichnungen in verständliche Abkürzungen umgesetzt und evtl. durch eine weiter gehende sprechende und eine nicht sprechende Symbolik ergänzt.

Die Zusammensetzung dieser einzelnen Kennzeichen ergibt die Materialnummer.

Durch die Nummerung soll zunächst das Material eindeutig identifiziert werden können. Die Nummer muss deshalb den Gegenstand so genau bezeichnen, dass eine Verwechslung nicht möglich ist. Dies ist die **Identifikationsfunktion** der Nummerung.

Bei sehr umfangreichen Nummern, wie sie z.B. bei den sog. systemfreien Schlüsseln üblich und in vielen Betrieben anzutreffen sind, dient eine Zählnummer der Identifikation. Jedes Material, jedes Teil usw. erhält eine Nummer, die sie eindeutig von anderen Materialien, Teilen usw.

unterscheidet. Die sog. **Identnummer** enthält keine weitergehenden Informationen. Die Identnummer steht als Zählnummer immer am Anfang der Gesamtnummer.

Die Nummer soll aber auch Auskunft über das Material geben können (**Informationsfunktion**). Zu diesem Zweck werden bestimmte Informationen über das Material verschlüsselt, z.B. durch Ziffern, Abkürzungen, Buchstaben u.Ä. Eine Materialnummer kann u.a. folgende Informationen enthalten: Art des Materials (z.B. Roh-, Hilfs-, Betriebsstoffe, Teile), Qualität, Format, Bauart des Materials, Abmessungen, Beschaffungsmengen, Bezugsart, Lieferanten, Hersteller, Bezugskosten, Lagerort.

Schließlich gelingt mithilfe der Nummerung die **Klassifikation** der Materialien, Teile usw. nach bestimmten Merkmalen, das können z. B. Materialgruppe, technische Daten, Maße (Formate), Preise, Lagerort sein. Die einzelnen Klassen enthalten jeweils die merkmalstypischen Informationen über die Materialien, Teile usw.

Vor allem bei sehr umfangreichen Materialnummern hat diese Klassifizierung einen erheblichen Vorteil. Nach dem jeweiligen Informationsbedarf können einzelne Klassifizierungen herangezogen und die anderen vernachlässigt werden.

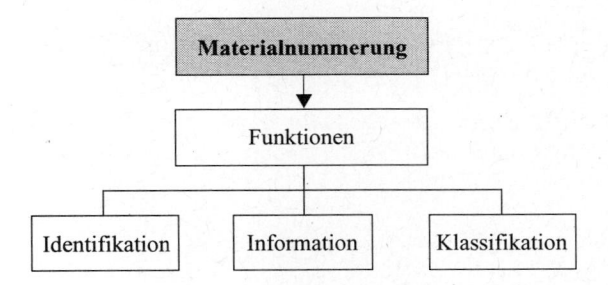

```
            Materialnummerung
                   │
                   ▼
               Funktionen
          ┌────────┼────────┐
   Identifikation  Information  Klassifikation
```

Damit bei der Eingabe von Materialnummern Fehler vermieden werden, wird der Nummer an letzter Stelle eine Prüfziffer beigegeben. Die Prüfziffer wird im Allgemeinen folgendermaßen ermittelt.

Die Ziffern der Materialnummer werden, beginnend mit der letzten Ziffer, mit den Faktoren 2, 3, 4, 5, 7, 2, 3 usw. multipliziert. Die sich ergebenden Produkte werden addiert; die Summe wird durch 11 geteilt und das Divisonsergebnis von 11 abgezogen. Die sich so ergebende Differenz ist die Prüfziffer. Die Prüfziffer wird der Materialnummer als weitere Ziffer angefügt.

Wenn eine vollständige Materialnummer (also einschließlich der Prüfziffer) richtig eingegeben wird, muss die Summe der Produkte (aus den Ziffern und Faktoren) ohne Rest durch 11 geteilt werden können. Bei der Prüfung wird allerdings die Prüfziffer mit dem Faktor 1 multipliziert.

Für die Materialnummer 4721652 ergibt sich z.B. die Prüfziffer 5 durch folgenden Rechenvorgang. Für die Prüfung wird die vollständige Materialnummer 47216525 angegeben.

Berechnung			Prüfung		
Nummer	Faktoren	Produkt	Nummer	Faktoren	Produkt
4	3	12	4	3	12
7	2	14	7	2	14
2	7	14	2	7	14
1	6	6	1	6	6
6	5	30	6	5	30
8	4	32	8	4	32
5	3	15	5	3	15
2	2	4	2	2	4
		127	5	1	5
127 / 11 = 11, Rest 6					132
11 – 6 = 5			132 / 11 = 12		
Prüfziffer: 5					

1.9.2 Normung und Typung

Die Landtransport GmbH in Kiel stellt landwirtschaftliche Transporteinrichtungen her. Ihr Produktionsprogramm, das heißt ihr Angebot aus eigener Produktion, umfasst Anhänger für Traktoren, z.B. ein- und zweiachsige Wannenkipper, Großraumladewagen, ein- und zweiachsige Anhänger mit Bordwänden aus Stahl und kunstoffbeschichtetem Holz mit Möglichkeiten zu Umrüstungen für unterschiedliches Transportgut, in verschiedenen Ausführungen und Größen zum Transport von Tieren, von landwirtschaftlichen Produkten und Saatgut, von Silage und Mineraldünger, von Heu und Stroh, Gülle usw. Die Produkte werden in kleinen Serien in Werkstätten gefertigt bzw. montiert (Werkstattfertigung).

Wegen der steigenden Nachfrage nach ihren Produkten will die Landtransport GmbH die Produktion ausdehnen. Das zwingt die Geschäftsführung zu Rationalisierungsmaßnahmen, mit deren Hilfe einerseits die produktive Leistung gesteigert wird, andererseits aber die erheblichen Kosten gesenkt werden können.

Im vorstehenden Beispiel werden Rationalisierungsmaßnahmen angedeutet. Mit dem Begriff **Rationalisierung** umschreibt man alle Maßnahmen, die ein Betrieb bei Änderungen von Entscheidungsgrundlagen ergreift, um besser als mit den bisherigen Mitteln seine Ziele zu erreichen. Rationalisierungsmaßnahmen sind demnach also **Anpassungsmaßnahmen** an inner- und außerbetriebliche Veränderungen; zu diesen Veränderungen zählen u.a. die Entwicklung der Kosten, die Entwicklung des Marktes u. Ä.

Rationalisierungsmaßnahmen sind u.a. die Umstellung der Fertigung (z.B. auf Fließfertigung), die Neuorganisation des innerbetrieblichen Transportwesens (z.B. durch Einrichtung von Transportbändern), Beschränkungen der Herstellung von ein- und zweiachsigen Traktoranhängern auf wenige Typen (Typung), die Normung von Materialien und die vermehrte Verwendung von bereits genormten Teilen, z.B. für Kupplung, Achsen, Aufhängungen usw.

Die Maßnahmen wirken sich auch auf Beschaffung und Lagerhaltung aus. Durch Normung und Typung können sich in der Materialwirtschaft bedeutende Kostenvorteile ergeben.

1.9 Rationalisierung in der Materialwirtschaft

Mit **Normung** bezeichnet man die einheitliche Festlegung von Größen, Abmessungen, Farben, Eigenschaften, Qualitäten, Begriffe u. Ä. für Teile, Materialien, Werkstoffe usw. Entsprechend werden u.a. folgende Normen unterschieden

- **Teilenormen** für Einzelteile
- **Stoffnormen** für die Eigenschaften von Werkstoffen usw.,
- **Gütenormen** für Kraftstoffe, Mineralöle usw.,
- **Konstruktionsnormen** für Schrauben, Gewinde, Papierformate usw.
- **Begriffsnormen** für Begriffe, Formelzeichen, Symbole usw.,

Normen haben unterschiedliche **Geltungsbereiche**. **Werksnormen** gelten nur für ein Unternehmen; so werden für einzelne Unternehmensbereiche Vordrucke normiert, z.B. für Materialentnahme, Bestellungen, Bestandsfortschreibungen. **Nationale Normen** gelten für ein Land, z.B. die DIN-Normen, die vom Deutschen Institut für Normung festgelegt werden, für Deutschland; besonders bekannte DIN-Normen sind die einheitlichen Papierformate, z.B. DIN A 4. Schließlich gibt es noch **internationale Normen**, sie werden durch entsprechende Abkürzungen kenntlich gemacht. Die Abkürzung DIN EN weist auf die Übernahme einer europäischen Norm in das deutsche Normenwerk hin. ISO ist die Abkürzung für International Organization for Standardization, sie kennzeichnet eine internationale Standardnorm. ISO-Normen ersetzen im Allgemeinen nationale Normen.

Ein Unternehmen, das sich bei Produktion auf die Verwendung genormter, vielseitig verwendbarer Teile beschränkt, schränkt damit die Vielzahl von Teilen, die auch verwendet werden könnten, ein. Dies kann als das vorrangige Ziel der Normung gesehen werden.

Daraus ergeben sich auch die **Vorteile für die Materialwirtschaft**. Bei **Beschaffung** liegt ein Vorteil z.B. in der Eindeutigkeit verwendeter Begriffe, sie erleichtert die Verständigung mit dem Lieferanten, verkürzt Beschaffungsvorgänge, reduziert Bestellkosten. Die Beschränkung auf einige genormte Teile bedeutet auch größere Abnahmemengen; daraus können sich Preisvorteile ergeben, die die Beschaffungskosten senken.

Vorteile ergeben sich auch in der **Lagerhaltung**. Die Lagerhaltung wird durch die Beschränkung der Teile vereinfacht. Die Lagerdauer kann evtl. dadurch verkürzt werden, dass Nachlieferungen schneller möglich sind. Verkürzung der Lagerdauer und die Senkung der Beschaffungskosten verringern auch den Umfang der Kapitalbindung, so dass die Lagerhaltungskosten insgesamt gesenkt werden.

Typung liegt vor, wenn ein Unternehmen seine Endprodukte vereinheitlicht durch Einschränkung von Größen, Ausstattungen o. Ä. Im Gegensatz zur Normung ist Typung im Allgemeinen unternehmensindividuell und bezieht sich nicht auf Einzelteile, sondern auf das Endprodukt. Im Beispiel reduziert die Landtransport GmbH die Anhängerproduktion auf wenige Typen; innerhalb eines Typs ergeben sich Unterscheidungen durch die Aufbauten. Typung ist häufig in der Elektronikindustrie, in der Autoproduktion usw. Opel stellt u.a. die Typen Omega, Vectra, Corsa her; der Typ Vectra wird u.a. mit einem 2-l-Motor oder mit einem 1,8-l-Motor hergestellt usw.

Die Vorteile für die Materialwirtschaft bei Typung gleichen den Vorteilen bei Normung. Die Verwendung gleicher Teile, Materialien und Werkstoffe bei der Herstellung verschiedener Typen erlaubt die Beschaffung größerer Mengen. Daraus können sich Kostenvorteile ergeben. Die Lagerhaltung wird erleichtert usw.

Das sog. **Baukastensystem** stellt eine besondere Form der Normung dar. Bei der Produktion verschiedener Typen werden gleiche Bausteine verwandt. Das bedeutet, dass alle oder doch zumindest einige Typen aus den gleichen Grundelementen bestehen. Der besondere Vorteil liegt darin, dass die Bausteine in großen Serien und darum kostengünstig hergestellt werden können. Z.B. kann der Hersteller von Anhängern für verschiedene Anhängertypen gleiche Achsen mit Rädern und Aufhängung verwenden.

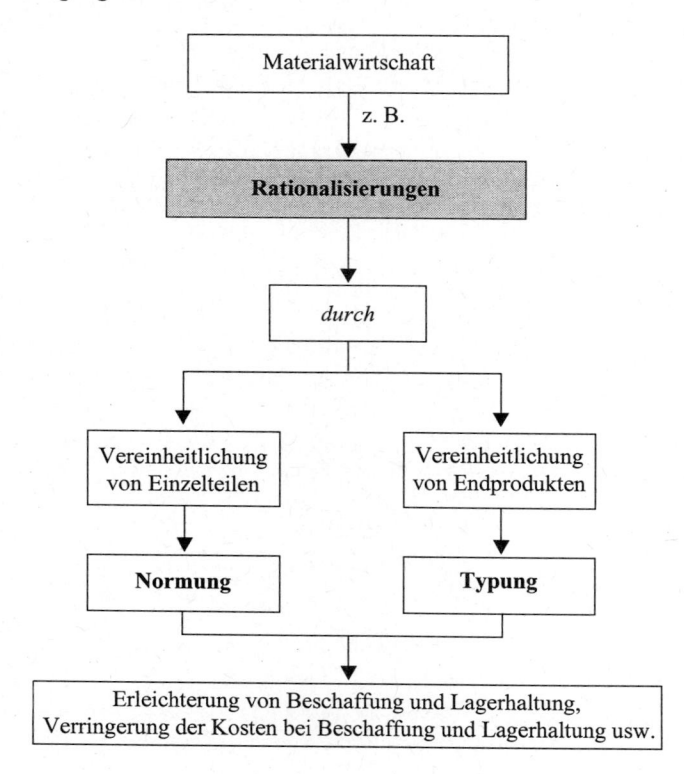

```
                        Materialwirtschaft
                              z. B.
                                ↓
                        Rationalisierungen
                                ↓
                              durch
                    ↓                      ↓
            Vereinheitlichung      Vereinheitlichung
            von Einzelteilen        von Endprodukten
                    ↓                      ↓
                Normung                  Typung
                    ↓                      ↓
          Erleichterung von Beschaffung und Lagerhaltung,
        Verringerung der Kosten bei Beschaffung und Lagerhaltung usw.
```

2. Beschaffung

In der Einkaufsabteilung der Lebensmittelgroßhandlung Anton Müller hat die Mitteilung, dass der Meldebestand für Weizenmehl Typ 405 erreicht sei, schließlich zur Bestellung der Ware geführt. Auch in den Ostholmer Mühlenwerken wird das Verpackungsmaterial, für das der Meldebestand erreicht ist, bestellt (vgl. Beispiel auf S. 11). Vor Abwicklung der Bestellung sind jedoch noch verschiedene Fragen zu klären; so werden u.a. die Bedarfe und die günstigsten Bezugsquellen zu ermitteln sein.

2.1 Bedarfsermittlungen

Vor Bestellung ist möglichst genau zu ermitteln, wie hoch der Bedarf an Materialien bzw. an Waren ist, die beschafft werden sollen. Je wertvoller ein Material oder eine Ware ist, desto genauer wird die Bedarfsermittlung sein. So kann man davon ausgehen, dass bei A-Gütern, evtl. auch bei B-Gütern, der Bedarf sehr genau ermittelt wird. Bei C-Gütern wird man den Bedarf auf der Grundlage von Erfahrungswerten eher schätzen.

Im Allgemeinen werden Bedarfe von Materialien und Waren mit Hilfe der folgenden beiden Verfahren ermittelt.

- **Programmorientierte Bedarfsermittlung.** Sie eignet sich besonders für die Bedarfsermittlung von A- und B-Gütern in der Industrie.

- **Verbrauchsorientierte Bedarfsermittlung.** Sie wird häufig bei C-Gütern in der Industrie und evtl. bei Waren im Handel angewandt.

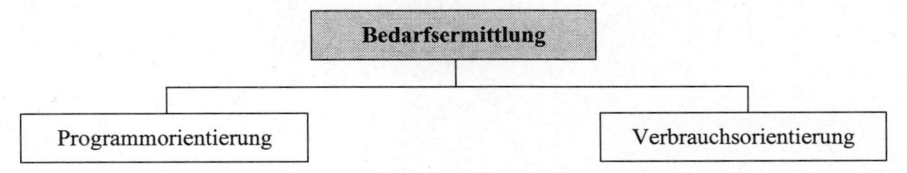

```
                    Bedarfsermittlung
                   /                 \
         Programmorientierung    Verbrauchsorientierung
```

2.1.1 Programmorientierte Bedarfsermittlung

Grundlage der Bedarfsermittlung ist das **Produktionsprogramm**, das vom Absatzprogramm abhängt. Es ergibt sich aus Lager- und Kundenaufträgen. Im Produktionsprogramm sind Art und Menge der in künftigen Perioden herzustellenden Produkte festgelegt. Es determiniert damit den Materialbedarf; man spricht deshalb im Zusammenhang mit der programmorientierten Bedarfsermittlung auch von einer deterministischen Bedarfsermittlung. Dieser determinierte Bedarf wird auch als **Primärbedarf** bezeichnet.

Der **Sekundärbedarf** wird über die einzelnen Teile des Produktionsprogramms, das sind die Erzeugnisse, bestimmt. Mit Hilfe von Stücklisten und Verwendungsnachweisen werden die Bestandteile der einzelnen Erzeugnisse ermittelt.

Eine **Stückliste** erfasst in tabellarischer Form Rohstoffe, Teile, Baugruppen u.a. für ein Produkt. Angegeben werden Teilenummer, Nummern möglicher Varianten, Teilebezeichnung, Mengenkoeffizient u.a. der einzelnen Bestandteile. Das Produkt wird durch die Auflistung der Bestandteile (Rohstoffe, Teile, Teilegruppen u.ä.) analysiert (*„Welche Teile enthält ein bestimmtes Produkt?"*). Entsprechend ergibt sich der Materialbedarf hier durch die sog. **analytische Bedarfsauflösung**. In folgender Tabelle sind beispielhaft verkürzt für die Produkte P 1, P 2 und P 3 die Teile T 1 bis T 6 (Rohstoffe usw.) mit ihren Mengen angegeben.

P 1		P 2		P 3	
Teile	Menge	Teile	Menge	Teile	Menge
T 1	2	T 2	1	T 1	2
T 2	1	T 3	2	T 3	3
T 3	4	T 4	3	T 4	4
T 4	3	T 5	4	T 5	1
T 5	1	T 6	1	T 6	1

Tab. 2.1: Analytische Bedarfsauflösung

Ein **Verwendungsnachweis** gibt an, welches Teil (welcher Rohstoff usw.) in welcher Menge in den einzelnen Erzeugnissen enthalten ist. Die Produkte werden synthetisch erfasst (*„In welchen Produkten ist ein bestimmtes Teil in welchem Umfang enthalten?"*) Entsprechend ergibt sich der Materialbedarf hier durch die sog. **synthetische Bedarfsauflösung**. Die folgende Tabelle ist die Fortsetzung des vorstehenden Beispiels; sie geht aus von den Teilen und zeigt, in welchem Umfang die Teile in den einzelnen Produkten enthalten sind.

T 1		T 2		T 3		T 4		T 5		T 6	
Prod.	Menge	Prod.	Menge	Prod.	Menge	Prod.	Menge	Prod.	Menge	Prod.	Menge
P 1	2	P 1	1	P 1	4	P 1	3	P 1	1	P 2	1
P 3	2	P 2	1	P 2	2	P 2	3	P 2	4	P 3	1
				P 3	3	P 3	4	P 3	1		

Tab. 2.2: Synthetische Bedarfsauflösung

Wenn man zum Sekundärbedarf einen evtl. anfallenden Zusatzbedarf hinzurechnet, ergibt sich der **Bruttobedarf**. Zusatzbedarf kann z.B. entstehen, weil die Berechnungen mit Hilfe der Stücklisten und Verwendungsnachweise evtl. ungenau sind, weil ein Mehrbedarf für Reparaturen möglich ist usw. Vom Bruttobedarf ist ein evtl. vorhandener Lagerbestand des entsprechenden Materials abzusetzen. So ergibt sich der Nettobedarf. Der **Materialbedarf**, das ist der Bedarf eines Teiles, eines Rohstoffes usw., ergibt sich durch Multiplikation des Nettobedarfs mit der Anzahl der Erzeugnisse.

2.1 Bedarfsermittlungen

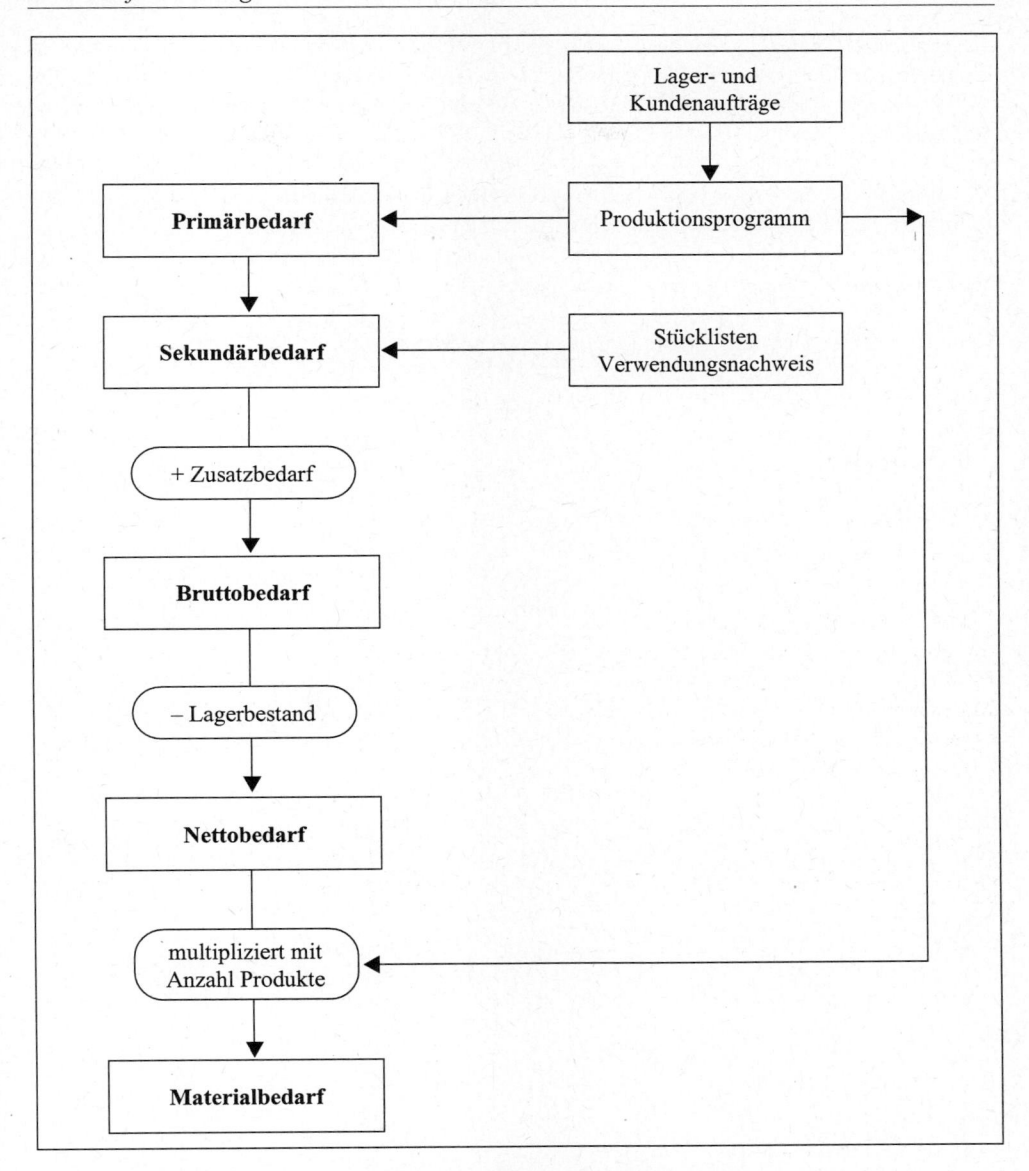

```
                    ┌─────────────────────┐
                    │ Lager- und          │
                    │ Kundenaufträge      │
                    └─────────┬───────────┘
                              ▼
   ┌──────────────┐     ┌─────────────────────┐
   │ Primärbedarf │◄────│ Produktionsprogramm │◄──┐
   └──────┬───────┘     └─────────────────────┘   │
          ▼                                        │
   ┌──────────────┐     ┌─────────────────────┐   │
   │Sekundärbedarf│◄────│ Stücklisten         │   │
   └──────┬───────┘     │ Verwendungsnachweis │   │
          │             └─────────────────────┘   │
          ▼                                        │
   ( + Zusatzbedarf )                              │
          │                                        │
          ▼                                        │
   ┌──────────────┐                                │
   │ Bruttobedarf │                                │
   └──────┬───────┘                                │
          │                                        │
   ( – Lagerbestand )                              │
          │                                        │
          ▼                                        │
   ┌──────────────┐                                │
   │ Nettobedarf  │                                │
   └──────┬───────┘                                │
          ▼                                        │
   ( multipliziert mit ◄────────────────────────── │
     Anzahl Produkte )                             │
          │                                        │
          ▼                                        │
   ┌──────────────┐                                │
   │Materialbedarf│────────────────────────────────┘
   └──────────────┘
```

Abb. 2.1: Programmorientierte Bedarfsermittlung (schematische Darstellung)

2.1.2 Verbrauchsorientierte Bedarfsermittlung

Bei der verbrauchsorientierten Bedarfsermittlung wird mit statistischen Methoden von Verbrauchswerten in der Vergangenheit auf den künftigen Bedarf an Materialien bzw. Waren geschlossen. Das Verfahren ist ungenauer als die programmorientierte Bedarfsermittlung, dafür aber weniger aufwändig; es wird deshalb im Allgemeinen bei C-Gütern angewandt. Auch bei der Ermittlung des Bedarfs an Waren im Handel findet es häufig Anwendung. Die im Folgenden angeführten Beispiele sind dem Handel entnommen; der Bedarf ergibt sich aus den Absatzwerten der Vergangenheit; dabei wird auch die Bedeutung von Trends und saisonalen Schwankungen angesprochen.

Der künftige Bedarf wird mit Hilfe von Zeitreihen prognostiziert. Eine Zeitreihe gibt eine Reihe von Daten über den gleichen Sachverhalt für eine Reihe von Zeitpunkten oder Zeiträumen an; z.B. Bestand jeweils am Ende eines Monats über einen längeren Zeitraum, monatlicher Verbrauch eines Materials in den aufeinanderfolgenden Monaten eines Jahres.

Zeitreihen können Verläufe der folgenden Typen aufweisen:

1) **Konstanter Verlauf,** die dargestellten Werte schwanken nur geringfügig und gleichmäßig um den Mittelwert, z.B. gleichmäßiger Absatz und damit gleichmäßiger Bedarf bei einem bestimmten Produkt.

2) **Saisonbedingter Verlauf,** die Darstellung der Daten weist zu einem bestimmten Zeitpunkt (oder für einen bestimmten Zeitraum) einen saisonbedingten Ausschlag auf. Das könnte z.B. der Fall sein, wenn der Absatz und damit der Bedarf eines bestimmten Produkts vor einem großen Feiertag überdurchschnittlich zunimmt.

3) **Verläufe mit Trend,** die Darstellung der Daten weist steigenden oder fallenden Trend auf, die Nachfrage nach einem Produkt nimmt zu bzw. ab.

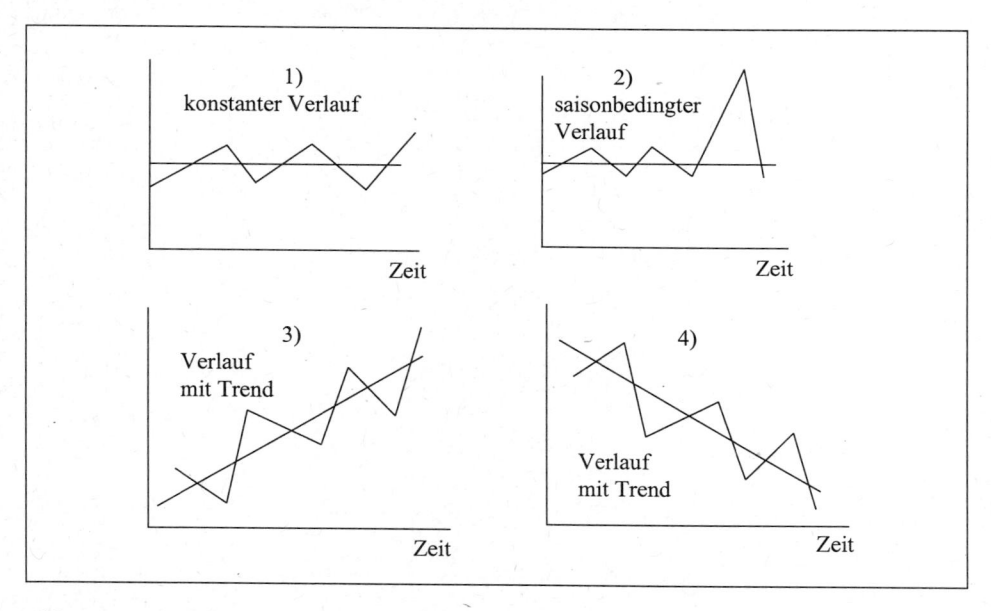

Abb. 2.2: Typische Verläufe von Zeitreihen

2.1 Bedarfsermittlungen

In der **Zeitreihenanalyse** wird eine Zeitreihe auf Gesetzmäßigkeiten und auf Besonderheiten des Verlaufs der beobachteten Werte beschrieben, untersucht und für Rückschlüsse genutzt. Von besonderer Bedeutung ist die Ermittlung des Trends, die Abweichungen vom Trend und die Prognose des weiteren Verlaufs.

Der **Trend einer Zeitreihe** ist die grundlegende Richtung des Verlaufs. Der Trend lässt sich u.a. mit der **Methode der gleitenden Durchschnitte ungerader Ordnung** ermitteln. Gleitende Durchschnitte heißt, es wird eine Reihe von Durchschnitten aus jeweils benachbarten Werten einer Zeitreihe ermittelt. In der tabellarischen Darstellung wird der ermittelte Durchschnittswert dem jeweils mittleren Wert der Datenreihe zugeordnet. Ungerade Ordnung heißt, es wird eine ungerade Anzahl von Werten zur jeweiligen Durchschnittsbildung benutzt (z.B. 3, 5 usw.). Die Anzahl bestimmt die Ordnung, z.B. wird bei drei Werten von gleitenden Durchschnitten 3. Ordnung gesprochen.

Die Ausführungen lassen sich an Hand der Werte in Tab. 2.3 nachvollziehen. Ermittelt werden in Sp. 3 gleitende Durchschnitte 3. Ordnung. Aus den Werten für Januar, Februar, März wird das arithmetische Mittel gebildet, der Durchschnittswert wird dem mittleren Wert zugeordnet. Dann wird das arithmetische Mittel aus den Werten für Februar, März und April gebildet und wiederum dem mittleren Wert zugeordnet usw.

Saisonale Schwankungen sind periodische Schwankungen um den Trend, häufig mit fester Periode. Die Schwankungen können in etwa gleich groß sein oder im Zeitablauf größer werden. Im ersten Fall ergibt sich der Zeitreihenwert durch die Addition des Trendwertes mit der Schwankungskomponente, im zweiten Fall durch die Multiplikation des Trendwerts mit der Schwankungskomponente.

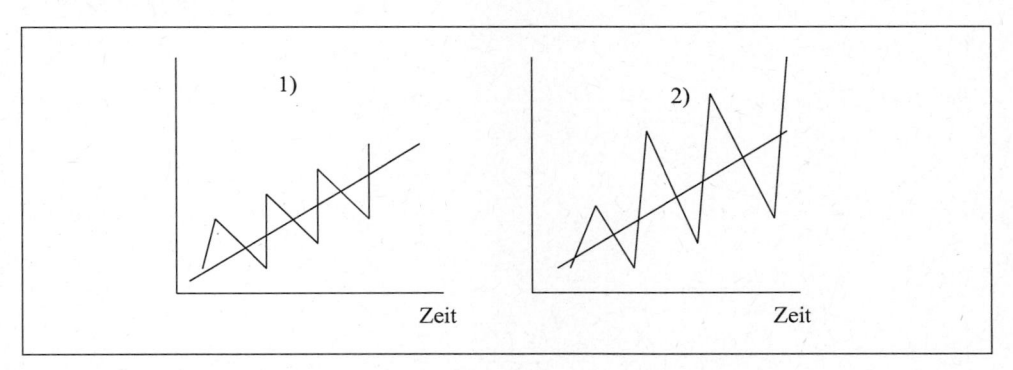

Abb. 2.3: Verläufe mit saisonalen Schwankungen

Die Schwankungskomponente in einer Zeitreihe wird ermittelt durch Substraktion der Trendwerte von den Zeitreihenwerten.

Die Ausführungen lassen sich anhand des folgenden Beispiels nachvollziehen. Sp. 2 gibt den Absatz eines bestimmten Produkts in Stück an, der Verlauf der Zeitreihenwerte weist zyklische Schwankungen des Absatzes auf. Die Schwankungen werden in Sp. 4 ermittelt; bei Februar ergibt sich eine Schwankungskomponente von 6, 7 (Zeitreihenwert - Trendwert). Auf der Grundlage der Tabellenwerte wurde die folgende Grafik erstellt.

	1	2	3	4
1	Perioden	Zeitreihenwerte	Trendwerte	Schwankungen
2	Monat	Absatz in Stück	gleitende Durchschnitte 3. Ordnung	ZtrW-TrW
3	Jan.	560		
4	Febr.	520	513,3	6,7
5	März	460	503,3	- 43,3
6	April	530	520,0	10,0
7	Mai	570	570,0	0,0
8	Juni	610	590,0	20,0
9	Juli	590	583,3	6,7
10	Aug.	550	550,0	0,0
11	Sept.	510	553,3	- 43,3
12	Okt.	600	870,0	- 270,0
13	Nov.	1.500	1.633,3	- 133,3
14	Dez.	2.800	1.650,0	1.150,0
15	Jan.	650	1.353,3	- 703,3
16	Febr.	610	610,0	0,0
17	März	570	596,7	- 26,7
18	April	610	610,0	0,0
19	Mai	650	650,0	0,0
20	Juni	690	670,0	20,0
21	Juli	670	663,3	6,7
22	Aug.	630	630,0	0,0
23	Sept.	590	640,0	- 50,0
24	Okt.	700	963,3	- 263,3
25	Nov.	1.600		
26	Dez.	3.000		

Tab. 2.3: Zeitreihenwerte

2.1 Bedarfsermittlungen

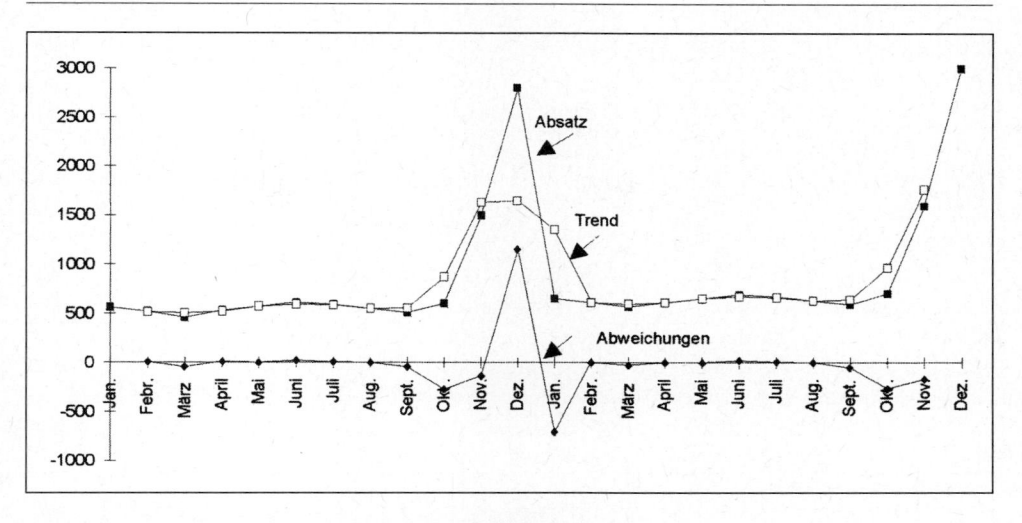

Abb. 2.4: Graf. Darstellung der Zeitreihenwerte aus Tab. 2.3

Auf der Grundlage von Zeitreihen lassen sich künftige Entwicklungen prognostizieren. Die beobachteten Zeitreihenwerte können in die Zukunft fortgesetzt werden, wenn angenommen werden kann, dass die Bedingungen für die Beobachtungswerte auch in Zukunft gelten werden. Die Voraussagen sind unzulänglich und deshalb nur bedingt verwendbar.

Methoden zur Entwicklung von Prognosen sind u.a.

- die Methode der gleitenden Durchschnitte und
- die Methode der exponentiellen Glättung erster Ordnung.

Mit Hilfe **gleitender Durchschnitte** lässt sich die Entwicklung von Zeitreihenwerten folgendermaßen prognostizieren. Aus einer Reihe von beobachteten Zeitreihenwerten wird das arithmetische Mittel errechnet. Dieser Durchschnitt wird als wahrscheinlicher Wert für den ersten (folgenden) Prognosezeitraum angenommen. Der nächste Prognosewert wird wieder als Durchschnitt aus der gleichen Anzahl von beobachteten Zeitreihenwerten ermittelt, dazu wird die ursprüngliche Reihe um den ersten Wert gekürzt und mit dem inzwischen ermittelten tatsächlichen Wert des ersten Prognosezeitraums ergänzt. Für die Ermittlung der folgenden Prognosewerte wird die ursprüngliche Reihe entsprechend modifiziert (gleitende Durchschnitte). Irreguläre Schwankungen können die Prognose erheblich verzerren.

Die Ausführungen lassen sich anhand des folgenden Beispiels nachvollziehen, für das die Zahlen aus Tab. 2.3 benutzt werden. Zur Durchschnittsberechnung werden die letzten sieben Zeitreihenwerte herangezogen. Der wahrscheinliche Bedarf für Januar ergibt sich folgendermaßen:

- $wW_{Jan} = \dfrac{690 + 670 + 630 + 590 + 700 + 1600 + 3000}{7} = 1125{,}7$

Tatsächlicher Wert für Januar wird mit 740 Stück angegeben; der wahrscheinliche Wert für Februar ergibt sich folgendermaßen:

- $wW_{Feb} = \dfrac{670 + 630 + 590 + 700 + 1600 + 3000 + 740}{7} = 1132{,}9$

Das Rechenbeispiel zeigt die Problematik der Methode: Der Dezemberwert geht mit einem zu hohen Gewicht in die Berechnung ein, der tatsächliche Januarwert liegt erheblich unter dem vorhergesagten Wert.

Bei der **Methode der exponentiellen Glättung** werden die Werte mit einem Glättungsfaktor (g) gewichtet (0<g<1). Ist der Faktor relativ klein, werden weiter zurückliegende Werte stärker berücksichtigt, die Zufallsschwankungen werden stärker geglättet; bei einem relativ hohen Faktorwert werden die neueren Werte stärker gewichtet. Der Prognosewert ergibt sich durch Addition des vorhergehenden Prognosewerts mit der geglätteten Differenz aus dem tatsächlichen Wert und dem Prognosewert des vorhergehenden Zeitraums.

Die Ausführungen lassen sich anhand des folgenden Beispiels nachvollziehen. Für das Beispiel werden die Zahlenwerte aus dem vorhergehenden Beispiel genutzt. Für die Rechnungen wird ein Glättungsfaktor von g = 0,4 gewählt. Der wahrscheinliche Wert für Februar soll ermittelt werden, für Januar ergab sich ein tatsächlicher Wert von 740 Stück. Der wahrscheinliche Bedarf für Februar ergibt sich durch Addition des wahrscheinlichen Januarwerts mit der geglätteten Differenz aus tatsächlichem und wahrscheinlichem Januarwert.

- $wW_{Feb} = 1125{,}7 + 0{,}4(740 - 1125{,}7) = 1125{,}7 + 0{,}4 \cdot -385{,}7 = 971{,}4$

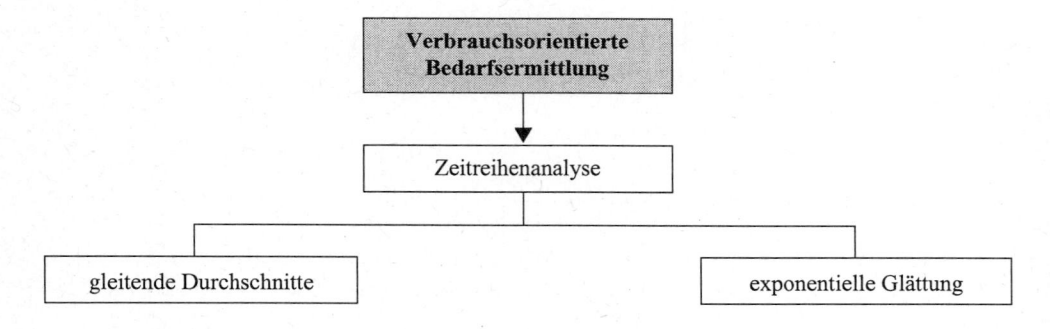

```
                    Verbrauchsorientierte
                     Bedarfsermittlung
                            |
                            v
                     Zeitreihenanalyse
                       /          \
         gleitende Durchschnitte    exponentielle Glättung
```

2.1.3 Make or Buy

Die Landtransport GmbH in Kiel, die landwirtschaftliche Transporteinrichtungen herstellt, hat, der Kundennachfrage entsprechend, Pkw-Anhänger mit geschlossenem Aufbau in ihr Angebot aufgenommen. Der Kastenaufbau wird im eigenen Unternehmen hergestellt (Eigenproduktion) *und auf ein Anhängergestell montiert, das von einem anderen Hersteller bezogen wird* (Fremdbezug). *Gründe für den Fremdbezug waren Kosten- und Qualitätsvorteile; von Bedeutung war dabei auch die vorliegende TÜV-Typenzulassung für das Anhängergestell.*

Wie das Beispiel zeigt, können einzelne Teile oder Baugruppen für ein Erzeugnis sowohl im eigenen Unternehmen hergestellt als auch von anderen Herstellern bezogen werden. Die Entscheidung, ob Teile oder Baugruppen im eigenen Unternehmen (Eigenproduktion) oder von einem anderen Hersteller bezogen werden (Fremdbezug), beeinflusst selbstverständlich den Bedarf. Bei Eigenproduktion ist der Bedarf an Materialien, z.B. an Roh-, Hilfs- und Betriebsstoffen, Teilen usw., zu ermitteln, bei Fremdbezug der Bedarf an dem Produkt bzw. an der Baugruppe.

Gründe für den Fremdbezug können **Kostenvorteile** sein. So könnte z.B. die Eigenproduktion Investitionen erforderlich machen; die Produktionseinrichtungen und Lager müssen evtl. erweitert werden. Zusätzlicher Bedarf an Facharbeitern würde die Personalkosten erhöhen. Aber auch **Qualitätsvorteile** bestimmen die Entscheidung für Fremdbezug mit. Ein erheblicher Vorteil liegt darin, dass das Know-how eines spezialisierten und erfahrenen Herstellers genutzt werden kann. Hinzu kommt, dass er mit dem Produkt die Bedingungen, die der Gesetzgeber evtl. für die Zulassung vorschreibt, erfüllt. Weitere Gründe für Fremdbezug können z.B. sein, dass der Lieferer günstige Zahlungsbedingungen einräumt, dass er Termine zuverlässig einhält u.Ä.

2.1.4 Produktakquisition

Als **Produktakquisition** bezeichnet man den Erwerb neuer Produkte durch ein Unternehmen bei anderen Unternehmen. Durch Akquisition neuer Produkte will ein Unternehmen sein Angebot vervollständigen (kundengerechte Erweiterung des Angebots). Ein Industrieunternehmen erwirbt neue Produkte, die im eigenen Haus nicht hergestellt werden, weil das Absatzrisiko sehr hoch ist, der Finanzbedarf für neue Investitionen zu hoch ist und das Know-how nicht vorhanden ist, oder die nicht hergestellt werden können, wie das häufig bei Handelswaren der Fall ist.

Aber auch bei Handelsunternehmen spielt die Produktakquisition eine große Rolle. Durch Akquisition neuer Produkte nutzt ein Unternehmen das Know-how anderer Unternehmen, die Markteinführung des Produktes, evtl. die behördliche Zulassung (z.B. bei pharmazeutischen Artikeln), die TÜV-Genehmigung (bei bestimmten technischen Geräten u.Ä.).

Produkte werden bei Produzenten, Lizenznehmern usw. akquiriert, die durch die Akquisition den Produktionsapparat, Patente, Lizenzen usw. besser ausnutzen und ihren Absatz steigern wollen.

Ein Unternehmen will durch Produktakquisition das Sortiment erweitern. Für die **Sortimentserweiterung** können folgende Gesichtspunkte maßgeblich sein:

- Das Sortiment wird bedarfsgerecht erweitert, d.h. die Erweiterung des Sortiments entspricht den Kundenerwartungen und -wünschen.

- Das Sortiment wird dem branchenüblichen Umfang angepasst, d.h. das Sortiment wird den Sortimenten der Mitbewerber angepasst.

- Mit neuen Produkten kann die Überlegenheit über Mitbewerber begründet werden.

- Mit neuen Produkten kann evtl. der Zugang zu Absatzmitteln und Kunden erleichtert werden.

- Das Unternehmen strebt ein Vollsortiment an.

2.1.5 Besonderheiten im Handel

Im Handel ist der **Bedarf** an einem Produkt selbstverständlich **absatzorientiert**. Schätzungen des künftigen Bedarfs sind schon deshalb immer mit Unsicherheiten behaftet, zumal die Voraussagen über die wahrscheinliche Entwicklung des Absatzes eines Produktes auf Absatzentwicklungen in der Vergangenheit beruhen.[1]

So zeigt z.B. die Statistik der Großhandlung Anton Müller für den Absatz der Mehlsorte Typ 405 im Jahre 2001 die folgende Entwicklung:

	Monat	Absatz in kg
1	Januar	20.000
2	Februar	18.000
3	März	23.000
4	April	19.000
5	Mai	17.500
6	Juni	17.000
7	Juli	15.000
8	August	18.000
9	September	18.500
10	Oktober	18.800
11	November	25.000
12	Dezember	30.000

Tab. 2.4: Beispiel für Absatzstatistik für ein Jahr, Mengenangaben in kg

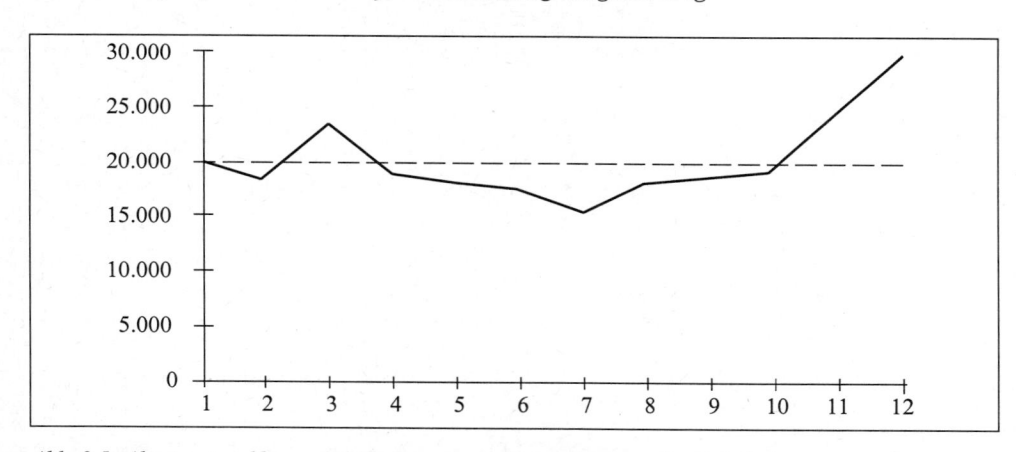

Abb. 2.5: Absatzentwicklung - Schwankungen um einen Mittelwert (zu Tab. 2.4)

---

[1] Vgl. dazu die grundlegenden Ausführungen zu 2.1.2 Verbrauchsorientierte Bedarfsermittlung.

Tabelle und Grafik deuten einen relativ konstanten Verlauf des Absatzes an, die Werte schwanken nur geringfügig um den Mittelwert. Die Darstellung weist aber eine für den Handel nicht untypische Besonderheit auf: Im Dezember ist aufgrund des besonderen Bedarfs für die Weihnachtsbäckerei in vielen Familien der Absatz für Mehl - wie in jedem Jahr - erheblich gestiegen.

Die Statistiken können - wie im Beispiel angedeutet - relativ konstante Verläufe der Absatzwerte aufweisen. Im Food-Bereich könnte das für Artikel wie Brot, Brotaufstrich u.Ä. gelten; im Non-Food-Bereich lassen sich Hygieneartikel wie Zahnpasta u.dgl. dafür anführen.

Saisonbedingter Bedarf besteht im Allgemeinen in Monaten mit hohen Feiertagen für bestimmte Artikel im Lebens- und Genussmittelbereich, für Spielzeug, Scherzartikel u.dgl.; im Sommer besteht überdurchschnittliche Nachfrage nach Camping- und Badeartikeln sowie Erfrischungsgetränken, im Winter nach Frostschutzmitteln, Schneeräumgeräten usw. Auch Feiertage von lediglich regionaler Bedeutung können zu überdurchschnittlichen Verkaufsmengen bei Getränken, Spielzeugen u.Ä. führen.

Bei Saisonartikeln weist der Kurvenverlauf für den Absatz zu bestimmten Zeiten erhebliche positive Ausschläge aus, sie sind sehr viel größer als die zufälligen Bedarfsschwankungen bei dem konstanten Absatzverlauf. Von Saisonartikeln spricht man, wenn der zusätzliche Bedarf mindestens 30 % größer als der Durchschnittsbedarf ist und wenn der Anlass für den zusätzlichen Bedarf regelmäßig wiederkehrt.

Der Verlauf der Absatzwerte kann schließlich auch dadurch gekennzeichnet sein, dass er einen Trend aufweist. So zeigt sich z.B. im Lebensmittelgroßhandel eine ständig wachsende Nachfrage nach Backmischungen. Die Nachfrage weist also einen Aufwärtstrend auf. Bei anderen Artikeln lassen sich gelegentlich Abwärtstrends erkennen.

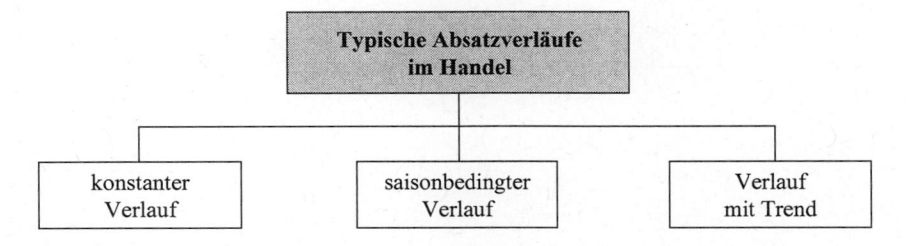

```
           Typische Absatzverläufe
                im Handel
    ┌──────────────┼──────────────┐
  konstanter   saisonbedingter   Verlauf
   Verlauf        Verlauf       mit Trend
```

2.2 Beschaffungspolitik

Mit Beschaffungspolitik umschreibt man im Allgemeinen **die Festlegung der Beschaffungsziele und die Bestimmung der Mittel**, mit denen die Ziele erreicht werden sollen. Als wesentliche Beschaffungsziele gelten

- Sicherung der Versorgung des Unternehmens mit Materialien und Waren in der erforderlichen Art und Menge,
- Minimierung der Beschaffungskosten.

Die Beschaffungspolitik umfasst - ähnlich wie das Marketing - vier Bereiche: Produkt- und Sortimentspolitik, Kontrahierungspolitik, Kommunikationspolitik und Bezugspolitik.

Die **Produkt- und Sortimentspolitik** bestimmt zunächst die Art und die Qualität des Materials bzw. der Ware, die beschafft werden soll, dann die Beschaffungsmengen und schließlich den Zeitpunkt der Beschaffung, insbesondere den Zeitpunkt der Lieferung. Diese Aspekte der Produktpolitik ergeben sich aus dem Absatz- bzw. Produktionsprogramm evtl. aber auch aus Kundenwünschen und -erwartungen. Zur Produktpolitik gehört auch die Entscheidung zwischen Eigenproduktion oder Fremdbezug eines Produktes. In die Produktpolitik eines Handelsunternehmens fällt die Entscheidung, das Verkaufssortiment durch Produktakquisition zu erweitern.

Die **Kontrahierungspolitik** umfasst alle Fragen, die den Vertrag betreffen. Im Vertrag schlagen sich die Bedingungen des Einkaufs, die sich aus den Einkaufsverhandlungen ergeben, nieder; so werden u.a. Einkaufspreise, Zahlungs- und Lieferungsbedingungen fixiert. Zu den Zahlungsbedingungen gehören z.B. die Zahlungsziele, Zahlungstermine, Art der Zahlung (z.B. mit Wechsel), Vereinbarungen über Skontoziehungen bei vorzeitiger Zahlung und über andere Zahlungsnachlässe (Rabatte). Zu den Lieferungsbedingungen zählen u.a. der Zeitpunkt und die Art der Lieferung, die Art der Verpackung sowie die Übernahme von Lieferkosten.

Die **Kommunikationspolitik** befasst sich u.a. mit der Lieferantenpflege, d.h. mit dem Aufbau und dem Ausbau zuverlässiger langfristiger Lieferantenbeziehungen, und insbesondere mit der Lieferantenauswahl.

Die **Bezugspolitik** befasst sich insbesondere mit der Gestaltung des Material- und Warenflusses vom Lieferanten zum beschaffenden Unternehmen. Dazu zählen in der Hauptsache alle Fragen der Beschaffungslogistik.

```
                    Beschaffungspolitik
         ┌───────────────┼───────────────┬───────────────┐
  Produkt und-      Kontrahierungs-  Kommunikations-   Bezugspolitik
 Sortimentspolitik     politik          politik
```

Die Beschaffungsstrategien eines Unternehmens ergeben sich aus dem sog. **Beschaffungs-Mix**, d.h. aus einem Mix aus den Politikbereichen. Sie lassen sich folgendermaßen typisieren. (Die Ausführungen beziehen sich in besonderem Maße auf Unternehmen der Industrie; mit entsprechenden Modifikationen gelten sie aber auch für Handelsunternehmen.)

Deutsche Unternehmen kaufen weltweit ein (**global sourcing**), vor allem weil sie lohnkostenbedingte Preisvorteile im Ausland ausnutzen wollen oder weil im Inland die Materialien oder Waren nicht im erforderlichen Maße angeboten werden. Die weltweite Beschaffung wirft Probleme auf. So sind z.B. die Bezugskosten relativ hoch, die fertigungssynchrone Anlieferung ist meistens nicht möglich, außerdem sind häufig Qualitätsrisiken in Kauf zu nehmen.

Fertigungssynchrone Anlieferung, gelegentlich auch als Just-in-Time-Lieferung bezeichnet, bedeutet, dass das Material in der erforderlichen Qualität und Menge zum vereinbarten Zeitpunkt angeliefert wird. Diese Strategie soll zu einer Minimierung der Lagerhaltungskosten führen; sie eignet sich deshalb besonders für die Beschaffung von A-Gütern. Sie setzt allerdings voraus, dass die Lieferanten zuverlässig die Vertragsbedingungen einhalten. Das besondere Risiko dieser Strategie liegt darin, dass bei verspäteter Anlieferung der Produktionsablauf unterbrochen werden muss und evtl. Fehlmengenkosten entstehen. Um diese Risiken zu minimieren, werden im Allgemeinen langfristige Lieferverträge mit einem, gelegentlich mit zwei zuverlässigen und kooperationsbereiten Lieferanten abgeschlossen. Die Versorgung aus zwei Quellen soll die Risiken, die aus der Abhängigkeit von nur einer Versorgungsquelle entstehen können, vermindern. Man bezeichnet die Strategie der Versorgung aus einer Quelle als **single sourcing**, der Versorgung aus zwei Quellen als **double sourcing**.

Eine weitere Beschaffungsstrategie ist das **modular sourcing**, gelegentlich auch als system sourcing bezeichnet. Es kennzeichnet die Beschaffung von Baugruppen von bestimmten, zuverlässigen Lieferanten (Systemlieferanten), die häufig auch die Montage vornehmen.

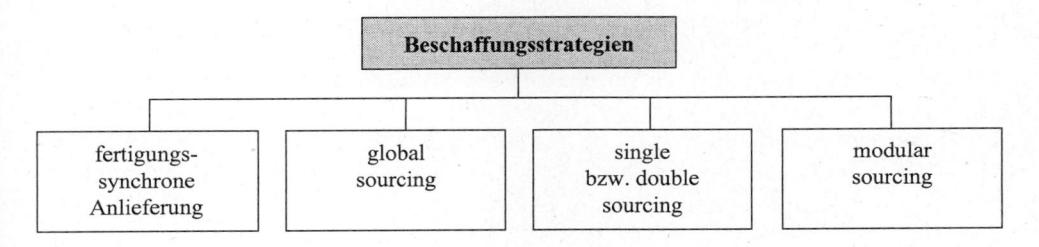

```
                    Beschaffungsstrategien
    ┌──────────────┬──────────────┬──────────────┐
fertigungs-       global         single        modular
synchrone        sourcing      bzw. double     sourcing
Anlieferung                     sourcing
```

2.3 Bezugsquelleninformation

In der Einkaufsabteilung des Großhändlers für Lebensmittel Anton Müller hat die Mitteilung, dass der Meldebestand für Weizenmehl Typ 405 erreicht sei, schließlich dazu geführt, dass die Ware bestellt wurde. Vor Abwicklung der Bestellung waren allerdings verschiedene Fragen zu klären, z.B. Fragen nach den Bezugsquellen und nach deren Leistungsfähigkeit oder nach noch günstigeren Bezugsmöglichkeiten.

Der Umfang dieser vorbereitenden Arbeiten, der „Beschaffungsaktivitäten", hängt davon ab, in welche Wertkategorie die zu bestellende Ware bei dieser Großhandlung gehört.

Nimmt man an, dass die Ware in die Kategorie C gehört, werden sich die Aktivitäten auf ein Minimum beschränken. Dazu gehört möglicherweise eine Anfrage bei dem bisherigen Lieferanten; evtl. werden auch Angebote von anderen Herstellern eingeholt, sodass ein Vergleich und damit eine Überprüfung der Leistungsfähigkeit des bisherigen Lieferers möglich wird.

Informationen über Bezugsquellen können aus der Liefererkartei und aus der Warenkartei des Betriebes stammen **(interne Bezugsquelleninformation)**. Eine **Liefererkartei** enthält für mögliche Lieferer Angaben über Waren, deren Qualität, über Liefer- und Zahlungsbedingungen, Preise, Lieferzeiten etc. Die Karte eines möglichen Lieferers kann aber auch (in einer Anlage) weitergehende Informationen enthalten, z.B. Auskünfte oder Prospektmaterial. Eine **Warenkartei** enthält Angaben über verschiedene Lieferanten des gleichen Artikels.

Diese internen Bezugsquelleninformationen reichen oft nicht aus, z.B. bei mangelnder Aktualität oder bei neuen Artikeln.

Deshalb sind die erforderlichen Informationen extern zu beschaffen (**externe Bezugsquelleninformation**). Über **Vertreter**, durch den Besuch von **Messen** und **Ausstellungen**, durch Lektüre von **Fachzeitschriften** und durch Prüfung von angeforderten **Mustern**, **Preislisten**, **Katalogen** usw. kann die Beschaffungsabteilung ihre Informationen über Lieferer, Produkte, Qualitäten u.dgl. aktualisieren bzw. ergänzen. Die Anschriften für die Anforderungen von Angeboten erhält er über **Bezugsquellenverzeichnisse** (Branchenfernsprechbücher, „gelbe Seiten", Adressbücher, Fachzeitschriften, IHK, ABC der Deutschen Wirtschaft usw.).

Vor allem bei Gütern der Wertkategorie A werden Beschaffungsmarktforschung und intensive Planungsarbeiten erforderlich.

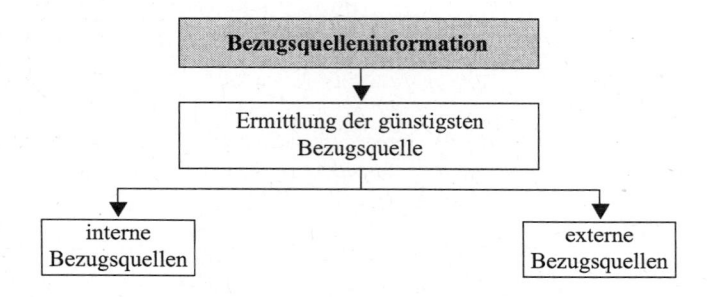

```
                    Bezugsquelleninformation
                              │
                              ▼
                    Ermittlung der günstigsten
                          Bezugsquelle
                   ┌──────────┴──────────┐
                   ▼                     ▼
               interne                externe
             Bezugsquellen          Bezugsquellen
```

2.4 Beschaffungsmärkte

Als Beschaffungsmärkte bezeichnet man die der Produktion und dem Handel vorgelagerten Märkte. Es sind also die Märkte, auf denen Industriebetriebe die zur Produktion erforderlichen Rohstoffe, Hilfsstoffe, Teile, Investitionsgüter u.dgl. beschaffen und auf denen Handelsunternehmen die Waren einkaufen, die sie an andere Handelsunternehmen (z.B. Groß- an Einzelhändler) oder an die Endverbraucher weitergeben.[2] Auf Beschaffungsmärkten treffen nachfragende auf anbietende Unternehmen; es findet also **Business-to-Business-Handel**, B2B-Handel, statt.

Die Beschaffungsmärkte sind u. a. gekennzeichnet

- durch unterschiedliche Interessen von Anbietern und Nachfragern,
- durch die unterschiedliche Macht, diese durchzusetzen,
- durch Entwicklung der Marktformen,
- durch Veränderung der Marktstrukturen,
- durch besondere Formen der Kooperation und Konzentration.

---

[2] Im weiteren Sinn gehören dazu auch die Märkte für Personal-, Kapitalbeschaffung usw. auf die im Rahmen dieses Buches nicht weiter eingegangen wird.

2.4.1 Marktformen

Die Marktformen werden nach der Anzahl der Marktteilnehmer unterschieden. In einem **Angebotsmonopol** steht ein Anbieter, in einem **Angebotsoligopol** stehen relativ wenige, relativ starke Anbieter, in einem **Polypol** stehen viele Anbieter jeweils einer großen Zahl von Nachfragern gegenüber.

Wenn eine größere Anzahl von Anbietern nur einem Nachfrager gegenübersteht, spricht man von einem Nachfragemonopol. Bei einem Nachfrageoligopol stehen relativ wenige, relativ starke Nachfrager einer größeren Anzahl von Anbietern gegenüber. Die folgende Tabelle gibt einen Überblick über die möglichen Marktformen.

		Anbieter		
		einer	wenige, starke	viele
Nachfrager	einer	bilaterales Monopol	beschränktes Nachfragemonopol	Nachfragemonopol
	wenige, starke	beschränktes Angebotsmonopol	bilaterales Oligopol	Nachfrageoligopol
	viele	Angebotsmonopol	Angebotsoligopol	Polypol

Tab. 2.5: Marktformen (schematische Darstellung)

Es ist leicht einzusehen, dass für den Monopolisten der Markt, auf dem er alleiniger Anbieter oder Nachfrager ist, eine andere Bedeutung hat als für Oligopolisten und Polypolisten, die mit mehr oder weniger großen Anzahl von Mitbewerbern rechnen müssen.

Man kann davon ausgehen, dass **Beschaffungsmärkte** im Allgemeinen **bilaterale Oligopole** sind. Monopole sind selten. Relativ wenige nachfragende Unternehmen treffen auf eine relativ geringe Anzahl von Anbietern; sowohl die Anzahl der Anbieter als auch die der Nachfrager ist überschaubar.

So bildet z.B. die Landtransport-GmbH, die für die Herstellung von Pkw-Anhängern die Anhängergestelle beschaffen und lediglich die Aufbauten selbst herstellen will (vgl. S. 64), zusammen mit einigen anderen Fahrzeugbauern die Nachfrageseite auf diesem Markt; die wenigen Hersteller der Gestelle bilden die Angebotsseite.

2.4.2 Konzentration

Umsatzkonzentration heißt, dass relativ wenige große Unternehmen den größten Teil des Gesamtumsatzes an sich ziehen. Da einerseits vor allem kleine und mittlere Unternehmen im Wettbewerb unterliegen, andererseits aber große Unternehmen besondere Vorteile im Wettbewerb nutzen können, verschiebt sich die Umsatzkonzentration zugunsten der großen Unternehmen.

Im Handel liegen wesentliche Ursachen des Konzentrationstrends in den Strukturveränderungen. Die Strukturveränderungen zeigen sich in einem **Ausleseprozess**, kleinere und mittlere Unternehmen müssen den Betrieb aufgeben, und in einem **Expansionsprozess**, von dem nur die großen Unternehmen betroffen sind.

Kleine und mittlere Unternehmen sind trotz aller Kooperationsbemühungen bei Beschaffung den Großunternehmen im Wettbewerb unterlegen. Die Unternehmereinkommen sinken. Schließlich müssen diese Unternehmen aufgegeben werden. Kooperationssysteme, die ursprünglich die kleinen Unternehmen im Wettbewerb gegenüber den großen schützen wollten, verlieren zunehmend diese Bedeutung. Sie tragen u.a. zum Ausleseprozess bei durch ihre Auswahlkriterien für beitrittswillige Einzelhandelsunternehmen (z.B. Mindestverkaufsflächen) oder durch die Differenzierung von Rabattsätzen (Weitergabe von ausgehandelten Preisvorteilen) zuungunsten der Abnehmer kleiner Mengen. Weitere Gründe für den Ausleseprozess können z.B. sein: mangelhafte Fähigkeit und Bereitschaft zu Anpassungen an die Veränderungen der Marktbedingungen, Nachfolgeprobleme in vielen Klein- und Mittelbetrieben.

Das Wachstum der großen Unternehmen hat drei wesentliche Ursachen. Dazu zählen neben dem Ausscheiden der Konkurrenz vor allem die Zusammenschlüsse einzelner Unternehmen. Außerdem gehen große Unternehmen mit mehreren unterschiedlichen Betriebstypen auf die sich ändernden Marktbedingungen ein. Sie passen die Sortimente der Betriebstypen den lokalen Kundenbedingungen durch diese **Betriebstypendifferenzierung** an.

Der Wettbewerb zwischen Herstellern findet zunehmend in konsumnahen Bereichen statt. Die dazu erforderlichen Marketingmaßnahmen sind eher mit großen Einzelhandelsunternehmen unter einheitlicher Leitung und mit Betriebstypendifferenzierung durchzuführen. Der Konzentrationstrend im Einzelhandel wird dadurch weiter gefördert.

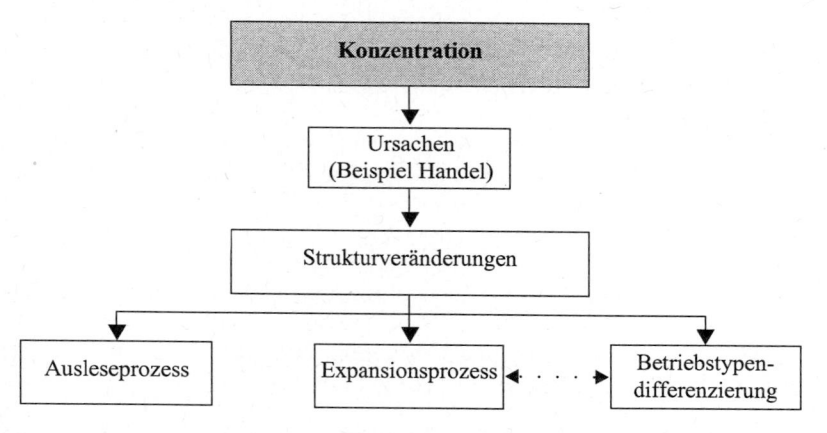

Konzentration ist aber nicht nur ein Problem des Handels. Sie findet sich auch im verarbeitenden Gewerbe; die folgende Tabelle (Tab. 2.6) stellt sie für einige Wirtschaftsbereiche dar. Angegeben ist, wie viel Prozent des Umsatzes des jeweiligen Wirtschaftsbereichs auf die 6, 10, 25 umsatzgrößten Unternehmen dieses Wirtschaftsbereichs entfielen.

Den Angaben für das Berichtsjahr 2001 werden die entsprechenden Angaben für 1997 gegenübergestellt. So lässt sich ablesen, wie sich die Konzentration im Bergbau und im verarbeitenden Gewerbe seit einigen Jahren entwickelt.

2.4 Beschaffungsmärkte

	Umsatzanteile der ... umsatzgrößten Unternehmen					
	6	10	25	6	10	25
	2001			1997		
Kohlenbergbau, Torfgewinnung	93,4	96,2	99,2	90,5	96,3	99,4
Gewinnung von Erdöl und Energie	97,5			94,9	99,6	—
Metallerzeugung und -bearbeitung	24,0	32,0	48,7	25,6	33,3	50,4
Maschinenbau	8,7	11,8	19,8	8,5	11,5	19,0
Herstellung von Kraftwagen und Kraftwagenteilen	67,5	77,1	83,6	68,7	77,9	85,7
chemische Industrie	26,4	33,1	47,6	30,0	35,9	49,2
Ledergewerbe	28,9	38,7	59,8	28,3	37,0	55,1
Bekleidungsgewerbe	19,3	25,8	41,1	17,1	22,2	34,9
Tabakverarbeitung	95,3	98,2		95,9	98,7	—

Tab. 2.6 Unternehmenskonzentration im Bergbau und im verarbeitenden Gewerbe 2001, für einen Vergleich sind auch die Werte für 1999 und 1997 angegeben (Quelle: Statistisches Jahrbuch 2003 und früher).

2.4.3 Kooperationen

Kooperation ist die freiwillige, begrenzte Zusammenarbeit von Unternehmen; sie bezieht sich auf Koordination und Zusammenlegung betrieblicher Aktivitäten. Die kooperierenden Unternehmen bleiben selbständig. Das Ziel der Zusammenarbeit ist im Allgemeinen die Verbesserung der gemeinsamen Wettbewerbsfähigkeit. Die Kooperation bezieht sich insbesondere auf Beschaffung und Absatz.

Bei **Beschaffungskooperation** schließen sich die kooperierenden Unternehmen zu einer Einkaufsgemeinschaft (Zentrale) zusammen, bei der die einzelnen Bedarfsmengen zusammengefasst werden. Die Zentrale tritt als Nachfrager gegenüber dem Hersteller oder anderen Großunternehmen des Handels auf und kann wegen ihrer Stärke besondere Preisvorteile durchsetzen.

Die Geschäfte der Zentrale können Lager- und Streckengeschäfte sein. Bei einem **Lagergeschäft** nimmt die Zentrale die eingekaufte Ware auf eigenes Lager und beliefert von dort aus die angeschlossenen Unternehmen. Bei einem **Streckengeschäft** liefert der Hersteller direkt an die angeschlossenen Unternehmen.

Wenn die Zentrale auf eigene Rechnung einkauft und an die angeschlossenen Unternehmen weiterverkauft, handelt es sich um ein **Eigengeschäft** der Zentrale. Es unterscheidet sich vom **Fremdgeschäft**, bei dem die Zentrale als Vermittler auftritt.

Fremdgeschäfte sind in mehreren Formen möglich. Bei **Empfehlungsgeschäften** empfiehlt die Zentrale bzw. die Gemeinschaft den beteiligten Unternehmen Waren und Lieferanten. Wenn die Zentrale Rahmenverträge abschließt, bei denen sie allerdings Abnahmeverpflichtungen eingeht, liegen **Abschlussgeschäfte** vor. Bei **Delkrederegeschäften** übernimmt die Zentrale Ausfallbürgschaften, d.h. sie haftet für den Fall, dass Forderungen der Lieferanten von den belieferten Unternehmen nicht ausgeglichen werden. Von **Zentralregulierungsgeschäften** spricht man, wenn die Mitglieder der Gemeinschaft Rechnungen an die Zentrale bezahlen, die ihrerseits den Zahlungsausgleich gegenüber dem Lieferanten vornimmt.

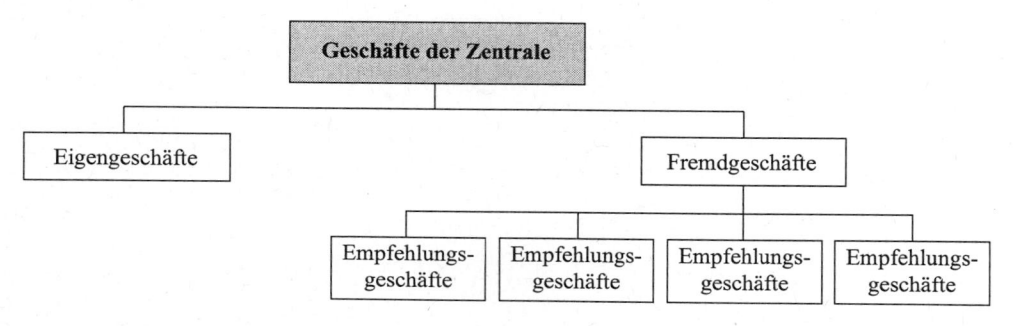

```
                    Geschäfte der Zentrale
                    /                    \
            Eigengeschäfte           Fremdgeschäfte
                          /       |       |       \
                Empfehlungs-  Empfehlungs-  Empfehlungs-  Empfehlungs-
                geschäfte     geschäfte     geschäfte     geschäfte
```

Für die **Kooperation** im Zusammenhang mit Beschaffung bieten sich u.a. die folgenden **Formen** an.

Einkaufsgenossenschaften und Einkaufsgemeinschaften sind besonders häufige Formen der Beschaffungskooperation im Einzelhandel. Sie treten als Genossenschaften auf, vgl. z.B. EDEKA, oder sind als GmbH oder GmbH & Co. KG, seltener als AG, organisiert.

Depotsysteme sind Formen der Kooperation zwischen Herstellern und Händlern. Der Händler (Depositär) verpflichtet sich, das gesamte Sortiment eines Herstellers als Depot zu halten, der Hersteller verpflichtet sich, den Händler zu unterstützen. Depots können bei Eigenhändlern bestehen, so halten z.B. Kosmetikfachgeschäfte Depots bestimmter Kosmetikmarken; sie können aber auch bei sog. Kommissionsagenturen bestehen, so halten z.B. Bäcker Depots bestimmter Kaffeeröster.

Rack-Jobbing-Systeme sind Formen der Kooperation zwischen Großhandel (gelegentlich auch Hersteller) einerseits und Einzelhandel andererseits. In den Betrieben des Einzelhandels mieten Großhändler (oder Hersteller) Regale und statten diese auf eigene Rechnung und in eigener Disposition mit Waren aus.

Freiwillige Ketten sind Formen der Kooperation zwischen Handelsunternehmen, die zwei Stufen umfasst. Unternehmen des Groß- und des Einzelhandels meist gleichartiger Branchen schließen sich unter einem gemeinsamen Zeichen zusammen, um unternehmerische Aufgaben gemeinsam durchzuführen. Die beteiligten Unternehmen bleiben rechtlich selbständig; ihre wirtschaftliche Selbständigkeit geben sie aber zugunsten gemeinsamer Aktivitäten oder zentraler

Koordination teilweise auf. Kooperationssysteme dieser Art weisen damit wesentliche Merkmale von Kartellen auf. Vorrangiger Zweck der freiwilligen Ketten ist die Beschaffungskooperation.

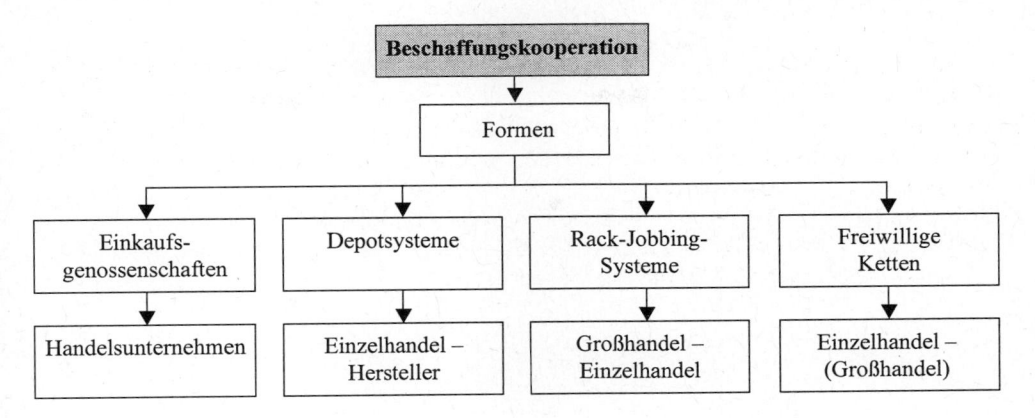

```
                        Beschaffungskooperation
                                  │
                                  ▼
                                Formen
        ┌─────────────────┬───────┴────────┬─────────────────┐
        ▼                 ▼                ▼                 ▼
   Einkaufs-         Depotsysteme     Rack-Jobbing-      Freiwillige
 genossenschaften                       Systeme            Ketten
        │                 │                │                 │
        ▼                 ▼                ▼                 ▼
 Handelsunternehmen   Einzelhandel –    Großhandel –     Einzelhandel –
                       Hersteller       Einzelhandel     (Großhandel)
```

2.4.4 B2B-Geschäfte zwischen Handelsunternehmen und Herstellern

Handelsunternehmen als Kunden und Hersteller als Anbieter bringen in den B2B-Handel ihre besonderen Interessen ein. Diese beeinflussen die Kaufverhandlungen wesentlich.

So sind z.B. Handelsunternehmen in hohem Maße daran interessiert, dass sich die von ihnen angebotenen Sortimente von konkurrierenden Sortimenten abheben. Bei der **Sortimentsgestaltung** streben sie betriebstypische Profilierungen und zielgruppenspezifische Differenzierungen an, weil sie dadurch ihre Sortimentskompetenz nachweisen können. Das Angebotsprogramm ist auf Problemlösungen aus, nicht auf die Spezialisierung bestimmter Marken oder Hersteller. Der Käufer eines Rasenmähers will bei seinem Händler nicht nur kompetent beraten werden, sondern auch unterschiedliche Mäher verschiedener Hersteller vorfinden.

Hersteller dagegen erstreben die Abnahme des gesamten Sortiments bzw. größerer Sortimentsteile durch den Handel. Das Handelssortiment soll nach Möglichkeit keine konkurrierenden Marken enthalten. Dadurch wollen die Hersteller die von ihnen angestrebte Distribution erreichen, z.B. bei bestimmten Betriebstypen des stationären Einzelhandels oder in einem bestimmten Gebiet.

Werbung und verkaufsfördernde Maßnahmen des Handels sind darauf ausgerichtet, Problemlösungen zu visualisieren. Werbung und verkaufsfördernde Maßnahmen der Hersteller dagegen sind auf die eigenen Produkte bzw. auf die Marken abgestellt; das Ziel ist der Aufbau von Markentreue.

Diese unterschiedlichen Interessen zeigen sich auch in der **Produktplatzierung**. Der Handel zieht eine Bedarfsplatzierung der Produkte vor; so findet z.B. der Käufer von Gartengeräten im Fachmarkt die Rasenmäher in einer bestimmten Abteilung, Spaten, Grabgabeln, Harken u.dgl. in einer anderen. Hersteller dagegen sind besonders an einer Marken- (oder Firmen-)Platzierung bei gleichzeitiger Reduktion der Platzierung von Mitbewerbern interessiert. So kann z.B. der Hersteller von Gartengeräten X bei Baumärkten eine bevorzugte Platzierung für sein Sortiment (Mäher, Laubsauger, Heckenschneider u. Ä.) durchsetzen.

Auch Fragen der **Logistik** werden berührt. Der Handel ist bemüht, seine **Lagerbestände** so gering wie nötig zu halten; er möchte die Termine für Ersatz- oder Nachlieferungen entsprechend steuern. Das Interesse des Herstellers besteht darin, sich von Lagerhaltung zu entlasten und deshalb und große Mengen je Lieferung abzugeben; dazu möchte der Liefertermine vorgeben.

Schließlich zeigen sich unterschiedliche Interessen auch in der **Preisgestaltung**. Handelsunternehmen sind daran interessiert, Preise in Abhängigkeit von Nachfrageelastizitäten zu gestalten und mit Sonderangeboten bekannter Markenartikel zu werben. Hersteller sind eher auf die Stabilisierung eines langfristig mittleren Preisniveaus aus.

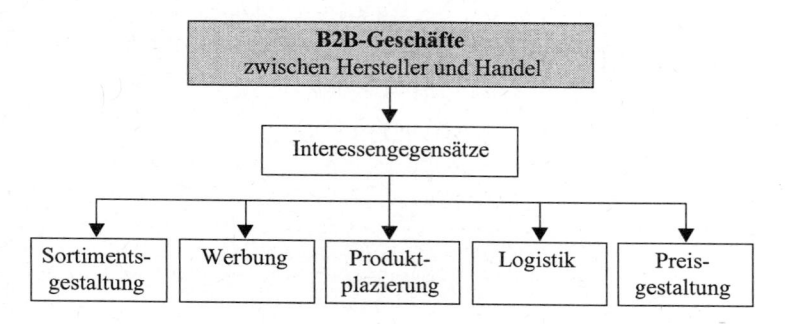

```
            B2B-Geschäfte
      zwischen Hersteller und Handel
                  |
          Interessengegensätze
   ┌──────┬───────┼───────┬──────┐
Sortiments- Werbung Produkt- Logistik Preis-
gestaltung         plazierung        gestaltung
```

2.4.5 E-Commerce bei Beschaffung

Kürzlich schrieb GM auf einem virtuellen Marktplatz Gummidichtungen für Autofenster aus, 18 Lieferanten wetteiferten bei einer umgekehrten Auktion um den Auftrag. Auf ihren Monitoren beobachteten sie, wie jeder Mitbewerber sein Gebot platzierte – ein nervenaufreibendes Prozedere. Sollten sie aussteigen, mithalten oder den letzten Preis gar unterbieten? Am Ende kaufte GM das Material für 147 Millionen Dollar – etwa 30 Prozent billiger als bisher. – Als Ford eine größere Reifenlieferung ausschrieb, vergingen nur zehn Stunden, bis man unter fünf Reifenlieferanten das beste Angebot ermittelt hatte.[3]

Diese Beispiele weisen auf die wachsende Bedeutung des elektronischen Beschaffungswesens im Business-to-Business-Geschäft („**B2B**") hin. Wie die in den Beispielen genannten ordern bereits viele Unternehmen online auf virtuellen Marktplätzen, den sog. **Plattformen**. Plattformen führen anbietende und nachfragende Unternehmen zusammen. Inzwischen bestehen Plattformen für fast alle Waren. Es wird geschätzt, dass weltweit zzt. etwa 25 Prozent aller Unternehmen das Internet für die Beschaffung nutzen.

Diese Unternehmen haben erkannt, dass der elektronische Handel zur Senkung der Kosten, und zwar sowohl der Beschaffungs-, als auch der Bestellkosten, und zur Verkürzung der Beschaffungszeiten beiträgt. Weil auf virtuellen Märkten die Angebote verschiedener Lieferanten leichter

---

[3] In Anlehnung an einen Spiegelbericht (DER SPIEGEL 16/2000)

2.4 Beschaffungsmärkte

verglichen werden können, entwickelt sich zu Gunsten des Käufers ein Preiswettbewerb. Unternehmen gleicher Branchen, die auf den Absatzmärkten als Konkurrenten, also gegeneinander, um Marktanteile kämpfen, schließen sich auf virtuellen Marktplätzen zusammen, um durch die gemeinsame Beschaffung weitere Kostenvorteile zu erzielen.

Das elektronische Beschaffungswesen eignet sich nicht für die Beschaffung von Gütern, bei denen z.B. Liefertreue, Qualität, persönliche Beziehungen u.Ä. besondere Bedeutung haben. Auch Baugruppen, die von ausgewählten zuverlässigen Lieferanten, den sog. Systemlieferanten, hergestellt und häufig auch montiert werden, werden im Allgemeinen direkt und nicht auf virtuellen Märkten beschafft.

Güter mit relativ geringem Wert, die häufig benötigt werden, eignen sich eher für die elektronische Beschaffung; dazu zählen z.B. bestimmte Rohstoffe, Hilfsstoffe u.Ä. Wegen des relativ geringen Wertes der Güter und der guten Erfahrungen, die mit ihnen und mit den Lieferanten gemacht wurden, muss ihre Beschaffung nicht über die zentrale Einkaufsabteilung laufen. Vielmehr können Mitarbeiter am Ort des Bedarfs bestellen.

Die Einkaufsabteilung wird dadurch entlastet, sie wickelt die Auswahl der Lieferanten ab und handelt die Konditionen in Rahmenverträgen aus. Sie erstellt schließlich die zentral gesteuerten Produktkataloge für das Intranet, das sind die firmeneigenen Webseiten, auf die der Mitarbeiter bei der Bestellung zugreifen kann.

Der Mitarbeiter wird im Rahmen des Management by Exception für die Beschaffung zuständig gemacht. Im Allgemeinen wird ihm ein Höchstbetrag, z.B. 1.500 €, für die Bestellung vorgegeben, d.h. er darf nur bestellen, wenn der Bestellwert unter dem Höchstbetrag liegt. Überschreitet der Bestellwert den Höchstbetrag, muss die Bestellung von einem Vorgesetzten oder von der Einkaufsabteilung mitverantwortet werden.

Im Allgemeinen geht die Bestellung unmittelbar an den Hersteller, d.h. die traditionellen Absatzmittler können vernachlässigt werden. Der Hersteller liefert die bestellte Ware sofort aus.

Der **Bestellvorgang im E-Commerce** ist sehr viel **kürzer** und darum auch **kostengünstiger**. Das zeigt ein Vergleich mit der „klassischen" Beschaffung. Die traditionelle Bestellung ist gekennzeichnet durch viele aufeinander folgende Schritte der Bearbeitung, der Prüfung, der Genehmigung, des Liegens usw. (vgl. das Beispiel bei den Ausführungen zur Ablauforganisation). Wenn dann die Bestellung noch über eine Großhandlung zum Hersteller geht, können u.U. viele Tage oder mehrere Wochen vergehen, bis die bestellte Ware schließlich eingeht. Der Bestellvorgang dauert nicht nur lange, er ist vielmehr auch sehr teuer. Im Durchschnitt kostet zzt. ein Bestellvorgang ungefähr 75 €. Es wird geschätzt, dass sich die Beschaffungskosten um 20 Prozent und die Beschaffungszeit um fast 50 Produzent senken lassen.

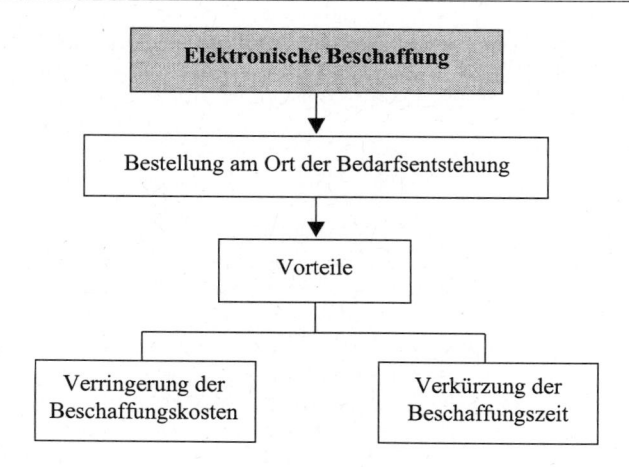

```
        ┌─────────────────────────────┐
        │   Elektronische Beschaffung │
        └──────────────┬──────────────┘
                       ▼
        ┌─────────────────────────────┐
        │ Bestellung am Ort der Bedarfsentstehung │
        └──────────────┬──────────────┘
                       ▼
                 ┌──────────┐
                 │ Vorteile │
                 └─────┬────┘
              ┌────────┴────────┐
              ▼                 ▼
    ┌──────────────────┐  ┌──────────────────┐
    │ Verringerung der │  │  Verkürzung der  │
    │ Beschaffungskosten│  │ Beschaffungszeit │
    └──────────────────┘  └──────────────────┘
```

2.5 Beschaffungsmarktforschung

Alle Maßnahmen, die darauf abzielen, Märkte für den Einkauf von Waren, Rohstoffen, Materialien u. dgl. für das beschaffende Unternehmen überschaubarer zu machen, werden als Beschaffungsmarktforschung bezeichnet. Dazu gehören die Gewinnung und die Auswertung von Informationen über die Beschaffungsmärkte, ihre Besonderheiten und Entwicklungen. Das Ziel der Beschaffungsmarktforschung ist die Ermittlung der günstigsten und auf Dauer leistungsfähigsten Bezugsquellen.

2.5.1 Bereiche der Beschaffungsmarktforschung

2.5.1.1 Lieferanten

Die Markt-GmbH, ein Einzelhandelsunternehmen mit mehreren großen Märkten in Norddeutschland, hat eine sich stabilisierende Nachfrage nach einem groben Mehl erkannt. Sie wird deshalb ihr Sortiment mit einem entsprechenden Artikel erweitern. Sie muss sich daher um einen Lieferanten bemühen, der auf Dauer leistungsfähig genug ist, den wahrscheinlich nicht geringen Bedarf zu decken.

Aus diesem einfachen Beispiel kann man Aufgaben und Ziele der **Lieferantenforschung** ableiten. Sie muss zunächst die Zahl der möglichen Lieferanten in sinnvoller Beschaffungsreichweite erfassen. Dazu benutzt sie u.a. entsprechende Veröffentlichungen von Verbänden, Fachzeitschriften oder Ausstellerverzeichnissen bei Messen.

Für die erfassten Unternehmen sind sodann relevante Eigenschaften zu ermitteln, damit die wirtschaftliche und technische Leistungsfähigkeit beurteilt werden kann.

Rückschlüsse auf die wirtschaftliche Leistungsfähigkeit könnten aus Informationen über Struktur und Strukturentwicklung der Umsätze, der Gewinne und der Kosten gezogen werden; interessieren könnten auch Aspekte der Personalpolitik, Fluktuation oder Qualifikationen; natürlich sind

2.5 Beschaffungsmarktforschung

Verkaufsprogramm, Sortiment und Marktanteile ebenso Gegenstände des Interesses wie die finanzielle Situation und die Eigentümerverhältnisse. Zur Prüfung der technischen Leistungsfähigkeit sind u.a. Fragen zum Umfang des Fertigungsprogramms, zu den Fertigungsmethoden, den Kapazitäten, den Fertigungskontrollen, zu Lagerkapazitäten, Bonität und Lieferbereitschaft der Vorlieferanten von Bedeutung.

Die zur Beantwortung der anstehenden Fragen erforderlichen Unterlagen aus Rechnungswesen, Personal- und Absatzwirtschaft, aus Lager- und Materialwirtschaft dürften nur schwer zugänglich sein. Auswertungen von allgemein zugänglichen Unterlagen (z.B. Geschäftsberichten) lösen die Probleme nur unzulänglich. Jedoch können Befragungen weiterhelfen, z.B. Informationen durch Geschäftsfreunde und Marktbeobachtungen. Auch werden potenzielle Lieferer, die an einer lukrativen Geschäftsverbindung interessiert sind, durchaus zu differenzierten Antworten bereit sein und auch Einblick in die entsprechenden Unterlagen gewähren.

Ein weiterer Teil der Lieferantenforschung hat sich mit den Marketingaktivitäten der Lieferer zu befassen, z.B. mit dem Preisverhalten, mit den bisher praktizierten Maßnahmen zur Verkaufsförderung, mit der Organisation des Außendienstes oder mit der Sortimentsgestaltung. Die hierfür erforderlichen Informationen sind z.T. leichter zugänglich durch Marktbeobachtung und Auswertung von Fachzeitschriften und durch Befragungen.

Diese Lieferantenforschung, mit der die Zuverlässigkeit eines künftigen Lieferanten geprüft werden soll, ist sehr aufwändig. Allerdings kann sie entfallen, wenn der Lieferant ein **Qualitätsmanagementsystem** aufgebaut hat, das den Anforderungen der Normenreihe DIN ISO 9000 ff. entspricht und wenn es deswegen von einer unabhängigen Institution zertifiziert wurde. Viele Unternehmen verlangen von ihren Zulieferern den Nachweis von Zertifizierungen dieser Art.

Die grundlegende Aufgabe des **Qualitätsmanagements** (QM) lässt sich umschreiben als Planung, Steuerung und Überwachung der Qualität sowohl des Leistungsprozesses als auch des Prozessergebnisses. Das Qualitätsmanagementsystem eines Unternehmens umfasst das Qualitätsmanagement (QM) als Funktion und als Institution im organisatorischen Aufbau und Ablauf. Es benennt nicht nur die einzelnen Aufgabenbereiche, wie z.B. Qualitätsplanung, Qualitätslenkung, Qualitätskontrolle, Qualitätsverbesserung, Qualitätssicherung, sondern gibt auch an, mit welchen Mitteln und Verfahren sie durchgeführt werden und wer (bzw. welche Stelle) in welchem Umfang für die Aufgabenbereiche zuständig ist.

Ein Unternehmer hat im Allgemeinen die folgenden **Gründe** für die Einführung eines QM-Systems. Zunächst wirkt das System nach innen: Die betrieblichen Abläufe werden verbessert; dazu tragen die Dokumentationen in erheblichem Umfang bei. Aber auch die Außenwirkung ist von Bedeutung: Ein gut organisiertes QM-System schafft Vertrauen zum Kunden. Darüber hinaus kann es im Produkthaftungsfall den Produzenten entlasten.

Die **Dokumentation** ist ein wesentliches Element des QM-Systems. Sie enthält z.B.

- die Grundsätze des Unternehmens für den aufbauorganisatorischen Aspekt des Qualitätsmanagements mit der Beschreibung der Zuständigkeiten u. A.,
- die Grundsätze des Unternehmens für den ablauforganisatorischen Aspekt des Qualitätsmanagements mit Dokumentationen zur Fehlerbehandlung, zur Lieferantenauswahl u. A.

- Dokumente zur Qualitätspolitik,
- Dokumente zu den Qualitätszielen,
- QM-Handbuch.

Das **QM-Handbuch** gilt als zentrales Dokument. Es enthält vor allem die Informationen über das Unternehmen und sein Qualitätsmanagement, die der Kunde bei der Anbahnung von Geschäften kennen will. Das Handbuch wird so zu einer wichtigen Grundlage für die vertrauensvolle Zusammenarbeit zwischen Zulieferer und Kunden.

2.5.1.2 Konkurrenz

Für die in dem einführenden Beispiel genannte Markt-GmbH sind die Verbrauchermärkte mit gleichen oder ähnlichen Sortimenten Mitbewerber um gleiche Käufersegmente. Sie sind aber auch im Blick auf die Beschaffungsseite Konkurrenten. Daraus ergeben sich auch die Aspekte der **Konkurrenzforschung**. Die Zahl der relevanten Konkurrenten ist wichtig, von größerer Bedeutung sind Größe der Betriebe, Marktstellung, Image und Marketingaktivitäten. Einige Fragen können durch Betriebsvergleiche unter Anwendung betriebswirtschaftlicher Kennziffern beantwortet werden, andere durch Marktbeobachtungen.

Informationen über Aktivitäten auf der Beschaffungsseite, über Lieferanten, über Einkaufspreise, Rabatte und dgl. sind natürlich schwer zugänglich; gelegentlich können sie nur aus allgemeinen, eher vagen Beobachtungen der Aktivitäten der Konkurrenz gewonnen werden.

Wenn z.B. die Markt-GmbH erfährt oder beobachtet, dass der wichtigste Mitbewerber Mehlprodukte eines Herstellers aus dem Sortiment nimmt, der auch für sie als Lieferer in Betracht käme, so könnte das ein Anlass für eine besondere Verhandlungsstrategie der Markt-GmbH sein.

2.5.1.3 Preise

Umfangreiche Kenntnisse der Preissituation auf den Beschaffungsmärkten sind von besonderer Bedeutung für Beschaffungs- und weitergehende Planungen; sie sind wichtige Grundlagen für Aktivitäten der Beschaffungspolitik (Preisplanung).

Ansätze für **Preisanalysen** bieten **Preisvergleiche**; verglichen werden die Preise, die die verschiedenen Lieferanten für Waren vergleichbarer Qualitäten fordern. Interessant sind in diesem Zusammenhang auch Preise für mögliche Substitutionsgüter.

Weitergehende Informationen liefern Analysen von Preisentwicklungen. Beobachtet werden deshalb bei Bedarf die Entwicklungen der Beschaffungspreise über einen bestimmten Zeitraum bei den potenziellen Lieferanten.

Zur Analyse der Preise ist auch die Kenntnis der Lieferungs- und Zahlungsbedingungen erforderlich. Die Sätze für Mengen- und Funktionsrabatte, die Zahlungsfristen mit den Möglichkeiten zur Skontoziehung, die Frachtkosten, die Verpackungskosten usw. beeinflussen wesentlich die Höhe der Beschaffungspreise.

2.5 Beschaffungsmarktforschung

Die Analyse der Angebotspreise in Verbindung mit einer Auswertung weitergehender Informationen (z.B. über Kapazitäten, Angebotsverhalten gegenüber Mitbewerbern), die allerdings nur schwer zugänglich sind, lassen gelegentlich Rückschlüsse auf die Kalkulation der Lieferer zu. Dadurch könnte die Angemessenheit der Preise, der Umfang von Verhandlungsspielraum o.Ä. beurteilt werden.

Die Angemessenheit der Beschaffungspreise ist aber auch aus einer anderen Richtung zu beurteilen. Grundlage für diese Betrachtungsweise ist der Verkaufspreis, zu dem der Händler die Ware anbieten will oder muss. (Insofern gehen auch Aspekte der Absatzwirtschaft in die Beschaffungsmarktforschung ein).

Die für die Analyse der Preise erforderlichen Informationen erhält der Händler vor allem über Anfragen, aus Angeboten, Katalogen, Preislisten, Messeinformationen etc. Dazu kommen eigene Marktbeobachtungen, veröffentlichte Marktanalysen, aber auch Geschäftsberichte der in Betracht kommenden Lieferanten.

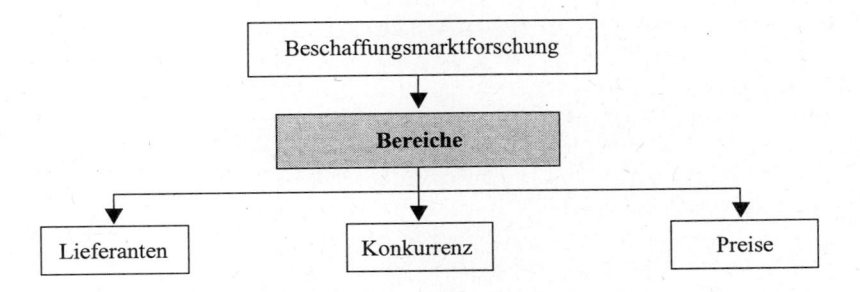

```
        Beschaffungsmarktforschung
                    │
                    ▼
                Bereiche
        ┌───────────┼───────────┐
        ▼           ▼           ▼
   Lieferanten  Konkurrenz    Preise
```

2.5.2 Arten der Beschaffungsmarktforschung

2.5.2.1 Sekundärforschung

Die Beschaffungsmarktforschung kann sich häufig bereits vorliegenden Materials bedienen. Dieses Material wurde nicht für die Bearbeitung der anstehenden Fragen erstellt, sondern fiel in anderen Zusammenhängen an. Es ist relativ **einfach** und darum mit geringen Aufwendungen **zu erfassen**. Der Nachteil sekundären Materials besteht **gelegentlich** in seiner **mangelhaften Aktualität**.

Interne (d.h. innerbetriebliche) Quellen der Sekundärforschung sind Lieferanten- und Warenkarteien, Unterlagen des Rechnungswesen, Statistiken über Umsätze, Ergebnisse von Beobachtungen etc. Externe Quellen können sein: Branchenadressbücher, Telefonbücher, Fachzeitschriften, Geschäftsberichte, Kataloge, Veröffentlichungen von Behörden (Statistiken), der Kammern, der Börsen u.a.

2.5.2.2 Primärforschung

Von Primärforschung spricht man dann, wenn das Material primär für die Beantwortung der konkret anstehenden Fragen der Beschaffungsmarktforschung erhoben wird. Der Vorteil des primären Materials besteht in seiner **Aktualität**, in seinem **engen Bezug** zur **konkreten Fragestellung** und damit in seiner **Genauigkeit**. Gelegentlich wird Primärforschung teuer, häufig ist sie zeitaufwendiger als die Sekundärforschung. Zur Primärforschung gehören u.a. Anfragen bei Lieferanten, Einholung von Informationen im Zusammenhang mit einer bestimmten Beschaffungsplanung.

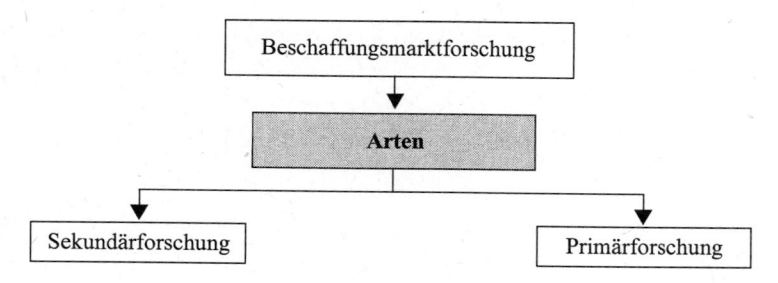

```
           Beschaffungsmarktforschung
                      │
                      ▼
                    Arten
                   ╱     ╲
                  ▼       ▼
         Sekundärforschung   Primärforschung
```

2.5.3 Lieferantenbeurteilung und -auswahl

Die Beschaffungsmarktforschung beschafft die Grundlagen für die Beurteilung der Lieferanten. Die Lieferantenbeurteilung dient der Lieferantenauswahl. Global sourcing, Reduzierung der Beschaffungsquellen, modular bzw. system sourcing, einsatzsynchrone Anlieferungen und langfristige Beschaffungsbeziehungen machen die sorgfältige Beurteilung der Leistungsfähigkeit i.w.S. von Lieferanten erforderlich.

Für die Beurteilung werden Bewertungskriterien ausgewählt. Mit ihrer Hilfe soll das Unternehmen allgemein beurteilt und seine Eignung als Lieferant kritisch gewürdigt werden. Folgende Kriterien können für die Bewertung herangezogen werden.

Allgemeine Kriterien, dazu zählen z.B.

- Kapitalbasis, Eigenkapital,
- Kreditwürdigkeit
- Image,
- Ertragslage,
- Organisation,
- Kooperationsbereitschaft.

Spezielle Kriterien, dazu zählen z.B.

- Anlieferungsmöglichkeiten,
- Garantieleistungen,
- Preis,
- Qualität,
- Lieferungsbedingungen, Übernahme der Transportkosten,
- Zahlungsbedingungen, Kreditierungen.

Für die einzelnen Kriterien werden **Punktwerte** ermittelt. Zur Bewertung qualitativer Merkale, zu denen die meisten Kriterien zählen, nutzt man häufig **ordinale Skalierungen**. Für jedes Kriterium wird eine Skala mit fünf bis sieben Bewertungen mit Punktwerten vorgegeben, z.B.

sehr gut (= 1), gut (= 2), mittelmäßig (= 3), schlecht (= 4), sehr schlecht (= 5). Allerdings kann die höchste Bewertung auch die höchste Punktzahl erhalten, also z.B. sehr gut = 5 Punkte usw.

Im Allgemeinen haben die Kriterien aber unterschiedliches Gewicht. So kann z.B. die Kapitalbasis eines Lieferanten von geringer, die Kooperationsereitschaft im Hinblick auf die zukünftige Zusammenarbeit von höherer, die Zuverlässigkeit, die Qualität und die Preise der Produkte von sehr hoher Bedeutung sein. Entsprechend werden die Bewertungspunkte gewichtet. Die Summe der **gewichteten Punkte** ist Grundlage der Entscheidung; der Lieferant mit der niedrigsten bzw. höchsten Punktzahl könnte der künftige Lieferant werden.

Beispiel:

Kriterien	Gewichtung	Unternehmen Bewertung von 1 bis 5 Punkten			
		I	II	III	usw.
Kooperationsbereitschaft	0,8	0,8	1,0	2,4	...
Kapitalbasis	0,3	0,6	0,9	0,6	...
Preis	1,0	1,0	3,0	2,0	...
Qualität	1,0	2,0	1,0	3,0	...
...		...	...	...	...
...		...	...	...	...
Punktsumme		...	...	...	...

2.6 Category Management und Supply Chain Management

Die Entwicklung von Informationssystemen hat die Zusammenarbeit zwischen Lieferanten und Abnehmern (Weiterverkäufer und –verwender) mithilfe unternehmensübergreifender Informationsströme ermöglicht. Auf der Grundlage gut organisierten Datenaustauschs arbeiten auch Handelsunternehmen mit Herstellern eng zusammen.

Diese Zusammenarbeit zwischen Hersteller und Handel berücksichtigt in besonderem Maße die Bedürfnisse der Verbraucher; sie verfolgt den Zweck, die Versorgung der Einzelhandelsgeschäfte bzw. Filialen der Einzelhandelsunternehmen mit Konsumgütern optimal an den Bedürfnissen der Verbraucherhaushalte auszurichten. Das bedeutet, die Waren müssen in der zielgruppengerechten Art, in der vom Käufer gewünschten Menge zum Zeitpunkt des Kaufs in den Geschäften vorrätig sein. Durch die Zusammenarbeit soll die Kundenzufriedenheit erhöht und die Filialleistung verbessert werden. Daneben ist wichtiges Ziel die Senkung der Distributionskosten. Beschaffung und Lagerhaltung werden also wesentlich von Marketing bzw. Absatzwirtschaft bestimmt.

Das System, das dieser Zusammenarbeit zu Grunde liegt, wird als **Efficient Consumer Response** (ECR) bezeichnet. Der Begriff lässt sich seinem Sinn nach etwa folgendermaßen übersetzen: effiziente (wirtschaftliche) Reaktion auf Verbrauchererwartungen. Das System Efficient Consumer

Response erstreckt sich auf den Warenfluss, die Warengruppen und Sortimente, die Warenpräsentation, Verkaufsförderung u.Ä.

Das ECR wird durch das Category Management und das Supply Chain Management mithilfe des Electronic Data Interchange umgesetzt.

Das **Category Management** (CM) ist das Management der Warengruppen.[4] CM ist ein Prozess zur optimalen Gestaltung des Sortiments im Hinblick auf den Verbraucherbedarf, an dem Hersteller und Handel gleichermaßen beteiligt sind. CM setzt im hohen Maß die Zusammenarbeit zwischen Hersteller und Handel voraus. In die Zusammenarbeit bringen Hersteller Detailkenntnisse über ihre Produkte bzw. Produktgruppe und die Handelsunternehmen Kenntnisse über die zielgruppen- und bedarfsgerechte Zusammensetzung der Warengruppen ein.

Im Rahmen der Zusammenarbeit definieren Hersteller und Handel häufig Sortiment und Warengruppen gemeinsam; durch Sortiments- und Warengruppenidentität wird die Effizienz der Kooperation erhöht: Lieferungsergänzungen, Regalauffüllung u.Ä. können schneller durchgeführt werden; die Umschlagsgeschwindigkeit kann erhöht werden.

Dieser Bereich des Category Management wird als **Efficient Store Assortment** bezeichnet; er hängt mit Beschaffung und Lagerhaltung eng zusammen. Andere Aspekte des Efficient Consumer Response, nämlich Efficient Promotion und Efficient Product Introduction, umfassen Maßnahmen von Marketing; sie müssen deshalb hier nicht weiter ausgeführt werden.

Mit der Gestaltung der Warengruppe wird ein Warengruppenmanager (**Category Manager**) betraut. Er ist dadurch innerhalb seiner Warengruppe für alle verkaufsfördernden Maßnahmen (Merchandising) am Ort des Verkaufs (Point of Sale, POS), z.B. für Produktplatzierung, für Preisauszeichnungen, besondere Artikelpräsentation u. dgl. und für die **Beschaffung** der Produkte verantwortlich. Er trifft seine Entscheidungen im Allgemeinen auf der Grundlage von Informationen über Kundenwünsche und –erwartungen und häufig im Kontakt mit den Produktgruppenmanagern der Hersteller.

Ziel des Category Management ist die **optimale Gestaltung des Sortiments unter besonderer Berücksichtigung des Bedarfs** bzw. des Nutzens **der Zielgruppe**. Durch die zielgruppengerechte Strukturierung und Präsentation der Warengruppen will sich ein Handelsunternehmen im Wettbewerb profilieren und Kunden an sich binden. Durch das CM sollen Umsatz und Deckungsbeitrag der Warengruppe erhöht werden.

Supply Chain Management ist das Management der Beschaffungskette. Im weiteren Sinn ist die Supply Chain die Logistikkette von den Zulieferern, über die Hersteller von Halbfabrikaten und Fertigprodukten, Großhandel an den Endverkäufer; Supply Chain Management umschreibt dann alle Maßnahmen im Zusammenhang mit dem Aufbau und der Verwaltung von Informations- und Warenflüssen zwischen den Gliedern dieser Kette.

Im engeren Sinn kann aber auch die Beschaffungsbeziehung zwischen Handel und Hersteller als Supply Chain bezeichnet werden. Das Supply Chain Management bezieht sich dann auf die **Informations- und Warenflüsse zwischen Hersteller und Handelsunternehmen.**

---

[4] category (engl.) = Warengruppe

2.6 Category Management und Supply Chain Management

Handel und Hersteller arbeiten bei der Beschaffung bzw. bei der Lieferung eng zusammen. Vorrangiges Ziel der Zusammenarbeit ist der gleichmäßige Warennachschub (**Efficient Continuous Replenishment**); die Ware soll für der Endverbraucher immer in der gewünschten Art und Menge im Geschäft bzw. in der Filiale vorrätig sein.

Durch den Datenaustausch (vgl. EDI) erhält der Hersteller Informationen über den Bedarf unter Berücksichtigung der Kundenwünsche und kann die Lieferung entsprechend organisieren. Im Allgemeinen wird *just in time* geliefert; dadurch können im Handel hohe Warenbestände und die damit verbundenen Kosten für Lagerung, Lagerraum und Kapitalbindung vermieden werden. Das automatische Bestellwesen hilft, Beschaffungszeiten zu verkürzen und umfangreiche Beschaffungsaktivitäten zu vermeiden; dadurch werden die Logistikkosten gesenkt.

Das Informationssystem, das bei den Category Management und Supply Chain Management angewandt wird, ist das **Electronic-Data-Interchange** (EDI); EDI ist der elektronische **Austausch strukturierter Geschäftsdaten** zwischen den beteiligten Unternehmen. Die Daten sollen zweckmäßigerweise schnell der Zielanwendung zugeführt und in die interne Bearbeitung einbezogen werden. Im Allgemeinen verwenden die Unternehmen standardisierte Datensysteme als Kommunikationsbasis, die von einer Vielzahl von Partnern genutzt werden können.

Das Electronic-Data-Interchange (EDI) hat u.a. folgende **Vorteile**.

- Verwaltungsarbeiten werden rationalisiert,
- manuelle Eingaben entfallen,
- die Fehlerquote wird durch den Wegfall der manuellen Eingaben und der Verwendung von Standards reduziert,
- die Bearbeitungszeit wird verkürzt.

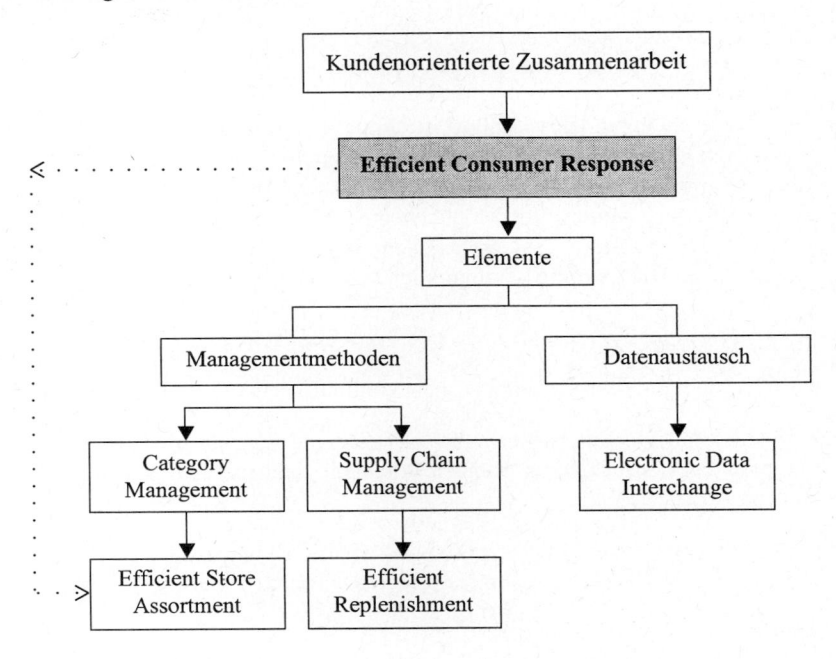

Für das Beschaffungsverhalten großer Unternehmen, also auch großer Handelsunternehmen, hat das **Key-Account-Management** der Hersteller erhebliche Bedeutung. Key Accounts sind Großkunden. Mit Key-Account-Management umschreibt man alle Maßnahmen zur Betreuung von Key Accounts.

Der Key-Account-Manager kennt das Sortiment seines Kunden, den Standort des Geschäfts, die Zielgruppen.. Er berät den Category Manager des Kunden, leitet Bestellungen weiter, koordiniert die Lieferungen der Waren an den Kunden. Durch seine Aktivitäten trägt er sowohl zum Efficient Store Assortment als auch zum Efficient Replenishment bei.

2.7 Just-in-Time-Beschaffung

Wenn für eine Lieferung von Materialien o. dgl. *just in time* vereinbart wurde, dann erhält der Kunde sie genau zu dem Zeitpunkt (d. h. just in time), an dem er sie für die Produktion benötigt. Das Just-in-Time-Prinzip umfasst aber nicht nur die Anlieferung, sondern auch die Produktion: Der Lieferant produziert *just in time*, d.h. er stellt die Liefermenge erst zum Zeitpunkt der Lieferung her. Lieferant und Kunde können dadurch auf umfangreiche Lagerhaltung verzichten.

Wichtige Voraussetzung für die Just-in-Time-Beschaffung von Materialien u. dgl. ist, dass der Verbrauch relativ gleichmäßig ist und sich gut vorhersagen lässt. Daneben ist ein gut funktionierendes Datenaustauschsystem (EDI) von erheblicher Bedeutung.

Das Konzept führt zu einer relativ engen Bindung an einen Lieferanten; die Kontinuität des Produktionsprozesses beim Kunden wird von der Zuverlässigkeit des Lieferanten abhängig. Das setzt eine sorgfältige Lieferantenbeurteilung und -auswahl voraus; es muss der Lieferant gefunden werden, der auf Dauer die Materialien in der gewünschten Qualität, in der erforderlichen Menge und zum richtigen Zeitpunkt liefern kann.

Just-in-Time-Lieferung bzw. -Beschaffung ist ein nahezu **lagerloser Prozess**. Am Ende des Produktionsvorganges werden die Materialien beim Hersteller häufig ohne Zwischenlagerung in Sattelauflieger, Container, Waggons o.Ä. geladen; für den Transport wird der kürzeste Weg genutzt. Für den Versand werden nach Möglichkeit einheitliche Ladungsträger verwandt, damit zusätzliches Umpacken u.dgl. nicht erforderlich ist. Gelegentlich tragen Pufferlager beim Lieferanten und beim Kunden zum kontinuierlichen Materialfluss bei.

Die Just-in-Time-Beschaffung hat u.a. folgende **Vorteile**.

- Durch die Just-in-Time-Beschaffung wird ein kontinuierlicher Materialfluss ermöglicht.

- Durch die Just-in-Time-Beschaffung bzw. -Belieferung wird die Bestandshaltung sowohl beim Lieferanten als auch beim Kunden erheblich reduziert und die mit Lagerhaltung verbundenen Kosten gesenkt.

- Durch die Wahl entsprechender Transport- und Ladeeinrichtungen können Kosten für Umpacken, zusätzliches Verladen und Kommissionieren vermieden werden.

- Die Bestellkosten werden gesenkt.

Die Anwendung der Just-in-Time-Prinzips berührt die Systeme der **Produktionsplanung und Produktionssteuerung** sowohl des Lieferanten als auch des Kunden. Die Systeme müssen z.B. die Kommunikation zwischen Kunden und Lieferanten ermöglichen, Liefertermine und Beschaffungspläne enthalten usw. Häufig hat der Lieferant Zugriff auf Daten des PPS-Systems des Kunden (und umgekehrt).

In einer einfachen Begriffsbestimmung können Produktionsplanung und Produktionssteuerung folgendermaßen unterschieden werden. Produktionsplanung ist die vorbereitende Planung des Produktionsprozesses; die Planung bezieht sich sowohl auf den Ablauf der Fertigung, als auch auf den Bedarf an Materialien, Betriebsmittel usw. im zeitlichen Zusammenhang mit dem Fertigungsablauf. Produktionssteuerung ist die Konkretisierung dieser Planung durch Bereitstellung der Materialien, durch Überwachung des Fertigungsvorgangs und durch Beseitigung von Störungen. Für die Produktionsplanung und -steuerung werden die Auftragsdaten und die Stammdaten des Betriebes genutzt. Stammdaten des Betriebes sind grundlegende betriebsinterne Daten; dazu gehören Artikelnummern, Stücklisten, Lagerdaten usw. Diese Daten sind im PPS-System gespeichert.

Wenn sich der Lieferant in der Belieferung (und entsprechend auch in der Fertigung) der Produktionsreihenfolge beim Kunden *just in time* anpasst, liegt das **Just-in-Sequence-Prinzip** vor.

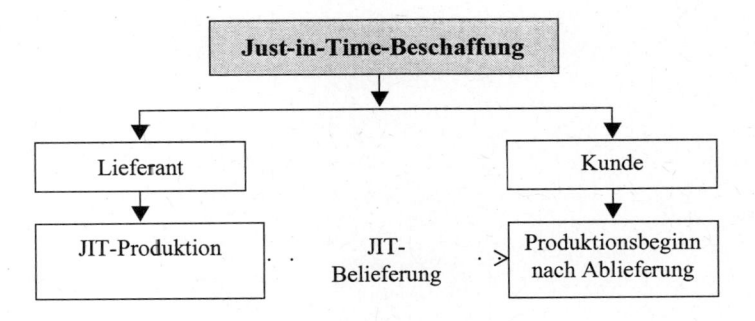

```
          ┌─────────────────────────┐
          │ Just-in-Time-Beschaffung │
          └─────────────────────────┘
             │                    │
             ▼                    ▼
        ┌─────────┐          ┌────────┐
        │ Lieferant│          │ Kunde  │
        └─────────┘          └────────┘
             │                    ▲
             ▼        JIT-        │
      ┌──────────────┐ Belieferung ┌──────────────────┐
      │ JIT-Produktion│ ─────────► │ Produktionsbeginn│
      └──────────────┘             │ nach Ablieferung │
                                   └──────────────────┘
```

2.8 Beschaffungsplanung

2.8.1 Zeitplanung

Der Zeitpunkt für die Einleitung der Beschaffung kann der sogenannte **Bestellpunkt** sein. Der Bestellpunkt ist der Zeitpunkt, an dem der Meldebestand erreicht ist. Die Festlegung des Bestellpunkts ist Gegenstand planerischer Überlegungen, in die die Kenntnisse über den täglichen Bedarf und Erfahrungen über den Zeitraum der Beschaffung - von der Bestellung über die Lieferung bis zur Einlagerung - eingehen. Berücksichtigt wird außerdem der Mindestbestand.

Der Bestellpunkt ist gelegentlich den Änderungen des täglichen Bedarfs und des Beschaffungszeitraums anzupassen. So ist der Meldebestand zu erhöhen, wenn der tägliche Bedarf steigt und/oder der Beschaffungszeitraum sich verlängert. Er kann verringert werden, wenn der Bedarf sinkt und/oder die Ware wegen besserer Organisation der Bestellung oder Veränderung der Transportwege schneller geliefert werden kann.

Andere Zeitpunkte für die Bestellung können sich aus Erwartungen über Preiserhöhungen ergeben. Andererseits kann die Erwartung einer Preissenkung gelegentlich zu der riskanten Missachtung des Meldebestandes führen. Wichtige Zeitpunkte für Bestellungen sind im Handel auch Sondertermine, z.B. Feiertage.

Vom Bestellpunktverfahren ist das **Bestellrhythmusverfahren** zu unterscheiden. Bei diesem Verfahren wiederholen sich die Bestelltermine periodisch, bestellt wird also in festgelegten Beschaffungsrhythmen. Die Höhe der Bestellmenge ist vom jeweiligen Lagerbestand abhängig.

Das **Bestellpunktverfahren** ist den **Erfordernissen** des Handels **besser angepasst**; bestellt wird bei Bedarf. Bei C-Gütern erscheint das Bestellrhythmusverfahren jedoch eher angebracht.

Besondere **Nachteile** des Rhythmusverfahrens, die das Punktverfahren vermeidet, liegen einerseits darin, dass unerwartet hohe Nachfrage überdurchschnittliche Lagerentnahmen erfordert, so dass vorübergehend Lücken in der Versorgung auftreten können. Die dann erforderlich werdende Nachbestellung kann andererseits zu überhöhten Beständen führen.

2.8.2 Preisplanung

Der **Beschaffungspreis** ist der Preis, den das beschaffende Unternehmen beim Einkauf für die Ware und alle in Rechnung gestellten Leistungen, die mit der Warenlieferung verbunden sind, an den Lieferer zu zahlen hat. Er ist sein wichtigster Aktionsparameter: Die Beschaffungskosten bestimmen in Verbindung mit dem Verkaufspreis die Höhe der Handelsspanne. Der Händler muss deshalb seine Beschaffungspolitik darauf ausrichten, die Beschaffungskosten zu minimieren.

Die **Beschaffungskosten** lassen sich mit folgendem Schema beschreiben:

```
  Angebotspreis
−  Rabatt
+ Mindermengenzuschlag

= Zieleinkaufspreis
−  Skonto

= Bareinkaufspreis
+ Bezugskosten
   (Verpackung, Frachten, u.a.)

= Einstandspreis
```

Die Beschaffungskosten für eine Ware entsprechen dem Einstandspreis. Dieser Einstandspreis ist Gegenstand der Preisplanung.

Für die Preisplanung lassen sich im Wesentlichen drei Aspekte aufzeigen, die durch folgende Fragestellungen zu umschreiben sind:

• Sind die ermittelten Einstandspreise hinsichtlich der Absatzmarktsituation angemessen (Angemessenheit des Beschaffungspreises)?

- Welcher von mehreren Einstandspreisen ist der günstigste (Preisvergleich)?
- Wie kann die Höhe des Einstandspreises beeinflusst werden (Beschaffungspreispolitik)?

2.8.2.1 Angemessenheit des Einstandspreises

Der Händler beurteilt die Angemessenheit eines Einstandspreises für eine Ware u.a. nach der Situation auf dem Absatzmarkt. Die Höhe des wahrscheinlich zu erzielenden Verkaufspreises bestimmt die Höhe des Einstandspreises, die für eine angemessene Handelsspanne ausreicht. Durch eine Rückwärtskalkulation wird vom Verkaufspreis auf den aufwendbaren Einstandspreis geschlossen.

Die Höhe des zu erreichenden Verkaufspreises richtet sich nach dem Umfang des Gesamtangebots, nach dem Grad der Marktsättigung, nach den Preisen der Konkurrenz für die gleichen Waren, nach den Preisen für Substitutionsgüter usw. Aber auch die beabsichtigte Marktstrategie bestimmt die Preisziele: Aggressive Preispolitik, differenzierte Marktbearbeitung mit dem Ziel, ein Käufersegment zu erschließen, das sich durch Preisbewusstsein auszeichnet, fordern eine Niedrigpreispolitik, evtl. auch Möglichkeiten zu Preisdifferenzierungen.

Beispiel:

Die Markt-GmbH wird einen Einstandspreis, den der Hersteller dem Großhändler Müller zu gewähren bereit ist, nicht für angemessen halten, da sie ihrem Marketingkonzept entsprechend diesen Artikel zu einem niedrigen Preis anbieten will. Sie wird deshalb versuchen, andere Beschaffungsquellen zu erschließen und/oder den Einstandspreis durch entsprechende Verhandlungsstrategie (z.B. über die Garantie für hohe Absatzmengen) zu ihren Gunsten zu beeinflussen.

2.8.2.2 Preisvergleich

Liegen dem Händler mehrere **Angebote** vor, so wird er sie sich in einem Vergleich **überschaubar machen**. Das Angebot mit den günstigsten Bedingungen führt (unter der weiteren Voraussetzung, dass der Einstandspreis angemessen ist) zur Bestellung.

In einem **Angebotsvergleich** werden die verschiedenen Preise und Preisbedingungen einander gegenübergestellt. Das geschieht zweckmäßigerweise in einer Tabelle, der das o.a. Schema zu Grunde liegt.

Beispiel:

Der Großhändler A. Müller, Lübeck, hat zwei Angebote für Weizenmehl Typ 405 für eine Bestellmenge von 5000 kg eingeholt.

1. Matthias Clausen & Sohn, Wandsbek, bieten an:

Preis: 40,— €/100 kg; bei Abnahme von 1000 kg: 35,— €/100 kg
Zahlungsbedingungen: 30 Tage Ziel, bei Zahlung innerhalb 14 Tagen 3 % Skonto,
Lieferbedingungen: Lieferung frei Haus, Lieferfrist: 10 Tage

2. Ohlshausener Mühlenwerke GmbH, Kiel, bieten an:

Preis: 45,— €/100 kg, Rabatt von 12,5 % bei der in Aussicht gestellten Menge,
Zahlungsbedingungen: 30 Tage Ziel, bei Zahlung innerhalb 14 Tagen 2 % Skonto,
Frachtkostenanteil: 1,— €/100 kg,
Lieferfrist: Lieferung sofort möglich

Der im Folgenden durchgeführte Angebotsvergleich zeigt, dass das Angebot von Clausen & Sohn vorteilhafter ist, so dass Müller dieses Angebot akzeptieren wird, wenn andere Überlegungen (z.B. Lieferfristen) keine Rolle spielen.

Angebot:	Clausen & Sohn	Mühlenwerke GmbH
Angebotspreis	1.750,—	2.250,—
− Rabatt	—	281,25
Zieleinkaufspreis	1.750,—	1.968,75
− Skonto	52,50	98,34
Bareinkaufspreis	1.697,50	1.870,41
+ Bezugskosten	—	50,—
Einstandspreis	1.697,50	1.920,41

Tab. 2.7 Angebotsvergleich

2.8.2.3 Beschaffungspreispolitik

Dieser Aspekt der Preisplanung befasst sich mit den Möglichkeiten des Käufers, den Einstandspreis zu seinen Gunsten zu beeinflussen. Bei festem Angebotspreis (auch: Listenpreis) kann der Händler seine **Beschaffungskosten minimieren** durch Ausnutzung von Rabattsätzen sowie der Zahlungs- und Lieferungsbedingungen.

Rabatte sind Preisnachlässe der Verkäufers an den Käufer; er erhält sie dafür, dass er bestimmte Leistungen des Lieferers nicht in Anspruch nimmt oder bestimmte Leistungen für den Lieferer übernimmt. So erhält der Käufer z.B. einen Mengenrabatt bei Abnahme großer Mengen, er übernimmt als Leistung die Lagerhaltung. Einen Selbstabholerrabatt kann der Käufer u.U. dafür erhalten, dass er Transportleistungen des Verkäufers nicht in Anspruch nimmt. Rabatte können bei besonderen Anlässen wie Jubiläen u. Ä. gewährt werden (Sonderrabatte). Für die besondere Präsentation der Ware kann ein Händler evtl. einen Präsentationsrabatt aushandeln.

Ein Rabatt kann als Betrag oder als Prozentsatz angegeben sein. Die Höhe des gewährten Rabatts ist abhängig vom Umfang der Leistungen, die der Abnehmer übernimmt. So setzt seine Beschaffungspreispolitik ein bei Verhandlungen über Art und Umfang der von ihm zu übernehmenden Leistungen und der dafür zu gewährenden Rabattsätze.

Die Markt-GmbH erklärt sich vertraglich ihrem Lieferer gegenüber bereit, über einen längeren Zeitraum eine bestimmte größere Menge des Mehls Typ 1050 zu übernehmen und es an bevorzugter Stelle in ihren Märkten zu präsentieren. Der Lieferer gewährt dafür einen Rabatt von 33 $^1/_3$ %, der sich aus Mengen- und Präsentationsrabatt zusammensetzt.

2.8 Beschaffungplanung

Zahlungsbedingungen bestimmen Zeitpunkt, Art und Weise der Zahlung. Vereinbart werden können Zahlungen vor Lieferung, z.B. Zahlung bei Bestellung, Anzahlung, Zahlung bei Lieferung, z.B. Lieferung gegen Kasse, oder Zahlung nach Lieferung, z.B. Zahlung nach Ablauf eines Zahlungsziels evtl. verbunden mit der Möglichkeit zu Skontoziehung bei vorzeitiger Zahlung.

Skonto ist ein Abzug vom Preis, den der Käufer dafür erhält, dass er innerhalb der Skontofrist zahlt, d.h. er nutzt das volle Zahlungsziel nicht aus. Die Vorteile der Skontoziehung soll durch das folgende Beispiel verdeutlicht werden.

Die Großhandlung Anton Müller in Lübeck verkauft dem Einzelhändler Peter Carlsen in Altenaue Ware; die Rechnung über 3.000 € enthält folgenden Vermerk: Zahlung innerhalb 30 Tagen netto Kasse, bei Zahlung innerhalb 10 Tagen 3 % Skonto. Um den Skontovorteil von 90 € in Anspruch zu nehmen, muss Carlsen spätestens am 10. Tag den verminderten Betrag in Höhe von 2.910 € überweisen.

In diesem Beispiel verkauft ein Großhändler einem Einzelhändler Ware **auf Ziel**; der Großhändler gewährt einen Kredit bis zum Ablauf des Zahlungsziels, z.B. nach 30 Tagen. Wenn der Kunde 20 Tage vor Ablauf des Zahlungsziels zahlt, kann er 3 % Skonto in Anspruch nehmen. Anders ausgedrückt: wenn der Kunde auf die Skontoziehung verzichtet, zahlt er für den Kredit von 20 Tagen 3 %; das entspricht einem Jahreszinssatz von 54 % (bei 20 Tagen 3 % - bei 360 Tagen 54 %). Der Zinssatz ergib sich nach folgender Formel:

- $Zinsen = \dfrac{Skontosatz}{Zieltage - Skontofrist} \cdot 360$

- $Zinssatz = \dfrac{3}{30 - 10} \cdot 360 = 54$

In Fortführung des Beispiels sei angenommen, dass der Einzelhändler Carlsen zur Überweisung des Betrages von 2.910 € sein Kontokorrentkonto bei der Sparkasse in entsprechender Höhe für 20 Tage überzieht und dafür 12 % Zinsen zahlen muss. Sein Konto wird dann mit Zinsen in Höhe von 19,40 € belastet (vgl. folgende Berechnung). Wenn Carlsen also sein Konto überzieht, um den Skontovorteil von 90 € in Anspruch nehmen zu können, hat er immer noch einen Vorteil von 70,60 €.

- $Zinsen = \dfrac{Kapital \cdot Zinssatz}{100} \cdot \dfrac{Zinstage}{360}$

- $Zinsen = \dfrac{2910 \cdot 12 \cdot 20}{100 \cdot 360} = 19,40$

Bei der Vereinbarung von **Lieferungsbedingungen** geht es um die Frage, wer – Verkäufer, Käufer oder beide – die Versandkosten tragen soll. Zu den Versandkosten zählen An- und Abrollgeld, Fracht, Wiegegebühren, Verladegebühren, Risikokosten, Zölle u.a.

Bei den Lieferungsbedingungen *ab Werk, ab Keller, ab Lager* trägt der Käufer die Transportkosten und das Risiko. Bei den Lieferungsbedingungen *frei Haus, frei Lager, frei Werk* trägt der Verkäufer diese Kosten. Bei *ab hier, ab Bahnhof (Hafen) hier, unfrei* trägt der Verkäufer lediglich die Kosten bis zum Versandbahnhof (-hafen), die anderen Kosten trägt der Käufer. Bei *frei dort, frei Bahnhof dort, frachtfrei* trägt der Verkäufer die Kosten bis zum Bestimmungsbahnhof, die anderen Kosten (z.B. Abrollgeld) trägt der Käufer. Bei *frei Waggon (LKW)* trägt der Verkäufer die Kosten bis zur Beladung, Transportkosten und –risiko trägt der Käufer.

Im internationalen Handel sind u.a. die folgenden Lieferungsbedingungen von Bedeutung *fas (free alongside ship)*: Der Verkäufer trägt die Kosten und das Risiko bis an das Schiff, die anderen Kosten hat der Käufer zu tragen, also auch die Kosten der Verladung und des Schiffstransports. *fob (free on board)*: Der Verkäufer trägt hier auch die Kosten der Verladung. *cif (costs, insurance, freight)*: Der Verkäufer trägt sämtliche Kosten und das Risikos des Schiffstransports.

Auch **Verpackungskosten** haben Einfluss auf die Höhe des Preises. Art und Kosten der Transportverpackung können deshalb auch Gegenstand von Verhandlungen sein. Wird *brutto für netto* vereinbart, fallen für den Kunden keine Verpackungskosten an; ansonsten werden ihm die Kosten in Rechnung gestellt, evtl. verbunden mit der Möglichkeit, die Verpackung gegen (teilweise) Kostenerstattung zurückzugeben. Häufig wird vereinbart, dass dem Käufer ein Verpackungskostenanteil in Rechnung gestellt wird.

Die Beschaffungspreispolitik setzt aber auch bei den Bezugskosten an. Bei entsprechender Mengenabnahme kann ein starker Kunde evtl. durchsetzen, dass der Lieferer frei Haus (Lager) liefert oder durch eigene Mitarbeiter bei der Einlagerung und Preisauszeichnung hilft. Er kann sogar erreichen, dass der Lieferer auch andere Kosten (bzw. besondere Leistungen unentgeltlich) übernimmt, die nur in einem weiteren Sinne in diesen Bereich fallen.

Beispiel:

Die Markt-GmbH will das Mehl unter eigener Marke („Markt-Mehl") anbieten. Sie erreicht, dass der Hersteller die Verpackung auf eigene Kosten mit den erforderlichen Aufschriften bedrucken lässt und die Abfüllung entsprechend organisiert.

Die Durchsetzung der Ziele ist abhängig von der relativen Stärke des Abnehmers in den Verhandlungen. Ein Kunde, der dem Lieferer die Abnahme großer Mengen auf längere Zeit garantieren kann, stärkt seine Verhandlungsposition in hohem Maße; er ist dann auch eher in der Lage, relativ hohe Rabattsätze und auch andere beschaffungspolitische Ziele durchzusetzen.

Die Verhandlungsposition des Käufers kann auch dadurch verbessert werden, dass ihm Informationen über die besondere Situation des Lieferers vorliegen. So könnte er Kenntnisse über die Preisstruktur, über die Gesamtkapazität und mangelhafte Kapazitätsauslastung haben. Diese Kenntnisse können Rückschlüsse zulassen auf den Zwang des Herstellers, Kostendeckungsbeiträge zu schaffen, und damit auf seine Bereitschaft zu Preisdifferenzierungen gegenüber anderen Kunden mit geringen Abnahmemengen.

Beispiel:

Die Markt-GmbH hat durch Marktbeobachtungen erfahren, dass ein wichtiger Konkurrent (Filialist mit großen Märkten in Norddeutschland) mit relativ hohen Umsätzen bei Mehl und Mehlprodukten die Mehlsorten Typ 405 und 1050 des Herstellers X aus dem Sortiment nimmt und durch entsprechende Produkte des Herstellers Y ersetzt. Diese Information lässt Rückschlüsse auf (zumindest vorübergehende) mangelhafte Kapazitätsauslastung bei X zu; das könnte die Verhandlungsposition der Markt-GmbH gegenüber X erheblich stärken.

2.8 Beschaffungplanung

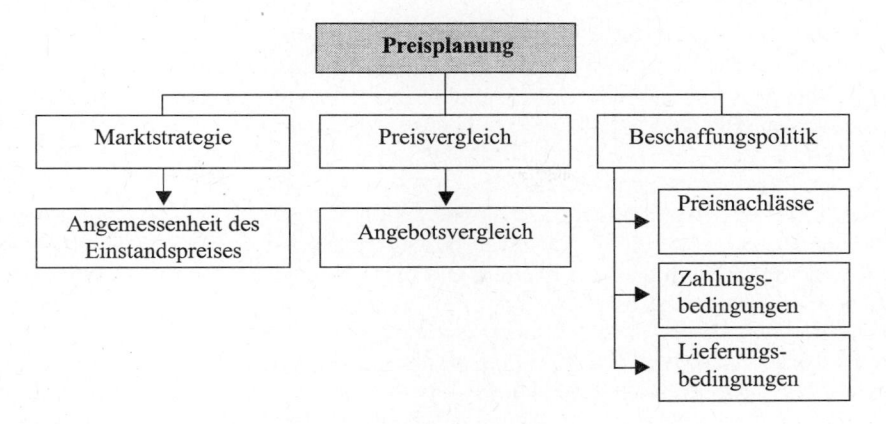

```
                    Preisplanung
        ┌───────────────┼───────────────┐
   Marktstrategie   Preisvergleich  Beschaffungspolitik
        │               │           ├─► Preisnachlässe
        ▼               ▼           │
  Angemessenheit    Angebotsvergleich├─► Zahlungs-
  des Einstands-                    │   bedingungen
  preises                           └─► Lieferungs-
                                        bedingungen
```

2.8.3 Beschaffung von Investitionsgütern

Bei der Beschaffung von Investitionsgütern, z.B. von Maschinen, reicht der Vergleich von Einstandspreisen meistens nicht aus. In den Vergleich sind vielmehr die Aufwendungen für den laufenden Betrieb der Maschinen und evtl. auch die Erträge, die mit den Maschinen erwirtschaftet werden können, einzubeziehen.

2.8.3.1 Kostenvergleichsrechnung

Die Landtransport GmbH benötigt zur Erweiterung der Kapazität eine neue Drehbank. Es liegen zwei Angebote mit folgenden Anschaffungskosten vor: I - 250.000 €, II - 200.000 €. Es wird davon ausgegangen, dass einerseits mit beiden Maschinen Erträge in etwa gleicher Höhe erzielt werden können, dass aber beide Maschinen Kosten in unterschiedlicher Höhe verursachen werden. Vor der Entscheidung für ein Angebot müssen deshalb die Kosten, die beide Maschinen verursachen, verglichen werden.

Wie das Beispiel andeutet, berücksichtigt die Kostenvergleichsrechnung lediglich die Kosten eines Investitionsobjekts, nicht seine Erträge. Beim Vergleich mehrerer Investitionsobjekte müssen deshalb **gleiche Erträge vorausgesetzt** werden, andernfalls ist der Kostenvergleich nicht sinnvoll.

Folgende **Kosten** werden im Allgemeinen in die Kostenvergleichsrechnung einbezogen.

- **Kalkulatorische Abschreibungen**, das sind die Wertminderungen einer anzuschaffenden Maschine. Sie ergeben sich, wenn man die Anschaffungskosten (A) der Maschine (evtl. vermindert um einen Restwert) durch die Jahre der Nutzung (n) teilt:

  $$Ab = \frac{A}{n}$$

- **Kalkulatorische Zinsen**, das sind die Zinsen für das betriebsnotwendige Kapital, das durch die Anschaffung der Maschine und ihren Betrieb gebunden wird. Im einfachsten Fall kann das betriebsnotwendige Kapital mit der Hälfte der Anschaffungskosten gleichgesetzt werden; die kalkulatorischen Zinsen ergeben sich dann durch die Multiplikation der anteiligen Anschaffungskosten mit dem kalkulatorischen Zinssatz (i):

$$Zi = \frac{A}{2} \cdot i$$

- **Betriebskosten**, das sind alle Kosten, die bei dem Betrieb der Maschine anfallen, z.B. Personalkosten (Pko), Materialkosten (Mko), Instandhaltungskosten (Iko):
Bko = Pko + Mko + Iko + ...

Die Kosten für ein Investitionsobjekt, z.B. eine Maschine, ergeben sich als Summe aus den aufgezählten Kostenarten: K = Ab + Zi + Bko. Verglichen werden die Kosten, die zwei verschiedene Investitionsobjekte aufwerfen. Die Entscheidung fällt im Allgemeinen für das Objekt mit den geringeren Kosten.

Im Folgenden wird – in Fortführung des Einführungsbeispiels – eine einfache Kostenvergleichsrechnung exemplarisch durchgeführt. Vorgaben:
I - Anschaffungskosten (A): 250.000 €, Nutzungsdauer (n): 5 Jahre, kalkul. Zinssatz (i) 8 %
II - Anschaffungskosten (A): 200.000 €, Nutzungsdauer (n): 5 Jahre, kalkul. Zinssatz (i) 8 %

Die folgende Kostenvergleichsrechnung (Tab. 2.8) zeigt, dass das erste Angebot kostengünstiger ist und deshalb wahrscheinlich (wenn keine anderen Gründe dagegen sprechen) akzeptiert wird.

		I		II
Abschreibungen		50.000		40.000
Zinsen		10.000		8.000
Betriebskosten		195.000		217.000
Personalkosten (Löhne)	75.000		90.000	
Materialkosten	90.000		98.000	
Instandhaltungskosten	5.000		5.000	
sonstige	25.000		24.000	
Gesamtkosten		**255.00**		**265.000**

Tab. 2.8: Kostenvergleichsrechnung für ein angenommenes Beispiel

2.8.3.2 Kapitalwertverfahren

Bei dem Kapitalwertverfahren wird danach gefragt, welchen Wert die zukünftigen Nettoeinnahmen, die im Zusammenhang mit der Investition stehen, am Beginn der Betrachtungsperiode haben. (Nettoeinnahmen sind die Differenz zwischen den Einnahmen und den Ausgaben.) Der sich durch die Abzinsung der Nettoeinnahmen ergebende Gegenwartswert, der sog. **Kapitalbarwert**, wird zur Prüfung der Vorteilhaftigkeit einer Investition herangezogen.

2.8.3.2.1 Grundbegriffe

Für das Verständnis des Kapitalwertverfahrens ist die Kenntnis einiger Grundbegriffe aus der Finanzmathematik von Vorteil.

Der **Barwert** z.B. einer Einnahme, die erst in der Zukunft fällig ist, ist ihr Gegenwartswert. Der Zeitwert der Einnahme ist ihr Wert zum Zeitpunkt der Fälligkeit. Der Barwert (Gegenwartswert)

2.8 Beschaffungplanung

ist geringer als der Zeitwert; der Barwert ergibt sich, wenn der Zeitwert auf den gegenwärtigen Zeitpunkt **abgezinst** wird. Dazu das folgende einfache Beispiel.

A hat dem B am 1. November 2005 als Entgelt für eine bestimmte Leistung 3000 € zu zahlen. Welchen Wert hat dieser Betrag heute, am 1. November 2003? Oder anders gefragt: Wieviel müsste A dem B, der mit der vorzeitigen Zahlung einverstanden ist, heute unter Berücksichtigung eines angemessenen Zinsabschlags zahlen?

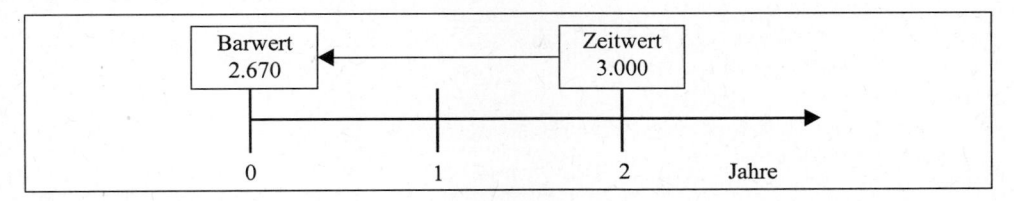

Abb. 2.6: Abzinsung bei einmaliger Zahlung

Der Zeitwert, das sind 3.000 € am 1.11.05, ist auf den gegenwärtigen Zeitpunkt 1.11.03 abzuzinsen; dazu wird er mit dem sog. **Abzinsungsfaktor** multipliziert. Der Abzinsungsfaktor berücksichtigt die Zeit und den Zinssatz.

Der Abzinsungsfaktor kann rechnerisch ermittelt werden[5] oder der sog. Abzinsungstabelle entnommen werden (vgl. Tab. 2.9). Bei einmaliger Zahlung, einer Abzinsungseinheit von zwei Jahren und einem Zinssatz von 6 % beträgt der Abzinsungsfaktor 0,89. Durch die Multiplikation des Zeitwerts von 3.000 € mit dem Abzinsungsfaktor (0,89) ergibt sich der Barwert i.H.v. 2.670 €

	bei einmaliger Zahlung				bei mehrmaliger Zahlung			
n	6 %	8 %	10 %	12 %	6 %	8 %	10 %	12 %
1	0,9434	0,9259	0,9091	0,8929	0,9434	0,9259	0,9091	0,8929
2	0,8900	0,8573	0,8264	0,7972	1,8334	1,7833	1,7355	1,6901
3	0,8396	0,7938	0,7513	0,7118	2,6730	2,5771	2,4869	2,4018
4	0,7921	0,7350	0,6830	0,6355	3,4651	3,3121	3,1699	3,0373
5	0,7473	0,6806	0,6209	0,5674	4,2124	3,9927	3,7908	3,6048
6	0,7050	0,6302	0,5645	0,5066	4,9173	4,6229	4,3553	4,1114
7	0,6651	0,5835	0,5132	0,4523	5,5824	5,2064	4,8684	4,5638
8	0,6274	0,5403	0,4665	0,4039	6,2098	5,7466	5,3349	4,9676
9	0,5919	0,5002	0,4241	0,3606	6,8017	6,2469	5,7590	5,3282
10	0,5584	0,4632	0,3855	0,3220	7,3601	6,7101	6,1446	5,6502
11	0,5268	0,4289	0,3505	0,2875	7,8869	7,1390	6,4951	5,9377
12	0,4970	0,3971	0,3186	0,2567	8,3838	7,5361	6,8137	6,1944

Tab. 2.9: Abzinsungsfaktoren bei einmaliger und bei mehrmaliger Zahlung (Auszug aus Abzinsungstabelle)

[5] Der Barwert wird nach folgender Formel errechnet.

$$K_0 = K_n \cdot \frac{1}{(1+i)^n} = 3000 \cdot \frac{1}{1,06^2} = 3000 \cdot 0,8899964 = 2669,9892$$

K_0 = Barwert, K_n = Zeitwert am Ende des n-ten Jahres, i = Zinssatz, n = Zeit,

$\frac{1}{(1+i)^n}$ = Abzinsungsfaktor bei einmaliger Zahlung

Es sei in Fortführung des Beispiel angenommen, dass A dem B den Betrag von 3000 € in zwei Raten von 1500 € am Ende des ersten und am Ende des zweiten Jahres zahlen sollte. Wie hoch ist der Barwert jetzt? Es ist leicht einzusehen, dass zwei Abzinsungen stattfinden, von K_1 für ein Jahr und von K_2 für zwei Jahre.

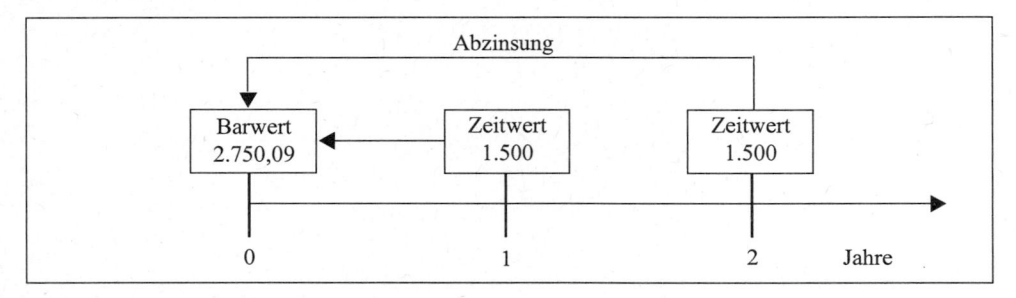

```
                        Abzinsung
        ┌─────────────────────────────────────┐
        │                                     │
        ▼                    ┌──────────┐     │
  ┌──────────┐               │          │     │
  │ Barwert  │◄──────────────│ Zeitwert │   ┌──────────┐
  │ 2.750,09 │               │  1.500   │   │ Zeitwert │
  └──────────┘               └──────────┘   │  1.500   │
                                            └──────────┘

        0                      1                2       Jahre
```

Abb. 2.7: Abzinsung bei mehrmaliger Zahlung

Der Abzinsungsfaktor kann rechnerisch ermittelt[6] oder der **Abzinsungstabelle** entnommen werden (vgl. Tab. 2.9). Bei mehrmaliger Zahlung, hier bei zweimaliger Zahlung von jeweils 1.500 €, einer Abzinsungszeit von zwei Jahren und einem Zinssatz von 6 % beträgt der Abzinsungsfaktor 1,8334. Durch die Multiplikation des Zahlungsbetrages von 1.500 € mit dem Abzinsungsfaktor (1,8334) ergibt sich der Barwert i.H.v. 2.750,10 €.

2.8.3.2.2 Das Kapitalwertverfahren als Investitionsrechnung

Das Kapitalwertverfahren hat als dynamisches Verfahren den großen Vorteil, dass unterschiedliche Einnahmen und Ausgaben während der Nutzungsdauer des Investitionsobjekts, z.B. einer Maschine, bei der Berechnung des Gegenwartswertes berücksichtigt werden können. Für die Berechnung müssen die künftigen Einnahmen und Ausgaben, die im Zusammenhang mit der Investition zu erwarten sind, geschätzt werden. Diese Schätzungen sind immer mit Ungenauigkeiten behaftet.

Die Landtransport GmbH (vgl. Beispiel S. 93) plant die Anschaffung einer Maschine, die Anschaffungskosten werden 250.000 € betragen. Es soll geprüft werden, ob diese Investition von Vorteil ist. Für die Berechnung wird von einer Nutzungsdauer von 6 Jahren und einem kalkulatorischen Zinssatz von 6 % ausgegangen. Die Einnahmen und Ausgaben im Zusammenhang mit der Investition werden gemäß folgender Aufstellung für die Jahre der Nutzung geschätzt.

Jahre	Einnahmen (€)	Ausgaben (€)
1	245.000,00	180.000,00
2	259.000,00	210.000,00
3	252.000,00	185.000,00
4	236.000,00	181.000,00
5	242.000,00	195.000,00
6	237.000,00	205.000,00

---

[6] Bei einem Zinssatz von 6 % ergibt sich ein Barwert in Höhe von 2.750,09 € nach folgender Formel

$$K_0 = Z \cdot \frac{(1+i)^n - 1}{i \cdot (1+i)^n} = 1500 \cdot \frac{1,06^2 - 1}{0,06^2 \cdot 1,06^2} = 1500 \cdot 1,8333926 = 2750,088999644$$

K_0 = Barwert, Z = Zahlung, $\frac{(1+i)^n - 1}{i \cdot (1+i)^n}$ = Abzinsungsfaktor bei mehrmaliger Zahlung

2.8 Beschaffungplanung

Zur Darstellung des Kapitalwertverfahrens wird dieses Beispiel exemplarisch ausgeführt. Aus den geschätzten Einnahmen und Ausgaben werden als Differenz die Nettoeinnahmen ermittelt. Die einzelnen Nettoeinnahmen werden mit den Abzinsungsfaktoren (6 %, einmalige Zahlung, vgl. Tab. 2.9) multipliziert. So ergeben sich die Barwerte für die einzelnen Nettoeinnahmen. Von der Summe der Barwerte werden die Anschaffungskosten abgezogen. Der sich ergebende Kapitalwert ist positiv; das bedeutet, die Investition ist vorteilhaft.

Jahre	Einnahmen €	Ausgaben €	Nettoeinnahmen €	Abzinsungsfaktoren €	Barwerte €
1	245.000,00	180.000,00	65.000,00	0,9434	61.321,00
2	259.000,00	210.000,00	49.000,00	0,8900	43.610,00
3	252.000,00	185.000,00	67.000,00	0,8396	56.253,20
4	236.000,00	181.000,00	55.000,00	0,7921	43.565,50
5	242.000,00	195.000,00	47.000,00	0,7473	35.123,10
6	237.000,00	205.000,00	32.000,00	0,7050	22.560,00
				Summe der Barwerte	262.432,80
				Anschaffungskosten	250.000,00
				Kapitalwert	**12.432,80**

Tab. 2.10: Ermittlung des Kapitalwerts (Beispiel)

Wenn zwei Investitionen miteinander verglichen werden, wird in ähnlicher Weise vorgegangen. Für beide Investitionen werden die Nettoeinnahmen ermittelt und abgezinst, die abgezinsten Nettoeinnahmen, die Barwerte, werden addiert. Von den beiden Barwertsummen werden die jeweiligen Anschaffungskosten subtrahiert. Die sich so ergebenden Kapitalwerte werden miteinander verglichen; der höhere Kapitalwert deutet auf die vorteilhaftere Investition hin.

2.8.4 Mengenplanung

2.8.4.1 Aspekte wirtschaftlicher Mengenplanung

Die bestellte **Menge bestimmt** die Höhe der **Beschaffungskosten**; es ist selbstverständlich, dass die Beschaffungskosten mit der Bestellmenge zunehmen.

Hier werden konkurrierende Ziele in der Beschaffungsplanung deutlich. Einerseits bedeuten große Bestellmengen und die entsprechend hohen Beschaffungskosten Probleme und erhebliche Kosten bei Finanzierung und Lagerhaltung. Andererseits garantieren große Bestellmengen aber erhebliche Preisvorteile durch Rabatte und besondere Liefer- und Zahlungsbedingungen.

Die Planung einer wirtschaftlichen Bestellmenge bedeutet also, einen **Ausgleich** zu schaffen **zwischen** den **Preisvorteilen** durch großen Einkauf **und** den **Kostennachteilen** durch erhöhte Lagerhaltung.

Die Bestellmenge wird aber auch bestimmt von dem erwarteten Absatz. Die Bestellmenge muss zur angemessenen Lieferbereitschaft bzw. Verkaufsbereitschaft beitragen. Nur durch Liefer- bzw. Verkaufsbereitschaft werden **Fehlmengenkosten** vermieden.

Die Kosten, die dem Kaufmann dadurch entstehen, dass er eine Nachfrage nicht befriedigen kann, liegen in der Umsatzeinbuße, evtl. auch im Verlust des sog. Good-Will. Nachträglich beschaffte Bedarfsmengen können ihm erhebliche Kosten verursachen (z.B. wegen Preisdifferenzen oder des Verzichts auf Preisvorteile). Gelegentlich können bei Fehlmengen vereinbarte Konventionalstrafen fällig werden.

Auch hier wird Konkurrenz zwischen Zielen deutlich. Eine ständige hundertprozentige Liefer- oder Verkaufsbereitschaft verhindert die Entstehung von Fehlmengen und damit von Fehlmengenkosten; sie setzt aber große Bestellmengen voraus. Hohe Bestellmengen aber verursachen erhebliche Kosten.

Das Ergebnis wirtschaftlicher Mengenplanungen könnte sein, dass ein **Ausgleich** geschaffen wird **zwischen** einem angemessenen **Grad der Lieferbereitschaft und** den dabei anfallenden **Fehlmengenkosten**.

2.8.4.2 Bestellhäufigkeit

Bei Abwicklung der Bestellung fallen folgende Kosten an, die sog. **Bestellkosten** (K_{Best}): Porti, Formulare für die Bestellung, Personalkosten, Scheckgebühren, Bankspesen bei Bezahlung der Rechnung u.a.

Im Gegensatz zu den Beschaffungskosten sind die Bestellkosten von der Bestellmenge unabhängig. Die Bestellkosten sind fixe Kosten, d.h. sie sind in der Höhe unveränderlich. Sie sind aber in ihrer Höhe abhängig von der **Bestellhäufigkeit** (n).

Wird der Jahresbedarf (Jb) einer Ware mit einer Bestellung beschafft, fallen die Bestellkosten nur einmal an. Es ist leicht einzusehen, dass die Bestellkosten sich verdoppeln, verdreifachen usw., wenn der Jahresbedarf mit zwei, drei usw. Bestellungen beschafft wird. Die Bestellkosten steigen proportional mit der Bestellhäufigkeit. Mit zunehmender Bestellhäufigkeit nimmt gleichzeitig die jeweils bestellte Menge ab. So hängen die Bestellkosten auch von der Bestellmenge ab: Bei abnehmender Bestellmenge (B) nehmen die gesamten Bestellkosten (K_{Best}) zu, während die Kosten je Bestellung (k_{best}) gleichbleiben.

Dieser Sachverhalt kann in Formeln folgendermaßen ausgedrückt werden:

$$B = \frac{Jb}{n}$$

$$n = \frac{Jb}{B}$$

$$K_{Best} = k_{best} \cdot n$$

$$K_{Best} = \frac{k_{best} \cdot Jb}{B}$$

Das folgende einfache Beispiel kann die Problematik mit Zahlen und in einer Zeichnung verdeutlichen.

2.8 Beschaffungplanung

Beispiel: *Jahresbedarf (Jb): 1000 Stück*
Bestellkosten je Bestellung (k_{best}): 30,— €

Bestellhäufigkeit in der Periode n	Bestellmenge pro Bestellung B	Bestellkosten in der Periode K_{Best}
1	1.000	30,—
2	500	60,—
3	333	90,—
4	250	120,—
5	200	150,—

Tab. 2.11: Bestellkosten

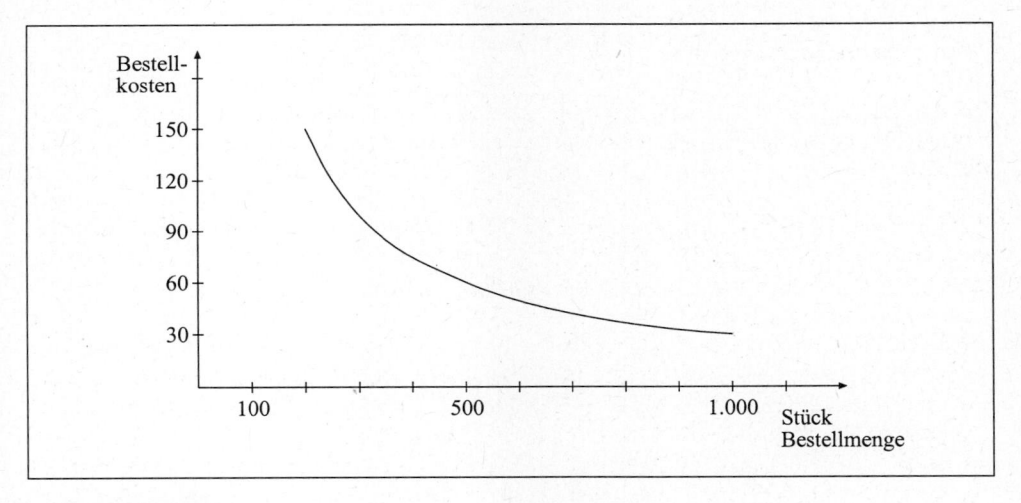

Abb. 2.8: Bestellkosten

2.8.4.3 Die Bestellmenge

2.8.4.3.1 Optimale Bestellmenge

Die optimale Bestellmenge ist die Menge, bei der die Summe aus Bestellkosten und Lagerhaltungskosten ihr Minimum erreicht.

Im Zusammenhang mit den Ausführungen über die Lagerkosten wurde erklärt, dass die Lagerhaltungskosten angegeben werden können, wenn man den durchschnittlichen Lagerbestand mit dem Kostensatz der Lagerhaltung multipliziert. In der einfachsten Berechnung wird der durchschnittliche Lagerbestand ermittelt als Bestellmenge : 2, so dass sich für die Kosten der Lagerhaltung ergibt:

$$K_{Lh} = q_{Lh} \cdot \frac{B}{2}$$

Für die Berechnung der Kosten der Bestellung wurde folgende Formel abgeleitet (vgl. Seite 60).

$$K_{Best} = \frac{k_{best} \cdot Jb}{B}$$

Die Formeln zeigen, dass sowohl die Lagerhaltungskosten als auch die Bestellkosten von der Bestellmenge B abhängen.

Diese Zusammenhänge sollen durch folgendes Beispiel (unter vereinfachten Annahmen) erläutert werden.

Beispiel:
Jahresbedarf (Jb): 200 Stück,
Einstandspreis (EPr): 5,—€/Stück,
Bestellkosten pro Bestellung (k_{best}): 5,—€,
Kostensatz der Lagerhaltung (q_{Lh}): 10 % (bzw. 0,1)

Bestell-häufig-keit	Bestell-menge	bewertete Bestell-menge	durch-schnittl. Lager-bestand	Kosten der Bestellung	Kosten der Lager-haltung	Gesamt-kosten
n	B	B · EPr	$\frac{B \cdot EPr}{2}$	K_{Best}	K_{Lh}	$K = K_{Best} + K_{Lh}$
1	200	1.000	500	5	50	55
2	100	500	250	10	25	35
3	66,7	333,3	167	15	16,67	31,67
4	50	250	125	20	12,5	32,5
5	40	200	100	25	10	35
6	33,3	166,7	83	30	8,3	38,33
7	28,6	142,8	71	35	7,14	42,14
8	25	125	63	40	6,25	46,25
9	22,2	111,1	56	45	5,55	50,55
10	20	100	50	50	5	55

Tab. 2.12: Kosten der Bestellung und der Lagerhaltung (für ein angenommenes Beispiel)

Aus der Tab. 2.12 kann die **optimale Bestellhäufigkeit** abgelesen werden. Es ist die Bestellhäufigkeit, bei der die Gesamtkosten ($K_{Best} + K_{Lh}$) ihr Minimum haben. Die dieser Bestellhäufigkeit entsprechende Bestellmenge wird als optimale Bestellmenge angenommen.

In der Ausführung des Beispiels liegt das Minimum der Gesamtkosten bei 31,67 €. Diesem Kostenminimum entspricht eine Bestellhäufigkeit von 3 und eine Bestellmenge von rund 67 Stück (= optimale Bestellmenge). Die Grafik (Abb. 2.9) gibt die optimale Bestellmenge genauer an; sie liegt hier - bestimmbar über das Minimum der K-Kurve - bei rund 63 Stück, danach müsste die entsprechende Bestellhäufigkeit zwischen 3 und 4 liegen.

2.8 Beschaffungplanung

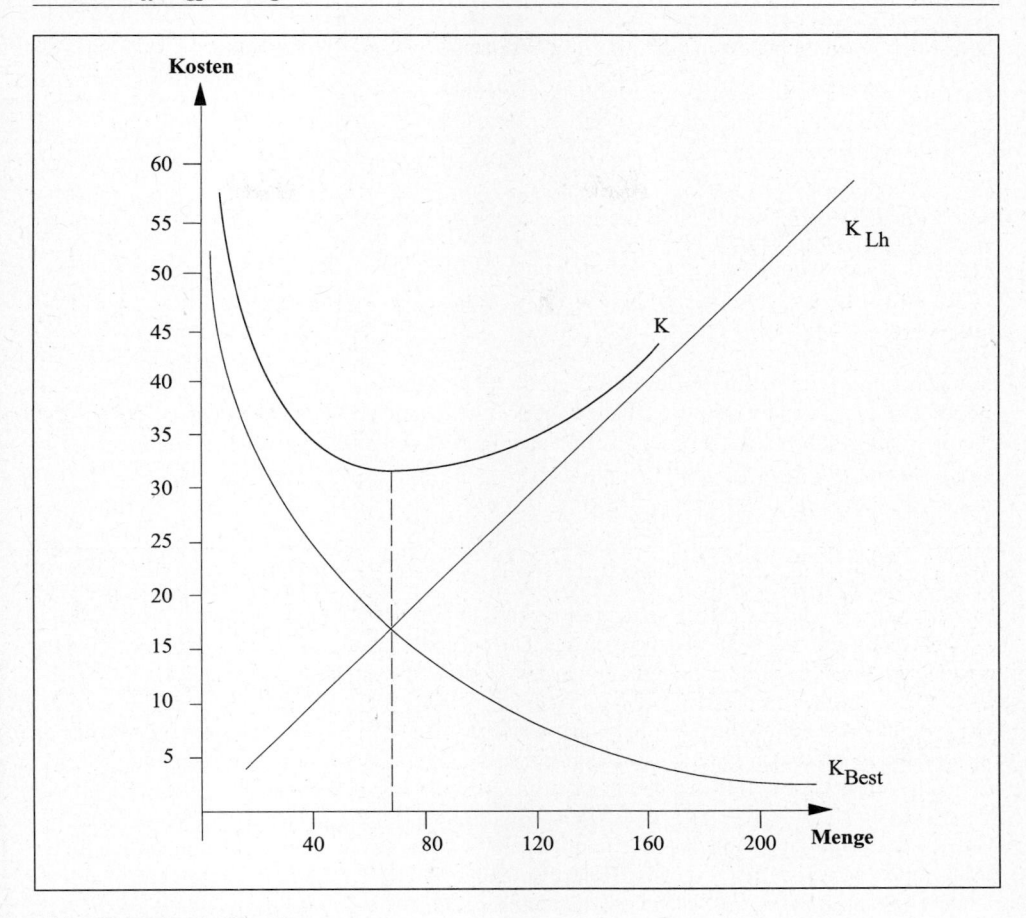

Abb. 2.9: Optimale Bestellmenge

Die optimale Bestellmenge wird in der Betriebswirtschaftslehre im Allgemeinen mithilfe der folgenden Formel, der sog. **Losgrößenformel**, errechnet.

$$B_{opt} = \sqrt{\frac{200 \cdot Jb \cdot k_{best}}{EPr \cdot q_{Lh}}}$$

Daraus kann die optimale Bestellhäufigkeit folgendermaßen ermittelt werden.

$$Bh_{opt} = \frac{Jb}{Bm_{optim}}$$

Die in den Formeln benutzen Abkürzungen bedeuten:

Bm und Bh - Bestellmenge und Bestellhäufigkeit,
Jb - Jahresbedarf,
k_{best} - Bestellkosten pro Bestellung,
EPr - Einstandspreis,
q_{Lh} - Kostensatz der Lagerhaltung.

Für das vorstehende Beispiel ergeben sich mithilfe der Formeln:
Optimale Bestellmenge: 63,24,
optimale Bestellhäufigkeit: 3,16.

Das Verfahren, die optimale Bestellmenge über das Minimum der Summe aus Bestell- und Lagerhaltungskosten zu ermitteln, hat einige Voraussetzungen, die in der betrieblichen Praxis häufig nicht gegeben sind. So geht das Verfahren u.a. davon aus, dass die Bedarfsmenge gleich bleibt.[7]

2.8.4.3.2 Kostenausgleich

Mit der Methode des Kostenausgleichs kann dieser Nachteil umgangen werden. Diese Methode geht von schwankenden Bedarfsmengen aus. Die optimalen Bestellmengen ergeben sich bei der (ungefähren) Gleichheit der Lagerhaltungskosten mit den Bestellkosten.

Die optimalen Bestellmengen werden schrittweise ermittelt. Die Lagerhaltungskosten werden für jeden Zeitabschnitt ermittelt und kumuliert; wenn der Kumulationswert der Lagerhaltungskosten ungefähr mit den Bestellkosten gleich ist, ergibt sich die Bestellmenge.

Der Veranschaulichung soll das folgende **Beispiel**[8] dienen. In einem Unternehmen fallen für ein bestimmtes Material die folgenden Bedarfsmengen in zwölf aufeinander folgenden, gleich langen Zeitabschnitten, z.B. Monaten, die angegebenen Bedarfsmengen an.

Monate	1	2	3	4	5	6	7	8	9	10	11	12
Bedarf in ME	102	51	65	72	49	86	95	105	110	108	112	115

Es gelten die folgenden Annahmen:

1. Die Bestellkosten belaufen sich auf 40 € je Bestellung.

2. Der Kostensatz der Lagerhaltung beträgt 0,15.

3. Als durchschnittliche Lagerdauer wird jeweils ein Zeitabschnitt (hier: ein Monat) angenommen; die durchschnittliche Lagerdauer der Beschaffungsmenge des jeweils ersten Zeitabschnitts (hier: des ersten Monats) eines Berechnungsabschnitts wird mit der halben Dauer des Zeitabschnitts (hier also mit einem halbem Monat) angenommen.

Die Kosten der Lagerhaltung werden stufenweise ermittelt. Dazu werden die Einzelbedarfe (Sp. 3) jeweils kumuliert (Sp. 4) und das Kumulationsergebnis mit der kumulierten Lagerdauer (Sp.

---
[7] Auf das Verfahren der gleitenden Beschaffungsmengen, mit dessen Hilfe optimale Bestellmengen bei Schwankungen der Bedarfsmengen ermittelt werden können, kann hier nicht weiter eingegangen werden.
[8] In Anlehnung an: Oeldorf und Olfert: Materialwirtschaft, 10. Aufl., Ludwigshafen (Kiehl), 2001.

2.8 Beschaffungplanung

6) und dem Kostensatz der Lagerhaltung (Sp. 7) multipliziert; das Multiplikationsergebnis sind die Kosten der Lagerhaltung (Sp. 8), die stufenweise kumuliert werden (Sp. 9). Wenn die kumulierten Lagerhaltungskosten in ihrer Höhe sich den Bestellkosten annähern, ergibt sich die optimale Bestellmenge. Es lohnt sich also hier, im 3. Monat 218 Mengeneinheiten zu beschaffen. (Bei Weiterrechnung zeigt sich, dass die kumulierten Lagerhaltungskosten ganz erheblich von den Bestellkosten abweichen.) Mit dem 4. Monat beginnt ein neuer Berechnungsabschnitt. (Die bei der Ausführung des Beispiels hilfsweise genutzten Zeilen und Spalten sind durch kleineren Druck kenntlich gemacht.)

1	2	3	4	5	6	7	8	9	10	11
Berechnungs-abschnittt	Monate	Bedarf	Bedarf kumul.	Lagerd-auer	Lager-dauer kumul.	q_{Lh}	K_{Lh} 3*6*7	K_{Lh} kum	k_{best}	Bm_{optim}
1	1	102	102	0,5	0,5	0,15	7,65	7,65	40,00	
	2	51	153	1,0	1,5	0,15	11,48	19,13	40,00	
	3	65	218	1,0	2,5	0,15	24,38	43,50	40,00	218
	4	72	290	1,0	3,5	0,15	37,80	81,30	40,00	
2	4	72	72	0,5	0,5	0,15	5,40	5,40	40,00	
	5	49	121	1,0	1,5	0,15	11,03	16,43	40,00	
	6	86	207	1,0	2,5	0,15	32,25	48,68	40,00	207
	7	95	302	1,0	3,5	0,15	49,88	98,55	40,00	
3	7	95	95	0,5	0,5	0,15	7,13	7,13	40,00	
	8	105	200	1,0	1,5	0,15	23,63	30,75	40,00	200
	9	110	310	1,0	2,5	0,15	41,25	72,00	40,00	
4	9	110	110	0,5	0,5	0,15	8,25	8,25	40,00	
	10	108	218	1,0	1,5	0,15	24,30	32,55	40,00	218
	11	112	330	1,0	2,5	0,15	42,00	74,55	40,00	
5	11	112	112	0,5	0,5	0,15	8,40	8,40	40,00	
	12	115	445	1,0	1,5	0,15	25,88	34,28	40,00	445

Tab. 2.13: Optimale Bestellmenge bei schwankendem Bedarf

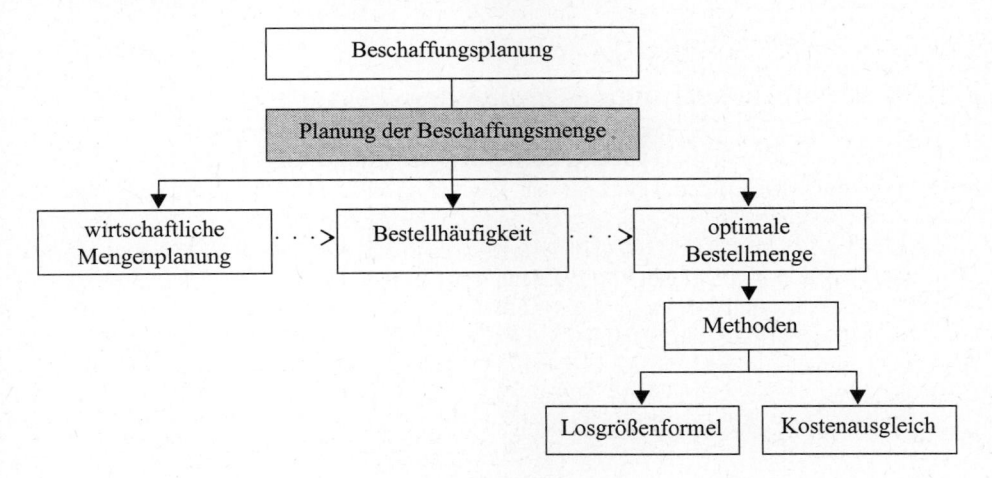

```
                    Beschaffungsplanung
                            |
                Planung der Beschaffungsmenge
                   /          |          \
      wirtschaftliche    Bestellhäufigkeit    optimale
      Mengenplanung       ...>      ...>    Bestellmenge
                                                |
                                             Methoden
                                             /      \
                                    Losgrößenformel  Kostenausgleich
```

2.9 Beschaffungsprinzipien

Die Frage nach den Beschaffungsprinzipien behandelt einen weiteren Aspekt der Beschaffungsplanung. Es geht hier darum, ob einzeln oder auf Vorrat oder - im Fertigungsbetrieb - fertigungssynchron beschafft werden soll. In diese Problemstellung geht sicherlich auch die Kostenfrage ein. Aber es ist einzusehen, dass auch andere Gründe für und gegen Einzel- bzw. Vorratsbeschaffung sprechen können.

2.9.1 Einzelbeschaffung

Einzelbeschaffung liegt vor, wenn ein Unternehmen eine Ware zum Zeitpunkt ihres Absatzes oder ein Material zum Zeitpunkt seines Verbrauchs beschafft. Der Buchhändler, der ein bestelltes Buch von seinem Sortimenter beschafft, und der Möbelhändler, der eine Küche zum Zeitpunkt des Einbaus liefern soll und sie deshalb von seinem Lieferanten zu diesem Zeitpunkt beschafft, führen Einzelbeschaffung durch. Einzelbeschaffung im Großhandel könnte z.B. beim Produktionsverbindungshandel vorliegen.

Beispiel:
Die Großhandlung Anton Müller KG beschafft eine größere Menge Mehl für eine Großbäckerei; das Mehl ist zum Zeitpunkt des Verbrauchs zu liefern.

Fertigungsunternehmen nutzen gelegentlich die Vorteile der Einzelbeschaffung insbesondere bei Einzelfertigung, allerdings kaum bei häufig verwendeten und geringwertigen Materialien (C-Güter). Der Beschaffungszeitpunkt wird dabei von der Planung des Fertigungsablaufs (Terminplanung) bestimmt.

Die **Vorteile** der Einzelbeschaffung liegen vor allem in der geringen Lagerhaltung (geringe Lagerkosten, geringer Lagerzins). Das Absatzrisiko, z.B. im Handel, wird erheblich verringert. Die **Nachteile** liegen in dem hohen Risiko, dass Materialien oder Waren nicht rechtzeitig bzw. nicht in der erforderlichen Qualität geliefert werden; der Fertigungsablauf muss evtl. unterbrochen, bestellte Waren können nicht ausgeliefert werden. Es können Fehlmengenkosten in erheblichem Umfang entstehen.

2.9.2 Vorratsbeschaffung

Von **Vorratsbeschaffung** spricht man, wenn für die beschaffte Ware der Zeitpunkt des Absatzes bzw. für das beschaffte Material der Zeitpunkt des Verbrauchs nicht festliegt und das Unternehmen sie auf Lager nimmt.

Vorratsbeschaffung ist im Handel immer dann erforderlich, wenn von einem schwankendem Absatz auszugehen ist: Der Händler muss die Ware vorrätig haben, wenn der Kunde sie kaufen will. Vorratsbeschaffung wird auch dann erforderlich, wenn die Ware vor Absatz im Lager bearbeitet oder manipuliert bzw. durch Lagerung veredelt werden muss. Gelegentlich gelingt es Lieferanten mit großer Marktmacht, Händler - z.B. durch besondere Rabatte - zur Abnahme großer Mengen und damit zur Vorratshaltung zu veranlassen.

2.10 Beschaffungswege

Ähnliche Gründe haben auch Fertigungsunternehmen für die Vorratsbeschaffung. Die auf Vorrat beschafften Materialien stehen der Fertigung kurzfristig bzw. sofort zur Verfügung, Produktionsunterbrechungen wegen Materialmangels können nicht auftreten. Das Unternehmen wird von Schwankungen auf den Beschaffungsmärkten unabhängig. Auch Industrieunternehmen können gelegentlich durch starke Lieferanten zur Abnahme großer Mengen veranlasst und damit zur Vorratshaltung gezwungen werden.

Gelegentlich bestehen auch spekulative Gründe für Vorratsbeschaffung. Wenn Unternehmen Preissteigerungen erwarten, werden sie größere Mengen auf Lager nehmen.

Die **Vorteile** der Vorratsbeschaffung liegen in der höheren Lieferbereitschaft im Handel, in der ständigen Produktionsbereitschaft und damit auch in der höheren Lieferbereitschaft in der Industrie. Die Unternehmen werden unabhängiger von den Beschaffungsmärkten. Ein besonderer Vorteil ist auch darin zu sehen, dass Unternehmen bei Beschaffung großer Mengen u.U. mit erheblichen Preisvorteilen rechnen können. Die **Nachteile** liegen in der aufwändigen Lagerhaltung.

2.9.3 Fertigungs- und absatzsynchrone Lieferung

Als **fertigungssynchrone Lieferung** wird in der Industrie eine Form der Beschaffung umschrieben, die die Vorteile der Vorratsbeschaffung mit denen der Einzelbeschaffung kombiniert. Das beschaffende Unternehmen schließt einen Kaufvertrag mit einem Lieferanten über eine große Menge an Materialien ab, um in den Genuss von Preisvorteilen bei großen Mengenabnahmen zu kommen.

Der Lieferant übernimmt die Lagerhaltung; er sorgt für die Lieferung der relativ geringen Mengen, die zur Aufrechterhaltung des Fertigungsablaufs benötigt werden. Die Liefertermine können durch Vertrag vereinbart sein; meistens erfolgt aber die Lieferung auf Abruf (Kauf auf Abruf). Mit relativ hohen Vertragsstrafen wird der Lieferant gezwungen, Liefertermine einzuhalten.

Käufe auf Abruf sind auch im Handel üblich. Ein Handelshaus kauft Waren in großen Mengen ein, ruft aber die für den Verkauf erforderlichen Mengen jeweils ab, so dass der Absatz nicht stockt. Die Ware wird also angeliefert, wenn sie für den Verkauf benötigt werden. Diesen Vorgang kann man als **absatzsynchrone Lieferung** bezeichnen. Eine besondere Form der fertigungssynchronen Lieferung ist die **Just-in-Time-Lieferung**.

2.10 Beschaffungswege

2.10.1 Direkte Beschaffung

Die Markt-GmbH ist ein Einzelhandelsunternehmen. Nach eingehenden Verhandlungen mit den Mühlenwerken X über Abnahmemengen, Liefer- und Zahlungsbedingungen sowie Preise kommt ein Vertrag zustande. Die Mühlenwerke liefern zu den vereinbarten Zeitpunkten mit eigenem Lkw die Ware an.

Der in diesem Beispiel beschriebene Beschaffungsweg ist aus der Sicht der Markt-GmbH ein **direkter Beschaffungsweg**. Man bezeichnet den Beschaffungsweg von einem Hersteller zu einem vorläufigen Verwender als direkt, **wenn branchenübliche Vermittlungen** (durch Großhandel o.a. Vermittler) **umgangen werden**. Umgangen werden damit auch die Handelsspannen der vermittelnden Institutionen. Dadurch können die Beschaffungskosten niedriger sein als bei indirekter Beschaffung.

Häufig werden Waren der Wertkategorie A direkt beschafft. Die für die A-Güter erforderlichen aufwendigen Beschaffungsaktivitäten sind i.d.R. nur direkt möglich, zumal sie auch Einflussnahmen auf Produktgestaltung i.w.S. (auf Verpackung u.dgl.) mit einbeziehen.

Die direkte Beschaffung bietet sich an bei großen Beschaffungsmengen; sie empfiehlt sich auch bei Waren, die nicht zusätzlich zwischengelagert werden sollten, z.B. wegen ihrer besonderen Empfindlichkeit.

2.10.2 Indirekte Beschaffung

Der Lebensmitteleinzelhändler Peter Carlsen in Altenaue beschafft die relativ geringen Mengen an Mehl, die er in seinem Geschäft absetzen kann, i.d.R. bei dem Großhändler Anton Müller in Lübeck, der sie bei den Herstellern Clausen & Sohn gekauft hat.

In diesem Beispiel wird ein indirekter Beschaffungsweg umschrieben. Zwischen dem Hersteller und dem Einzelhändler vermittelt ein Großhändler.

Von **indirekten Beschaffungswegen** spricht man, **wenn** die **Beschaffung über Absatzmittler** läuft. Von den Absatzmittlern sind die Absatzhelfer zu unterscheiden. Beide sind wirtschaftlich und rechtlich selbständige Kaufleute. Während die Mittler eigene absatzpolitische Instrumente bei der Verteilung einsetzen, tun dies die Helfer i.d.R. nicht. **Absatzmittler** sind **Großhandel** und **Einzelhandel**; zu den **Absatzhelfern** werden u.a. die Spediteure gezählt.

Dem Einzelhandel mit relativ geringen Bedarfsmengen ist häufig der direkte Beschaffungsweg versperrt. Er muss die Dienste des Absatzmittlers in Anspruch nehmen und dafür bezahlen. Die Vorteile der direkten Beschaffung kommen für ihn nicht in Betracht. So liegen seine Beschaffungskosten meistens über denen der großen Verbrauchermärkte, die diesen Wettbewerbsvorteil erheblich ausnutzen können.

Allerdings bietet der indirekte Bezug dem anpassungsfähigen Einzelhandel auch **Vorteile**. So können die erwähnten Kostennachteile des Einzelhandels dadurch teilweise aufgewogen werden, dass der Großhandel eigene Kostenvorteile aus direktem Bezug großer Mengen an den Einzelhandel weitergibt. Auch ist es möglich, dass der Großhandel durch weitgehende Übernahme von Transport- und Lagerfunktionen den Einzelhandel entlastet.

Die Lieferfristen sind bei indirekter Beschaffung häufig kürzer als bei direkter, da der Großhandel für die relativ kleinen Bestellmengen i.d.R. immer lieferbereit ist. Beim Selbstbedienungsgroßhandel kann der Einzelhändler die gekaufte Ware sogar gleich mitnehmen.

Besondere Vorteile liegen auch darin, dass der Großhandel (Sortimentsgroßhandel) dem Einzelhandel bei der Sortimentsgestaltung hilft; er übernimmt die Funktion des „Vorsortimentierens". Das kann bis zur Sortimentsidentität (und zu weitergehender Kooperation) führen. Andererseits bedeutet eine größere Anzahl von Großhändlern für den Einzelhändler Wahlmöglichkeiten, wenn es ihm gelingt, sich die erforderlichen Informationen zu verschaffen.

Der **Handelsvertreter** ist als Absatzmittler eine Institution des indirekten Beschaffungsweges. Er ist selbständiger Kaufmann, der für andere Unternehmen Geschäfte vermittelt oder in deren Namen abschließt. Händler nehmen seine Vermittlungsdienste gern in Anspruch, da sie seine Marktkenntnisse und seine Beratung relativ hoch einschätzen.

Indirekte Beschaffung kann auch über **Kommissionäre** laufen. Kommissionäre sind selbständige Kaufleute, die im eigenen Namen, aber für Rechnung anderer Waren kaufen oder verkaufen.

Bei Beschaffung von Waren im Ausland ist der inländische Händler häufig auf die Vermittlungstätigkeit eines Importeurs angewiesen. Der Importeur hat die Kenntnisse und Erfahrungen, die dem Händler fehlen. Der **Importeur** vermittelt die Beschaffung des inländischen Großhändlers, gelegentlich auch des Einzelhändlers, bei einem ausländischen Hersteller oder Händler. Auch hier liegt also indirekte Beschaffung vor.

2.10.3 Streckengeschäft

Das Einzelhandelsunternehmen Alting KG ist Abnehmer relativ großer Mengen von Mehl und Mehlprodukten der Ohlshausener Mühlenwerke. Alting KG bestellt bei der Großhandlung Müller, die die Bestellung an die Mühlenwerke weitergibt. Die Lieferung erfolgt direkt vom Hersteller an Alting KG. Alting zahlt an die Großhandlung Müller, die ihrerseits die Zahlung weiterleitet.

Die in diesem Beispiel umschriebene Warendistribution wird als **Streckengeschäft** bezeichnet. Bei einem Streckengeschäft bestellt der Einzelhändler (bzw. ein anderer Endabnehmer) beim Großhändler, erhält von ihm eine Rechnung und zahlt auch an ihn. Der Großhändler gibt die Bestellung weiter, der Hersteller liefert direkt an den Einzelhändler. Der Großhändler wird also bei der Lieferung umgangen, er nimmt die Ware nicht auf Lager. Geschäfte dieser Art sind relativ häufig bei Massengütern, z.B. bei Eisen, Stahl, Baustoffen, im Produktionsverbindungshandel, nimmt aber auch im Konsumgütergroßhandel an Bedeutung zu. Eine Großhandlung, die überwiegend Streckengeschäfte betreibt, wird als **Streckengroßhandlung** bezeichnet; die Großhandlung dagegen, die über das eigene Lager an den Einzelhandel verkauft, ist eine **lagerhaltende Großhandlung**.

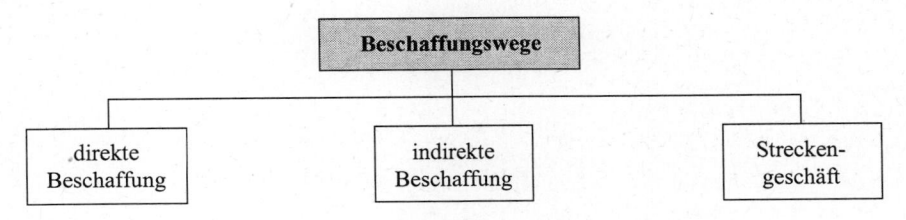

```
                    Beschaffungswege
        ┌───────────────────┼───────────────────┐
    direkte             indirekte           Strecken-
  Beschaffung          Beschaffung          geschäft
```

2.11 Organisation der Beschaffung

Organisation der Beschaffung befasst sich mit der Frage nach den Zuständigkeiten im Unternehmensbereich Beschaffung; damit wird sie zu einer Personalfrage. Letztlich ist sie aber die Frage nach der Koordination von Absatz und Beschaffung.

Beispiele:

- *Der Einzelhändler Peter Carlsen, der seinen Laden in Altenaue mit einem Gehilfen, einer angelernten Verkaufskraft und einem Auszubildenden betreibt, ist für alle Bereiche seines Geschäfts zuständig. Wenn er feststellt, dass die Reservebestände zur Neige gehen, sorgt er für die Beschaffung neuer Waren.*

- *Der Großhändler Anton Müller hat die Funktionsbereiche seines Großhandelsbetriebes in Abteilungen mit entsprechenden Zuständigkeiten aufgeteilt: Für alle Beschaffungsaktivitäten ist die Einkaufsabteilung zuständig und dort für die Beschaffung von Mehl, Mehlprodukten und Teigwaren der Angestellte Mählke. Herr Müller bzw. die Unternehmensleitung hat jedoch den Fluss der Informationen von Lager und Verkaufsabteilung zur Einkaufsabteilung ausreichend zu organisieren.*

- *In der Markt-GmbH wird die Beschaffung von der Zentrale in Kiel durchgeführt. Über ein gut organisiertes Informationssystem erhält die zentrale Einkaufsabteilung die erforderlichen Daten (Bestände, Meldebestände) automatisch von den einzelnen Märkten. Bei dem Markt in Oldenbruch hat die Leitung der Markt-GmbH den Leiter der Abteilung Frischwaren, Herrn Käseler, mit der Beschaffung der Waren für diese Abteilung (innerhalb eines finanziellen Rahmens) beauftragt.*

Diese einfachen Beispiele zeigen, daß die Probleme der personellen Organisation und der Organisation der Information grundsätzlich auf zwei Arten gelöst werden können: durch eine mehr oder weniger straffe **Zentralisation** oder durch die **Dezentralisation** der Beschaffung.

2.11.1 Zentrale Beschaffung

Zentralisation der Beschaffung heißt, der Einkauf und alle damit zusammenhängenden Aktivitäten werden von **einer Stelle**, der (zentralen) Einkaufsabteilung, erledigt. Zentrale Beschaffung setzt voraus, dass die Einkaufsabteilung in ausreichendem Maße über die entscheidenden Vorgänge und Ergebnisse im Verkauf und im Lager informiert wird. So z.B. über Bestände, Bestandsentwicklungen, Erreichung des Meldebestands usw. Der Informationsfluss erfordert mit zunehmender Dezentralisation von Verkauf und Lagerung immer stärkeren Einsatz organisatorischer Hilfsmittel (EDV-Systeme). Dieser organisatorische Apparat ist sehr teuer. Der Zwang zu seiner optimalen Ausnutzung verstärkt u.U. die anderen Nachteile der zentralen Beschaffung.

Diese **Nachteile** liegen erkennbar in der geringen Elastizität. Die Anpassungen an qualitative und quantitative Änderungen der Nachfrage erfolgen häufig mit zeitlichen Verzögerungen. Fehlmengenkosten können die Folge sein. Für ein Einzelhandelsunternehmen mit Filialen in vielen Städten der Bundesrepublik oder für die Markt-GmbH mit ihren Verbrauchermärkten in den

2.11 Organisation der Beschaffung

größeren Städten Norddeutschlands ist es schwierig bis unmöglich, bei zentraler Beschaffung auf lokal bedingte Besonderheiten der Nachfrage (z.B. nach bestimmten Gemüsesorten, Fleischsorten, Getränken) gezielt einzugehen.

Die eindeutigen **Vorteile** zentraler Beschaffung liegen in der Kostenersparnis, vor allem durch große Beschaffungsmengen und durch die Ausnutzung des personalen und technischen Apparates. Vorteile zeigen sich auch darin, dass Spezialisten für die Beschaffungsaktivitäten eingesetzt werden können (z.B. bei Marktforschung). Bei zentraler Beschaffung werden auch die anfallenden Daten zentral gespeichert, wodurch der Datenzugriff für Abteilungs- und Unternehmensleitung erleichtert wird. Schließlich fördert die Zentralisation der Entscheidungen die Einheitlichkeit der Willensbildung.

2.11.2 Dezentrale Beschaffung

Bei Dezentralisation der Beschaffung werden die **Aufgaben**, die bei der Beschaffung zu erledigen sind, **delegiert**, z.B. an untergeordnete Stellen (im Rahmen des sog. Management by Exception), an Lager, an Abteilungen oder Filialen.

Dieses Beschaffungssystem birgt **Gefahren**. Sie hängen mit der uneinheitlichen Willensbildung zusammen. Sie können ausgehen von mangelhaftem Informationsfluss, der u.U. die rasche Durchführung anderer Entscheidungen der Unternehmensleitung behindert. Sie liegen schließlich auch in den Nachteilen, die das Management by Exception haben kann. Doch überwiegen die **Vorteile** offensichtlich. Dezentrale Beschaffung kann sich Änderungen der Nachfrage in qualitativer und quantitativer Hinsicht schnell anpassen, sie ist also in hohem Maße verbraucherorientiert. Sie fördert Initiativen von Mitarbeitern, macht sich deren Kenntnisse über die Besonderheiten des Bedarfs und über besondere Bezugsquellen zunutze.

Es wird der dezentralen Beschaffung gelegentlich vorgeworfen, sie sei zu teuer, weil die Vorteile bei Beschaffung großer Mengen (hohe Rabattsätze) entfallen. Dieser Kostennachteil wird aber zumindest teilweise aufgewogen. Fehlmengen und Ladenhüter können vermieden werden. Vor allem aber schlägt die Möglichkeit zur schnellen Nutzung günstiger Bezugsquellen zu Buch.

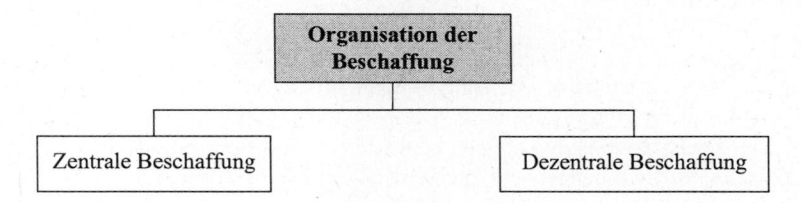

```
              Organisation der
                Beschaffung
              /              \
   Zentrale Beschaffung    Dezentrale Beschaffung
```

2.12 Anlieferung (Transportmittel)

Materialien, Rohstoffe, Teile, Waren u. dgl. müssen vom Verkäufer zum Kunden transportiert werden. Folgende **Kriterien** können u.a. **für die Wahl des Transportmittels** von entscheidender Bedeutung sein.

- Die Art des Transportgutes,
- die Qualität des Transportgutes,
- der Umfang des Transportgutes,
- das Gewicht des Transportgutes,
- der Preis des Transportmittels,
- der Transportweg, die Erreichbarkeit des Empfängers,
- die Flexibilität des Transportmittels.

Die folgenden Ausführungen befassen sich mit den wichtigen Verkehrsmitteln des binnenländischen Güterverkehrs: Straßengüterverkehr, Schienengüterverkehr und Binnenschifffahrt. Tab., 2.14 weist beispielhaft auf die Bedeutung dieser Verkehrsmittel hin gemessen an ihren Anteilen an der insgesamt transportierten Gütermenge und an der Güterverkehrsleistung.

Verkehrsmittel	Gütermenge		Güterverkehrsleistung	
	in Mio. Tonnen	in %	in Mrd. Tonnen-km	in %
Straßengüterverkehr	3.115,5	83,48	353,0	69,42
Schienengüterverkehr	288,2	7,72	74,3	14,61
Binnenschifffahrt	236,1	6,33	64,8	12,74
sonst.	92,4	2,48	16,4	3,23
insges.	3.732,2	100,00	508,5	100,00

Tab. 2.14: *Binnenländischer Güterverkehr, Deutschland 2001 (vorläufige Werte), Quelle: Institut der deutschen Wirtschaft (Hg.): Deutschland in Zahlen, 2003*

2.12.1 Transportmittel

Von besonderer Bedeutung für den Versand ist der **Straßengüterverkehr**. Wesentliche Ursache dafür ist das gut ausgebaute Straßennetz. Die besonderen Vorteile des Straßengüterverkehrs liegen im Nahverkehr; hier ist hat er auch eindeutige Preisvorteile gegenüber dem Eisenbahngüterverkehr. Im Allgemeinen ist der Güterversand mit Lkw u. Ä. auch schneller und flexibler; mit den Transportmitteln des Straßengüterverkehrs kann jeder Empfänger direkt erreicht werden, und es ist in hohem Maße möglich, auf besonderen Bedarf des Kunden schnell und flexibel zu reagieren.

Verkehrsmittel des Straßengüterverkehrs sind u.a. Lkw, Sattelkraftfahrzeug, Lkw mit Anhänger mit unterschiedlicher Länge, die die Anzahl der Achsen bestimmt. Das jeweilige zulässige Gesamtgewicht ist von der Anzahl der Achsen abhängig (vgl. Straßenverkehrszulassungsordnung). Die Breite der Ladefläche reicht aus für zwei Paletten (jeweils 1,2 m). Für den

2.12 Anlieferung (Transportmittel)

Verteilerverkehr mit kleineren Gütermengen innerhalb der Nahzone werden meistens Transporter, Lieferwagen o. dgl. eingesetzt.

Für den speziellen Gütertransport sind Lkw mit besonderen Aufbauten ausgestattet. Im Folgenden werden einige besondere Lkw-Ausstattungen vorgestellt.

- Kipper für Schüttgüter, z.B. Baumaterial, landwirtschaftliche Güter u.Ä.,
- Kofferaufbau mit Hecktüren für Möbel und ähnliche Stückgüter,
- Kühlbehälter für Lebensmittel u dgl.,
- Einrichtung zur Aufnahme von Containern und ähnlichen Behältern,
- Tankaufbauten für Flüssig-, gasförmige und ähnliche Güter
- Tieflader für den Schwerguttransport.

Die Überlegenheit des **Eisenbahngüterverkehrs** gegenüber dem Straßengüterverkehr liegt beim Transport von Massengütern und bei hohen Nutzlasten. Auch die Pünktlichkeit und die Zuverlässigkeit der Bahn beim Gütertransport wird gelegentlich geschätzt. Besonderen Vorteil hat Eisenbahngüterverkehr dann, wenn der Empfänger über einen Gleisanschluss verfügt. Einzelne Waggons oder der ganze Zug können dort bis zum Ausladen abgestellt werden. Das Umladen am Empfangsbahnhof entfällt.

Die Unterlegenheit wird bereits deutlich, wenn man das Straßennetz in Deutschland mit dem Schienennetz vergleicht: Das Straßennetz (einschließlich aller über- und innerörtlichen Straßen) umfasst ca. 640.000 km, das Schienennetz lediglich 40.000 km. Die Bahn hat viele Strecken stillgelegt, Güterbahnhöfe geschlossen und den Leistungsumfang eingeschränkt. Der Bahntransport ist relativ teuer und dauert wegen notwendiger Warte- und Rangierzeiten und Zeiten für das Zusammenstellen der Züge häufig relativ lange. [9]

Im Eisenbahngüterverkehr werden u.a. folgende Fahrzeugtypen verwendet.

- Offene Wagen mit hohen und niederen Borden,
- gedeckte Waren für Stückgut,
- Kühlwagen,
- Tiefladewagen für den Schwerguttransport,
- offene Doppelstockwagen für den Kfz-Transport,
- Wagen für den Container- und Behältertransport,
- Behälterwagen,
- Kesselwagen.

Die **Binnenschifffahrt** transportiert hauptsächlich Massengüter, z.B. Steine, Kohle, Schrott, Kies u.dgl. Sie kann in Deutschland ein relativ umfangreiches Wasserstraßennetz aus Flüssen, Kanälen und Seen nutzen. Die wichtigste Wasserstraße ist der Rhein.

Der besondere Vorteil des Transports auf den Binnenwasserstraßen liegt in den relativ niedrigen Transportkosten bei großen Transporteinheiten. Als Nachteil wird gelegentlich die lange Transportzeit gesehen.

---

[9] Vgl. zu diesen Angaben: Koether, R. (Hg.): Taschenbuch der Logistik, Leipzig 2004, S. 312 ff.

In der Binnenschifffahrt werden u.a. folgende Schiffstypen eingesetzt.

- Stück- und Schüttgutfrachter,
- Tanker,
- Containerschiffe,.

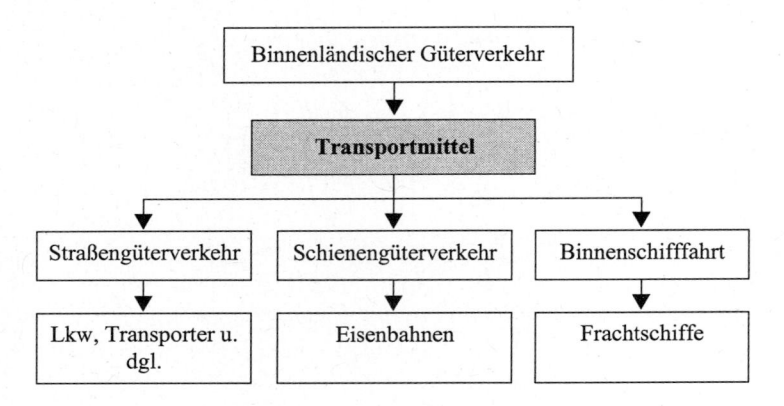

```
                    Binnenländischer Güterverkehr
                                │
                                ▼
                         Transportmittel
            ┌───────────────────┼───────────────────┐
            ▼                   ▼                   ▼
    Straßengüterverkehr   Schienengüterverkehr   Binnenschifffahrt
            ▼                   ▼                   ▼
    Lkw, Transporter u.      Eisenbahnen          Frachtschiffe
            dgl.
```

2.12.2 Eigen- oder Fremdtransport?

In Abhängigkeit vom Vertrag können Verkäufer oder Käufer für den Transport der Materialien oder Waren zuständig sein. Der Verkäufer kann die Anlieferung mit eigenem Lkw vornehmen oder einen Transportunternehmer bzw. Spediteur damit beauftragen.

Das beschaffende Unternehmen, d.h. der Käufer, kann die Materialien oder Waren mit eigenem Lkw abholen und in die zuständigen Lager, zur Baustelle oder zum Kunden transportieren. Er kann mit dem Transport aber auch einen Transportunternehmer bzw. Spediteur beauftragen. Die Gründe für Eigen- oder Fremdtransport werden im Folgenden aus der Sicht des beschaffenden Unternehmens erläutert.

Es gibt folgende **Gründe** für ein Unternehmen, die **Leistungen eines Transportunternehmens bzw. eines Spediteurs in Anspruch zu nehmen**.

- Die Anlieferung mit eigenem Lkw wird zu teuer.

- Die eigene Transportkapazität reicht nicht aus.

- Die eigene Transportkapazität ist vorübergehend ausgelastet; bei verspäteter Anlieferung der Materialien droht eine Unterbrechung der Produktion oder bei verspäteter Belieferung eines Kunden werden Konventionalstrafen fällig.

- Die besondere Art der zu transportierenden Materialien und Waren macht besondere Transportformen erforderlich, z.B. Kühlversand bei verderblichen Gütern, Transport gefährlicher Güter.

- Der Umfang des Gutes macht eine besondere Transportart erforderlich, z.B. Transport einer Maschine auf Tieflader.

2.12 Anlieferung (Transportmittel)

Im Folgenden wird beispielhaft mit angenommenen Zahlen eine **Vergleichsrechnung** durchgeführt, aus der hervorgehen soll, ob auf der Grundlage bestimmter Kosten der Eigen- oder der Fremdtransport günstiger ist.

Ein Unternehmen nimmt für die Anlieferung die Dienste eines Transportunternehmers in Anspruch, der im Monat April ... für 10.000 km 14.500 € in Rechnung stellt (1,25 € je km + Festbetrag von 2.000 €). Es wird erwogen, den Transport selbst zu übernehmen. Dabei würden die folgenden Kosten anfallen: Abschreibung jährlich: 25.000 €, Steuern, Versicherungen u.dgl. jährlich: 3.600 €, Lohnkosten für den Fahrer mtl.: 3.100 €, Treibstoff- und ähnliche laufende Kosten je km: 0,30 €. Die jährlichen festen Kosten bei eigenem Lkw ergeben sich folgendermaßen: Abschreibungen - 25.000,00 €, Steuern usw. - 3.600,00 €, Kosten des Fahrers - 37.200,00 €. Unter den angenommene Bedingungen wäre der Betrieb eines eigenen Lkw billiger gewesen.

	Kosten in €			
		eigener Lkw		fremder Lkw
feste Kosten mtl		5.483,33		2.000,00
variable Kosten je km	0,30		1,25	
variable Kosten bei 10.000 km		3.000,00		12.500,00
Gesamtkosten bei 10.000 km		8.483,33		14.500,00

Tab. 2.15: Kostenvergleich

Ermittlung des kritischen Werts *(der kritische Wert gibt die km-Leistung an, bei der die Kosten beider Verfahren gleich sind):*

Der kritische Wert liegt bei: Kosten (eigener Lkw) = Kosten (fremder Lkw),

Kosten = feste Kosten + variable Kosten, variable Kosten = x km · Kosten je km,

Kosten (eigener Lkw) = 5483,33 + x km · 0,3, Kosten (fremder Lkw) = 2000 + x km · 1,25,

$5483{,}33 + x \cdot 0{,}3 = 2000 + x \cdot 1{,}25$

$5483{,}33 - 2000 = x \cdot 1{,}25 - x \cdot 0{,}3 = x \cdot (1{,}25 - 0{,}3)$

$3483{,}33 = 0{,}95\, x$

$x = 3483{,}33 / 0{,}95 = 3666{,}7$

Kritischer Wert: 3.667 km; d.h. bei einer km-Leistung, die über 3.667 km im Monat liegt, lohnt sich der Einsatz eines eigenen Lkw. Wenn nur eine geringere km-Leistung erforderlich ist (unter 3.667 km/Monat) lohnt es sich, die Leistungen des Transportunternehmens in Anspruch zu nehmen.

Der Sachverhalt lässt sich auch grafisch darstellen. Die folgende Zeichnung gibt die Kostenverläufe für beide Verfahren an, beim Schnittpunkt beider Kurven ergibt sich der kritische Wert. Bei km_1 ($km_1 < km_{krit}$) lohnt sich die Inanspruchnahme des Transportunternehmens bzw. des Spediteurs, bei km_2 ($km_2 > km_{krit}$) ist der eigene Lkw günstiger.

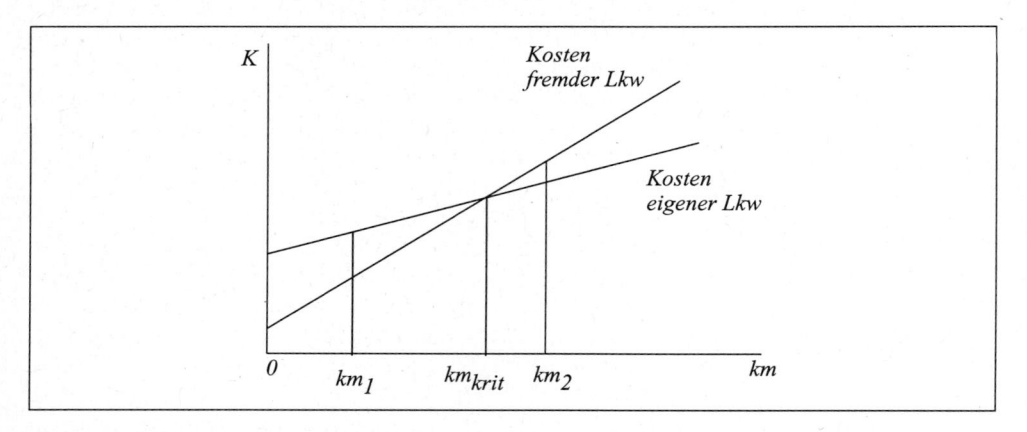

Abb. 2.10: Kostenvergleich

Der **Spediteur** ist ein selbständiger Gewerbetreibender, der Güterversendungen im eigenen Namen für Rechnung des Versenders durch Frachtführer oder Verfrachter besorgt (HGB §§ 407 ff). Zwischen Versender und Spediteur entsteht ein Speditionsvertrag, zwischen Spediteur und Frachtführer ein Frachtvertrag. Der Spediteur hat das Recht, die Beförderung der Waren selbst zu übernehmen. So ist der Spediteur häufig auch Frachtführer.

Der Frachtführer ist ein selbständiger Gewerbetreibender, der die Beförderung von Gütern übernimmt (HGB §§ 425 ff).

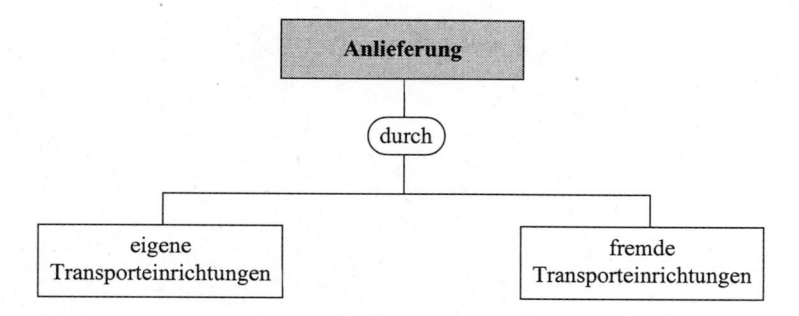

2.12.3 Logistikunternehmen

Die Betriebswirtschaftslehre hat den Begriff „Logistik" aus dem militärischen Sprachgebrauch übernommen, wo mit ihm der Transport und der Umschlag militärischer Güter und die Organisation des Nachschubs usw. umschrieben wird. In Anlehnung daran ist Logistik die Bezeich-

2.12 Anlieferung (Transportmittel)

nung für alle Transport-, Umschlags- und Lagerungsvorgänge, die im Zusammenhang mit der Auslieferung von Gütern eines Unternehmens stehen. Ziel der Logistik ist, diese Vorgänge so zu koordinieren und zu organisieren, dass die Güter in gewünschter Art und Beschaffenheit, zum notwendigen Zeitpunkt, am erforderlichen Ort für den Kunden bereitstehen und dass die Kosten, die in diesen Zusammenhängen anfallen, minimiert werden. Logistikunternehmen sind Anbieter von Dienstleistungen, die im Zusammenhang mit der Anlieferung bzw. Ablieferung von Materialien und Waren stehen. Dazu zählen u.a. Lagerung, Verpackung, Spedition, gelegentlich auch Beschaffung; besondere Bedeutung hat jedoch der Transport. Das bedeutet, die **Logistikunternehmen sorgen für die rechtzeitige Lieferung der Materialien und Waren an den richtigen Ort**. Logistikunternehmen haben im Zusammenhang mit sog. Just-in-Time-Lieferungen besondere Bedeutung (s.o.).

Bei Logistikunternehmen unterscheidet man nach dem Umfang der angebotenen Leistungen zwischen System- und Komponentenanbietern. Systemanbieter bieten umfassende logistische Problemlösungen an, Komponentenanbieter dagegen nur logistische Teilleistungen. Die Leistungen der Komponentenanbieter werden häufig von Systemanbietern in Anspruch genommen, die damit ihr Angebot an umfassenden Problemlösungen kundengerecht erweitern.

Auftraggeber der Logistikunternehmen sind im Allgemeinen die Verkäufer. Sie werden durch Logistikunternehmen nicht nur vom Transport, sondern auch von Lagerhaltung entlastet. Aber auch beschaffende Unternehmen können Logistikunternehmen mit der Anlieferung („Versorgung") beauftragen.

Abb. 2.11 gibt in schematischer Vereinfachung wieder, welche Bedeutung Logistikunternehmen im Warenfluss bzw. im Materialfluss haben können.

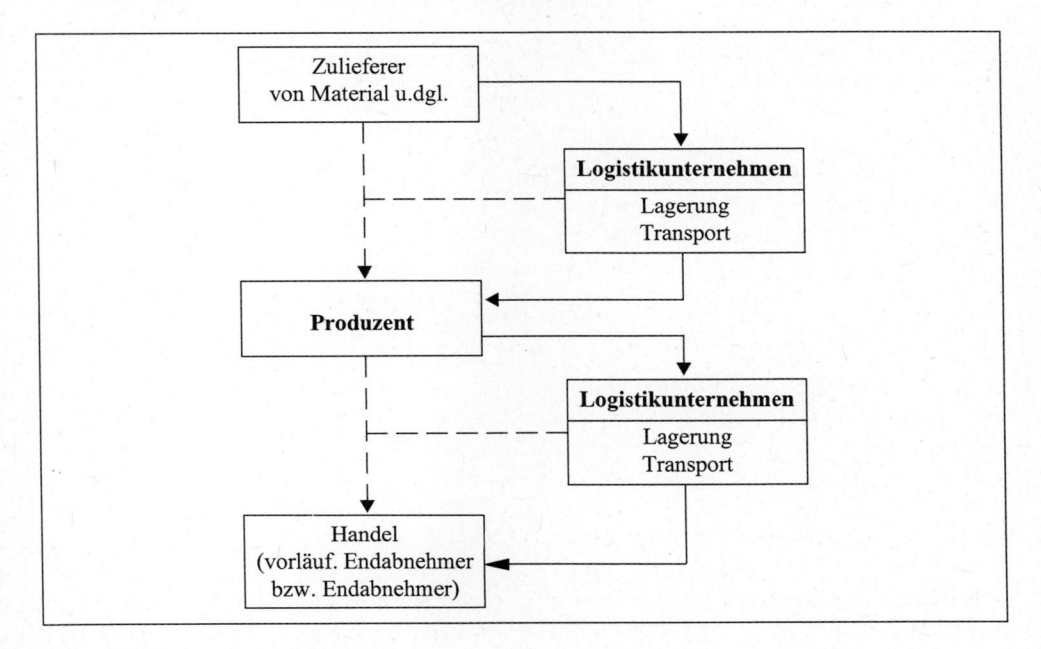

Abb. 2.11: Waren- bzw. Materialfluss

Zur Senkung von Kosten richten Logistikunternehmen außer einem zentralen Lager auch dezentrale Lager in den Verteilungsgebieten ein. Sie nehmen die Produkte verschiedener Hersteller auf zentrales Lager, verteilen sie - entsprechend kommissioniert - auf die dezentralen Lager. Von dort aus können dann die Produkte der verschiedenen Hersteller - nach entsprechender Kommissionierung - gebündelt an den Handel (vorläufigen Endabnehmer bzw. Endabnehmer) weitergegeben werden. Diesen Zusammenhang soll Abb. 2.12 veranschaulichen.

```
┌─────────────┐  ┌──────────────┐  ┌───────────────┐  ┌──────────────┐
│ Hersteller I│  │ Hersteller II│  │ Hersteller III│  │ Hersteller IV│
└─────────────┘  └──────────────┘  └───────────────┘  └──────────────┘
              ↓          ↓                 ↓                 ↓
              ┌─────────────────────────────────────┐
              │          Zentrales Lager            │
              └─────────────────────────────────────┘
                ↓      ↓      ↓      ↓      ↓
        ┌───────────────────────────────────────────┐
        │     Lager in den Verteilungsgebieten      │
        ├─────┬─────┬─────┬─────┬─────┬─────┬───────┤
        └─────┴─────┴─────┴─────┴─────┴─────┴───────┘
          ↓     ↓     ↓     ↓     ↓     ↓     ↓
        ┌───────────────────────────────────────────┐
        │ Vielzahl von Handelsunternehmen in den    │
        │         Verteilungsgebieten               │
        └───────────────────────────────────────────┘
```

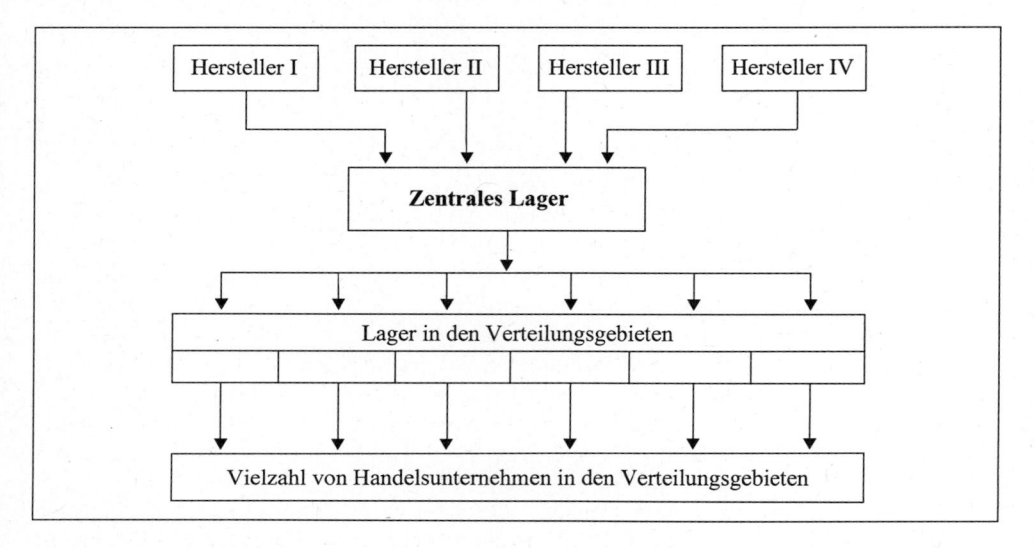

Abb. 2.12: Logistik mit Bündelung verschiedener Herstellerprodukte auf Unternehmen des Handels

2.13 Lieferterminkontrolle

Wenn die Beschaffungsabteilung Waren, Materialien usw. bestellt hat, muss sie durch entsprechende Einrichtungen den Liefertermin kontrollieren. Einerseits wird dadurch erreicht, dass das beschaffende Unternehmen einen Lieferungsverzug rechtzeitig erkennt und das Mahnverfahren in Gang bringen, Nachfristen setzen und Deckungskäufe vornehmen kann; andererseits wird das Risiko, den Produktionsprozess zu unterbrechen bzw. selbst in Lieferschwierigkeiten zu kommen, gemindert.

Die Einhaltung der Liefertermine durch den Verkäufer ist aus Kostengründen von großer Bedeutung. Bei verspäteter Lieferung können Fehlmengenkosten, bei vorzeitiger Lieferung zusätzliche Lagerhaltungskosten entstehen. Hier wird eine wichtige Verbindung zwischen Lagerhaltung und Beschaffung deutlich, da bei Waren- bzw. Materialeingang auch die Einhaltung von Lieferterminen geprüft und zu früh gelieferte Waren oder Materialien evtl. an die Lieferer zurückgegeben werden.

Die Lieferterminkontrollen können durch die Einkaufsabteilung erfolgen, z.B. mit Hilfe der termingerecht geordneten Bestellsatzkopien. Bei größeren Unternehmen sorgt eine eigene Überwachungsstelle mit entsprechenden EDV-Systemen für die Kontrolle der Liefertermine.

2.14 Rechtliche Aspekte der Beschaffung

Für die Beschaffung bestehen rechtliche Rahmenbedingungen. Sie ergeben sich u.a. aus der Notwendigkeit, Schuldverhältnisse zu regeln und Rechte an einer Sache zu definieren. Die rechtlichen Rahmenbedingungen werden also insbesondere durch das zweite Buch (Recht der Schulverhältnisse) und das dritte Buch (Sachenrecht) des BGB gesetzt. Weitere Aspekte der rechtlichen Rahmenbedingungen ergeben sich aus den Ergänzungen zu diesen Vorschriften, z. B. im HGB und im Allgemeinen Teil des BGB.

Das **Vertragsrecht** hat wegen der besonderen Bedeutung des Kaufvertrags in den rechtlichen Rahmenbedingungen für die Beschaffung besonderes Gewicht. Deshalb werden im Folgenden vertragsrechtliche Grundbegriffe im Zusammenhang mit dem Kaufvertrag dargestellt.

2.14.1 Kaufvertrag

Die Einkaufsabteilung des Großhändlers für Lebensmittel Anton Müller, Lübeck, hat mit schriftlichen Anfragen bei den Ohlshausener Mühlenwerken GmbH, Kiel, und der Mühle Matthias Clausen & Sohn, Wandsbek, Angebote eingeholt. Bei einem Vergleich der beiden Angebote unter Berücksichtigung der in ihnen enthaltenen Bedingungen entscheidet man sich für das günstigere Angebot der Firma Clausen & Sohn. Die im Angebot enthaltene Lieferfrist von zehn Tagen ist für die Entscheidung ohne Bedeutung, da die Ware erst in 14 Tagen benötigt wird. Bestellt werden also 5.000 kg Weizenmehl des Typs 405 zu den im Angebot enthaltenen Bedingungen zur Lieferung in 14 Tagen. Zwischen der Großhandlung Anton Müller und der Firma Clausen & Sohn ist ein Kaufvertrag zu Stande gekommen, aus dem sich für beide Parteien Pflichten und Rechte ergeben.

Ein Kaufvertrag ist ein zweiseitiges Rechtsgeschäft. Er kommt zu Stande durch zwei übereinstimmende Willenserklärungen; die Willenserklärungen sind **Antrag** und **Annahme** des Antrags. Eine Willenserklärung ist die Erklärung einer Person, mit der sie eine bestimmte Rechtsfolge erreichen will. Eine Willenserklärung gibt z.B. der Käufer ab, der eine Ware bestellt mit der Absicht, dass ein Kaufvertrag zu Stande kommt. Aber auch das Angebot des Verkäufers an einen Käufer, ihm eine Ware zu bestimmten Bedingungen zu verkaufen, ist eine Willenserklärung.

Die **Anfrage** eines Kunden bei einem Verkäufer dagegen ist **keine Willenserklärung** in diesem Sinne. Sie führt nicht unmittelbar zu einem Kaufvertrag. Die Anfrage ist kein Antrag, also z.B. keine Bestellung. Der anfragende Kunde geht durch die Anfrage keine Verpflichtungen ein, z.B. muss er eine Ware, die auf Grund einer Anfrage geliefert wird, nicht annehmen.

Im Einführungsbeispiel geht der **Antrag** vom **Käufer** aus. Er **bestellt** die Ware zu genau angegebenen Bedingungen. Der Verkäufer nimmt die Bestellung an. Bestellung und Angebot stimmen inhaltlich überein. Es ist ein Kaufvertrag zu Stande gekommen.

Häufig geht der **Antrag** vom **Verkäufer** aus. Der Verkäufer richtet ein **Angebot** an einen bestimmten Kunden; wenn dieser das Angebot annimmt und bestellt, kommt der Kaufvertrag zu Stande.

Der Anbieter ist im Allgemeinen an sein Angebot gebunden (bindendes Angebot). Diese Bindung kann bis zu einem angegebenen Zeitpunkt gelten (befristetes Angebot); wenn bis zu diesem Zeitpunkt nicht bestellt wurde, gelten die Bedingungen des Angebots nicht mehr. Das unbefristete Angebot gilt i.d.R. für einen Zeitraum, in dem unter normalen Bedingungen eine Bestellung abgewickelt sein kann, bzw. bis zum Widerruf. Der Anbieter kann die Bindung grundsätzlich einschränken oder ganz aufheben durch sog. **Freizeichnungsklauseln**, z.B. freibleibend, Preise freibleibend, solange Vorrat reicht.

Mit dem Abschluss des Kaufvertrages gilt u.a. als fest vereinbart, welche Ware verkauft bzw. gekauft wird, sie wird evtl. genau bezeichnet durch Beschreibung, durch Abbildung, durch Katalognummer oder Artikelnummer. Die Vereinbarungen betreffen auch die **Lieferungs- und Zahlungsbedingungen**; die Lieferungsbedingungen legen Art und Weise der Lieferung, Zeitpunkt der Lieferung, Übernahme der Kosten für die Lieferung usw. fest; die Zahlungsbedingungen geben die Art der Zahlung, den Zeitpunkt der Zahlung, Zahlungsnachlässe usw. an. Im Allgemeinen sind auch **Erfüllungsort** und der **Gerichtsstand** vereinbart; der Erfüllungsort ist der Ort, an dem der Vertrag zu erfüllen ist; als Gerichtsstand wird das Gericht bezeichnet, das bei Streitigkeiten aus dem Vertrag zuständig sein soll.

Im Beispiel entsteht ein Kaufvertrag zwischen zwei Unternehmen. Unternehmen sind natürliche oder juristische Personen, die bei Abschluss des Kaufvertrages in Ausübung ihrer gewerblichen (o.ä.) Tätigkeit handeln. Wenn ein Unternehmen bei einem anderen Ware o. Ä. kauft, besteht ein sog. **Handelskauf**; für ihn gelten ergänzend auch die Vorschriften des HGB. Von dem zwischen Unternehmen zu Stande gekommenen Kaufvertrag ist der sog. Verbrauchsgüterkauf zu unterscheiden. Bei einem **Verbrauchsgüterkauf** ist der Verkäufer Unternehmer und der Käufer Verbraucher, der den Kaufvertrag für einen privaten Zweck abschließt.[10]

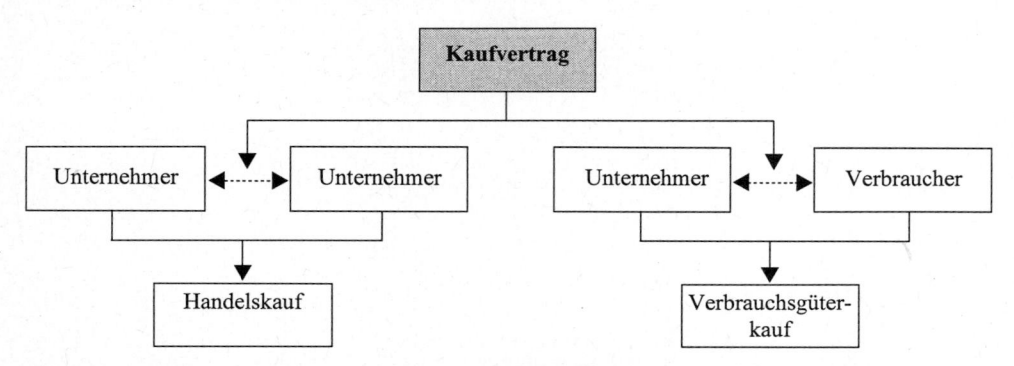

```
                          Kaufvertrag
           ┌──────────────────┴──────────────────┐
    ┌──────┴──────┐                      ┌───────┴───────┐
Unternehmer ◄──► Unternehmer        Unternehmer ◄──► Verbraucher
    │                                       │
    ▼                                       ▼
Handelskauf                          Verbrauchsgüter-
                                         kauf
```

Durch den Kaufvertrag gehen Verkäufer und Käufer Pflichten ein (vgl. §§ 433, 448/1, 453/2 BGB und § 377 HGB). Der **Verkäufer** muss

- die Sache übergeben.
- dem Käufer das Eigentum an der Sache verschaffen.
- dem Käufer die Sache frei von Mängeln verschaffen; dazu gehören u.U. auch die sachgemäße Montage und die Mitlieferung einer fehlerfreien Montageanleitung.
- die Kosten tragen, die im Zusammenhang mit der Übergabe und mit der Übertragung des Rechts an der Sache verbunden sind.

---

[10] Mit dem Verbrauchsgüterkauf befassen sich die Ausführungen auf S. 131 f.

2.14 Rechtliche Aspekte der Beschaffung

Der **Käufer** muss

- dem Verkäufer das vereinbarte Entgelt zahlen.
- die gekaufte Sache abnehmen.
- die Kosten der Abnahme tragen.
- (beim Handelskauf) die gelieferte Sache sofort untersuchen und einen entdeckten Mangel unverzüglich dem Verkäufer anzeigen.

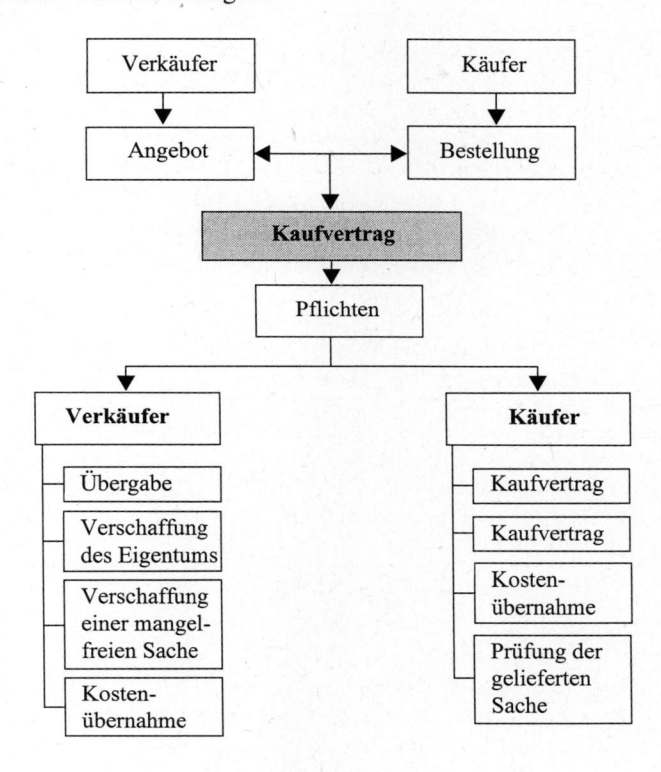

2.14.2 Besondere Formen von Kaufverträgen

Es gibt u.a. die im Folgenden aufgelisteten besonderen Formen von Kaufverträgen.

Grundlage eines **Kaufs nach Probe** (oder nach Muster) ist eine Warenprobe oder ein Warenmuster, dessen Eigenschaften als zugesichert gelten. Wenn der Käufer sich bei Bestellung auf eine Warenprobe oder ein Warenmuster bezieht und der Verkäufer die Bestellung annimmt, ist der Kaufvertrag zu Stande gekommen; der Verkäufer muss eine Ware liefern, die in ihren Eigenschaften der Probe bzw. dem Muster entspricht.

Bei einem **Kauf auf Probe** (oder auf Besicht) wird der Kaufvertrag unter der Bedingung geschlossen, dass der Käufer die gelieferte Ware billigt. Er erhält die Ware also zunächst auf Besicht (zur „Besichtigung") und kann sie danach billigen, d.h. akzeptieren, oder missbilligen. Der Käufer kauft zur Ansicht, er hat ein Rückgaberecht. Die Rückgabefrist wird im Allgemeinen vereinbart.

Der **Kauf zur Probe** ist ein Kaufvertrag ohne Bedingungen. Der Käufer, z.B. ein Einzelhändler, kauft zunächst eine Probemenge, um auszuprobieren, ob er die Ware weiterverkaufen kann. Das Motiv des Käufers ist für den Abschluss des Kaufvertrags ohne Bedeutung.

Wenn der Käufer vor Abschluss des Kaufvertrags die Ware besichtigt und sie „wie besehen" kauft, liegt ein **Kauf nach Besicht** vor. Von einem Kauf in Bausch und Bogen (**Ramschkauf**) spricht man, wenn der Käufer die Ware en bloc zu einem Pauschalpreis kauft.

Der **Kauf auf Abruf** ist ein Kaufvertrag, der unter der Bedingung abgeschlossen wird, dass der Käufer sie später vom Lager des Verkäufers abruft. Im Allgemeinen wird für den Abruf eine Frist vereinbart. Wird sie nicht eingehalten, kann der Verkäufer die Ware dem Kunden unter beistimmten Bedingungen „andienen".

Der **Spezifikationskauf** ist ein Kaufvertrag, der im Allgemeinen über die zu liefernde Ware nur Rahmenvereinbarungen enthält. Die Rahmenbedingungen können sich auf die Art der Ware, auf die Menge der Ware, gelegentlich auch auf den Preis beziehen. Der Käufer spezifiziert die Ware später, meistens bei Abruf.

Bei einem **Fixgeschäft** wird vereinbart, dass der Verkäufer die Ware zu einem bestimmten Zeitpunkt oder innerhalb einer fest bestimmten Frist liefern soll. Wenn nicht anders vereinbart, ist der Kunde bei Fristüberschreitung zum Rücktritt vom Kaufvertrag berechtigt

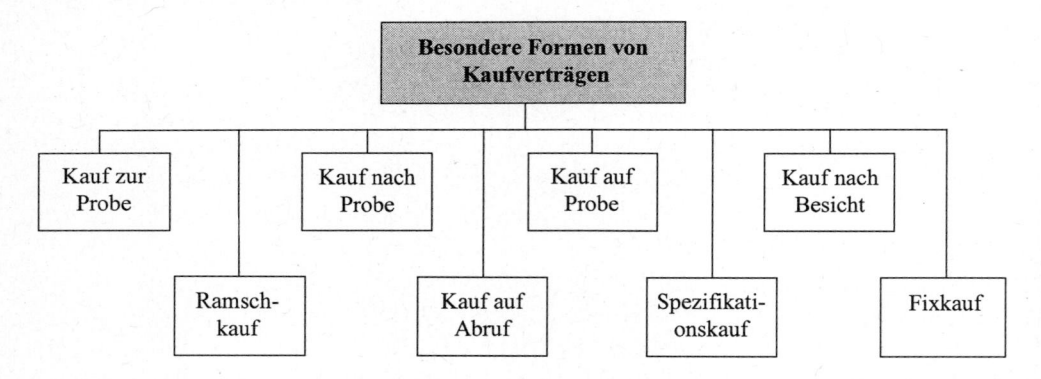

2.14.3 Weitere wichtige Verträge

Der Kaufvertrag ist in der Materialwirtschaft besonders wichtig. Aber auch die folgenden Verträge können von Bedeutung sein.

Bei einem **Werkvertrag** verpflichtet sich der Auftragnehmer zur Erstellung eines Werks, der Auftraggeber zur Zahlung einer Vergütung. Unwesentlich ist, wer von den beiden Vertragspartnern die Stoffe liefert, die zur Erstellung des Werks erforderlich sind. Wesentlich dagegen ist, dass der Auftragnehmer für den Erfolg seiner Leistung Garantien übernimmt. Das Werk kann z.B. Herstellung oder Reparatur einer Sache oder die Erstellung einer sonstigen Leistung sein (z.B. Rechtsberatung).

2.14 Rechtliche Aspekte der Beschaffung

Als **Miete** bezeichnet man die vertragliche Überlassung einer Sache zum Gebrauch, vgl. z.B. die Miete einer Wohnung. Als **Pacht** bezeichnet man die vertragliche Überlassung einer Sache zum Gebrauch und zum Genuss der Früchte aus der Sache, vgl. z.B. die Pacht einer Ackerfläche.

Der **Dienstvertrag** ist ein Vertrag zwischen einem Dienstnehmer und einem Dienstberechtigten. Durch den Vertrag verpflichtet sich der Dienstnehmer zur Leistung von Diensten; Gegenstand des Vertrages können Dienstleistungen jeglicher Art sein. Der Dienstberechtigte verpflichtet sich zur Zahlung einer Vergütung.

Der Dienstnehmer stellt dem Dienstberechtigten seine Arbeitskraft für die vertraglich festgesetzte Dauer zur Verfügung; dadurch unterscheidet sich der Dienstvertrag vom Werkvertrag, bei dem es auf die Ablieferung eines Werkes, d.h. auf den Erfolg, ankommt. Dienstnehmer können unselbstständig oder selbstständig tätig sein.

Der Dienstvertrag mit unselbständig Tätigen ist mit dem Arbeitsvertrag identisch. Sog. freie Dienstverträge, d.s. Dienstverträge mit selbstständig Tätigen, werden z.B. mit Rechtsanwälten, Ärzten o.ä. abgeschlossen. Dienstverträge werden im Allgemeinen auf kurze Dauer abgeschlossen.

Der **Geschäftsbesorgungsvertrag** ist ein Vertrag zwischen einem Auftragnehmer und einem Auftraggeber, durch den sich der Auftragnehmer zur Besorgung eines Geschäfts und der Auftrageber zur Zahlung einer Vergütung verpflichten. Geschäfte dieser Art sind Tätigkeiten eines Rechtsanwalts u. dgl.

Der **Leasingvertrag** ist eine besondere Form des Mietvertrages zwischen einem Leasingnehmer und einem Leasinggeber. Leasingobjekte sind vor allem Investitionsgüter, aber auch Konsumgüter werden geleast. Der Leasingnehmer kann die von ihm gemietete Sache gebrauchen und zahlt dafür die vereinbarten Leasingraten, der Leasinggeber bleibt Eigentümer der Sache.

Im Leasingvertrag werden u.a. vereinbart:

- Höhe der Leasingraten,
- Dauer einer Grundmietzeit,
- Möglichkeiten zur Verlängerung der Grundmietzeit,
- Kaufoptionen,
- Übernahme des Investitionsrisikos,
- Wartungsdienste.

Zu unterscheiden sind folgende Formen des Leasing.

- Indirektes und direktes Leasing. Beim indirekten Leasing ist Leasinggeber eine Leasinggesellschaft, die das Objekt vom Hersteller kauft und dem Leasingnehmer übergibt. Beim direkten Leasing ist der Hersteller des Objektes Leasinggeber.
- Operate Leasing und Finanzierungsleasing. Operate-Leasing-Verträge sind Mietverträge, die vom Leasinggeber oder -nehmer jederzeit (evtl. unter Berücksichtigung geringer Kündigungsfristen) gekündigt werden können. Dadurch übernimmt der Leasinggeber das Investitionsrisiko. Finanzierungsleasing-Verträge sind während der Dauer der vereinbarten Grundmietzeit unkündbar. Diese Verträge haben häufig den Charakter von Teilzahlungsverträgen.

Dem **Mietkauf** liegt ein Mietvertrag zu Grunde, in dem vereinbart ist, dass der Mieter die gemietete Sache zu einem bestimmten Zeit kaufen kann, dabei wird die bis dahin gezahlte Miete auf den Kaufpreis angerechnet.

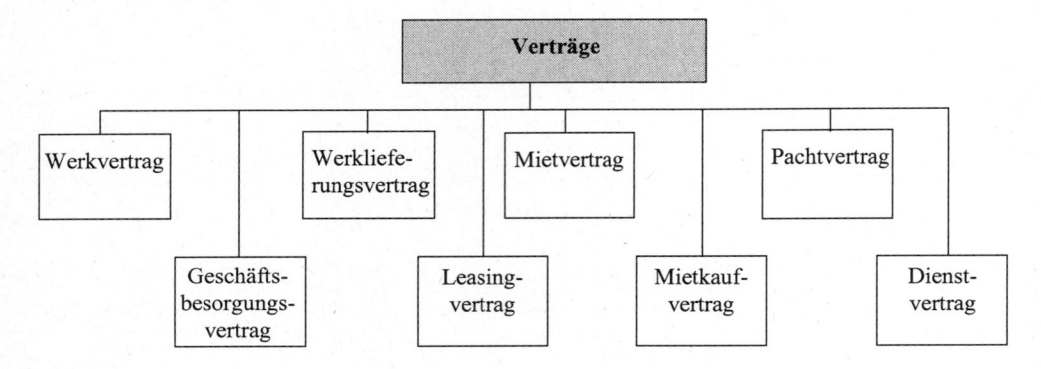

```
                          Verträge
        ┌──────────┬──────────┬──────────┐
   Werkvertrag  Werkliefe-  Mietvertrag  Pachtvertrag
                rungsvertrag
        │          │          │          │
   Geschäfts-   Leasing-   Mietkauf-   Dienst-
   besorgungs-  vertrag    vertrag     vertrag
   vertrag
```

2.14.4 Allgemeine Geschäftsbedingungen

Allgemeine Geschäftsbedingungen sind vorformulierte Vertragsbedingungen, die für eine Vielzahl von Verträgen gelten; sie werden zwischen den Partnern nicht im Einzelnen ausgehandelt (vgl. §§ 305 ff. BGB).

Die AGB werden Bestandteil des Vertrages und damit rechtswirksam,

- wenn der Verwender der AGB den Vertragspartner ausdrücklich oder durch einen Aushang darauf hinweist, dass die AGB Bestandteil des Vertrages werden sollen,
- wenn er ihm die Möglichkeit verschafft hat, den Inhalt der AGB zur Kenntnis zu nehmen,
- wenn der Vertragspartner damit einverstanden ist, dass die AGB Bestandteil des Vertrages werden.

Wenn der Verwender der AGB und die andere Vertragspartei Kaufleute sind, werden die AGB nur dann Vertragsbestandteil, wenn die andere Vertragspartei wusste oder wissen musste, dass der Verwender dem Vertrag AGB zugrunde legt.

Mit den Vorschriften zu den AGB soll der Missbrauch der Allgemeinen Geschäftsbedingungen verhindert und wirtschaftlich schwächere Vertragspartner vor Übervorteilungen geschützt werden. Deswegen schreibt das Gesetz in einer Generalklausel vor, dass allgemeine Geschäftsbedingungen dann ungültig sind, wenn sie den Vertragspartner des Verwenders der AGB unangemessen benachteiligen.

Die **Verwendung bestimmter Klauseln ist verboten**. Es werden zwei Gruppen von Klauselverboten unterschieden.

Klauselverbote mit Wertungsmöglichkeiten. Die Unwirksamkeit von Klauseln mit Wertungsmöglichkeiten ist abhängig von der richterlichen Wertung. In diese Gruppe fallen u.a. die Verbote der folgenden Klauseln:

2.14 Rechtliche Aspekte der Beschaffung

- eine Bestimmung, die dem Verwender unangemessen lange Fristen für Annahme und Leistung einräumt,
- die Vereinbarung des Rechts des Verwenders, ohne sachlich gerechtfertigten Grund vom Vertrag zurücktreten zu können,
- die Vereinbarung des Rechts des Verwenders, von einer versprochenen Leistung abzuweichen, wenn das für den anderen Teil unzumutbar ist.

Klauselverbote ohne Wertungsmöglichkeiten. Die Klauseln sind absolut verboten. In diese Gruppe fallen u.a. die Verbote der folgenden Klauseln:

- eine Bestimmung, die dem Verwender das Recht zur kurzfristigen Preiserhöhung einräumt,
- eine Bestimmung, durch die dem Vertragspartner die Aufrechnung von Schulden gegenüber dem Verwender mit Forderungen an den Verwender verboten wird,
- eine Bestimmung, die den Verwender von der Pflicht zur Mahnung freistellt.

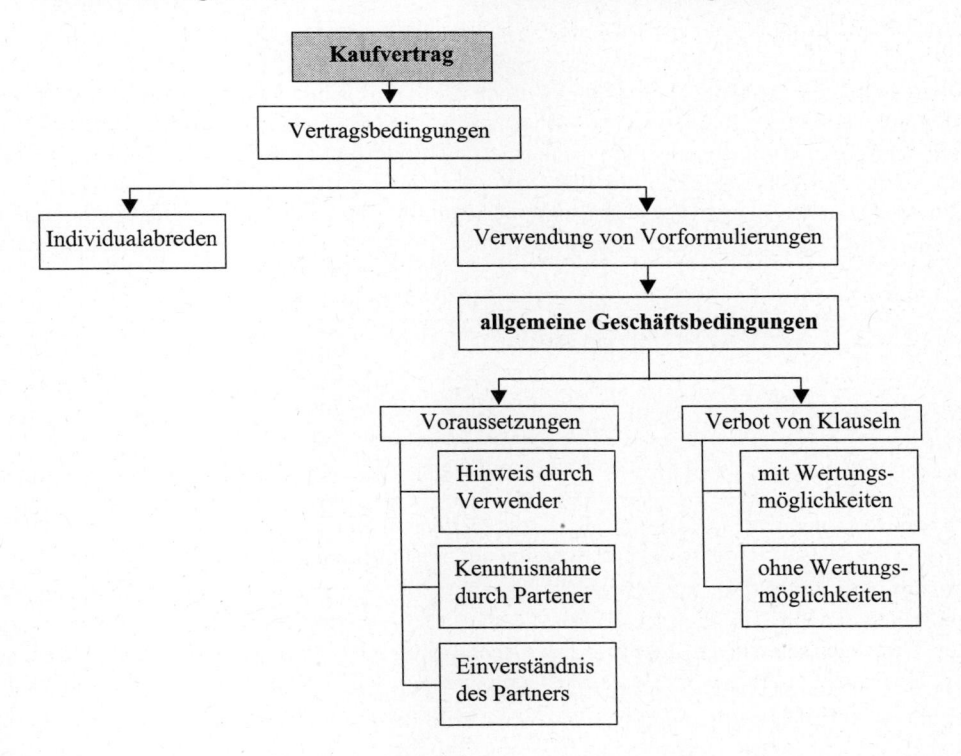

```
                          ┌──────────────┐
                          │ Kaufvertrag  │
                          └──────┬───────┘
                                 ▼
                      ┌─────────────────────┐
                      │ Vertragsbedingungen │
                      └──────────┬──────────┘
             ┌───────────────────┴──────────────────┐
             ▼                                      ▼
    ┌──────────────────┐              ┌──────────────────────────────┐
    │ Individualabreden│              │ Verwendung von Vorformulierungen │
    └──────────────────┘              └──────────────┬───────────────┘
                                                     ▼
                                    ┌────────────────────────────────┐
                                    │ allgemeine Geschäftsbedingungen│
                                    └────────┬───────────────┬───────┘
                                             ▼               ▼
                                  ┌──────────────────┐  ┌──────────────────┐
                                  │  Voraussetzungen │  │ Verbot von Klauseln│
                                  └──────────────────┘  └──────────────────┘
                                    │ Hinweis durch        │ mit Wertungs-
                                    │ Verwender            │ möglichkeiten
                                    │
                                    │ Kenntnisnahme        │ ohne Wertungs-
                                    │ durch Partener       │ möglichkeiten
                                    │
                                    │ Einverständnis
                                    │ des Partners
```

2.14.5 Leistungen

Durch den Vertrag entstehen **Schuldverhältnisse** (vgl. z.B. den Kaufvertrag). Ein Schuldverhältnis ist ein Rechtsverhältnis zwischen (mindestens) zwei Personen: Gläubiger und Schuldner. Kraft des Schuldverhältnisses ist der **Gläubiger berechtigt, von dem Schuldner eine Leistung zu fordern** (§ 241 BGB). Die geforderte Leistung kann in einem Tun oder in einem Unterlassen bestehen. Das Schuldverhältnis kann nach seinem Inhalt jeden Teil zur Rücksicht auf die Rechte und Interessen des Vertragspartners verpflichten.

Der **Leistungsort** bzw. **Erfüllungsort** ist der Ort, an dem der Schuldner eine geschuldete Leistung zu erbringen hat. Der Erfüllungsort kann vertraglich vereinbart werden oder sich aus der Natur der Sache ergeben. Wird er nicht vereinbart und ergibt er sich auch nicht aus der Natur der Sache, so tritt die gesetzliche Regelung in Kraft. **Gesetzlicher Erfüllungsort** ist der Ort, an dem der Schuldner zur Zeit der Entstehung des Schuldverhältnisses seinen Wohnsitz bzw. sein Geschäftslokal hatte (§ 269 BGB). Der Erfüllungsort bestimmt den Zeitpunkt des Gefahrübergangs und den Gerichtsstand.

Danach sind Schulden also **Holschulden**. Beispiel Kaufvertrag: Der gesetzliche Erfüllungsort für die Lieferung einer Ware ist der Wohnsitz bzw. das Geschäftslokal des Lieferers, für die Zahlung des Kaufpreises der Wohnsitz bzw. des Geschäftslokal des Käufers (vgl. Schickschulden). Bei **Bringschulden** ist Erfüllungsort der Wohnsitz bzw. das Geschäftslokal des Gläubigers. Bringschulden beruhen im Allgemeinen auf einer entsprechenden Vereinbarung, gelegentlich auch auf Verkehrssitte. Von **Schickschulden** spricht man, wenn der Schuldner verpflichtet ist, die Leistung an einen anderen Ort, den Bestimmungsort, zu senden; der Wohnort des Schuldner ist dabei Erfüllungsort. Beispiele für Schickschulden: Geldschulden, Leistung des Lieferers beim Versendungskauf.

Schulden	Erfüllungsort
Holschulden	Wohnsitz des Schuldners
Bringschulden	Wohnsitz des Gläubigers
Schickschulden	Wohnsitz des Schuldners, aber: Sendung der Leistung zum Wohnsitz des Gläubigers

Tab. 2.16: Schulden und Erfüllungsort

Die Leistung muss im Allgemeinen nach Ablauf der **Leistungszeit** erbracht sein. Die Leistungszeit kann vertraglich vereinbart werden. Vor Ablauf der Leistungszeit kann der Gläubiger die Leistung nicht verlangen, der Schuldner kann sie aber im Zweifel bewirken. Beispiel: Der Schuldner kann vor Ablauf des Zahlungsziels zahlen, der Schuldner aber kann die vorzeitige Zahlung nicht verlangen. Wenn keine Leistungszeit vereinbart wurde, kann der Schuldner die Leistung sofort bewirken und der Gläubiger sie verlangen.

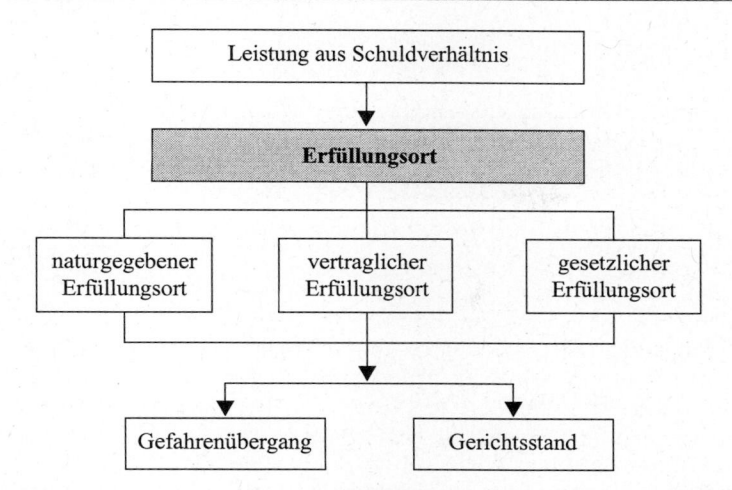

```
        ┌─────────────────────────────┐
        │ Leistung aus Schuldverhältnis│
        └──────────────┬──────────────┘
                       ▼
        ┌─────────────────────────────┐
        │       Erfüllungsort         │
        └──────────────┬──────────────┘
       ┌───────────────┼───────────────┐
       ▼               ▼               ▼
┌─────────────┐ ┌─────────────┐ ┌─────────────┐
│naturgegebener│ │ vertraglicher│ │ gesetzlicher│
│ Erfüllungsort│ │ Erfüllungsort│ │ Erfüllungsort│
└─────────────┘ └─────────────┘ └─────────────┘
       │               │
       ▼               ▼
┌─────────────┐ ┌─────────────┐
│Gefahrenübergang│ │Gerichtsstand│
└─────────────┘ └─────────────┘
```

Ein **Schuldverhältnis erlischt, wenn der Schuldner** dem Gläubiger die geschuldete **Leistung erbracht hat** (§ 362 BGB). Beispiele: der Käufer hat eine Lieferrechnung ausgeglichen, der Verkäufer hat die Ware geliefert.

Ein Schuldverhältnis kann auch durch **Aufrechnung** beendet werden: Eine Vertragspartei rechnet Forderungen gegen die andere Partei mit gleichartigen Forderungen auf (§ 389 BGB). Ein Schuldverhältnis erlischt auch, wenn der Gläubiger dem Schuldner die Leistung durch Vertrag erlässt (§ 397 BGB).

2.14.6 Leistungsstörungen und Rechtsfolgen

Leistungsstörungen sind Verletzungen von Pflichten, die sich aus einem Schuldverhältnis, z.B. im Zusammenhang mit einem Kaufvertrag, ergeben. Zu den Pflichten zählen sowohl die Hauptpflichten aus dem Schuldverhältnis (Vertrag), sondern auch Nebenpflichten und vorvertragliche Pflichten. Zu den Nebenpflichten im Kaufvertrag können z.B. die Mitlieferung einer Bedienungsanleitung und eingehende Informationen des Käufers über die verkaufte Sache zählen. Vorvertragliche Pflichten sind Pflichten, die sich durch oder bei Anbahnung des Vertrages ergeben; dazu können bestimmte Verhaltenspflichten, Pflichten zur Rücksichtnahme u. Ä. gehören.

Aus Leistungsstörungen ergeben sich für Schuldner und Gläubiger bestimmte Rechtsfolgen. Sie verlangen z.B. ein bestimmtes Verhalten, begründen Rechte u.dgl. Das BGB nennt die folgenden Leistungsstörungen: Ausschluss der Leistungspflicht durch Unmöglichkeit der Leistung u.a., Verzögerung der Leistung (Verzug), Verletzung vorvertraglicher Pflichten (culpa in contrahendo, cic), Verletzung vertraglicher Pflichten (einschl. Nebenpflichten - positive Vertragsverletzung, pVV)[11], mangelhafte Leistung.

---

[11] Durch Verletzung vertraglicher u. vorvertraglicher Pflichten kann der Schuldner dem Gläubiger Schaden zufügen. Wenn der Schuldner die Pflichtverletzung zu vertreten hat, kann der Gläubiger einen Ersatz des Schadens verlangen.

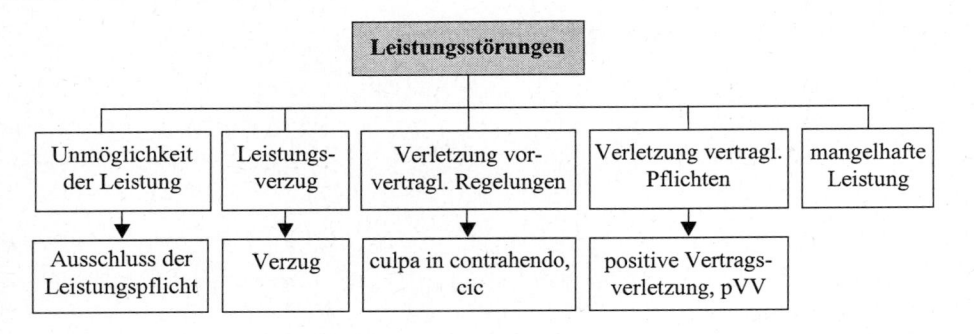

```
                        ┌─────────────────────┐
                        │ Leistungsstörungen  │
                        └─────────────────────┘
     ┌──────────┬──────────────┼──────────────┬──────────────┐
┌─────────┐ ┌─────────┐ ┌─────────────┐ ┌─────────────┐ ┌──────────┐
│Unmöglich-│ │Leistungs-│ │Verletzung vor-│ │Verletzung vertragl.│ │mangelhafte│
│keit der  │ │verzug    │ │vertragl.      │ │Pflichten            │ │Leistung  │
│Leistung  │ │          │ │Regelungen     │ │                     │ │          │
└─────────┘ └─────────┘ └─────────────┘ └─────────────┘ └──────────┘
     │           │              │                │
     ▼           ▼              ▼                ▼
┌─────────┐ ┌─────────┐ ┌─────────────┐ ┌─────────────┐
│Ausschluss│ │Verzug  │ │culpa in     │ │positive Vertrags-│
│der Leis- │ │        │ │contrahendo, │ │verletzung, pVV   │
│tungspflicht│ │      │ │cic          │ │                  │
└─────────┘ └─────────┘ └─────────────┘ └─────────────┘
```

2.14.6.1 Unmöglichkeit der Leistung

Der **Ausschluss der Leistungspflicht** entsteht durch die **Unmöglichkeit** der Leistung. Der Anspruch des Gläubigers auf die Leistung ist ausgeschlossen, soweit diese für den Schuldner oder für jedermann unmöglich ist (§ 275/1 BGB). Beispiele: *Unmöglich ist für einen Schuldner die Übereignung einer verkauften Sache, weil sie ihm nicht gehört; sie könnte allerdings vom Eigentümer übereignet werden. Unmöglich ist die Leistung für jedermann, wenn eine verkaufte Sache vor der Übereignung verbrennt.*

Von **faktischer Unmöglichkeit** wird gesprochen, wenn die Leistung für den Schuldner einen Aufwand erfordern würde, der in einem groben Missverhältnis zum Leistungsinteresse des Gläubigers steht. Bei faktischer Unmöglichkeit kann der Schuldner die Leistung verweigern (vgl. § 275/2 BGB).

Ein weiterer Grund für eine Leistungsverweigerung kann sich für den **Schuldner**, der **in Person leisten** muss, bei einer Abwägung seiner Gründe für die Leistungshindernisse mit dem Leistungsinteresse des Gläubigers zeigen (vgl. § 275/3 BGB). Die Abwägung könnte ergeben, dass die Leistung dem Schuldner nicht zugemutet werden kann. *Ein Pianist muss ein Konzert in L. absagen, weil sein Vater wegen eines lebensgefährlichen Herzinfarkts ins Krankenhaus eingeliefert wurde und er ihn dringend besuchen muss.*

Bei Ausschluss der Leistung kann der Gläubiger **Schadenersatz** statt der Leistung verlangen. Dies gilt allerdings nicht, wenn der Schuldner die Gründe für den Leistungsausschluss nicht zu vertreten hat (vgl. §§ 283 und 280/1 BGB). Außerdem sieht das Gesetz eine Rückabwicklung bereits ausgetauschter Leistungen vor.

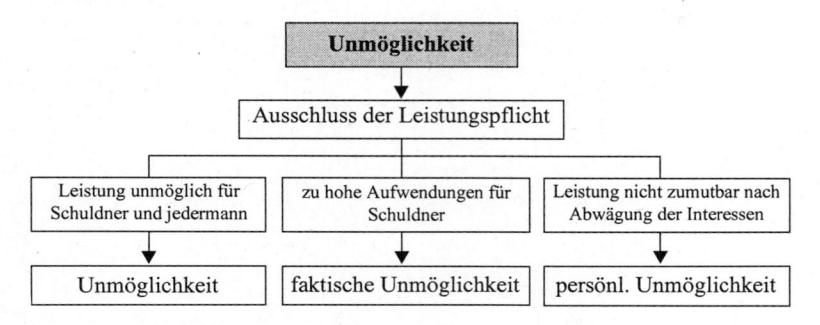

```
                    ┌──────────────────┐
                    │   Unmöglichkeit  │
                    └──────────────────┘
                             │
                    ┌──────────────────────┐
                    │Ausschluss der Leistungspflicht│
                    └──────────────────────┘
        ┌────────────────────┼────────────────────┐
┌─────────────────┐ ┌─────────────────┐ ┌─────────────────┐
│Leistung unmöglich│ │zu hohe Aufwend- │ │Leistung nicht zu-│
│für Schuldner und │ │ungen für        │ │mutbar nach Ab-   │
│jedermann         │ │Schuldner        │ │wägung der Interessen│
└─────────────────┘ └─────────────────┘ └─────────────────┘
        ▼                    ▼                    ▼
┌─────────────┐    ┌─────────────────┐    ┌─────────────────┐
│Unmöglichkeit │    │faktische        │    │persönl.          │
│              │    │Unmöglichkeit    │    │Unmöglichkeit     │
└─────────────┘    └─────────────────┘    └─────────────────┘
```

2.14.6.2 Verzögerung der Leistung

Wenn der **Schuldner** eine Leistung aus einem Schuldverhältnis, z.B. einem Kaufvertrag, verzögert, d.h. nicht oder verspätet erbringt, gerät er in **Verzug** (§ 286 BGB). Der Eintritt des Verzugs setzt voraus, dass die Leistung fällig ist und der Schuldner auch nach einer Mahnung des Gläubigers nicht leistet. Der Schuldner gerät allerdings nicht in Verzug, wenn (und solange) er die Gründe für die Leistungsverzögerung nicht zu vertreten hat.

Unter besonderen Bedingungen gerät der Schuldner auch ohne Mahnung in Verzug. Die Mahnung kann entfallen,

- wenn die Zeit für die Leistung kalendermäßig festgelegt wurde; das ist z.B. *in einem Kaufvertrag der Fall, wenn für die Lieferung ein Datum – z.B. 1.12.2004 - vereinbart wurde (Fixkauf)*,
- wenn der Zeitpunkt für die Leistung durch ein Ereignis mit anschließender angemessener Frist, die sich kalendermäßig berechnen lässt, bestimmt wird; das ist z.B. *in einem Kaufvertrag der Fall, wenn vereinbart wird, dass die Rechnung drei Wochen nach Eingang beim Schuldner zu begleichen ist*,
- wenn der Schuldner die Leistung ernsthaft und endgültig verweigert; das kann z.B. *in einem Kaufvertrag der Fall sein, wenn der Verkäufer einer Ware sich ausdrücklich weigert zu liefern*,
- wenn aus besonderen Gründen unter Abwägung der beiderseitigen Interessen der sofortige Eintritt des Verzugs gerechtfertigt ist; dieser Aspekt kann z.B. im folgenden *Fall* vorliegen: *Bei einem Wasserleitungsschaden in einem Lagerraum ist die Reparatur sofort erforderlich, da sonst eine erhebliche Beschädigung des Lagerguts zu befürchten ist; die Werkstatt, die den Reparaturauftrag annimmt, muss die Reparatur ohne Verzögerung ausführen, andere Arbeiten, z.B. die Montage eines Fallrohrs an einem Neubau, können nicht Vorrang haben.*

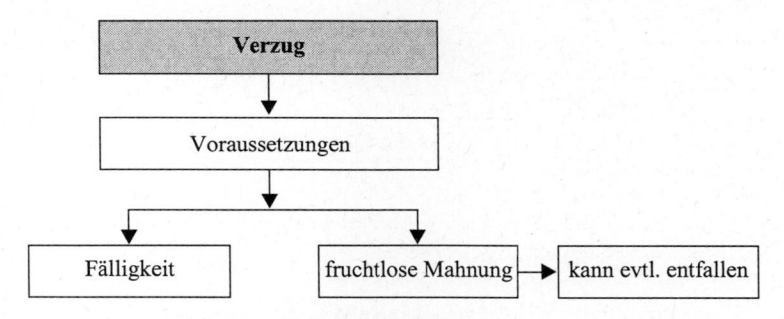

```
                    Verzug
                      |
                      v
              Voraussetzungen
                      |
           +----------+----------+
           v                     v
      Fälligkeit        fruchtlose Mahnung --> kann evtl. entfallen
```

Bei einer **Entgeltforderung** gerät der Schuldner bei einer Leistungsverzögerung in Verzug (**Zahlungsverzug**), wenn die folgenden Voraussetzungen vorliegen (vgl. § 286/3 BGB).

- Fälligkeit der Zahlung,
- Zugang einer Rechnung (oder gleichwertigen Zahlungsaufstellung),
- Frist von 30 Tagen nach Fälligkeit und Zugang der Rechnung.

Eine Besonderheit sieht der Gesetzgeber vor, wenn der Geldschuldner **Verbraucher** ist. Er gerät nur dann in Verzug, wenn er durch einen entsprechenden Vermerk auf der Rechnung (bzw. Zahlungsaufstellung) auf diese Folge der Zahlungsverzögerung ausdrücklich hingewiesen wurde.

Bei Leistungsverzögerungen durch den Schuldner erhält der Gläubiger einen **Anspruch auf Schadenersatz**. Bei Zahlungsverzug entsteht zusätzlich ein Anspruch auf Verzinsung des ausstehenden Betrages (Verzugszinsen, vgl. § 288 BGB).

Der Gläubiger aus einem Schuldverhältnis gerät in Verzug, wenn er die ihm angebotene Leistung nicht annimmt (Gläubiger- oder **Annahmeverzug**, vgl. §§ 293 ff. BGB). Der Verzug setzt voraus, dass die Leistung dem Gläubiger wie im Vertrag vereinbart angeboten wurde.

Der **Lieferungsverzug** ist ein Beispiel für Leistungsstörungen durch den Schuldner. Der **Eintritt des Lieferungsverzuges** setzt voraus:

1. die Lieferung muss fällig sein (**Fälligkeit**),
2. der Lieferer muss schuld an der Verzögerung sein (**Verschulden des Lieferers**),
3. der Käufer muss den Lieferer ohne Erfolg gemahnt haben (**fruchtlose Mahnung**). Die Mahnung entfällt, wenn vertragsgemäß zu einem kalendermäßig festgelegten Termin geliefert werden sollte (Fixkauf). Bei Lieferungsverzug kann der Käufer entweder auf Leistung und Schadensersatz bestehen oder vom Vertrag zurücktreten und Schadenersatz wegen Nichterfüllung verlangen.

Annahmeverzug beim Handelskauf liegt vor, wenn der Käufer die vertragsgemäß gelieferte Ware nicht annimmt (vgl. § 373 HGB). Der Verkäufer hat die Möglichkeit,

- die Ware zurückzunehmen,
- die Ware zurückzunehmen und den Kunden auf rechtlichem Wege zu zwingen, den Kaufvertrag zu erfüllen.
- die Ware in einem öffentlichen Lagerhaus oder sonst in sicherer Weise (also z.B. auch im eigenen Lager) zu hinterlegen (die Kosten der Hinterlegung und der Aufbewahrung trägt der Käufer, er haftet auch weitgehend für die hinterlegte Sache),
- die Ware nach einer Androhung gegenüber dem Käufer in einem sog. Selbsthilfeverkauf öffentlich versteigern oder aus freier Hand verkaufen zu lassen (Ort und Zeitpunkt der Versteigerung sind dem Käufer mitzuteilen). Bei der öffentlichen Versteigerung können Käufer und Verkäufer mitbieten. Der Selbsthilfeverkauf erfolgt auf Rechnung des Käufers, das hat z.B. zur Folge, dass ihm ein eventueller Mehrerlös zusteht. Durch die Leistung an den neuen Käufer (Ersteigerer) gilt der Kaufvertrag mit dem ersten Käufer als erfüllt.

2.14.6.3 Sachmängel

Eine gelieferte Sache kann Sach- und Rechtsmängel aufweisen (vgl. § 434 f. BGB). Ein **Rechtsmangel** liegt vor, wenn Dritte in Bezug auf die gekaufte Sache Rechte gegen den Käufer geltend machen können, es sei denn, diese Rechte wurden bei Vertragsabschluss berücksichtigt.

Sachmängel liegen in den folgenden Fällen vor.

Grundsätzlich muss eine gelieferte Sache die Beschaffenheit haben, die im Vertrag vereinbart wurde. Wenn also der Sache eine vertraglich vereinbarte **Eigenschaft fehlt**, liegt ein Sachmangel vor. Wurde dagegen über die Eigenschaft der Sache nichts vereinbart, ist die Sache dann mangelhaft, wenn sie sich für die vertraglich vorausgesetzte Verwendung oder für die übliche Verwendung nicht eignet. Eine Sache gilt auch dann als mangelhaft, wenn ihr eine Eigenschaft fehlt, die der Käufer aufgrund von Werbeaussagen, öffentlichen Äußerungen des Verkäufers u. Ä. erwarten konnte.

Wurde bei Vertragsabschluss die **Montage** der Sache durch den Verkäufer vereinbart, liegt bei ihrer **unsachgemäßen Ausführung** ein Sachmangel vor. Ist jedoch die Montage durch den Käufer vorgesehen, darf die Montageanleitung nicht mangelhaft sein. Wenn die sachgemäße Montage wegen der **fehlerhaften Anleitung** nicht möglich ist, liegt ein Sachmangel vor.

Einem Sachmangel stellt der Gesetzgeber gleich, wenn der Verkäufer eine **andere Sache** oder eine **zu geringe Menge** liefert.

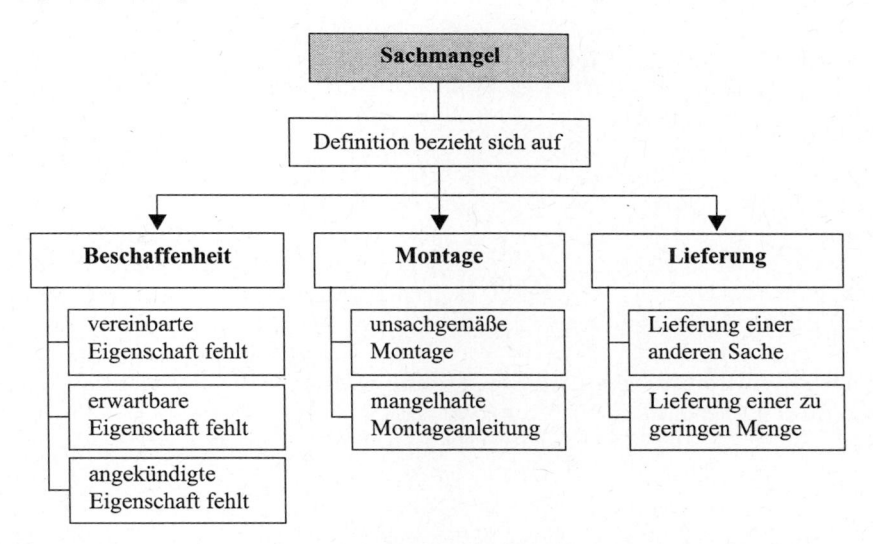

Sachmangel		
Definition bezieht sich auf		
Beschaffenheit	**Montage**	**Lieferung**
vereinbarte Eigenschaft fehlt	unsachgemäße Montage	Lieferung einer anderen Sache
erwartbare Eigenschaft fehlt	mangelhafte Montageanleitung	Lieferung einer zu geringen Menge
angekündigte Eigenschaft fehlt		

Bei einem Handelskauf muss der Käufer die Ware bei Eingang prüfen. Mängel sind unverzüglich zu rügen, d.h. offene Mängel sind sofort; versteckte Mängel unverzüglich nach Entdeckung dem Verkäufer anzuzeigen (vgl. § 377 HGB). **Offene Mängel** sind bei angemessen sorgfältiger Eingangsprüfung sofort erkennbar. **Versteckte Mängel** sind Mängel, die bei der Prüfung nicht erkennbar sind,

Bei Rechts- und Sachmängeln an einer Sache hat der Käufer bestimmte Rechte (**Mängelgewährleistungsrechte**, vgl. §§ 437 und 442 BGB). Wenn der Käufer den Mangel bei Vertragsabschluss kannte, sind Rechtsansprüche ausgeschlossen. Er kann auch keine Rechte in Anspruch nehmen, wenn er den Mangel wegen grober Fahrlässigkeit nicht kannte; das gilt allerdings nicht, wenn der Verkäufer den Mangel arglistig verschwiegen hat oder eine Garantie für die Beschaffenheit der Sache übernommen hat.

Der **Käufer** hat bei Mängeln die folgenden **Rechte** (vgl. § 437 BGB).

Zunächst ist die Nacherfüllung vorgesehen. Der Käufer kann als Nacherfüllung entweder die **Beseitigung des Mangels** oder **die Lieferung einer mangelfreien Sache** verlangen. Allerdings kann der Verkäufer die vom Käufer gewählte Art der Nacherfüllung verweigern, wenn sie mit unverhältnismäßig hohen Kosten verbunden ist. Der Käufer hat dann nur Anspruch auf die jeweils andere Art der Nacherfüllung. Die Kosten der Nacherfüllung trägt der Verkäufer. Bei Lieferung einer mangelfreien Sache muss der Käufer die mangelhafte Sache dem Verkäufer zurückgeben.

Der Käufer kann vom Vertrag zurücktreten (vgl. §§ 323 und 440 BGB). Der **Rücktritt** setzt voraus, dass der Käufer dem Verkäufer mit der Aufforderung zur Nacherfüllung eine angemessene Frist dafür setzt. Die Fristsetzung ist nicht erforderlich,

- wenn der Schuldner beide Arten der Nacherfüllung verweigert, das ist *z.B. der Fall, wenn der Verkäufer bis zu einem verbindlich festgelegten Termin nicht nacherfüllt (**Fixgeschäft**)*,
- wenn die Nacherfüllung fehlgeschlagen ist, das ist *z.B. der Fall, wenn als Nacherfüllung die Beseitigung des Mangels vorgesehen ist und die Reparatur nur unzulänglich ausgeführt wird*,
- wenn die Nacherfüllung dem Käufer nicht zuzumuten ist, das kann *z.B. der Fall sein, wenn als Nacherfüllung die Mangelbeseitigung vorgesehen ist und die Beschaffung der erforderlichen Reparaturteile unzumutbar lange (z.B. zwei Monate) dauern würde*.

Beim Rücktritt vom Vertrag hat der Käufer einen Anspruch auf Ersatz des Schadens, der ihm durch den Rücktritt vom Vertrag entstanden ist.

Anstatt vom Vertrag zurückzutreten, kann der Käufer das Recht auf **Minderung** des Kaufpreises in Anspruch nehmen. Er muss dazu dem Verkäufer erklären, dass er den Kaufpreis entsprechend der Wertminderung der Sache herabsetzen will.

Der Kürzungsbetrag ergibt sich als Differenz zwischen dem Wert der mangelfreien Wert und dem tatsächlichen Wert der Sache in der Zeit des Vertragsabschlusses; evtl. muss die Wertminderung geschätzt werden. Hat der Käufer bereits mehr als den gekürzten Kaufpreis bezahlt, muss der Verkäufer den zu viel bezahlte Betrag erstatten.

Für den Schaden, der dem Käufer infolge des Mangels entstanden ist, hat er gegenüber dem Verkäufer einen Anspruch auf **Schadenersatz** (vgl. §§ 280 f. und 440 BGB). Schaden kann ihm z.B. dadurch entstehen, dass die mangelhafte Sache lediglich mit einem Preisnachlass verkauft werden kann, dass der Ablauf der Produktion gestört wird, dass durch den Mangel weitere Schäden entstehen u. Ä.

Wenn der Käufer **Schadenersatz statt der Leistung** verlangt, muss er dem Verkäufer eine angemessene Frist zur Nacherfüllung setzen. Die Fristsetzung entfällt bei Verweigerung der Nacherfüllung und nach dem Fehlschlag der Nacherfüllung. (Als Fehlschlag gilt im Allgemeinen der zweite erfolglose Versuch einer Mangelbeseitigung.) In diesem Fall wird die gelieferte mangelhafte Sache zurückgegeben und der Verkäufer muss den Käufer so stellen, als wenn ordnungsgemäß geleistet worden wäre.

Für den Käufer besteht allerdings auch die Möglichkeit, die Sache zu behalten und für den minderen Wert Schadenersatz zu verlangen. Diese Möglichkeit entspricht in etwa dem Recht auf Minderung.

Anstelle des Schadenersatzes statt der Leistung kann der Käufer **Ersatz für vergebliche Aufwendungen** verlangen. Wenn der Käufer im begründeten Vertrauen darauf, dass ihm eine mangelfreie und zur weiteren Verwendung einsetzbare Sache geliefert wird, Aufwendung macht, hat er einen Anspruch auf Ersatz. Das kann z.B. *der Fall sein, wenn er für die gekaufte Sache einen Einbau in die Produktionsanlage vorbereitet hat.*

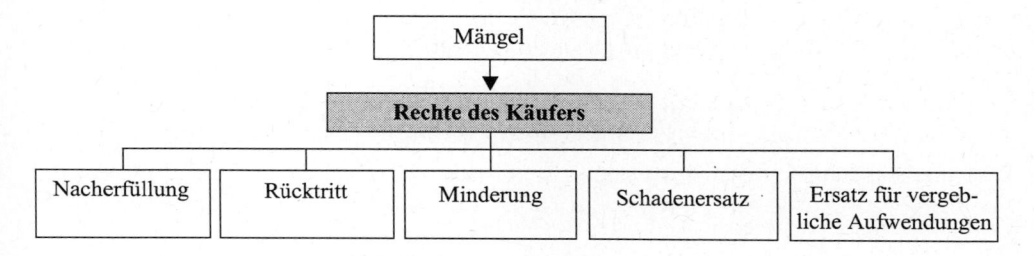

```
                    ┌─────────┐
                    │ Mängel  │
                    └────┬────┘
                         ▼
              ┌──────────────────────┐
              │  Rechte des Käufers  │
              └──────────┬───────────┘
    ┌──────────┬─────────┼─────────┬──────────────┐
Nacherfüllung  Rücktritt  Minderung  Schadenersatz  Ersatz für vergeb-
                                                    liche Aufwendungen
```

Ansprüche auf Nacherfüllung und Schadenersatz verjähren im Allgemeinen nach zwei Jahren (§ 438/1-Nr.3 BGB). Die Verjährung beginnt mit der Ablieferung der Sache. Rücktritt und Minderung verjähren als sog. Gestaltungsrechte nicht. Die Verjährungsfrist für Mängel beim Kauf gebrauchter Sachen kann auf ein Jahr gekürzt werden (diese Möglichkeit wird in der Praxis wahrgenommen).

Wenn der Verkäufer einen Mangel arglistig verschwiegen hat, verjährt der Anspruch des Käufers nach drei Jahren (gem. § 195 BGB). Die Verjährungsfrist beginnt, wenn der Käufer den Mangel erkennt.

2.14.7 Der Verbrauchsgüterkauf

Von dem zwischen Unternehmen zu Stande gekommenen Kaufvertrag, dem sog. Handelskauf, ist der **Verbrauchsgüterkauf** zu unterscheiden. Bei einem Verbrauchsgüterkauf handelt es sich um den Kauf einer beweglichen Sache; Verkäufer ist ein Unternehmer; der Käufer ist Verbraucher, er kauft die Sache für einen privaten Zweck.[12]

Bei einem Verbrauchsgüterkauf gelten **besondere Vorschriften** (vgl. §§ 474 ff. BGB). Wenn sich bei einer Sache, die ein Verbraucher bei einem Unternehmer gekauft hat, innerhalb von sechs Monaten nach Gefahrübergang ein Mangel zeigt, wird angenommen, dass der Mangel bereits bei Gefahrübergang bestanden hat. Der Käufer muss also nicht beweisen, dass der Mangel bereits bestanden hat und nicht von ihm verursacht wurde. Der Verkäufer müsste eine gegenteilige Behauptung beweisen (**Beweislastumkehr**); kann er das nicht, ist er zur Nacherfüllung verpflichtet; der Käufer hat bekanntlich Rechte nach § 437 BGB, z.B. Nacherfüllung, Minderung.

---

[12] Zur Definition von Unternehmer und Verbraucher vgl. §§ 13 und 14 BGB.

Der Verkäufer kann allerdings von seinem Lieferanten Ersatz der Aufwendungen, die im Zusammenhang mit den Ersatzansprüchen des Verbrauchers entstanden sind, verlangen, wenn es sich um eine **neu hergestellte Sache** handelt, der vom Verbraucher beanstandete Mangel bereits bei Gefahrübergang vom Lieferanten auf den Verkäufer bestanden hat und der Lieferant ebenfalls Unternehmer ist. Der Lieferant kann wieder seinen Lieferanten (Unternehmer) in Anspruch nehmen usw.

Für diesen **Rückgriffsanspruch** gilt eine besondere **Ablaufhemmung der Verjährung**. Der Anspruch des Unternehmers an den Lieferanten kann frühestens zwei Monate nach dem Zeitpunkt verjähren, zu dem der Anspruch des Käufers durch den Verkäufer erfüllt wurde. Durch diese Vorschrift wird der Verkäufer geschützt; er muss nicht befürchten, dass seine Ansprüche bereits verjährt sind, wenn der Verbraucher seine Mängelgewährleistungsrechte wahrnimmt.

Bei einem Verbrauchsgüterkauf muss die **Garantieerklärung** einfach und verständlich abgefasst sein. Der Verbraucher kann verlangen, dass sie ihm in Textform gegeben wird. Die Garantieerklärung muss u.a. enthalten:

- Hinweis auf die gesetzlichen Rechte des Verbrauchers,
- Hinweis, dass die gesetzlichen Rechte durch die Garantie nicht eingeschränkt werden,
- Inhalt der Garantie
- Angaben über die Dauer der Garantie,
- Name und Anschrift des Garantiegebers.

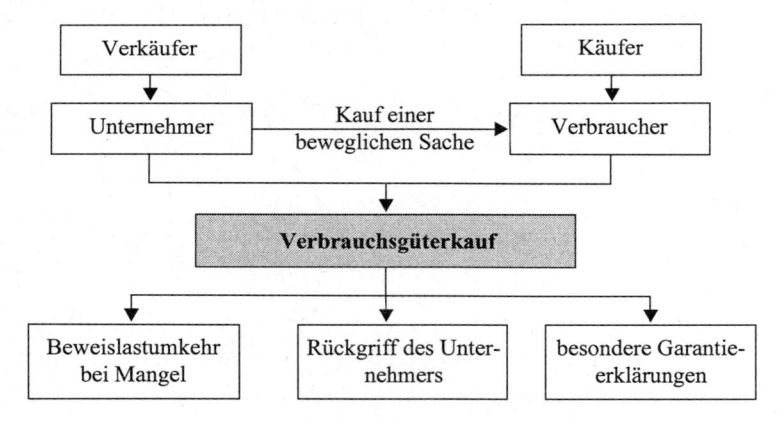

2.14.8 Fernabsatzverträge

Fernabsatzverträge im Sinne des Gesetzes sind alle Verträge über die Lieferung von Waren oder über die Erbringung von Dienstleistungen **zwischen einem Unternehmer und einem Verbraucher**, bei deren Abschluss die Vertragsparteien körperlich nicht anwesend sind (vgl. §§ 312 b ff. BGB). Die Verträge werden vielmehr über Fernkommunikationsmittel abgeschlossen; dazu zählen insbesondere

- Briefe,
- Kataloge,
- Telefonanrufe,
- Telekopien,
- E-Mails,
- Rundfunk,
- Tele- und Mediendienste.

Das gesetzlichen Vorschriften gelten nicht für eine Reihe von Verträgen; dazu zählen u.a.

- Verträge über Fernunterricht,
- Verträge über Finanzgeschäfte, insbesondere Bankgeschäfte, Finanz- und Wertpapierdienstleistungen und Versicherungen,
- Verträge über die Veräußerung von Grundstücken,
- Verträge über die Lieferung von Lebensmitteln, Getränken oder sonstigen Haushaltsgegenständen des täglichen Bedarfs, die am Wohnsitz, am Aufenthaltsort oder am Arbeitsplatz eines Verbrauchers von Unternehmern im Rahmen häufiger und regelmäßiger Fahrten geliefert werden.

Das Gesetz sieht vor, dass der Unternehmer den Verbraucher rechtzeitig vor Abschluss eines Fernabsatzvertrages klar und verständlich informiert u.a.

- über seine Identität und Anschrift,
- über wesentliche Merkmale der Ware oder der Dienstleistung, sowie darüber, wann der Vertrag zu Stande kommt
- über die Mindestlaufzeit des Vertrags.

Der Unternehmern muss diese Information spätestens bis zur vollständigen Erfüllung des Vertrags bzw. bei Lieferung der Waren auf einen dauerhaften Datenträger zur Verfügung stellen.

Der Verbraucher hat bei Fernabsatzgeschäften ein Widerrufsrecht. Er kann den Vertrag innerhalb von zwei Wochen nach Abschluss ohne Angabe von Gründen widerrufen und die bestellte Ware auf Kosten des Anbieters zurücksenden. Der Unternehmer muss den Kunden auf dieses Recht ausdrücklich hinweisen; die Widerrufsfrist von zwei Wochen beginnt erst, wenn diese Information auf dauerhaftem Datenträger beim Kunden vorliegt. Das Widerrufsrecht gilt nicht für Verträge über Finanzdienstleistungen und Grundstücksgeschäfte.

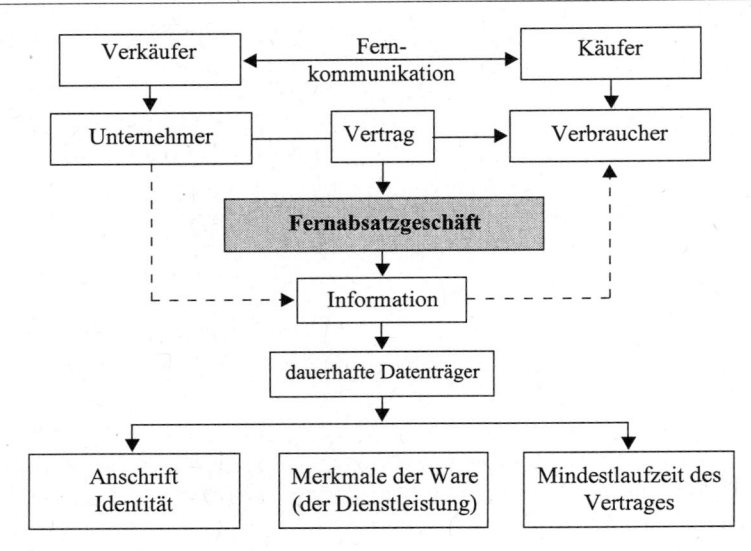

```
┌─────────────┐   Fern-        ┌─────────────┐
│  Verkäufer  │◄──kommunikation──►│   Käufer    │
└──────┬──────┘                 └──────┬──────┘
       ▼            ┌─────────┐        ▼
┌─────────────┐     │ Vertrag │  ┌─────────────┐
│ Unternehmer │     └────┬────┘  │ Verbraucher │
└──────┬──────┘          ▼        └──────┬──────┘
       │        ┌──────────────────┐     │
       │        │ Fernabsatzgeschäft│    │
       │        └─────────┬────────┘     │
       │                  ▼              │
       └────────►  Information  ◄────────┘
                        │
                        ▼
              ┌──────────────────┐
              │dauerhafte Datenträger│
              └──────────────────┘
```

|Anschrift Identität | Merkmale der Ware (der Dienstleistung) | Mindestlaufzeit des Vertrages|

2.14.9 Verjährung von Forderungen[13]

Die Großhandlung Anton Müller GmbH bestellte Anfang Mai 2004 Formulare und Vordrucke für das Rechnungswesen bei der Hanse-Druck GmbH. Die Ware wurde am 24. Mai 2004 ordnungsgemäß geliefert. Einige Tage später geht die Rechnung über 1.200 € ein.

In diesem einfachen Beispiel entsteht der Anspruch auf Bezahlung einer gelieferten Ware. Als Anspruch bezeichnet man das Recht, von einem anderen ein Tun oder Unterlassen zu verlangen. Ansprüche können verjähren.[14] Die Verjährung eines Anspruchs bedeutet, dass der Schuldner die Leistung verweigern kann; ihm steht die **Einrede der Verjährung** zu.

Die **regelmäßige Verjährungsfrist** beträgt **drei Jahre**. Sie beginnt am Ende des Jahres, in dem

- der Anspruch entstanden ist und
- der Gläubiger von den Umständen, die den Anspruch begründen, und von der Person des Schuldners Kenntnis erlangt hat; wenn der Gläubiger diese Kenntnisse infolge grober Fahrlässigkeit nicht hat, gilt das Jahr, in dem er diese Kenntnisse hätte erlangen müssen.

Fortführung des obigen Beispiels:

Der Anspruch der Hanse-Druck entsteht im Mai 2004. Die Verjährung beginnt am 1. Januar 2005, sie dauert drei Jahre. Am 31. Dezember 2007, um 24 h, ist die Forderung verjährt. Die Großhandlung Anton Müller GmbH könnte, wenn bis dahin die Rechnung noch nicht beglichen wäre, ab 1. Januar 2008 die Leistung verweigern.

---

[13] Die Verjährung der Ansprüche aus Leistungsstörungen, Sachmängeln usw. werden in entsprechenden Zusammenhängen behandelt (vgl. 2.11.6).

[14] Die Verjährung von Ansprüchen wird im BGB §§ 194 ff. geregelt. Das Gesetz zur Modernisierung des Schuldrechts, das am 1. Januar 2002 in Kraft getreten ist, ist bei den folgenden Ausführungen berücksichtigt.

2.14 Rechtliche Aspekte der Beschaffung

Für andere Ansprüche bestehen andere Verjährungsfristen. Sie beginnen im Allgemeinen zu dem Zeitpunkt, wenn der Anspruch entsteht.

Der Ablauf einer Verjährungsfrist kann gehemmt werden. Bei **Hemmung** wird der Ablauf der Verjährung vorübergehend ausgesetzt, danach läuft die Verjährungsfrist weiter. Der Zeitraum, während dessen die Verjährung gehemmt wurde, wird in die Verjährungsfirst nicht eingerechnet. Das bedeutet, die ursprüngliche Verjährungsfrist wird um die gehemmte Frist verlängert.

Das Gesetz nennt u.a. folgende **Gründe für die Hemmung der Verjährung** vor.

- Hemmung bei **Verhandlungen**. Für die Dauer von Verhandlungen über den Anspruch ist die Verjährung gehemmt; die Verjährung tritt frühestens drei Monate nach dem Ende der Hemmung ein.

- Hemmung durch **Rechtsverfolgung**. Wenn der Gläubiger den Rechtsweg beschreitet, um seinen Anspruch geltend zu machen, wenn er also z.B. einen Mahnbescheid zustellen lässt, Klage auf Leistung erhebt, den Anspruch im Insolvenzverfahren anmeldet, wird die Verjährung gehemmt.[15]

- Hemmung bei **Leistungsverweigerungsrecht**. Wenn der Gläubiger dem Schuldner vorübergehend das Recht einräumt, die Leistung zu verweigern, wenn er ihm z.B. eine Zahlung stundet, wird die Verjährung gehemmt.

- Hemmung bei **höherer Gewalt**. Wenn der Gläubiger in den letzten sechs Monaten der Verjährungsfrist durch höhere Gewalt daran gehindert wird, sein Recht zu verfolgen, wird die Verjährung gehemmt.

Der Bäcker A lieferte dem B für eine Feier fünf Torten, die Rechnung über 300 Euro war am 23.5.04 fällig. Die Verjährung beginnt am 1.1.05 0 Uhr, sie endet am 31.12.07. A stundet dem B am 4.6.04 für sechs Monate die Forderung. Die Forderung verjährt jetzt am 30.6.08.

Für einen **Neubeginn der Verjährung**[16] gibt es lediglich **zwei Gründe**. Die Verjährungsfrist beginnt neu zu laufen, wenn einer dieser Gründe eintritt.

1. Die **Anerkennung** des Anspruchs durch den Schuldner. Wenn der Schuldner z.B. eine Abschlagszahlung oder eine Zinszahlung leistet, erkennt er den bestehenden Anspruch an.
2. Die Beantragung oder die Durchführung einer **Vollstreckungshandlung**.

Die Metallwaren AG in Gelsenkirchen liefert der Getriebebau GmbH in Lübeck Teile für die Herstellung von Motoren; die Rechnung über 10.000 € ist am 29. Juli 2004 fällig. Die Verjährungsfrist beginnt am 1. Januar 2005, 0 Uhr, sie endet am 31. Dezember 2007. Am 10.10.2005 leistet die Getriebebau GmbH eine Abschlagszahlung in Höhe von 4.000 €. Mit diesem Tage beginnt eine neue Verjährung. Die Verjährung endet am 10.10.2008.

---

[15] § 204 nennt insgesamt 14 Gründe für die Hemmung der Verjährung durch Rechtsverfolgung.
[16] Der Begriff *Neubeginn* ersetzt nach der Schuldrechtsmodernisierung seit 01.01.02 den früher üblichen Begriff *Unterbrechung*.

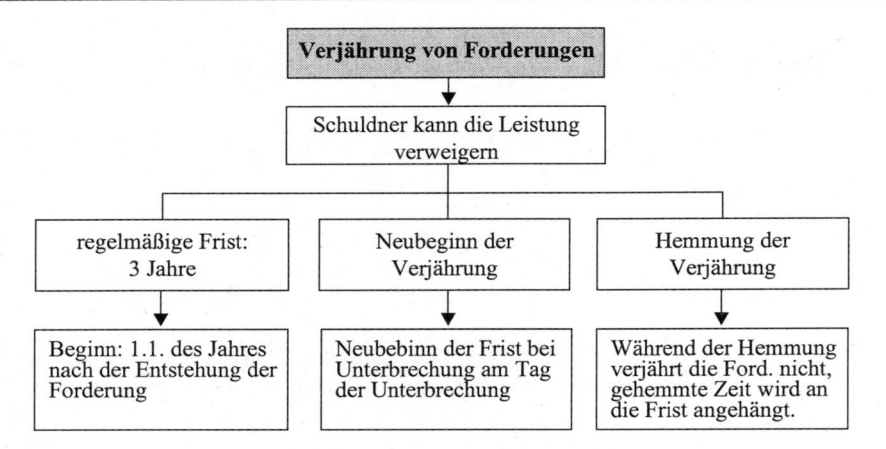

```
┌─────────────────────────────┐
│  Verjährung von Forderungen │
└─────────────────────────────┘
              ↓
┌─────────────────────────────┐
│  Schuldner kann die Leistung│
│  verweigern                 │
└─────────────────────────────┘
```

regelmäßige Frist: 3 Jahre	Neubeginn der Verjährung	Hemmung der Verjährung
Beginn: 1.1. des Jahres nach der Entstehung der Forderung	Neubebinn der Frist bei Unterbrechung am Tag der Unterbrechung	Während der Hemmung verjährt die Ford. nicht, gehemmte Zeit wird an die Frist angehängt.

2.14.10 Weitere Einreden gegen die Leistungspflicht

Ein Schuldner kann nicht nur mit der Einrede der Verjährung die Leistung verweigern. Es bestehen weitere Möglichkeiten der Einrede gegen die Leistungspflicht. Einreden sind z.B. möglich, wenn der Leistungsanspruch des Gläubigers verwirkt ist und die Geschäftsgrundlage weggefallen ist.

Verwirkung eines Leistungsanspruchs bedeutet, dass jemand, z.B. ein Gläubiger, einen Anspruch nicht mehr geltend machen kann. Im Allgemeinen verwirkt ein Anspruch, wenn er verspätet geltend gemacht und als Verstoß gegen Treu und Glauben empfunden wird.

Wegfall der Geschäftsgrundlage bedeutet, dass bestimmte Umstände, die bei Vertragsabschluss bestanden, weggefallen sind, sodass den Vertragspartnern (bei Berücksichtigung des Grundsatzes von Treu und Glauben) die Durchführung des Vertrages in der ursprünglichen Form nicht zugemutet werden kann. Als Geschäftsgrundlage werden bestimmte Umstände bezeichnet, die zwar nicht Bestandteil des Vertrages sind, denen die Vertragspartner beim Vertragsabschluss maßgebende Bedeutung beigemessen haben.

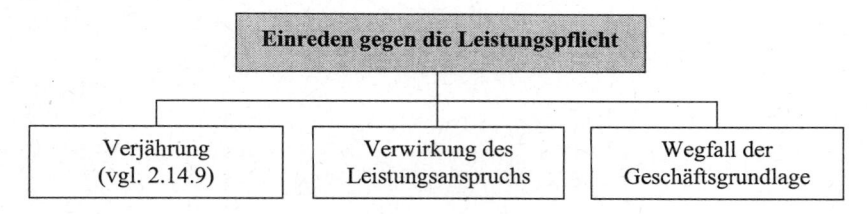

Einreden gegen die Leistungspflicht		
Verjährung (vgl. 2.14.9)	Verwirkung des Leistungsanspruchs	Wegfall der Geschäftsgrundlage

3. Lagerhaltung

3.1 Waren- und Materialeingang

Die von dem Großhändler Müller bestellte Ware wird wie vereinbart zugestellt. Clausen & Sohn liefern mit eigenem Lkw. Die Lkw fahren an die Laderampe des Lagers, die Ware ist wie üblich verpackt, die Packungen sind auf Paletten gestapelt, die Paletten werden mit Gabelstaplern entnommen und in das Lager gebracht. Bei diesem Wareneingang fallen einige Prüfungen an.

Bevor Waren bzw. Materialien eingelagert werden, d.h. bevor sie als Bestandszugänge in die Lagerfachkarten eingetragen und schließlich einsortiert werden, fallen einige Prüfungen an. Geprüft werden die Belege, die eingehenden Mengen bzw. Versandstücke, die Liefertermine und die Qualität. Besondere Bedeutung hat die Rechnungsprüfung.

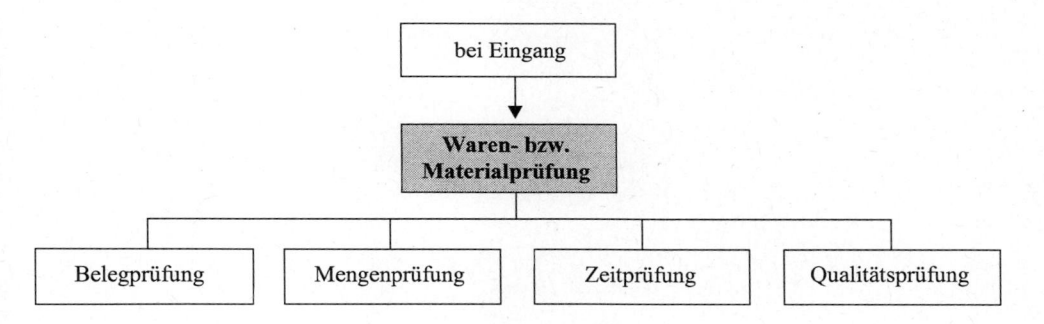

```
                    bei Eingang
                         |
                         v
                   Waren- bzw.
                  Materialprüfung
         _____|_____
        |           |           |          |
   Belegprüfung Mengenprüfung Zeitprüfung Qualitätsprüfung
```

3.1.1 Belegprüfung, Mengenprüfung und Zeitprüfung

Die erste Prüfung ist eine **Belegprüfung**. Verglichen werden die Begleitpapiere (z.B. Lieferscheine, Begleitscheine) mit den Bestellkopien. Dabei werden zunächst Anzahl und Unversehrtheit der Versandstücke geprüft. Dann wird auch geprüft, ob die richtige Ware bzw. das bestellte Material an den richtigen Ort geliefert wurde.

Wenn Belege fehlen, sind weitergehende Prüfungen erforderlich. Fehlt z.B. die Bestellsatzkopie, muss geprüft werden, ob der Auftrag nicht bereits ausgeführt, ob überhaupt ein Auftrag vorliegt, ob das belieferte Lager für diesen Waren- bzw. Materialeingang vorgesehen ist. Sind Begleitpapiere fehlerhaft, werden Rückfragen in der Beschaffungsabteilung erforderlich.

Bei der **Mengenprüfung** werden die tatsächlich gelieferten Mengen mit den in den Begleitpapieren und im Bestellsatz angegebenen Mengen verglichen.

Bei der **Zeitprüfung** (Terminprüfung) wird der tatsächliche Liefertermin mit dem im Bestellsatz angegebenen verglichen. (Vgl. auch Kap. 2.13)

3.1.2 Qualitätsprüfung

Besondere Bedeutung hat die **Qualitätsprüfung**. In einer Hundertprozent- oder in einer Stichprobenprüfung ist festzustellen, ob die Qualität der gelieferten Waren oder Materialien den Anforderungen entsprechen. Die Anforderungen können bestimmt sein durch Kundenwünsche, aber auch durch Vorschriften (z.B. Gütebestimmungen, DIN-Vorschriften). Qualitätsprüfungen stellen an Prüfer und Prüfverfahren häufig besondere Anforderungen.

3.1.2.1 Umfang der Prüfung

Buntin & Comp. GmbH in Bremen ist ein bedeutender Importeur von Kaffee und Tee. Der größte Teil der eingeführten Produkte wird im eigenen Betrieb weiterverarbeitet, Kaffee wird geröstet, bestimmte Teesorten werden gemischt usw. Kunden sind vor allem Lebensmittelgroßhändler und große SB-Märkte in Norddeutschland. Für Kaffee unterhält Buntin & Comp. GmbH ein Lager im Bremer Hafen. Dort gehen am 4. Mai 2500 Sack Rohkaffee ein; nach Einlagerung soll eine Qualitätskontrolle durchgeführt werden. Allerdings ist eine Prüfung der insgesamt eingelagerten Menge zu aufwändig, deshalb werden nur aus 200 – zufällig ausgewählten – Sack Proben entnommen. Dazu sticht der Lagermeister mit dem Entnahmegerät in den Sack und zieht eine geringe Menge an Kaffeebohnen heraus. (Von Entnahmevorgängen dieser Art ist der Begriff „Stichprobe" abgeleitet.) Die Proben werden geprüft. Es zeigt sich, dass drei Proben, das sind 1,5 %, nicht die geforderte Qualität aufweisen. Von diesem Prüfungsergebnis wird rückgeschlossen, dass wahrscheinlich auch 1,5 % der Gesamtmenge, das sind rd. 38 Sack, die gleichen Qualitätsmängel aufweisen. Mängel in diesem Umfang werden von Buntin & Comp. toleriert; die Ware geht nicht zurück.

Das beschaffende Unternehmen benötigt Informationen über das eingegangene Material bzw. über die eingegangene Ware, es will z.B. wissen, ob das eingelagerte Material bzw. die eingelagerte Ware den Qualitätsanforderungen entspricht oder nicht. Sie erheben die Daten aber nicht von der Gesamtheit, sondern entnehmen der Gesamtheit **Stichproben**; diese Stichproben repräsentieren die Gesamtheit.

Eine Stichprobe ist also eine Repräsentativerhebung. Im Allgemeinen werden die erforderlichen Informationen über eine Gesamtheit nicht von dieser Gesamtheit direkt erhoben. Vielmehr wird mit Hilfe einer Stichprobe eine **Teilgesamtheit** ermittelt, **die die Gesamtheit repräsentiert**. Die erforderlichen Daten werden von der Teilgesamtheit erhoben, die erhobenen Daten lassen Rückschlüsse auf die Gesamtheit zu.

Stichprobenprüfungen haben gegenüber Hundertprozentprüfungen einige Vorteile. Sie lassen sich folgendermaßen umschreiben.

- Bei einer Teilerhebung ist der Arbeitsaufwand für Datenerhebung und -auswertung geringer als bei der Gesamterhebung, es fallen weniger Kosten als bei der Gesamterhebung an.

- Eine Teilerhebung kann schneller durchgeführt werden.

- Im Allgemeinen ist die Aufbereitung der über die Teilerhebung gewonnenen Daten gründlicher.

3.1 Waren- und Materialeingang

- Eine Hundertprozentprüfung eines Materials ist bei bestimmten Prüfmethoden nicht möglich, z.B. bei Zerreißproben u.Ä.

- Für bestimmte Materialprüfungen werden gelegentlich spezielle (aufwändige) Prüfmethoden verlangt, die im eigenen Unternehmen nicht durchgeführt werden können, da entsprechende Einrichtungen fehlen. Stichproben können leichter an entsprechende Prüfunternehmen weitergegeben werden als das gesamte Material aus einer Lieferung.

- Häufig reichen Stichprobenprüfungen aus, da Materialien bereits sorgfältig vom Hersteller geprüft wurden.

Eine Teilerhebung wirft aber auch **Probleme** auf. So ist die Übertragung des Stichprobenergebnisses ohne Einschränkung auf die Gesamtheit (vgl. Beispiel) problematisch. Bei größerem oder geringerem Stichprobenumfang wäre das Ergebnis anders ausgefallen; bei großem Umfang wäre die Fehlerquote der Teilmenge dem entsprechenden Wert in der Gesamtheit relativ nahe gekommen; bei sehr geringem Umfang hätte die Prüfung der Teilmenge möglicherweise keine Qualitätsmängel ergeben, während die Gesamtmenge tatsächlich Fehler aufweist. Damit die Teilmenge die Gesamtheit repräsentieren kann, muss die Teilmenge ähnlich strukturiert sein wie die Gesamtmenge.

Es zeigt sich, dass die Übertragung der Auswertung der Teilgesamtheit auf die Gesamtheit mit einigen Unsicherheiten behaftet ist. Die Aussage aus einer Stichprobe kann deshalb nur bedingt auf die Gesamtheit übertragen werden. D.h. sie kann nicht mit 100-prozentiger Sicherheit, sondern nur mit einem geringeren **Sicherheitsgrad** übertragen werden. Ein Sicherheitsgrad von z.B. 90% besagt, dass die Aussage aus der Teilgesamtheit mit einer Wahrscheinlichkeit von 90% auch auf die Gesamtheit zutrifft. Anders ausgedrückt: Bei 100 Stichproben würden 90 die Aussage der Gesamtheit ungefähr wiedergeben; 10 Stichproben würden die Aussage der Gesamtheit nicht wiedergeben. Die Genauigkeit hängt vom Umfang der Stichprobe ab, je größer die Stichprobe, desto genauer ist die Aussage.

Die Aussage kann auch nicht mit einer bestimmten Zahl, sondern nur mit einem Zahlenbereich, dem sog. **Vertrauensbereich**, angegeben werden. Eine Angabe von z.B. 30 % mit der zusätzlichen Angabe ± 2 % besagt, dass dieser Wert der Teilgesamtheit um den entsprechenden Wert der Gesamtheit innerhalb eines Bereichs von ± 2 % schwanken kann.

Der Umfang der Stichprobe bestimmt nicht nur den Sicherheitsgrad, sondern auch den Umfang der Erhebungs- und Auswertungsarbeiten und damit die Kosten. Bei einem geringen Stichprobenumfang werden Kosten gespart, aber es muss ein niedriger Sicherheitsgrad in Kauf genommen werden. Deshalb ergibt sich bei Stichprobenuntersuchungen immer die Frage, wie hoch der Sicherheitsgrad unbedingt sein muss.

Bei Vorbereitungen von Stichprobenerhebungen sind die folgenden Fragen zu beachten.

- Welchen Umfang soll die Stichprobe haben?

- Mit welcher Sicherheit, mit welchem Fehlerrisiko und mit welchem Vertrauensbereich soll das Stichprobenergebnis auf die Gesamtheit übertragen werden können?

- Welche Elemente muss die Stichprobe enthalten? Wie sollen die Elemente ausgewählt werden?

3.1.2.2 Auswahl von Stichproben

Stichproben können mithilfe von zufallsgesteuerten oder mit bewussten Auswahlverfahren bestimmt werden. Bei der Zufallsauswahl haben alle Elemente der Grundgesamtheit die gleichen Chancen, für die Stichprobe ausgewählt zu werden. Es bleibt dem Zufall überlassen, welche Elemente tatsächlich in die Stichprobe gelangen.

Die Auswahl kann mit Hilfe einer **Zufallszahlentabelle** erfolgen: Der Auswahl liegt eine Tabelle mit zufällig ausgelosten Zahlen zugrunde. Dies Verfahren kann nur bei geordneten Elementen angewandt werden. Ein **Losverfahren** entscheidet über die Auswahl.

In der betrieblichen Praxis gibt es für die Stichprobenprüfung meistens einen sog. **Stichprobenplan**. Er gibt vor, wie umfangreich die Stichprobe bei einer bestimmten Grundgesamtheit sein muss und welche Prüfergebnisse noch toleriert werden können.

3.1.2.3 Prüfverfahren

Mit Hilfe von Qualitätsprüfungen sollen bestimme **Eigenschaften** eines Materials bzw. einer Ware getestet werden. Prüfbare Eigenschaften können z.B. sein

- die Festigkeit des Materials,
- die Zusammensetzung des Materials,
- die Verschleißfestigkeit,
- das Verhalten des Materials bei Hitze oder Kälte,
- der Feuchtigkeitsgehalt eines Rohstoffs,
- die Leitfähigkeit eines Materials.

Zur Prüfung dieser Eigenschaften gibt es spezielle **Prüfverfahren**. So wird z.B. die Festigkeit des Materials mit Hilfe von **mechanischen Prüfverfahren** getestet. Mit **physikalisch-chemischen Verfahren** wird die Zusammensetzung, Verhalten (bei Hitze und Kälte), die Leitfähigkeit usw. von Materialien geprüft.

Am Ende des Prüfvorgangs muss ein **Prüfbericht** erstellt werden, der die Ergebnisse der Prüfung enthält.

3.1.3 Rechnungsprüfung

Zur Rechnungsprüfung gehört zunächst die **sachliche Prüfung**. Die Einkaufsabteilung prüft die sachliche Richtigkeit der Rechnung und führt damit eine Kontrolle des Lieferanten durch. Geprüft wird z.B., ob der Lieferer die vereinbarten Lieferbedingungen eingehalten hat.

3.1 Waren- und Materialeingang

Die **rechnerische Prüfung** der Rechnung soll garantieren, dass die Rechnung keine Rechenfehler enthält, dass einzelne Positionen nicht mehrfach berechnet wurden und dass Konditionen rechnerisch berücksichtigt sind. Diese Nachrechnungen können auch zur Ermittlung des effektiven Einstandspreises genutzt werden. Allerdings entfallen heute häufig umfangreiche rechnerische Prüfungen, wenn Rechnungen maschinell erstellt wurden.

Die sog. **preisliche Prüfung** findet man gelegentlich bei A-Gütern. Die Buchhaltung kontrolliert die Arbeit der Einkaufsabteilung. Geprüft wird u.a., ob mehrere Angebote vorlagen, ob und aus welchen Gründen bestimmte Lieferanten bevorzugt wurden.

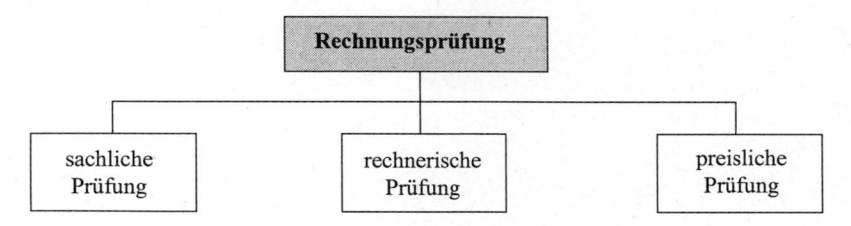

```
                    Rechnungsprüfung
          ┌─────────────┼─────────────┐
      sachliche      rechnerische    preisliche
      Prüfung         Prüfung         Prüfung
```

3.1.4 Einlagerung und Einordnung

Nach Abschluss der Prüfungsarbeiten bei Wareneingang (Warenprüfung) wird die Ware eingelagert. Ein Lagerarbeiter transportiert mit dem Gabelstapler die Paletten mit den Produkten in den Lagerraum und bringt sie dort auf zwei freien Plätzen unter. Er trägt die Nummern der Lagerplätze in die Lagerkarteikarte ein, die er an die Lagerverwaltung weitergibt. Auf der beim Lagerplatz verbleibenden Karte wird die Nummer des Lagerplatzes ebenfalls eingetragen.

Die hier angewandte **Methode der Lagerordnung** wird als **Freiplatzsystem**, gelegentlich auch als **chaotische Lagerhaltung**, bezeichnet. Beim Freiplatzsystem gibt es keine feste Lagerplatzordnung für bestimmte Produkte. Der Lagerarbeiter bringt die Ware, Materialien, Teile u.dgl. in freien Lagerfächern bzw. auf freien Lagerplätzen unter. Von besonderer Bedeutung ist die genaue Aufzeichnung der jeweiligen Lagerplätze in der Lagerkartei; sie muss Auskunft darüber geben, auf welchem Lagerplatz sich die gesuchte Ware befindet und mit welchen Waren die Lagerplätze jeweils belegt sind.

Die Lagerplätze werden durch **Lagerplatznummern** gekennzeichnet. Eine Lagerplatznummer gibt mit einer bestimmten Ziffernfolge eindeutige Auskunft über den Lagerplatz einer Ware, so dass sie schnell auffindbar ist. Die Ziffernfolge gibt an: das Lager, das Regal, die Regalebene und das Lagerfach o.Ä. **(Lagerplatznummernsystem)**. Z.B. bedeutet die Lagerplatznummer 01 02 03 04: die gesuchte Ware befindet sich im 1.Lager, im 2. Regal, in der 3. Regalebene, im 4. Lagerfach.

Vorteile der chaotischen Lagerhaltung liegen in der besseren Ausnutzung der Lagerkapazität, auch dürfte bei dieser Methode die Einlagerung zügiger vonstatten gehen.

Der Nachteil liegt vor allem darin, dass sie keine Rücksicht auf unterschiedliche Entnahmehäufigkeiten nehmen kann, so dass gelegentlich für Waren mit häufiger Entnahme lange Transportwege entstehen.

Von dem Freiplatz- wird das **Festplatzsystem** unterschieden. Bei diesem System wird jeder Ware ein fester Lagerplatz zugeordnet. D.h. jede Ware hat ihren Stammplatz, der für sie auf längere Zeit reserviert bleibt, auch wenn er zeitweilig nicht genutzt wird.

Der Nachteil liegt in dem gelegentlich hohen Lagerraumbedarf, auch könnte der reservierte Bedarf bei höherem Bedarf nicht ausreichend sein, so dass Organisationsarbeiten erforderlich werden. Der Vorteil des Festplatzsystems liegt vor allem in seiner Möglichkeit, Lagerplätze so zu ordnen, dass Entnahmehäufigkeiten berücksichtigt und Transportwege verkürzt werden.

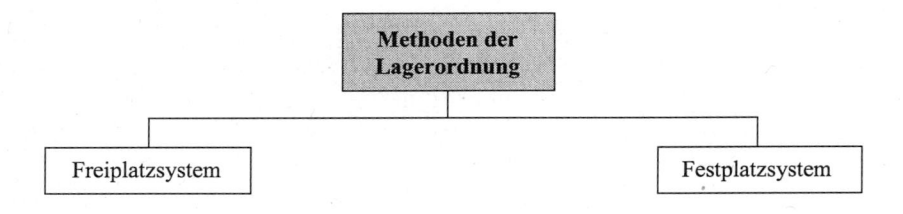

```
            Methoden der
            Lagerordnung
           /            \
   Freiplatzsystem    Festplatzsystem
```

3.2 Funktionen der Lagerhaltung

3.2.1 Überbrückung

Der Großhändler Anton Müller kauft eine große Menge Mehl ein, um bei Bestellungen des Einzelhandels nicht in Lieferschwierigkeiten zu geraten. Seine Lagerhaltung garantiert den Einzelhändlern, dass sie bei Bestellung relativ geringe Beschaffungsmengen zu vereinbarten Lieferterminen erhalten können. So sind Einzelhändler dann ihrerseits in der Lage, den Endverbrauchern die Ware in Haushaltsmengen zum Bedarfszeitpunkt verkaufen zu können.

Der Einzelhändler Carlsen unterhält ein Reservelager unmittelbar neben seinem Ladengeschäft. Er benötigt dieses Lager, um die Ladenmöbel jederzeit auffüllen zu können. So kann er dem Bedarf seiner Kundschaft, vor allem auch unerwartet hohem Bedarf, gerecht werden. Er wird von Nachlieferungen unabhängiger.

Diese einfachen Beispiele zeigen die wichtigste Funktion der Lagerhaltung: die Überbrückungsfunktion. Bei der **Überbrückungsfunktion** lassen sich verschiedene Aspekte unterscheiden.

Von **zeitlicher Überbrückung** wird dann gesprochen, wenn das Lager die zeitliche Diskrepanz zwischen Beschaffung und Absatz bzw. Produktion überbrücken soll. Der Händler benötigt ein Lager, um der Nachfrage jederzeit angemessen gerecht werden zu können, d.h. um verkaufs- bzw. lieferfähig zu bleiben, der Produzent, um ständig produktionsbereit zu bleiben. Es gilt aber nicht nur, durch die Lagerhaltung die üblichen Beschaffungs- und Absatzschwankungen auszugleichen. Es kann vielmehr bei modischen Waren, Saisonartikeln u.dgl. zu diskontinuierlichem Absatz bei kontinuierlicher Beschaffung, oder - wie z.B. bei Ernteartikeln - zu kontinuierlichem Absatz bei diskontinuierlicher Beschaffung kommen.

Im Handel ist diskontinuierlicher Absatz z.B. bei Saisonbedarf und unerwartet hohem Bedarf durchaus möglich. Hier wird das Problem der zeitlichen Diskrepanz besonders deutlich; aber auch das der mengenmäßigen Diskrepanz.

Um der Nachfrage in den gewünschten Mengen nachkommen zu können, muss der Händler ein Lager mit entsprechender Mengenausstattung halten. Der Großhändler nimmt relativ große Mengen einer Ware auf Lager, gibt kleinere Mengen an den Einzelhandel weiter, der die Ware in Haushaltsmengen dem Endverbraucher anbietet (**mengenmäßige Überbrückung**).

Der Kaufmann, der Produkte auf Lager nimmt, weil er Preissteigerungen erwartet, nutzt das Lager zur **preislichen Überbrückung**. Seine Ziele können spekulativer Art sein; aber er kann auch die Absicht verfolgen, den Verkaufspreis konstant zu halten. Evtl. dient diese Lagerhaltung aber auch dazu, Kostenvorteile ausnutzen zu können.

3.2.2 Sortimentsgestaltung

Die Lagerhaltung trägt bei zu einer Kontinuität im Sortiment. Insofern ergänzt die Lagerfunktion „**Sortimentsgestaltung**" die Überbrückungsfunktion. Überbrückt wird für die Teile des Sortiments die Diskrepanz zwischen Beschaffung und Absatz.

Sortiment ist die Zusammenfassung aller Waren, die ein Händler zu einem Zeitpunkt anbietet. Die kleinste Einheit eines Sortiments ist die **Sorte**. Sorten, die sich nur geringfügig unterscheiden werden zu **Artikeln** zusammengefasst. Unter **Warengruppe** versteht man die Zusammenfassung der Artikel gleicher Art. Die Zahl der Warengruppen bestimmt die Breite, die Zahl der Artikel die Tiefe eines Sortiments.

Beispiel:

Der Großhändler Anton Müller betreibt einen sog. Sortimentsgroßhandel. Sein Sortiment ist sehr breit, es besteht aus einer Vielzahl von Warengruppen. Bei einigen Warengruppen ist das Sortiment auch sehr tief. Sein Lager ist so sortiert, dass der Einzelhändler Peter Carlsen fast alle Artikel aus einem großen Angebot von Nahrungs- und Genussmitteln erhalten kann, die er in seinem Laden anbietet. Müller hat vor einiger Zeit sein Sortiment um einige Artikel aus dem Non-Food-Bereich erweitert. Carlsen kann diese Artikel jetzt also auch von Müller beziehen.

Das Beispiel zeigt einige Aspekte der Lagerfunktion „Sortimentsgestaltung". Ein Großhändler erweitert sein Sortiment um Artikel, die nach seinen bisherigen Orientierungsgesichtspunkten (z.B. Stofforientierung) nicht in das Sortiment passten. Der Grund für diese Sortimentserweiterung könnte freie Lagerkapazität sein; wirtschaftliche Lagerhaltung zwingt also zur Sortimentserweiterung.

Auch Erwartungen von Kunden, die sich in entsprechenden Anfragen ausdrücken, können zur Erweiterung des Sortiments führen.

Sortimentserweiterung kommt meistens den Kundenwünschen entgegen. Der Einzelhändler kann diese Artikel auch bei dem Großhändler beschaffen, bei dem er den übrigen Bedarf (mit geringen Ausnahmen) deckt. Dadurch verringern sich seine Beschaffungsaktivitäten. Einzel- und

Großhandel haben erhebliche Vorteile durch diese Sortimentsanpassung in Bezug auf Lagerhaltung und -planung.

3.2.3 Manipulation

Während der Lagerung werden Waren häufig veredelt; Qualitäten einiger Käsesorten oder bestimmter alkoholischer Getränke können durch Lagerung verbessert werden. Sie müssen deshalb mehr oder weniger lange lagern. Andere Waren müssen während der Lagerung so behandelt werden, dass marktgängige Qualitäten und Quantitäten entstehen. Diese Vorgänge bezeichnet man als **Manipulation**.

Manipulation ist die Warenveredelung i.w.S. durch technische Veränderungen, Formverbesserungen, Qualitätsverbesserungen oder mengenmäßige Veränderungen. Der Stoff der Waren wird i.d.R. nicht verändert.

Veredelungen dieser Art sind mit folgenden Lagerarbeiten verbunden: Sortieren, Reinigen, Mischen, Umpacken; aber auch das Rösten von Kaffee, die Mischung von Teesorten, die Abfüllung von Getränken und die Etikettierung von Flaschen gehören dazu.

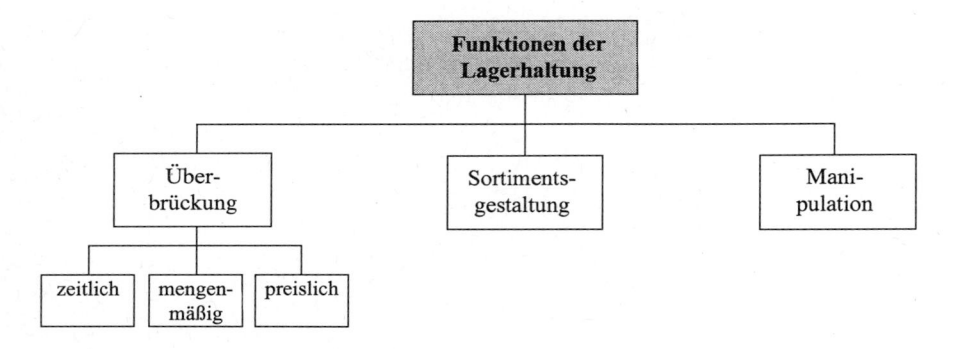

```
                    Funktionen der
                     Lagerhaltung
        ┌─────────────────┼─────────────────┐
      Über-          Sortiments-          Mani-
    brückung          gestaltung         pulation
   ┌────┼────┐
zeitlich mengen- preislich
         mäßig
```

3.3 Lagerarten

Die Mühlenwerke Clausen & Sohn haben zwar bei ihrer zentralen Geschäftsleitung in Kiel ein Lager, beliefern den Großhändler Anton Müller in Lübeck aber von einem Auslieferungslager, das sie in Hamburg unterhalten.

Das Lager des Großhändlers Anton Müller liegt in Lübeck in zentraler Verbindung mit den anderen Abteilungen des Unternehmens. Steigender Absatz in Verbindung mit Sortimentserweiterungen machen eine Vergrößerung der Lagerhaltung erforderlich. Der Plan, das Lager in Lübeck durch eine neue Halle zu ergänzen, wird aufgegeben, weil Kosten (vor allem Finanzierungskosten) und Risiken (vor allem im Absatz) zu hoch sind. Zudem erscheint die Einrichtung eines Lagers im nördlichen Niedersachsen wegen der Nähe zu den dortigen Abnehmern wünschenswert. Müller nimmt deshalb Kontakt zu einem Großhandelslager in Stade auf, das die Übernahme der Lagerung von Waren einschließlich der Kühllagerung von Milchprodukten (und damit verbundene Dienste) mit einer Anzeige in der Lebensmittel-Zeitung anbot.

3.3 Lagerarten

Die Markt-GmbH verzichtet für viele Waren auf die Einrichtung bzw. Nutzung eines zentralen Lagers. Bei jeder ihrer Verkaufsstellen befindet sich Lagerraum, aus dem heraus die Läden beschickt werden. Geplant ist jedoch die Einrichtung von Lagern an Orten, die jeweils zentral zu mehreren Verkaufsstellen liegen.

Bei dem Einzelhändler Peter Carlsen wird eingehende Ware häufig sofort in die Verkaufsmöbel des Ladens einsortiert, gelegentlich in ein Reservelager (kurzfristig) eingestellt.

Magere GmbH, Herstellerin von Werkzeugmaschinen, erhält von einem Lieferanten 5000 Metallplättchen zur Herstellung von Fräsmaschinen. Die Plättchen werden bei Eingang in ein Rohstoff- bzw. Materiallager eingelagert, wo sie für die Montage auf Fräsköpfe entnommen werden. Nach der Montage werden die fertigen Fräsköpfe auf ein Halbfabrikatelager genommen. Die fertigen Fräsmaschinen gehen schließlich ins Fertiglager bzw. ins Absatzlager.

Diese einfachen Beispiele zeigen, welche Arten von Lagern zu unterscheiden sind: zentrale und dezentrale Lager, Eigen- und Fremdlager, Auslieferungslager, Reservelager, Speziallager, Eingangslager u.Ä. Entsprechend können Lagerarten systematisch nach folgenden Gesichtspunkten eingeteilt werden: Standort (zentrale und dezentrale Lager), Eigentum (entweder am Lagerraum oder am Lagergut), Funktionsschwerpunkte (Zielorientierungen) bei Lagerhaltung, warenspezifische Anforderungen und Produktionsablauf bzw. Produktionsstufen (Lagerstufen).

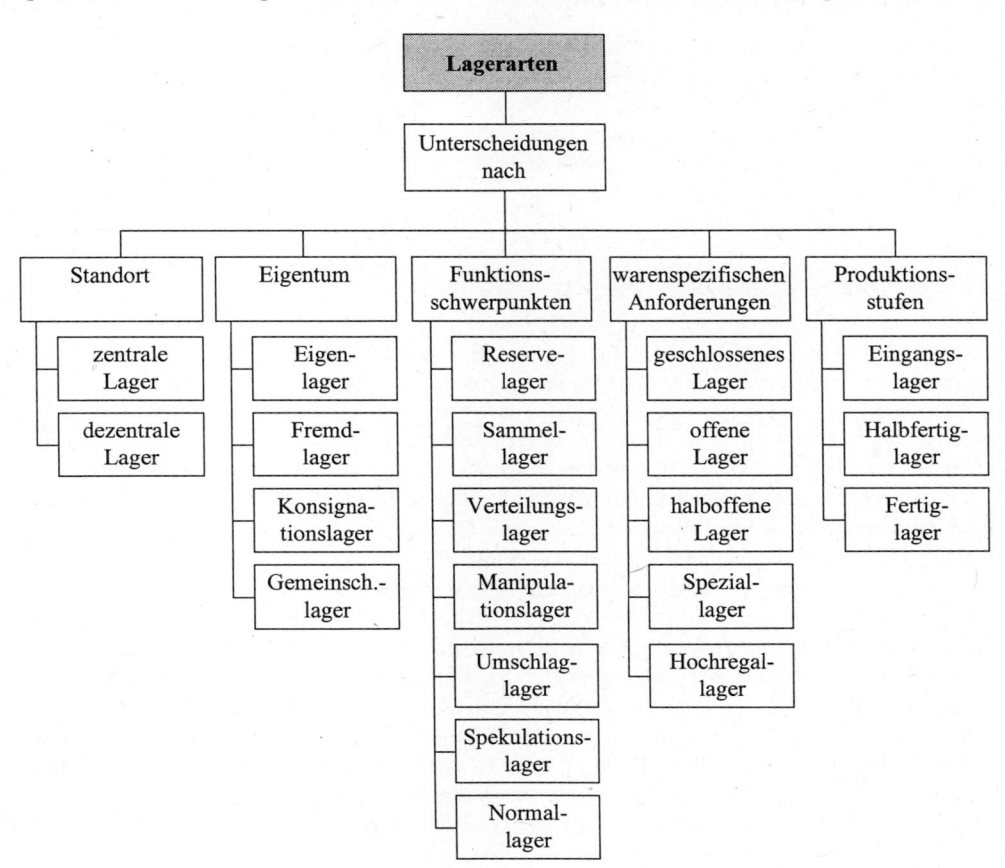

```
                         Lagerarten
                              |
                       Unterscheidungen
                             nach
    ┌────────────┬────────────┼────────────────┬────────────┐
 Standort     Eigentum    Funktions-      warenspezifischen Produktions-
                          schwerpunkten    Anforderungen    stufen

 zentrale     Eigen-       Reserve-        geschlossenes    Eingangs-
 Lager        lager        lager           Lager            lager

 dezentrale   Fremd-       Sammel-         offene           Halbfertig-
 Lager        lager        lager           Lager            lager

              Konsigna-    Verteilungs-    halboffene       Fertig-
              tionslager   lager           Lager            lager

              Gemeinsch.-  Manipula-       Spezial-
              lager        tionslager      lager

                           Umschlag-       Hochregal-
                           lager           lager

                           Spekulations-
                           lager

                           Normal-
                           lager
```

3.3.1 Zentrale und dezentrale Lager

Das Lager des Großhändlers Anton Müller ist ein **zentrales Lager**, wie auch das Reservelager des Einzelhändlers Peter Carlsen. Die Lager gleicher Art werden räumlich zusammengefasst.

Die **Vorteile** der zentralen Lager sind offensichtlich. Die Übersichtlichkeit ist groß. Die gesamten Bestände lassen sich relativ leicht feststellen. Die Lagerdaten werden auch zentral erfasst. So werden körperliche Aufnahmen des Gesamtbestandes einheitlicher und besser durchgeführt werden können. Das gilt auch für ihre buchmäßige Überprüfung. Der Datenzugriff ist für Abteilungs- und Geschäftsleitung relativ schnell möglich, dadurch werden Lagerplanungen erleichtert und beschleunigt. Bestands- und Bewegungskontrollen werden also vereinfacht. Die Raum- und Verwaltungskosten lassen sich bei zentraler Lagerung verringern.

Nachteile der zentralen Lagerung sind die längeren Transportwege zu den Kunden und die damit verbundenen Transportkosten. Hinzu kommt, dass bei langen Transportwegen auch eher Störungen bei Lieferungen auftreten können.

Diese Nachteile begünstigen die Entscheidung eines Unternehmers für **dezentrale Lagerung**. Die Lager werden in die Nähe der Kunden gelegt, dadurch verkürzen sich die Transportwege, die entsprechenden Kosten werden vermindert.

Allerdings ist als **Nachteil** dezentraler Lagerung die Verminderung der Übersichtlichkeit erkennbar. Die Unterhaltung von mehreren Lagern ist teuer, die Raum- und Verwaltungskosten sind insgesamt höher als bei zentraler Lagerung. Die Einrichtung eines Auslieferungslagers ist also davon abhängig, wie die Abwägung der Kostenvorteile (und anderer Vorteile) bei Kundennähe mit den Kostennachteilen (und den anderen Nachteilen) durch zusätzlichen Raum und zusätzliche Verwaltung ausgeht.

3.3.2 Eigen- und Fremdlager

Die Großhandlung A. Müller richtet ihr Außenlager wegen hoher Kosten (und anderer Risiken) nicht als eigenes Lager ein. Sie entscheidet sich vielmehr für ein sog. **Fremdlager**.

Mit dem Fremdlager nimmt der Händler die Dienste eines Lagerhalters in Anspruch. Der **Lagerhalter** ist selbständiger Kaufmann, der gewerbsmäßig die Lagerung und Aufbewahrung von Gütern für andere übernimmt. Die Lagerung erfolgt entweder als Sonder- oder als Sammellagerung. Bei Sonderlagerung werden die Güter gesondert gelagert und nach Aufbewahrung gesondert zurückgegeben. Das ist bei Sammellagerung nicht möglich; hier werden die Waren gemischt gelagert; deshalb ist sie auch nur bei vertretbaren Waren möglich.

Größere Fremdlager sind mit geschultem Personal, mit Fuhrpark, EDV-Anlage und Einrichtungen für spezielle Warenlagerung ausgestattet. Sie können häufig außer der Lagerung der Waren auch deren Bearbeitung (Manipulation) und Vertrieb durchführen.

Ein Händler wird sich i.d.R. für ein Fremdlager entscheiden, wenn die Unterhaltung eines Eigenlagers zu teuer wird, der Lagerbedarf nur vorübergehend ist und/oder die besondere Art der Ware eine spezielle Lagerung erforderlich macht (z.B. Kühlhauslagerung).

Die besondere Ausstattung eines Lagers und das Angebot besonderer Dienste tragen u.U. zur Entscheidung für ein Fremdlager bei.

Das Fremdlager ist also dadurch gekennzeichnet, dass das Lagergut dem auftraggebenden Händler, die Lagerräume und Einrichtungen aber dem Lagerhalter gehören. Bei einem **Konsignationslager** dagegen sind die Lagerräume und -einrichtungen Eigentum des Händlers, das Lagergut aber Eigentum des Lieferanten. Der Händler kann bei Bedarf vom Lagerbestand entnehmen, er rechnet i.d.R. monatlich die Entnahme mit dem Lieferanten ab, der dann die Rechnung ausstellt.

Die Vorteile für den Händler liegen in der geringen Kapitalbindung durch Lagerhaltung und in der schnellen Verfügbarkeit über die Waren. Aber auch der Lieferant hat Vorteile; sie liegen u.a. darin, dass er einen Kunden an sein Unternehmen bindet und evtl. Kosten der Auftragsabwicklung vermeiden kann.

Das sog. **Gemeinschaftslager** ist ein Eigenlager mehrerer Händler, das sie gemeinschaftlich unterhalten. Es bietet sich u.U. an, wenn Waren besondere Lagereinrichtungen benötigen (z.B. Kühlhäuser) und die Lagerkapazität nur gemeinsam optimal genutzt werden kann. Die **Kooperation** in der Lagerhaltung hat Vorteile: Lagereinrichtungen werden gemeinsam genutzt, Personalkosten werden gespart, Verwaltungskosten eingeschränkt.

3.3.3 Funktionsschwerpunkte bei Lagerhaltung (zielorientierte Lager)

Lagerarten können auch danach unterschieden werden, welche Funktionsschwerpunkte darin zum Ausdruck kommen bzw. welche besonderen Ziele der lagerhaltende Händler verfolgt.

Ein **Reservelager** dient der Sicherung angemessener Verkaufs- und Lieferfähigkeit. Reservelager findet man beim Einzelhandel, der daraus sein Ladengeschäft beschicken muss, um den Wünschen seiner Kunden bis zur nächsten Neulieferung nachkommen zu können. Reservelager gibt es auch im Großhandel vor allem dann, wenn Unsicherheit über Lieferzeitpunkte bestehen.

In einem **Sammellager** sollen große Mengen aufgenommen werden zum Ausgleich starker Beschaffungsschwankungen. Das Silo eines Getreidegroßhändlers oder einer landwirtschaftlichen Absatzgenossenschaft ist ein Sammellager; es muss Getreide in Erntezeiten aufnehmen, also dann, wenn diese Produkte in großen Mengen anfallen.

Ein sog. **Verteilungslager** gleicht Absatzschwankungen aus. Es wird vor allem zur Unterbringung von Saisonartikeln genutzt, bei denen diskontinuierlicher Absatz besteht.

Gelegentlich dient die Lagerhaltung der Verbesserung des Produkts, oder sie ist sogar noch Teil des Fertigungsvorgangs. So kann in einem Holzlager das gelagerte Holz austrocknen, in einem Keller der Wein nachgären, in einem Käselager das Produkt reifen. In diesen **Manipulationslagern** wird die Verkaufsfähigkeit eines Produkts hergestellt oder verbessert bis es in den Verkauf bzw. in das Versandlager gelangt.

Ein **Umschlaglager** nimmt eine Ware lediglich kurzfristig auf, bevor sie an den Kunden weitertransportiert, abgeholt oder in das Verkaufslager gebracht wird.

Wenn Produkte nur aus spekulativen Gründen gelagert werden, weil der lagerhaltende Kaufmann eine Preissteigerung erwartet, könnte man von einem **Spekulationslager** sprechen.

Ein Lager, das lediglich die Aufgabe erfüllt, übliche Beschaffungs- und Absatzschwankungen auszugleichen, wird gelegentlich als **Normallager** bezeichnet.

3.3.4 Warenspezifische Anforderungen

Die bei dem Großhändler Müller eingehenden Waren, also z.B. Mehl und Mehlprodukte, erfordern die Einlagerung in einem **geschlossenen Lager**, das außer den Geräten zum Wiegen, zum Transportieren und zur Ausführung anderer Lagerarbeiten keine speziellen Lagereinrichtungen aufweist. Für die Einlagerung ihrer Milchprodukte hat die Großhandlung Müller ein Kühllager gebaut **(Speziallager)**. Auch die Mühlenwerke unterhalten mit ihrem Silo zur Einlagerung von Getreide ein Speziallager.

Diese Beispiele zeigen, dass die typischen Merkmale von Waren Anforderungen an entsprechende Lager, Lagergebäude und -einrichtungen stellen.

Zu den geschlossenen Lagern gehört neben dem Mehrgeschosslager, in dem die Großhandlung ihre Lebensmittel untergebracht haben könnte, auch eine eingeschossige Halle, in der Bier, Mineralwasser und Limonadegetränke lagern.

In einem halboffenen Lager hat die Großhandlung Müller Leergut gelagert, z.B. Flaschenkästen, Fässer u.dgl., die zum baldigen Abtransport bestimmt sind. **Halboffene Lager** sind überdachte Lagerflächen, die sich zur Unterbringung solcher Güter eignen, bei denen Qualitätsminderungen durch diese Lagerung nicht zu befürchten sind.

Offene Lager spielen u.a. im Baumaterialhandel eine Rolle. Es handelt sich dabei um Lagerplätze, die lediglich umzäunt sind. Sie eignen sich auch nur zur Lagerung solcher Güter, die durch Witterungseinflüsse nicht zerstört werden.

Hochregallager finden sich gelegentlich in Fertigungsbetrieben mit umfangreichen Produktionsprogramm bzw. mit umfangreichem Materialbedarf, z.B. in der pharmazeutischen Industrie. Sie sind i.d.R. mit EDV-gesteuerten Ein- und Auslagerungssystemen verbunden. Typischerweise wird nach dem Freiplatzsystem eingelagert. Eingehende Ware bzw. Materialien werden durch Lagerkräne auf der Transporteinheit (Palette) in freie Lagerplätze gebracht.

3.3.5 Stufenlager

In Anlehnung an die Stufen des Produktionsprozesses lassen sich Lagerstufen unterscheiden. Eingehende Materialien (Rohstoffe, Teile u.dgl.) werden in die entsprechenden **Eingangslager**

3.3 Lagerarten

eingelagert, in denen sie im Allgemeinen mindestens so lange verbleiben bis alle Eingangsprüfungen durchgeführt sind.

Für die Fertigung werden sie dort entnommen und bearbeitet. Nach den einzelnen Bearbeitungsvorgängen werden sie zwischengelagert; diese **Zwischenlager**, auch als Werkstattlager bezeichnet, nehmen nicht nur das teilweise bearbeitete Produkt, sondern auch zusätzliche Materialien, Rohstoffe und Teile auf, die auf der folgenden Produktionsstufe, in der folgenden „Werkstatt", anfallen. Gelegentlich übernehmen die Zwischenlager die Funktion von sog. **Pufferlagern**. Bei reiner Fließfertigung entfallen Zwischenlager.

Das fertige Produkt wird schließlich auf **Endlager** genommen, von dem der Verkauf bzw. die Auslieferung erfolgt.

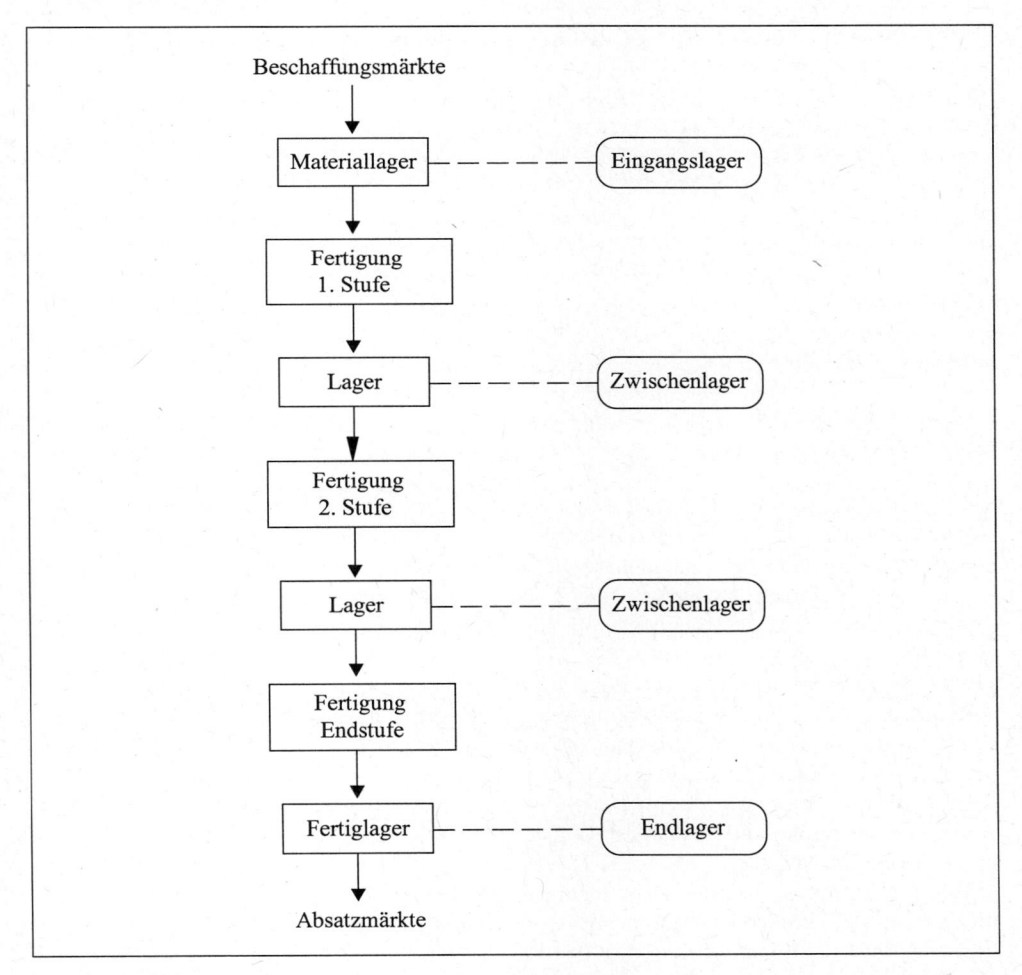

Abb. 3.1: Stufenlager

3.4 Lagereinrichtungen

Die Lagereinrichtung ist abhängig von der Art der zu lagernden Ware. Daneben gibt es andere wichtige Faktoren, die über die Auswahl bestimmter Einrichtungen mitentscheiden, z.B.:
- Optimale Ausnutzung von Lagerfläche und -raum,
- Gestaltung der Transportwege für Einlagerung und Entnahme,
- Arbeit am Lagergut (Manipulation, Kontrolle, Pflege),
- Qualifikation des Lagerpersonals.

Zu den Lagereinrichtungen zählen zunächst die **Regale**. Es sind verschiedene Regalsysteme zu unterscheiden. **Durchlaufregale** sind von zwei Seiten zugänglich. Sie tragen dazu bei, dass die zuerst eingelagerten Waren auch zuerst entnommen werden, Lagerhüter werden vermieden. **Compactregale** kommen wachsendem Lagerbedarf entgegen; sie bestehen aus Regaleinheiten, die ggf. auseinandergeschoben werden können. **Paternosterregale** kommen der Raumausnutzung sehr entgegen; nach Einlagerung der Ware und für die Entnahme lassen sie sich in vertikaler Richtung bewegen. **Palettenregale** werden wegen ihrer vielseitigen und wirtschaftlichen Einsatzmöglichkeiten häufig verwendet. Beladene Paletten werden in Regale eingestellt oder übereinander gestapelt.

Die besonderen Vorteile der Palettennutzung liegen darin, dass die Palette nacheinander Lade-, Transport-, Lager-, Entnahme- und Versandeinheit sein kann. Schließlich gibt es noch **Fachregale**.

Auch die **Packmittel** sind den Lagereinrichtungen zuzurechnen. Man versteht darunter Behälter, die vorwiegend der Lagerung und dem Schutz (während der Lagerung) der Waren dienen. Da sie gleichzeitig auch dem Transport dienen, werden Transport-, Lade- und Verpackungskosten z.T. erheblich vermindert.

Die Behälter (**Container**) sind i.d.R. genormt, das fördert die wirtschaftliche Verwendung und erleichtert die Planung der übrigen Einrichtungen. Sie haben einen Mindestinhalt von 1 m³. Die heute gebräuchlichen Überseecontainer haben ein Volumen von 32 bzw. 66 m³. Es gibt sie nicht nur als Box-Container, sondern auch in Sonderausführungen (z.B. als Kühlcontainer). Die Bedeutung dieser großen Container für die Lagerung ist gering.

Auch **Paletten** sind Packmittel, vor allem in ihrer Verwendung mit Aufbau (**Gitterboxpaletten**). Als **Collico** bezeichnet man bahneigene Verpackungsmittel, die dem Transport und der kurzfristigen (vorläufigen) Lagerung dienen. Es handelt sich um Metallfaltkisten, die wegen ihrer Stabilität hohen Schutz für die verpackten Waren bieten.

Als **Fördermittel** bezeichnet man das Gerät zum Be- und Entladen und zum Transport. Dazu gehören die Transportfahrzeuge, z.B. Karre, Hub- und Motorkarre, Gabelstapler, Scherenrollbahnen, Transportbänder, Paternoster und Aufhängevorrichtungen. Sie dienen neben der Be- und Entladung vor allem dem Transport an den Lagerplatz, der Einlagerung, der Entnahme, schließlich auch dem Transport aus dem Lager an den Ort des Verkaufs bzw. der Verpackung und des Versands.

Im Großhandel erhalten **Fördermittel für die Kommissionierung** der Waren zunehmende Bedeutung. Sie tragen erheblich dazu bei, die Durchlaufzeiten von der Bestellung bis zur

Auslieferung zu verkürzen. Da gilt insbesondere bei Einrichtungen, bei denen Umpackvorgänge entfallen können, d.h. der sog. Direktkommissionierung.

In Fertigungsbetrieben wird mit der Einrichtung geeigneter Förder- bzw. Transportmittel für den reibungslosen Materialfluss vom Lager zur Produktionsstätte gesorgt. Fördermittel transportieren Halbprodukte bzw. Teile in Pufferlager (Zwischenlager) und führen sie „just in time" der nächsten Produktionsstufe zu. Das Handling dieser Fördermittel ist häufig vollautomatisch, gelegentlich aber auch halbautomatisch oder manuell.

Schließlich ist das **Lagerhilfsgerät** für die Lagereinrichtung wichtig. Das sind Geräte zum Wiegen, Messen oder Pflegen. Gelegentlich sind bei Lagereinrichtungen **warenspezifische Sondereinrichtungen** erforderlich, z.B. Kühlräume, Trockenräume, Belüftungseinrichtungen, Abfüllgeräte etc.

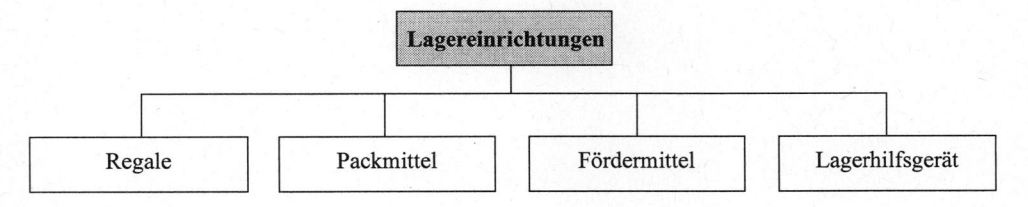

```
                    Lagereinrichtungen
         ┌──────────┬──────────┬──────────┐
       Regale   Packmittel  Fördermittel  Lagerhilfsgerät
```

3.5 Lagerarbeiten

3.5.1 Lagerpflege und Manipulation

Ware, die verkaufsfähig bleiben soll, und Materialien (Rohstoffe, Teile u.dgl.), die verwendungsfähig bleiben sollen, müssen sachgemäß gelagert werden. Zur sachgemäßen Lagerung gehört auch die **Pflege des Lagerguts**. Bei der Pflege des Lagerguts fallen u.a. die folgenden Tätigkeiten an: Putzen, Ölen, Polieren, Staubwischen, Umschaufeln.

Im Handel wird gelagerte Ware gelegentlich veredelt. Teesorten werden gemischt, Rohkaffee wird geröstet, Gerät zusammengesetzt; Käse- und Weinsorten werden durch die Lagerung verbessert. Veredlungsvorgänge dieser Art werden auch als **Manipulation des Lagerguts** bezeichnet. Sie können auch in der Industrie vorkommen, so wird z.B. eine Möbelfabrik Holz auf Lager nehmen und es nach Ablagerung zu Möbeln verarbeiten.

3.5.2 Lagerkontrolle

Die **Kontrolle des Lagerguts** gehört zu den regelmäßig anfallenden Arbeiten im Lager. Qualität und Menge der gelagerten Waren und Materialien sind ständig zu prüfen, damit Verminderungen durch Verderb, Veralten oder Diebstahl festgestellt werden können. Dazu werden z.B. Stichproben von Waren, Rohstoffen u.dgl. entnommen. Bestände werden ermittelt und mit den Zahlen der Lagerfachkarten verglichen. Die Zahlen der Lagerfachkarten werden durch Vergleich mit anderen Unterlagen der Lagerbuchführung kontrolliert.

Die Kontrolle soll insbesondere dazu dienen, Bestandsdifferenzen, die durch ungeplante Entnahmen (Schwund, Diebstahl u.Ä.) entstanden sind, zu erfassen. Dadurch kann der buchhalterische bzw. kartenmäßig erfasste Bestand dem tatsächlichen Bestand angepasst werden.

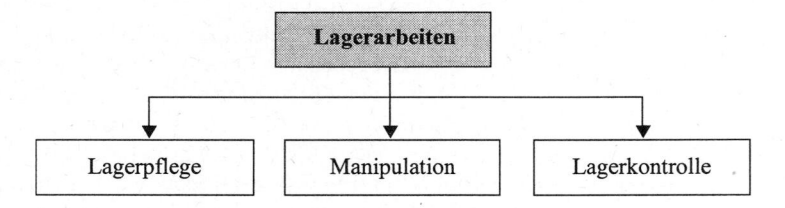

```
                    Lagerarbeiten
          ┌──────────────┼──────────────┐
    Lagerpflege     Manipulation    Lagerkontrolle
```

3.6 Kommissionierung

Nach einer VDI-Richtlinie hat das Kommissionieren das Ziel, aus einer Gesamtmenge von Gütern (Sortiment) Teilmengen aufgrund von Anforderungen (Aufträge) zusammenzustellen.[1] Kommissionieren ist eine Tätigkeit im Lager sowohl der Industrie- als auch der Großhandelsunternehmen; sie umfasst die Entnahme und das Sammeln von Waren, Artikeln, Materialien dgl., den Transport der gesammelten Waren bzw. Artikel und die Bereitstellung für den Verkauf, für den Versand, für die Verpackung oder für die Abholung bzw. für den Transport zur Produktionsstätte.

Grundlage der Kommissionierung sind Anforderungen bzw. Aufträge. In der Industrie stehen die Aufträge im Zusammenhang mit dem System der Produktionsplanung und –steuerung (PPS); die Produktionsplanung verlangt u.a. die Bereitstellung von Material. Im Großhandel liegt der Kommissionierung ein Auftrag oder eine Bestellung eines Wiederverkäufers (Einzelhändlers) oder eines Weiterverwenders zu Grunde.

Kommissionierer können Menschen oder Maschinen sein. Nach der Bedeutung des Kommissionierers bei der Entnahme werden folgende **Methoden der Entnahme** unterschieden.

1. **Mann zur Ware**: Der Kommissionierer begibt sich zum Lagerplatz und entnimmt die Ware, den Artikel, das Material u. dgl. und legt ihn in den Sammelbehälter. Diese Entnahme ist i.d.R. ohne Hilfsmittel, d.h. manuell, möglich. Manuelle Entnahme ist besonders häufig bei leichten Artikeln von geringem Umfang, die vom Lagergang einfach zu greifen sind, deshalb kommt die Mannzurware-Methode nur bei horizontalem Entnahmeweg in Betracht.

   Der besondere Vorteil dieser Methode liegt in ihrer relativ hohen Flexibilität. Sie eignet sich eher für relativ geringe Entnahmemengen und für Eilaufträge.

2. **Ware zum Mann**: Der Behälter o. Ä., der die Artikel enthält, wird vom Lagerplatz, an dem er untergebracht ist, zum Kommissionierer transportiert; der Kommissionierer entnimmt die erforderliche Menge des Artikels; der Behälter wird danach zum Lagerplatz zurückgebracht. Eilaufträge lassen sich nicht ausführen; Durchlaufzeiten sind relativ lang.

   Die Warezummann-Methode findet sich vor allem bei Hochregallagern und sonstigen Lagersystemen; der Entnahmeweg ist also sowohl horizontal als auch vertikal, d.h. zweidimensio-

---
[1] VDI Richtlinie 3590 Kommissioniersysteme, Blatt 1, 1994

3.6 Kommissionierung

nal, zur Einlagerung und Auslagerung werden also Hilfsmittel und automatische Fördereinrichtungen benötigt. Dies weist einerseits auf den erheblichen Mittelbedarf für die Einrichtung, andererseits aber auch auf Möglichkeiten zur Personaleinsparung hin.

Die Kommissionierung kann sich auf Aufträge – Einzelaufträge und Auftragsserien – beziehen; wenn für einen Einzelauftrag kommissioniert wird, liegt eine **einstufige Kommissionierung** vor; wenn sich die Kommissionierung auf eine Serie von Aufträgen bezieht, spricht man von **serieller Kommissionierung**. In Abbildung 3.2 wird der Entnahmeweg und der Transportweg zur Bereitstellung exemplarisch dargestellt. Dargestellt wird das sog. Hauptgangverfahren (auf die Einbeziehung von Stichgängen wird hier verzichtet). Der Kommissionierer läuft oder fährt auf dem angedeuteten Weg durch den Hauptgang des Lagers und entnimmt auftragsgemäß die Artikel, sammelt sie in einem Korb oder ähnlichem Behälter und transportiert sie zum Bereitstellungsplatz.

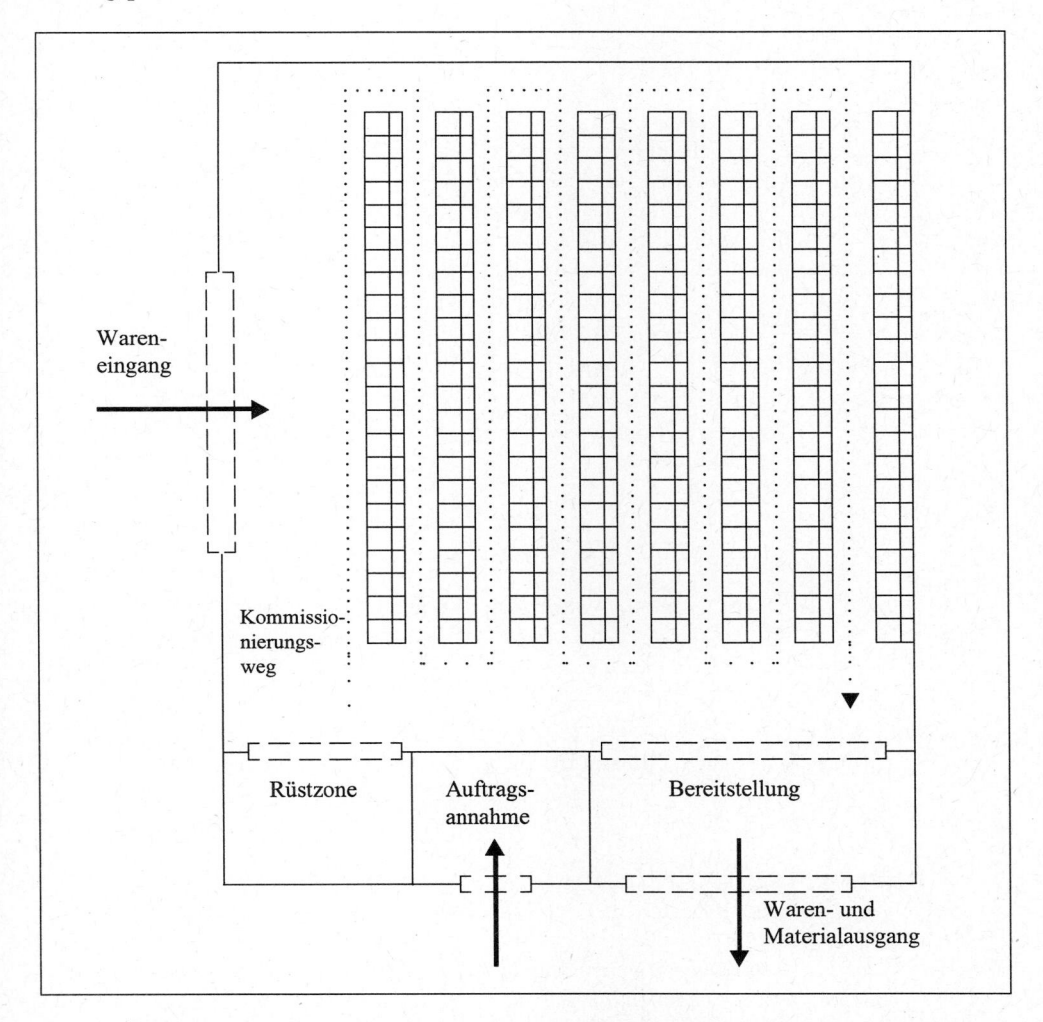

Abb. 3.2: einstufige und serielle Kommissionierung – Lagergangverfahren (schematisierte Darstellung)

Die sog. **mehrstufige Kommissionierung** ist artikelbezogen. Kommissioniert wird gleichzeitig für mehrere Aufträge. Dazu werden die Artikel der Aufträge zusammengefasst. Nach Entnahme werden sie auftragsbezogen wieder zusammengestellt.

Gelegentlich ist es möglich, einen Auftrag so zu zerlegen, dass die Kommissionierung in zwei verschiedenen Lagern oder Lagerbereichen gleichzeitig stattfinden kann. Diese sog. **parallele Kommissionierung** kann sowohl einstufig als auch mehrstufig sein. Vor allem die mehrstufige parallele Kommissionierung ist fehleranfällig und wird selten praktiziert.

Im Großhandel werden die **Kommissionierungsunterlagen** aufgrund der Bestellung durch den Einzelhändler oder sonstigen Weiterverwender zusammengestellt. Im Allgemeinen werden die einzelnen Positionen automatisch auf **Etiketten** gedruckt, die der Kommissionierer bei Entnahme auf die Artikel klebt. Die so gekennzeichneten einzelnen Artikel können dem Auftrag zugeordnet werden.

In einem Fertigungsbetrieb sind **Materialentnahmescheine** wichtige Kommissionierungsunterlagen. Sie werden im Allgemeinen im Zusammenhang mit der Bedarfsplanung erstellt.

Die auf der Grundlage der Entnahmescheine zusammengestellten Materialien werden im Lager bereitgestellt und können von den Arbeiter (gegen Quittung) abgeholt und an den Ort des Verbrauchs gebracht werden. Dieses als **Holsystem** bezeichnete organisatorische Prinzip hat eindeutige Vorteile. So wird z.B. die Lagerverwaltung entlastet, die Materialbestände am Arbeitsplatz können dem tatsächlichen Bedarf angepasst werden. Bei dem sog. **Bringsystem** wird der Weg vom Lager zum Verbrauchsort durch das Lager selbst überbrückt. Der besondere Vorteil des Bringsystems liegt darin, dass Arbeiter ihre Arbeit am Werkstück nicht unterbrechen müssen, um Materialien zu holen.

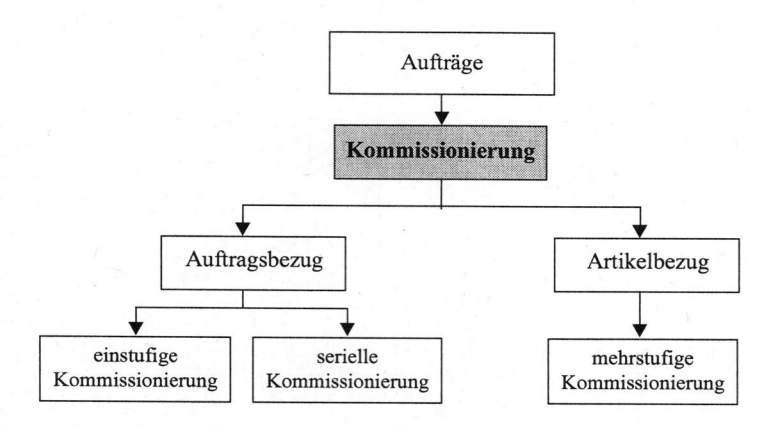

```
                    Aufträge
                       |
               Kommissionierung
                  /           \
          Auftragsbezug       Artikelbezug
           /        \              |
    einstufige    serielle      mehrstufige
Kommissionierung Kommissionierung Kommissionierung
```

3.7 Lagerbestandsplanungen

Die Markt-GmbH richtet in drei Orten ihres Verkaufsgebietes, die jeweils zentral zu mehreren Verkaufsstellen (Märkten) liegen, Auslieferungslager ein. Von dort aus werden regelmäßig (d.h. rhythmisch in gleichen Zeitabständen) die Lager bei den Märkten beschickt. Ein Teil der Waren

3.7 Lagerbestandsplanungen

wird sofort in die Verkaufsräume weitertransportiert, ein Teil bleibt in Zwischenlagern, von denen bei Bedarf des Verkaufs zur Ergänzung der Bestände in den Verkaufsmöbeln entnommen wird. Bei Waren mit hohem mengenmäßigem Umschlag (z.B. Weizenmehl Typ 405 oder Zucker) ist die angelieferte Palette Entnahme- und Präsentationseinheit. Das Umpacken im Lager und im Verkaufsraum entfällt. Die angelieferten Mengen reichen i.d.R. aus, die Märkte verkaufsbereit zu halten. Unerwartet hohe Nachfrage in den Märkten kann jedoch gelegentlich nicht befriedigt werden, die Lagerbestände reichen nicht aus. Die Kunden decken ihren Bedarf in anderen Geschäften. Die Markt-GmbH kann Umsatzchancen nicht wahrnehmen, sie muss evtl. einen Imageverlust in Kauf nehmen.

Zurzeit läuft in den Filialen der Markt-GmbH eine Sonderangebotsaktion mit Margarine einer bestimmten Marke und mit einem Kornbrand eines bekannten norddeutschen Herstellers. Diese Aktion stellt die Markt-GmbH vor besondere Probleme der Bestandshaltung. Ähnliche Probleme hat auch die Recordia GmbH, Großhändler für Tonträger, der mit der Markt-GmbH als Rack Jobber zusammenarbeitet: Eine attraktive TV-Werbung für ein CD-Album mit Volksliedern führt dazu, dass am Tag nach der Werbeaktion das entsprechende Regalfach geräumt ist und der Außendienstmitarbeiter der Recordia die Regale in den Läden aus den Beständen des Zentrallagers auffüllen muss.

Die Beschaffungsabteilung der Ostholmer Mühlenwerke hat nach Mitteilung des Lagers, dass für Verpackungsmaterial für Weizenmehl Typ 405 der Bestellpunkt erreicht sei, das Material bestellt. Bei der Bestellung wurde der besondere Bedarf an Mehl vor hohen Feiertagen berücksichtigt, der zu entsprechend hoher Bestandshaltung auch des entsprechenden Verpackungsmaterials zwingt.

Die Magere GmbH, die Werkzeugmaschinen herstellt, nimmt Metallplättchen für Fräsmaschinen auf Lager, damit der Produktionsablauf nicht unterbrochen und die Lieferbereitschaft nicht beeinträchtigt wird.

Diese einfachen Beispiele sollen zeigen, dass es bei den **Planungen der Lagerhaltung** um zweierlei geht. Sie müssen dazu führen, dass der Warenfluss vom Lager zum Verkauf bzw. zum Versand und der Materialfluss vom Materiallager zur Produktionsstätte und vom Fertiglager zum Versand reibungslos vonstatten gehen kann und dass Kostenbedingungen verbessert werden.

Verkaufs- und Lieferbereitschaft, ein reibungsloser Produktionsablauf, die Wahrnehmung bestmöglicher Umsatzchancen unter optimalen Kostenbedingungen bestimmen den **Umfang der Lagerhaltung**. Maßnahmen im Zusammenhang mit den Bestandsplanungen umfassen u.a. Entscheidungen zur Bestandshaltung, zur Festlegung des Grades der Lieferbereitschaft u.Ä.

3.7.1 Bestandsarten

3.7.1.1 Höchstbestand

Der **Höchstbestand** ist der Bestand, der höchstens auf Lager genommen werden soll. Seine Festlegung soll zur Vermeidung überhöhter Lagervorräte beitragen.

3.7.1.2 Mindestbestand

Als **Mindestbestand** bezeichnet man einen Buchbestand, der in etwa die Menge einer Ware oder eines Materials angibt, die in ungefähr gleicher Qualität ständig am Lager sein sollte. Der Mindestbestand wird auch als Sicherheitsbestand, gelegentlich auch als eiserner Bestand bezeichnet.

Im Handel ist der Sicherheitsbestand ein Warenbestand, der unter normalen Bedingungen für den Verkauf nicht entnommen wird. Er soll - innerhalb vorgegebener Ziele - angemessene Lieferbereitschaft garantieren, wenn z.B. die tatsächliche Nachfrage größer als üblich ist und die Wiederbeschaffung auf Schwierigkeiten stößt.

In der Industrie ist der Sicherheitsbestand der Materialbestand, der unter normalen Bedingungen nicht für die Fertigung entnommen werden soll. Er soll verhindern, dass u.U. die laufende Produktion wegen des Mangels an Rohstoffen, Teilen o.ä unterbrochen werden muss.

Der Rückgriff auf den Mindest- bzw. Sicherheitsbestand wird u.a. erforderlich,

- wenn die Anlieferung von Waren oder Materialien stockt,
- wenn zu geringe Mengen geliefert wurden,
- wenn der Verbrauch von Materialien tatsächlich höher als geplant ist,
- wenn unerwartet hohe Nachfrage entsteht.

Die **Höhe des Sicherheitsbestandes** für ein Material oder für eine Ware wird bestimmt durch den durchschnittlichen Verbrauch innerhalb eines Zeitraums, der sich aus ihrer Beschaffungsdauer ergibt. Hinzugerechnet wird ein Risikozuschlag für die mangelhafte Übereinstimmung zwischen Buch- und tatsächlichem Bestand. (Der relativ hohe Sicherheitsbestand in einigen Betrieben deutet darauf hin, dass die Übereinstimmung von Buch- und tatsächlichem Lagerbestand gelegentlich eher skeptisch beurteilt wird.)

3.7.1.3 Meldebestand

Auf die Bedeutung des Meldebestandes wurde im Eingangsbeispiel (vgl. S. 11) bereits eingegangen. Das Beispiel zeigt, dass eine entsprechende Meldung an den Einkauf erfolgt, wenn die Bestandsmenge erreicht ist, die als Meldebestand angenommen wurde. Die Meldung löst die Bestellung aus, deshalb wird der Meldebestand in der Lagerkarte als **Bestellpunkt** ausgewiesen.

Bei der Festlegung des Meldebestands wird vom Mindestbestand ausgegangen und im Übrigen unter Berücksichtigung des täglichen Bedarfs und der Beschaffungszeit (in Tagen) ermittelt. Die folgende einfache Formel gibt das Problem in etwa wieder.

> Meldebestand = täglicher Bedarf · Beschaffungszeit in Tagen + Mindestbestand

Wenn z.B. der tägliche Bedarf mit 210 Stück, die Beschaffungszeit mit 12 Tagen und der Sicherheitsbestand mit 2500 Stück angenommen wird, ergibt sich ein Meldebestand von 5.020 Stück (210 · 12 + 2500).

3.7 Lagerbestandsplanungen

Bei unregelmäßiger Lagerentnahme, die im Handel relativ häufig ist, kann die Größe „täglicher Bedarf" nur unzulänglich bestimmt werden. Die angegebene Formel ist deshalb für viele Lager nur vorsichtig anzuwenden. Häufig reichen folgende Angaben für die Festlegung des Meldebestands: Meldebestand = zweifacher Mindestbestand oder Meldebestand = Mindestbestellmenge + Mindestbestand.

3.7.1.4 Lagerbestand

Der Lagerbestand, der für Entnahmen verfügbar ist, bewegt sich zwischen dem Höchst- und dem Sicherheitsbestand. Rechnerisch ergibt sich **der verfügbare Lagerbestand** folgendermaßen:

    Tatsächlich vorhandener Bestand
  + Bestellbestand, er umfasst die bestellten, noch nicht eingegangenen Mengen (offene Bestellungen)
  − reservierter Bestand, er enthält die Mengen, die bereits für Entnahmen reserviert, aber noch nicht entnommen sind, also nicht mehr verfügbar sind
  = verfügbarer Bestand

Der Zusammenhang zwischen planerisch festgelegten Beständen und den Entnahmen lässt sich grafisch darstellen. Abb. 3.3 zeigt den Zusammenhang bei regelmäßiger Entnahme, die bei Materiallagern in Fertigungsbetrieben häufig ist.

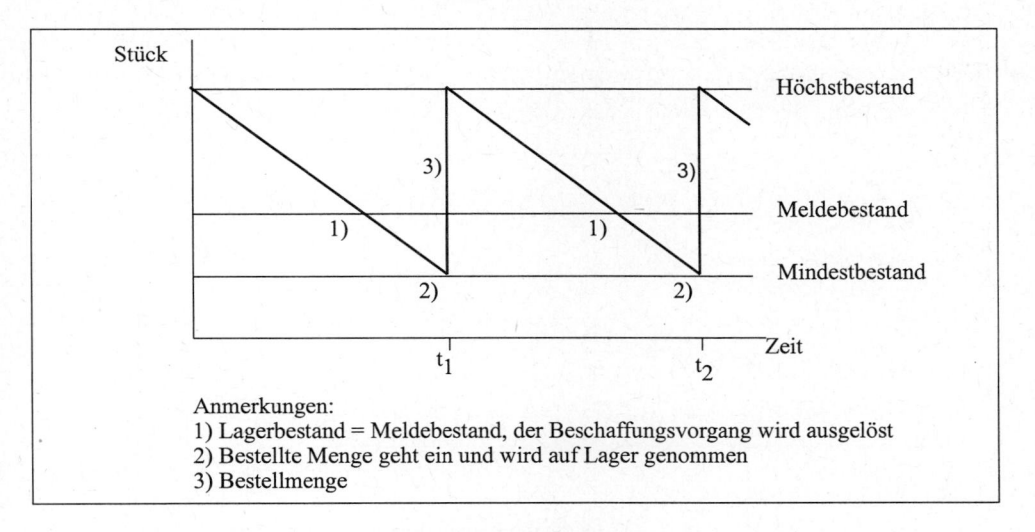

Anmerkungen:
1) Lagerbestand = Meldebestand, der Beschaffungsvorgang wird ausgelöst
2) Bestellte Menge geht ein und wird auf Lager genommen
3) Bestellmenge

Abb. 3.3: Lagerbestandsänderungen bei regelmäßiger Entnahme

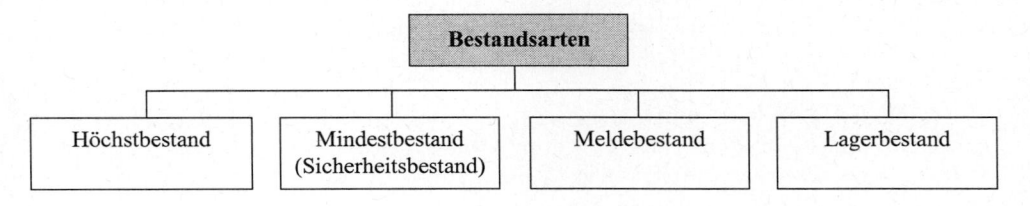

Bestandsarten
- Höchstbestand
- Mindestbestand (Sicherheitsbestand)
- Meldebestand
- Lagerbestand

3.7.2 Der optimale Lagerbestand

Eine ständige hundertprozentige Lieferbereitschaft, ein hoher Sicherheitsbestand, der ständig hohen Bedarfsanforderungen gerecht werden soll, setzt eine hohe Lagerbestandshaltung voraus. Hohe Lagerbestände aber verursachen hohe Lagerhaltungskosten. Mit steigenden Beständen nehmen die Lagerhaltungskosten zu.

Der Verzicht auf die hohe Lieferbereitschaft führt dazu, dass Aufträge bzw. Bedarfsanforderungen nicht sofort oder nicht vollständig ausgeführt werden können. Es entstehen Fehlmengen, die ebenfalls Kosten verursachen, die sog. Fehlmengenkosten. Fehlmengenkosten nehmen mit abnehmenden Fehlmengen, d.h. bei steigender Lagerbestandshaltung, ab.

Fehlmengenkosten entstehen z.B.

- durch Umsatz- und Gewinneinbußen - weil nicht produziert werden kann, kann auch nicht verkauft und also auch kein Gewinn erzielt werden,
- durch Verlust des Good-Will - weil nicht geliefert werden kann, kann bei Kunden ein Imageverlust entstehen, sie wenden sich Mitbewerbern zu,
- durch Konventionalstrafen - weil nicht zum vereinbarten Termin geliefert werden kann, werden u.U. Vertragsstrafen fällig,
- durch zusätzliche Ausgaben - weil Ersatzbeschaffungen u.U. teurer sind,
- durch Produktionsausfall.

Die beiden folgenden Abbildungen zeigen, wie sich Lagerhaltungs- und Fehlmengenkosten ändern, wenn die Bestände steigen oder sinken.

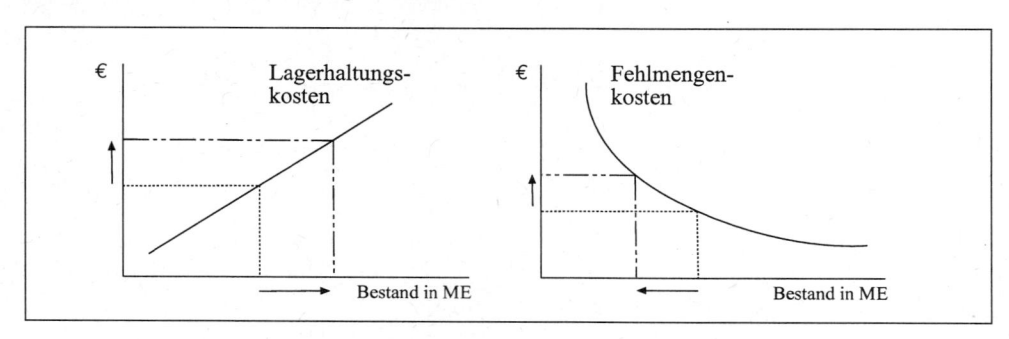

Abb. 3.4: Lagerhaltungs- und Fehlmengenkosten

Bei hoher Lieferbereitschaft sind die Lagerhaltungskosten hoch und die Fehlmengenkosten niedrig. Die Lagerpolitik versucht, den Bestand zu ermitteln, bei dem die Summe aus Lagerhaltungs- und Fehlmengenkosten ihr Minimum hat. Dieser Bestand ist der **optimale Lagerbestand**.

Der **Grad der Lieferbereitschaft**, der auch als **Servicegrad** bezeichnet wird, soll den Umfang der Lieferbereitschaft ausdrücken. Er gibt in einem Prozentsatz an, wie hoch der Anteil der Aufträge bzw. der Bedarfsanforderungen sein sollte, der sofort ausgeführt werden kann. So gibt

3.7 Lagerbestandsplanungen

z.B. ein ermittelter Wert von 100 % an, dass das Lager sofort allen Bedarfsanforderungen nachkommen konnte. Bei einem hohen Grad der Lieferbereitschaft entstehen keine oder nur geringe Fehlmengenkosten. Fehlmengenkosten nehmen bei abnehmendem Grad der Lieferbereitschaft zu.

Viele Unternehmen verwenden für ihre **Planungen** einen relativ hohen Lieferbereitschaftsgrad (Servicegrad), der häufig bei 95 % liegt. Bei Anwendung eines Lieferbereitschaftsgrades von z. B. 95 % hält ein Unternehmen einen Lagerbestand vor, der ausreicht, um 95 % aller Aufträge bzw. aller Bedarfsanforderungen sofort auszuführen. Bei einem höheren Lieferbereitschaftsgrad würden die Fehlmengenkosten zwar sinken, die Lagerhaltungskosten aber stark steigen. Bei einem niedrigeren Lieferbereitschaftsgrad würden die eingesparten Lagerhaltungskosten die Fehlmengenkosten kaum noch decken. Der jeweils angewandte Grad der Lieferbereitschaft beruht im Allgemeinen auf Erfahrungen aus der Vergangenheit und spiegelt deshalb für das betreffende Unternehmen in etwa den optimalen Lagerbestand wider.

Der Grad der Lieferbereitschaft ist eine statistische **Kennziffer**, die angibt, in welchem Umfang ein Lager durchschnittlich lieferbereit war. Sie kann folgendermaßen berechnet werden.

In der folgenden Tabelle werden beispielhaft für vier aufeinanderfolgende Zeitabschnitte (z.B. Monate, Vierteljahre) die Aufträge insgesamt und die Aufträge, die sofort ausgeführt werden konnten, angegeben.

Zeitabschnitte	Aufträge	ausgeführte Aufträge
1	1.254	1.078
2	1.401	1.247
3	1.395	1.289
4	1.195	1.219
	5.245	4.833

Tab. 3.1: Aufträge und ausgeführte Aufträge

Der Lieferbereitschaftsgrad L ergibt sich nach folgender Berechnung.

$$\text{Lieferbereitschaftsgrad} = \frac{4833}{5245} \cdot 100 = 92$$

Der Grad der Lieferbereitschaft beträgt 92, d.h. rd. 92 % der Aufträge konnten ausgeführt werden.

Wenn der Grad der Lieferbereitschaft nach den Aufträgen berechnet wird, liegt folgende Formel zugrunde.

$$L_A = \frac{\text{Anzahl der ausgeführten Aufträge}}{\text{Gesamtzahl der Aufträge}} \cdot 100$$

Wenn der Grad der Lieferbereitschaft nach den für die Nachfrage verfügbaren Mengen zu berechnen ist, kommt folgende Formel zur Anwendung.

$$L_N = \frac{\text{für die Nachfrage verfügbare Mengen}}{\text{insgesamt nachgefragte Mengen}} \cdot 100$$

Die aus der Lagerstatistik entnommenen Werte über den Grad der Lieferbereitschaft helfen bei der Festlegung der Lagerplanung, also auch bei der Bestimmung des optimalen Lagerbestandes. Da diesen Planungen aber immer Werte aus der Vergangenheit zugrunde liegen, kann es leicht zu Fehlmengen kommen.

Fehlmengen werden in Kauf genommen und in der Planung berücksichtigt, wenn die anfallenden Fehlmengenkosten durch die Verringerung der Lagerhaltungskosten mindestens ausgeglichen werden.

Für das schwer zu kalkulierende Risiko unerwartet hoher Nachfrage könnte z.B. der Händler einen zusätzlichen Risikobestand schaffen. Die Kosten für diese zusätzliche Bestandshaltung sind aber u.U. erheblich höher als die Summe aus

- entgangenem Gewinn,
- Kosten bei zusätzlicher Beschaffung geringer Mengen wegen des höheren Beschaffungspreises,
- evtl. anfallenden Transportkosten,
- evtl. anfallenden Konventionalstrafen.

Fehlmengen und damit Fehlmengenkosten lassen sich durch die Organisation des reibungslosen Warennachschubs vermindern. die Einrichtung von Außenlagern und Zwischenlagern gehört ebenso dazu wie die Einrichtung eines leistungsfähigen Transportwesens.

Entsprechend ausgestattete Verträge mit Lieferern oder Herstellern können dazu beitragen, den geplanten Grad der Lieferbereitschaft zu verwirklichen.

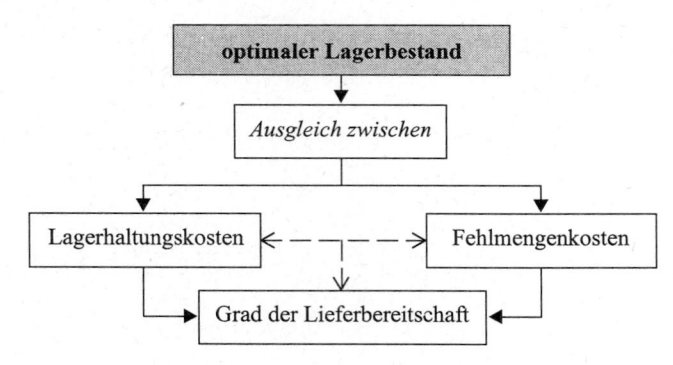

3.7.3 Verringerung von Lagerbeständen

Die Lagerbestandsplanungen werden dadurch beeinflusst, dass Lieferer ihre Kunden und Käufer ihre Lieferer durch entsprechende Vertragsgestaltungen veranlassen können, Lagerungen zu übernehmen.

3.7 Lagerbestandsplanungen

Beim **Kauf auf Abruf** z.B. bleibt die Ware bzw. das Material so lange im Lager des Verkäufers, bis der Käufer sie abruft. Der Verkäufer übernimmt die Lagerhaltung und damit auch wesentliche Kosten der Lagerhaltung für den Käufer, der die Termine des Abrufs danach bestimmt, wann die Ware für den Weiterverkauf bzw. die Materialien für den Verbrauch benötigt werden. Auch die **fertigungssynchrone Anlieferung** dient der Verringerung der Lagerbestände.

Ein Verkäufer kann einen Käufer durch **Rabatte** dazu veranlassen, größere Mengen einzukaufen. Er entlastet sich damit von der Lagerhaltung. Der Abnehmer wird dadurch zu höherer Bestandshaltung gezwungen. Mit dem Rabatt wird die dadurch entstehende höhere Belastung gewissermaßen entgolten. Auch mit der Vereinbarung zur Abnahme von **Mindestmengen** wird der Verkäufer von Lagerhaltung entlastet.

Beim **Streckengeschäft** nimmt der Händler die Ware bzw. das Material nicht auf Lager, der Hersteller liefert gleich an den Verbraucher bzw. an den Endverwender. Das Streckengeschäft gewinnt im Handel, z.B. im Produktionsverbindungshandel, immer mehr an Bedeutung.

Die eigene Lagerhaltung eines Handelsunternehmens wird auch dadurch entlastet, dass eine Ware erst in Auftrag gegeben wird, wenn die Bestellung des Kunden vorliegt. Der Händler gibt die Ware an den Kunden weiter, sobald der Hersteller sie an ihn ausgeliefert hat, er muss sie also nur kurzfristig auf Lager nehmen. Diese Art der Lieferungsabwicklung findet sich häufig im Möbeleinzelhandel.

Durch die Produktion nach dem **Just-in-Time-Prinzip**, d.h. Fertigung auf Abruf, gelingt es, Materialbestände zu verringern. Auf den einzelnen Produktionsstufen wird nur soviel produziert, wie von den folgenden abgerufen wird; außerdem müssen die produzierten Teile fehlerfrei sein. Dadurch verringern sich die Bestände in den einzelnen Zwischenlagern bzw. die Zwischenlagerung entfällt weitgehend. Zur Produktion darf nicht mehr Material als erforderlich und nicht früher als benötigt angefordert werden; die benötigten Materialien sind abzuholen. Dadurch entfallen Zwischenlagerungen von Materialien.

Die Produktion nach dem Just-in-Time-Prinzip wird gelegentlich auch als **Kanban-Methode** bezeichnet. Kanban ist der japanische Begriff für Karte. Die Materialien werden gegen Vorlage einer sog. Kanban-Karte angefordert. Die Kanban-Karten dienen der Information über den Lagerbedarf und sind Grundlagen für die erforderlichen Bestandsergänzungen.

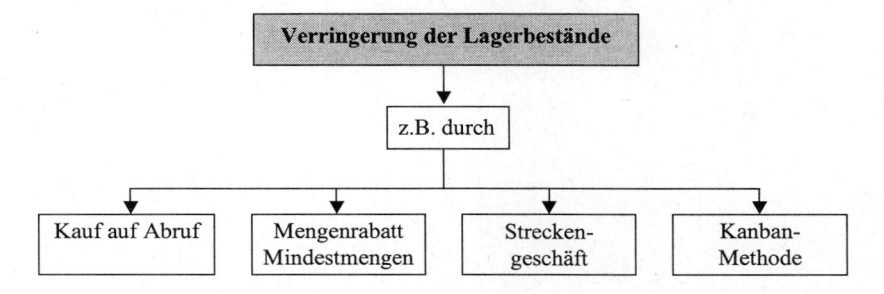

```
              Verringerung der Lagerbestände
                         │
                         ▼
                    z.B. durch
        ┌────────────┬───┴────────┬────────────┐
        ▼            ▼            ▼            ▼
   Kauf auf Abruf  Mengenrabatt  Strecken-   Kanban-
                   Mindestmengen geschäft    Methode
```

3.7.4 Lagerkennziffern und Lagerbestandsplanungen

3.7.4.1 Lagerkennziffern

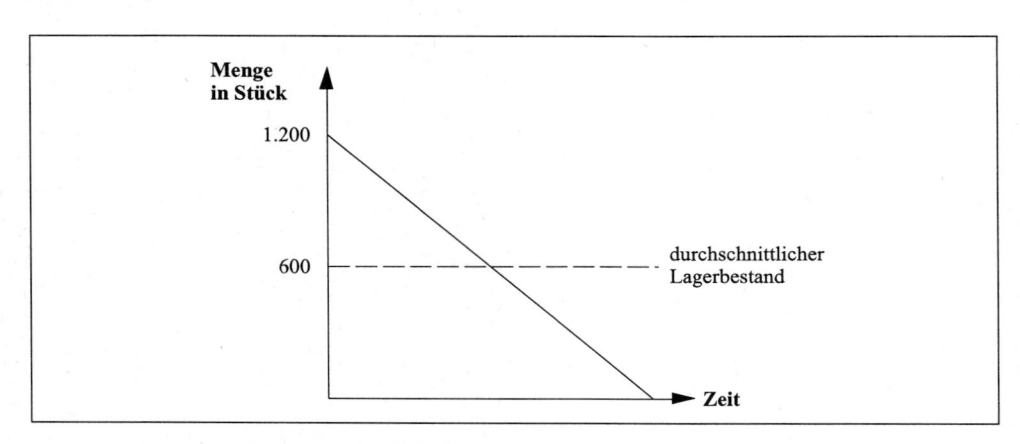

3.7.4.1.1 Durchschnittlicher Lagerbestand

Der durchschnittliche Lagerbestand (dLb) ist eine für die Planung und für die Errechnung anderer Kennzahlen wichtige Kennziffer. Sie ergibt sich als arithmetisches Mittel aus mehreren Beständen. Sie kann als Mengen- oder als Wertbestand angegeben werden. Errechnet wird der durchschnittliche Lagerbestand (dLb) als Division der Anzahl der Bestände.

Das einfachste Verfahren zur Ermittlung des durchschnittlichen Lagerbestandes (dLb) ist seine Errechnung aus den begrenzenden Beständen, d.h. aus Anfangsbestand (AB) und Endbestand (EB).

$$dLb_1 = \frac{AB + EB}{2}$$

Dieses Verfahren ist sehr ungenau bei zeitlich schwankenden und im Umfang unregelmäßig auftretenden Lagerveränderungen. Deshalb ist seine Anwendung im Handel auch nicht zu empfehlen. Es muss selbstverständlich dort angewandt werden, wo die Lagerbuchführung keine weitergehenden Informationen über die Bestände zulässt. Das Verfahren ist auf jeden Fall dann praktikabel, wenn die Waren in gleichen Mengen zeitlich regelmäßig (z.B. täglich) entnommen werden. Dieser Fall kann häufig für die industriebetriebliche Materialwirtschaft angenommen werden.

Unter den Voraussetzungen, dass ein Lager weder einen Anfangs- noch einen Endbestand aufweisen würde und dass auf die Einrichtung eines Mindestbestandes verzichtet werden könnte, kann Abb. 3.5/1 Lagerentnahmen für ein Jahr darstellen: Der Jahresbedarf von 1.200 Stück wird am Anfang des Jahres auf Lager genommen und der Bestand regelmäßig in gleichen Mengen entnommen.

Abb. 3.5/1: Durchschnittlicher Lagerbestand 1

3.7 Lagerbestandsplanungen

Wie unschwer zu erkennen ist, kann der durchschnittliche Lagerbestand (dLb) von 600 Stück nach der oben angegebenen Formel ermittelt werden. Er ergibt sich aber unter den vereinfachten Voraussetzungen auch nach folgender Formel.

$$dLb_2 = \frac{Bestellmenge}{2}$$

Daraus folgt: Wenn der Jahresbedarf nicht auf einmal, sondern häufiger und in geringeren Mengen beschafft wird, verringert sich der durchschnittliche Lagerbestand. Diesen Zusammenhang zeigen Abb. 3.5/2 und 3.5/3. Bei Abb. 3.5/2 wird der Jahresbedarf in zwei, bei Abb. 3.5/3 in drei Teilmengen von 600 bzw. 400 Stück auf Lager genommen. Dadurch verringern sich die durchschnittlichen Lagerbestände auf 300 bzw. 200 Stück.

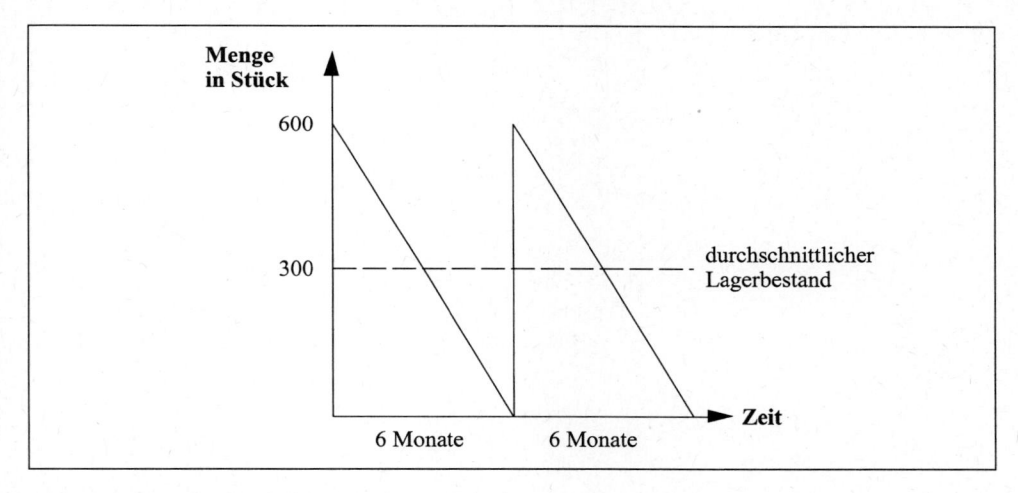

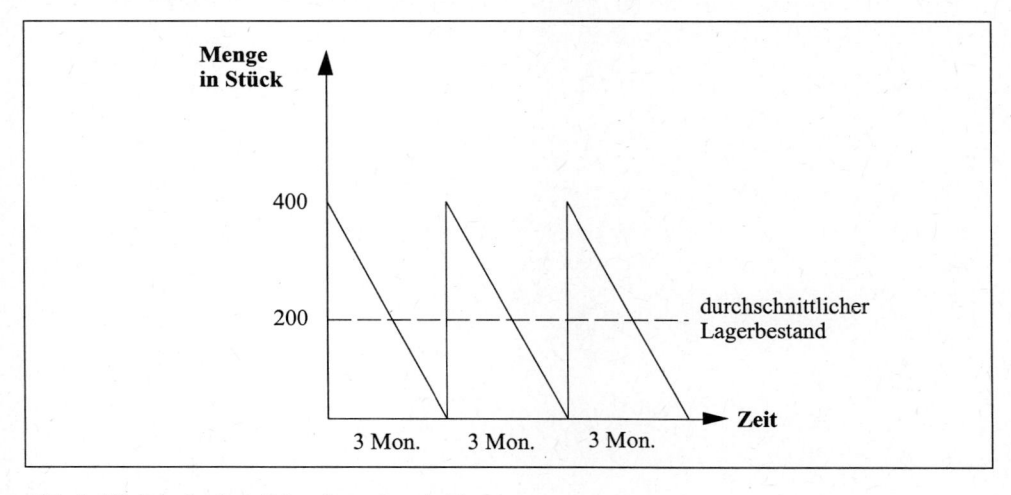

Abb. 3.5/2: Durchschnittlicher Lagerbestand 2

Abb. 3.5/3: Durchschnittlicher Lagerbestand 3

Genauer ist das Berechnungsverfahren, bei dem neben dem Anfangsbestand (AB) auch alle Monatsendbestände (MEB) berücksichtigt werden.

$$dLb_3 = \frac{AB + 12\,MEB}{13}$$

Mit diesem Verfahren wird der durchschnittliche Lagerbestand vor allem dann genauer berechnet, wenn die Lagerbewegungen unregelmäßig sind, d.h. wenn sie z.B. dem in Abb. 3.6 gezeigten Verlauf entsprechen.

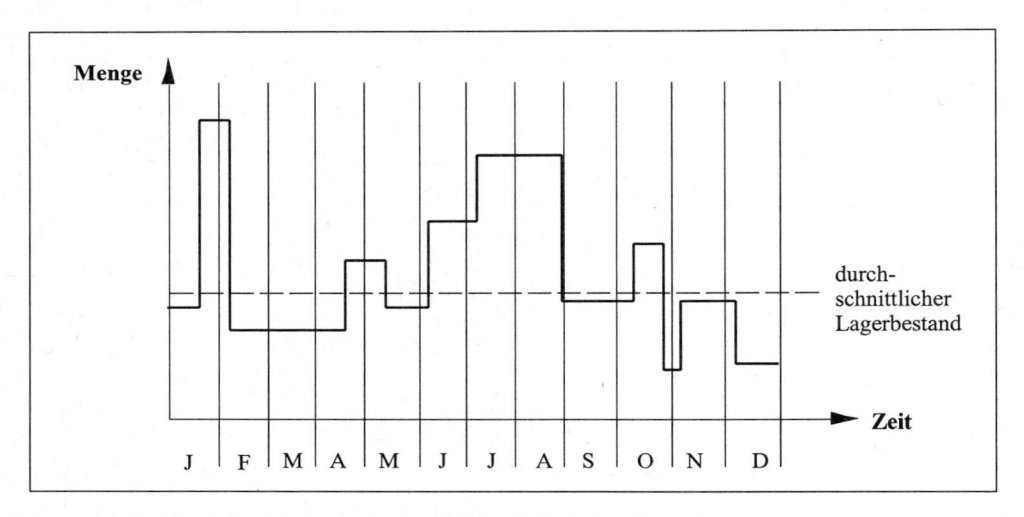

Abb. 3.6: Durchschnittlicher Lagerbestand bei unregelmäßigen Lagerbewegungen

Der durchschnittliche Lagerbestand kann auch aus dem Anfangsbestand und den vier Quartalsendbeständen (QEB) ermittelt werden. Dieses Verfahren stellt einen Kompromiss zwischen den Verfahren nach den Formeln 1 und 3 dar.

$$dLb_4 = \frac{AB + 4\,QEB}{5}$$

Zur Veranschaulichung sollen die drei Verfahren auf das folgende Zahlenmaterial angewandt werden. Die Lagerkarte (vgl. Tab. 3.2) weist beispielhaft für ein Jahr die angegebenen Bestände und Bestandsveränderungen einer bestimmten Ware auf; die Bestands- und Verkaufswerte wurden mit gleitenden Durchschnittspreisen errechnet.

3.7 Lagerbestandsplanungen

Datum	Text	Menge in Stück	Preis in € je Stück	Wert in €
02.01.	Anf.-Bestand	300	10,—	3.000,—
20.01.	Einkauf	400	15,—	6.000,—
20.01.	Bestand	700	12,86	9.000,—
02.02.	Verkauf	450	12,86	5.787,—
02.02.	Bestand	250	12,85	3.213,—
15.04.	Einkauf	150	17,50	2.625,—
15.04.	Bestand	400	14,60	5.838,—
23.05.	Verkauf	125	14,60	1.825,—
23.05.	Bestand	275	14,59	4.013,—
04.06.	Einkauf	225	20,—	4.500,—
04.06.	Bestand	500	17,03	8.513,—
03.07.	Einkauf	140	18,05	2.527,—
03.07.	Bestand	640	17,25	11.040,—
28.08.	Verkauf	128	17,25	2.208,—
28.08.	Bestand	512	17,25	8.832,—
29.08.	Verkauf	203	17,25	3.501,75
29.08.	Bestand	309	17,25	5.330,25
10.10.	Einkauf	111	17,80	1.975,80
10.10.	Bestand	420	17,40	7.306,05
29.10.	Verkauf	329	17,40	5.724,60
29.10.	Bestand	91	17,38	1.581,45
11.11.	Einkauf	229	16,85	3.858,65
11.11.	Bestand	320	17,—	5.440,10
05.12.	Verkauf	120	17,—	2.040,—
05.12.	Bestand	200	17,—	3.400,10

Tab. 3.2: Vereinfachtes Beispiel für eine Lagerkarte (Bestände und Bestandsveränderungen einer angenommenen Ware)

Für die weiteren Rechnungen wurden der vorstehenden Lagerkarte (Tab. 3.2) die Monatsendbestände entnommen und in einer Aufstellung zusammengefasst (vgl. Tab. 3.3).

Endbestände

Monat	Menge in Stück	Wert in Euro
Dezember	300	3.000,—
Januar	700	9.000,—
Februar	250	3.213,—
März	250	3.213,—
April	400	5.838,—
Mai	275	4.013,—
Juni	500	8.513,—
Juli	640	11.040,—
August	309	5.330,25
September	309	5.330,25
Oktober	91	1.581,45
November	320	5.440,10
Dezember	200	3.400,10

Tab. 3.3: *Aufstellung der Monatsendbestände nach einer Lagerkarte, vgl. Tab. 3.2*

Errechnung des durchschnittlichen Lagerbestandes (Menge und Wert):

• aus den **begrenzenden Beständen**

500 : 2 = 250 Stück oder 6400,10 : 2 = 3.200,05 €,

• aus den **Monatsendbeständen**

4544 : 13 = 350 Stück oder 68912,15 : 13 = 5.300,93 €,

• aus den **Quartalsbeständen**

1559 : 5 = 312 Stück oder 23456,35 : 5 = 4.691,27 €.

Bei Betrachtung der für das Beispiel in Tab. 3.2 angenommenen Bestände und Bestandsveränderungen kann festgestellt werden, dass unter bestimmten Voraussetzungen das 2.Verfahren - Durchschnitt aus Monatsendbeständen - den anderen Verfahren vorzuziehen ist.

3.7.4.1.2 Durchschnittliche Lagerdauer und Umschlagshäufigkeit

Die **Umschlagshäufigkeit** (Uh) ist eine Kennziffer, die angibt, wie oft die Menge oder der Wert des durchschnittlichen Lagerbestandes im Jahr umgeschlagen wurde. Errechnet wird sie als Verhältnis von Jahresabsatz bzw. Wareneinsatz zu durchschnittlichem Lagerbestand (Umschlagskoeffizient) mit folgenden Formeln.

3.7 Lagerbestandsplanungen

$$Uh_1 = \frac{\text{Jahresabsatz in Mengen}}{\text{dLb (in Mengen)}}$$

$$Uh_2 = \frac{\text{Wareneinsatz zu Einstandspreisen}}{\text{dLb (in €)}}$$

Wenn der durchschnittliche Lagerbestand einen Wert von z.B. 5.300,- € hat und der Wareneinsatz (We) zu Einstandspreisen (EPr) mit 63.600,- € angenommen wird, ergibt sich folgende Umschlagshäufigkeit (Uh).

- $Uh = \dfrac{\text{We zu EPr}}{\text{dLb}} = \dfrac{63.600}{5.300} = 12$

Dieser Wert besagt, dass der Wert des durchschnittlichen Lagerbestandes im Betrachtungsjahr zwölfmal umgeschlagen wurde.

Die Umschlagshäufigkeit kann errechnet werden für einzelne Artikel und Warenarten, aber auch für Warengruppen, Betriebe und Branchen. Mit ihrer Hilfe werden Vergleiche erst ermöglicht.

Lagerdauer ist die Zeit zwischen Einkauf und Verkauf der Ware bzw. zwischen Beschaffung und Verbrauch des Materials. Die durchschnittliche Lagerdauer (dLd) gibt diesen Wert als Jahresdurchschnitt an; gefragt wird also danach, wieviel Tage sich eine Ware im Durchschnitt am Lager befand. Zur Berechnung wird die Umschlagshäufigkeit auf 360 Tage bezogen.

$$dLd = \frac{360}{Uh}$$

Wenn die Umschlagshäufigkeit z.B. mit 12 ermittelt wurde, so ergibt sich eine durchschnittliche Lagerdauer von 30 Tagen. Diese Zahl gibt an, dass im Durchschnitt des der Betrachtung zugrunde liegenden Jahres die Ware 30 Tage am Lager war.

Aus der Formel wird der wichtige Zusammenhang zwischen durchschnittlicher Lagerdauer und Umschlagshäufigkeit sichtbar. Eine Erhöhung der Umschlagshäufigkeit hat eine Verringerung der Lagerdauer zur Folge.

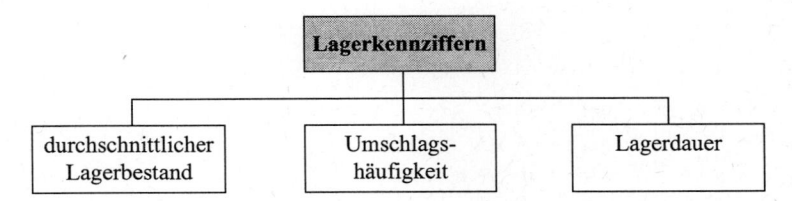

```
                    Lagerkennziffern
        ┌──────────────────┼──────────────────┐
durchschnittlicher     Umschlags-          Lagerdauer
  Lagerbestand         häufigkeit
```

3.7.4.2 Lagerplanung mithilfe von Kennzahlen

Auch die für ein Lager ermittelten Kennziffern tragen zur Lagerplanung bei. Besonders wichtig sind dabei die Werte für Umschlagshäufigkeit und Lagerdauer, die für einzelne Waren (Artikel),

Warengruppen, Abteilungen, gesamtes Lager angegeben werden. Rückschlüsse für die Planung lassen sich bereits ziehen aus einem Vergleich der ermittelten Werte

- mit den Werten des Vorjahres,
- mit den für die Branche veröffentlichten Werten.

Eine Erhöhung der Umschlagshäufigkeit und eine Verringerung der Lagerdauer wirken sich günstig auf die Lagerhaltungskosten aus. Sie bedeuten Verminderung des Kapitalbedarfs, Verbesserung der Kostenstruktur, Erhöhung der Liquidität und Verbesserung der Rentabilität; das Risiko der Lagerhaltung nimmt ab.

Der Zusammenhang zwischen Umschlagshäufigkeit und Lagerhaltungskosten kann durch die folgenden Beispiele verdeutlicht werden. Im 1. Beispiel wird Konstanz des durchschnittlichen Lagerbestandes angenommen, so dass der Wareneinsatz in Abhängigkeit von der Umschlagshäufigkeit sinkt oder steigt. Bei Konstanz der Lagerhaltungskosten verändert sich der Kostensatz in Bezug auf den Wareneinsatz in Abhängigkeit von der Änderung der Umschlagshäufigkeit. Im 2. Beispiel wird der Wareneinsatz konstant gehalten, so dass sich die durchschnittliche Lagerdauer in Abhängigkeit von den Umschlagshäufigkeiten ändern muss. Bei Konstanz des Kostensatzes der Lagerhaltung ändern sich die Kosten der Lagerhaltung in Abhängigkeit von den veränderten Umschlagshäufigkeiten.

Beispiele:

Wareneinsatz zu Einstandspreisen:	*180.000,- €*
Lagerhaltungskosten:	*27.000,- €*
Kostensatz der Lagerhaltung:	*15 %*
durchschnittlicher Lagerbestand:	*15.000,- €*
Umschlagshäufigkeit:	*12*

1.

U_h	dL_d	WE	K_{Lh}	Kostensatz in Bezug auf WE
12	30	180.000	27.000	15 %
8	45	120.000	27.000	22,5 %
16	22,5	240.000	27.000	11,25 %

2.

U_h	dL_b	q_{Lh}	K_{Lh}
12	15.000	15 %	2.250
8	22.500	15 %	3.375
16	11.250	15 %	1.687,5

Für die Lagerpolitik ergibt sich aus einer Analyse der Kennziffer Umschlagshäufigkeit eine weitere Problemstellung. Ein hoher Wert für die Umschlagshäufigkeit kann u.U. durch geringe Lagerhaltung bestimmt sein. Es ergibt sich also die Frage, ob die Heraufsetzung des Höchstbestandes nicht sinnvoll ist, um die Vorteile bei der Beschaffung großer Mengen in Anspruch nehmen zu können.

3.8 Entsorgung

Sowohl bei der industriellen Fertigung als auch im Zusammenhang mit den Leistungen des Handels fallen Abfälle an, in der Industrie z.B. Metall- und Holzspäne, Sägemehl, Staub, Altöl, zerbrochene Teile, überflüssiges Material, misslungene Werkstücke, giftige Rückstände u.Ä., im Handel z.B. Verpackungsmaterial, verdorbene Lebensmittel, Lebensmittel, deren Verfalldatum abgelaufen sind, unverkäufliche Produkte u. Ä.

Abfälle müssen entsorgt werden. Die Verantwortung für den Umweltschutz, die Erwartungen der Verbraucher, insbesondere aber die strengen staatlichen Vorschriften zwingen die Unternehmer zu umweltschonender Entsorgung.

Der Gesetzgeber will durch ein entsprechendes Gesetz die Kreislaufwirtschaft fördern und die umweltverträgliche Beseitigung von Abfällen sichern.[2] Das Kreislaufwirtschafts- und Abfallgesetz kennzeichnet entsorgungspflichtige Abfälle als bewegliche Sachen,

- die entsprechend ihrer ursprünglichen Zweckbestimmung nicht mehr verwendet werden,
- die geeignet sind, die Umwelt zu gefährden,
- deren Gefährdungspotenzial nur durch Verwertung oder Beseitigung ausgeschlossen werden kann.

Nach dem Gesetz umfasst die Entsorgung sowohl die Verwertung als auch die Beseitigung der Abfälle, die Verwertung hat Vorrang vor der Beseitigung, wenn dies technisch möglich und wirtschaftlich zumutbar ist. Die Verwertung muss schadlos erfolgen, das Wohl der Allgemeinheit darf durch die Verwertung nicht gefährdet und der Wertstoffkreislauf mit Schadstoffen nicht angereichert werden.

Die umweltschonende Entsorgung von Abfällen ist mit hohen Kosten verbunden. Es ist deshalb wichtig, alle möglichen Maßnahmen zur Abfallvermeidung oder Abfallverminderung zu ergreifen. Im Handel lassen sich z.B. Abfälle durch ein gut organisiertes Category Management, das in hohem Maße das Prinzip des Efficient Consumer Response berücksichtigt, vermeiden oder vermindern. In der industriellen Fertigung ist eine Abfallverminderung z.B. durch Beschaffung von Materialien, Rohstoffen u.Ä., die ohne Rückstände verarbeitet oder bearbeitet werden können, möglich.

Abfälle lassen sich nie vollständig vermeiden. Sie müssen entsorgt werden; Entsorgung heißt entweder Verwertung, also Rückführung in den Wertstoffkreislauf (Recycling), oder Beseitigung; beseitigt werden Abfälle, deren Recycling nicht möglich oder nicht zumutbar ist.

- Die **Verwertung von Abfällen** umfasst sowohl die Wieder- und Weiterverwertung als auch die Wieder- und Weiterverwendung. Bei einer Wiederverwertung wird der Abfall aufbereitet und dann wieder als Rohstoff genutzt, z.B. Verpackungsmaterial aus Pappe und Papier wird als Altpapier für die Herstellung von Papierprodukten verwendet, mangelhafte Werkstücke werden als Schrott eingeschmolzen und als Material für die Produktion wieder verwendet.

---

[2] *Gesetz zur Förderung der Kreislaufwirtschaft und Sicherung der umweltverträglichen Beseitigung von Abfällen (KrW-/AbfG - von 1994, zuletzt geändert 2002)*

Bei einer Weiterverwertung wird der Abfall nicht in den ursprünglichen Produktionsprozess zurückgeführt, sondern in einen anderen eingebracht; z.B. Verpackungsmaterial wird in einem Heizkraftwerk zur Herstellung von Wärme weiter verwendet.

Bei einer Wiederverwertung wird der Abfall wieder seinem ursprünglichen Verwendungszweck zugeführt, z.B. Getränkeflaschen werden als Pfandflaschen zurückgegeben und vom Hersteller für die Abfüllung von Getränken wieder verwendet.

Bei einer Weiterverwendung wird der Abfall für einen weitergehenden Zweck verwendet, z.B. das Senfglas wird im Haushalt als Trinkglas benutzt („Kühne-Kristall").

- Die **Beseitigung von Abfällen** umfasst die Abfallablagerung auf einer Deponie, die Abfallvernichtung oder Abfalldiffusion.

Für die Entsorgung ist im Allgemeinen die Materialwirtschaft bzw. Beschaffung und Lagerhaltung zuständig. Im Einzelnen fallen folgende Arbeiten an.

- Einteilung der Abfälle nach Verwertbarkeit,
- Aufbereitung und Vorbereitung verwertbarer Abfälle für die Wiederverwertung und -verwendung,
- Aussonderung nicht verwertbarer Abfälle,
- evtl. Vernichtung von Abfällen,
- Verkauf weiter verwertbarer Abfälle,
- Abtransport der Abfälle.

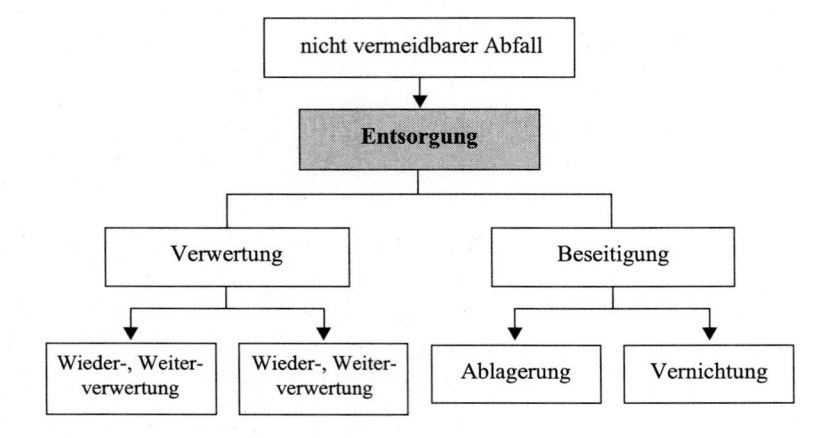

Übungsteil

Aufgaben

Einführung

Die folgende Aufgabensammlung soll der Wiederholung, Vertiefung, der übenden Anwendung und schließlich der Vorbereitung auf Klausuren und mündliche Prüfungen dienen.

Im ersten Teil wird der Leser durch erschließende Fragen an den Text herangeführt. Neben reinen Wiederholungsfragen stehen auch Aufgaben zur Übertragung der erlernten Sachverhalte und zu ihrer Anwendung, sodass die Möglichkeit besteht, Beispiele aus dem Text zu üben und dabei die Kenntnisse dieser Sachverhalte zu vertiefen. Die Aufgaben sind nach Textabschnitten zusammengefasst; sie können deshalb unmittelbar nach der Lektüre des entsprechenden Abschnittes bearbeitet werden.

Der zweite Teil der Aufgabensammlung enthält klausurtypische Aufgaben; sie beziehen sich häufig auf mehrere Textteile (Kapitel oder Abschnitte); sie eignen sich deshalb besonders für Gesamtwiederholungen. Daneben sollen sie auch der Vorbereitung auf Klausuren und mündliche Prüfungen dienen.

Den Aufgaben des zweiten Teils (Klausurtypische Aufgaben) ist immer eine Übersicht vorangestellt. Sie enthält in Kurzform die folgenden **Bearbeitungshinweise**.

1. *Angabe des Textteils, aus dem der Schwerpunkt der Aufgabe stammt*, also z.B. Voraussetzungen (Grundbegriffe), Beschaffung und Lagerhaltung,

2. *Angabe des Themenbereichs*, auf den sich die Aufgabe hauptsächlich bezieht,

3. *Angabe des thematischen Schwerpunkts;*

4. *Angabe eines Texthinweises*, hingewiesen wird hier auf die Textteile, deren Kenntnis zur Lösung der Klausuraufgabe vorausgesetzt wird.

5. *Angabe der geschätzten Bearbeitungsdauer;* die Dauer der schriftlichen Ausarbeitung wird geschätzt auf der Grundlage der Anforderungen und des Aufgabenumfangs; dabei wird in etwa auch berücksichtigt, in welchem Umfang die Thematik in diesem Buch behandelt wird.

6. *Angabe der geschätzten Anforderungen*; dazu werden folgende Anforderungsstufen unterschieden:

    I - Reproduktion und Reorganisation, z.B. Wiedergabe von Grundbegriffen, ihre Erklärung u.ä.,

    II - Transfer, z.B. Übertragung der erlernten Grundbegriffe auf neue Sachverhalte, selbstständige Anwendung von Grundkenntnissen bei der Lösung der Aufgaben bzw. bei der Bearbeitung der Problematik des Falls,

    III - Kreativität, z.B. Beurteilung eines Problems, Findung einer möglicherweise hypothetischen, plausibel und mit angemessener Anwendung des betriebswirtschaftlichen Begriffsapparates begründeten Lösung.

In den Beispielaufgaben wird häufig von **Situationsschilderungen** ausgegangen, für die entsprechende Fälle aus der Praxis didaktisch aufbereitet, d.h. gekürzt und einer Problemstellung angepasst wurden. Auf die Situationsschilderungen beziehen sich die anschließenden Fragen und Aufgaben. Sie stehen immer im Bezug zum Fall bzw. zur Ausgangssituation; sie sollen dazu beitragen, den Fall zu erschließen und evtl. weitergehend zu problematisieren und Lösungen für die anstehenden Probleme zu finden.

Mit den **Lösungshinweisen** erhalten die Leserinnen und Leser Vorschläge und Anregungen für die Bearbeitung der Aufgabe, meistens also keine vollständige Lösung der Aufgabe. Bei Rechenaufgaben wird der Lösungsweg und die Lösung angegeben.

Verzeichnis der klausurtypischen Aufgaben

	Thema	Themenbereich	Textteil
1	Gegenstände der Beschaffung	Einführung	Voraussetzungen, Grundbegriffe und Grundtatbestände
2	Eingliederung der Beschaffungslogistik	Aufbauorganisation	Voraussetzungen ...
3	Arbeitsablaufplan	Ablauforganisation	Voraussetzungen ...
4	Netzplan	Ablauforganisation	Voraussetzungen ...
5	Bestandsbewertungen	Lagerbestand	Voraussetzungen ...
6	Lagerkosten und Zinskosten	Lagerhaltungskosten	Voraussetzungen ...
7	A-B-C-Analyse	Analysen der Materialien	Voraussetzungen ...
8	Materialnummerung	Rationalisierung in der Materialwirtschaft	Voraussetzungen ...
9	Bedarfsprognose (gleitende Mittelwerte)	Bedarfsermittlung	Beschaffung
10	Bedarfsprognose (exponenzielle Glättung)	Bedarfsermittlung	Beschaffung
11	make or buy	Bedarfsermittlung	Beschaffung
12	Bezugsquelleninformation, Meldebestand	Beschaffungsaktivitäten	Voraussetzungen ..., Beschaffung, Lagerhaltung
13	Beschaffungsmärkte (Strukturen)	Beschaffungsmarktforschung	Beschaffung
14	Beschaffungsmärkte - B2B	Beschaffungsmarktforschung	Beschaffung
15	Angebotsvergleich, Kaufvertrag	Beschaffungsmarktforschung	Beschaffung
16	Preisvergleich - Angebotsvergleich	Beschaffungsplanung	Beschaffung
17	Preisvergleich - Angebotsvergleich	Preisplanung	Beschaffung
18	Beschaffungspreispolitik - Skontoziehung	Preisplanung	Beschaffung

19	Lieferungsbedingungen	Preisplanung - Beschaffungspreispolitik	Beschaffung
20	Kostenvergleichsrechnung	Beschaffung von Investitionsgütern	Beschaffung
21	optimale Bestellmenge - Losgrößenformel	Mengenplanung	Beschaffung
22	optimale Bestellmenge - Kostenausgleichsverfahren	Mengenplanung	Beschaffung
23	Eigen- vs. Fremdtransport	Anlieferung	Beschaffung
24	Kaufvertrag - Grundbegriffe	Rechtliche Aspekte der Beschaffung	Beschaffung
25	Kaufvertrag - Begründung	Rechtliche Aspekte der Beschaffung	Beschaffung
26	Kaufvertrag - Arten von Kaufverträgen	Rechtliche Aspekte der Beschaffung	Beschaffung
27	Kaufvertrag - Sachmängelhaftung bei Verbrauchsgüterkauf	Rechtliche Aspekte der Beschaffung	Beschaffung
28	Verjährung	Rechtliche Aspekte der Beschaffung	Beschaffung
29	Prüfungen, Einlagerungen	Wareneingang	Lagerhaltung
30	Bestellpunkt und Bestellrhythmus, Lagerordnung	Bestellung und Einlagerung	Beschaffung, Lagerhaltung
31	Lagerarten, Lagerkosten, Eigen-, Fremdlager	Lagerbedarf	Lagerhaltung
32	zielorientierte und warenspezifische Lagerung (Handel)	Lagerarten	Lagerhaltung
33	Lagerbestandsplanungen	Lagerhaltungskosten	Voraussetzungen ..., Lagerhaltung
34	verfügbarer Bestand	Lagerbestand	Lagerhaltung
35	Grad der Lieferbereitschaft	Lagerbestandsplanungen	Lagerhaltung
36	Fehlmengenkosten	Lagerbestandsplanungen	Lagerhaltung
37	Lagerkennziffern, zentrale - dezentrale Beschaffung	Lagerbestandsplanungen	Beschaffung, Lagerhaltung
38	Lagerbestandsplanungen und Kennziffern	Lagerbestandsplanungen	Lagerhaltung

Aufgaben zur Wiederholung und Vertiefung

Aufgaben zu 1.1 Einführung

1. Kennzeichnen Sie in dem Einführungstext auf S. 11 die Begriffe, die nach Ihrer Meinung mit der Thematik „Beschaffung und Lagerhaltung" zu tun haben!

2. Beschreiben Sie den im Text dargestellten Kreislauf! Nennen Sie dabei auch die Faktoren! Gehen Sie kurz auf die Beschaffungsmärkte und Absatzmärkte ein!

3. Definieren Sie Groß- und Einzelhandel!

4. Unterscheiden Sie die traditionelle Beschaffungskette von der sog. Logistikkette!

5. Was müssen Handelsunternehmen für die Erstellung von Handelsleistungen beschaffen?

6. Nennen Sie Leistungen des Handels!

7. Was müssen Fertigungsunternehmen für die Beschaffung und für die Produktion bereitstellen?

8. Welche Stoffe werden unter dem Oberbegriff „Werkstoffe" zusammengefasst?

Aufgaben zu 1.2 Die Organisation von Beschaffung und Lagerhaltung

1. Womit befasst sich die Organisation der Materialwirtschaft?

2. Was wird mit dem Einlinien-System dargestellt?

3. Erklären Sie die typischen Kennzeichen der Spartenorganisation!

4. Kennzeichnen Sie kurz die funktionsorientierte Organisation und die produktorientierte Organisation!

5. Dem organisatorischen Aufbau eines Unternehmens liegt eine Aufgabenanalyse zu Grunde. Nennen Sie die Aufgabenebenen! Nennen Sie für ein Ihnen bekanntes Unternehmen Beispiele für die Aufgaben!

6. Erläutern Sie die typischen Kennzeichen der Matrixorganisation! Gehen Sie dabei auch auf die Vorteile und Nachteile ein!

7. Erklären Sie das Management by Exception!

8. Was versteht man unter einer Limitplanung bei Beschaffung im Handel? Was soll durch die Limitplanung erreicht werden?

9. Was wird mit dem Arbeitsablaufplan dargestellt?

10. Welchen Zielen dient der Arbeitsablaufplan?

11. Welche Ablaufarten gibt es? Wie werden sie symbolisiert?

12. Welche Bedeutung hat ein Netzplan?

13. Erklären Sie

    a) früheste Anfangs- und Endzeit,
    b) späteste Anfangs- und Endzeit,
    c) Pufferzeit!

14. Was wird mit dem kritischen Weg angegeben?

Aufgaben zu 1.3 Aufgaben und Ziele von Beschaffung und Lagerhaltung

1. Nennen Sie Aufgaben von Beschaffung und Lagerhaltung (Materialwirtschaft)!

2. Nennen Sie Ziele eines Unternehmens!

3. Welche Aspekte müssen bei der Definition eines Zieles berücksichtigt werden?

4. In welchen Beziehungen können Ziele zueinander stehen?

5. Unterscheiden Sie materielle von nichtmateriellen Zielen! Geben Sie auch jeweils ein Beispiel an!

6. Unterscheiden Sie strategische von operationalen Zielen!

7. Wozu dienen Kennzahlen?

8. Unterscheiden Sie die Ziele von Einkauf und Logistik!

Aufgaben zu 1.4 Balanced Scorecard

1. Wie kann man die Balanced Scorecard definieren?

2. Welche Bedeutung haben Vision und Mission für die Balanced Scorecard?

3. Welche Perspektiven enthält die Balanced Scorecard? Welche Bedeutung haben sie?

4. Welche Bedeutung haben Früh- und Spätindikatoren in der Balanced Scorecard?

Aufgaben zu 1.5 Lagerbuchführung

1. Nennen Sie die Aufgaben der Lagerbuchführung!

2. Nennen Sie die Unterlagen für die Buchungen von Wareneingang und -ausgang! Geben Sie ihre Bedeutung an!

3. Beschreiben Sie die Verfahren der Lagerbuchführung!

4. In welchem Verhältnis steht die Lagerbuchführung zur Hauptbuchführung?

Aufgaben zu 1.6 Lagerbestand

1. Lesen Sie § 238 bis 242 HGB!

2. Erklären Sie die Begriffe Inventur und Inventar!

3. a) Erklären Sie die „Stichtagsinventur"!

   b) Erörtern Sie Vor- und Nachteile der Stichtagsinventur!

   c) Erklären Sie die „permanente Inventur"! Geben Sie auch an, unter welchen Bedingungen sie erlaubt ist!

   d) Nennen Sie Vorteile der permanenten Inventur!

4. Welche Bedeutung hat die Bewertung des Schlussbestandes für die Höhe des Warenrohgewinns?

5. Erläutern Sie die Bedeutung der Bewertungsgrundsätze Einzelbewertung, Pauschalbewertung und Niederstwertprinzip!

6. Lesen Sie § 6 EStG!

7. Welche Bewertungsgrundsätze sieht § 6 EStG vor? Nennen bzw. beschreiben Sie sie!

8. Lesen Sie § 256 HGB! Nennen Sie die dort angegebenen Bewertungsverfahren!

9. Bewerten Sie den Schlussbestand von 300 Stück zum Buchbestandspreis!

   Anfangsbestand: 200 Stück zu   8,— €/St.
   Einkauf: 50 Stück zu   9,— €/St.
   Einkauf: 125 Stück zu 10,— €/St.
   Einkauf: 135 Stück zu 11,— €/St.

10. Wodurch unterscheidet sich die Bewertung nach dem Buchbestandspreis von der Bewertung nach den Eingangsdurchschnittspreisen?

11. Bewerten Sie den Schlussbestand nach dem Verfahren mit gleitenden Durchschnittspreisen!

    Anfangsbestand: 200 Stück zu 8,— €/St.
    Einkauf: 50 Stück zu 9,— €/St.
    Verkauf: 100 Stück
    Einkauf: 125 Stück zu 10,— €/St.
    Verkauf: 175 Stück
    Einkauf: 135 Stück zu 11,— €/St.

12. Beurteilen Sie die bei den Aufgaben 9. und 11. angewandten Verfahren hinsichtlich ihrer Anwendungsmöglichkeiten!

13. Beschreiben Sie den Grundgedanken des Fifo-Verfahrens!

14. Bewerten Sie auf der Grundlage der Zahlen zu Aufgabe 9. einen Schlussbestand von 235 Stück nach dem Fifo-Verfahren!

15. Beschreiben Sie den Grundgedanken des Lifo-Verfahrens!

16. Bewerten Sie auf der Grundlage der Zahlen zu Aufgabe 9. einen Schlussbestand von 235 Stück nach dem Lifo-Verfahren!

17. Beschreiben Sie den Grundgedanken des Hifo-Verfahrens!

Aufgaben zu 1.7 Lagerhaltungskosten

1. Nennen und erklären Sie Arten von Lagerkosten!

2. Lagerkosten: 15.195,— €,
   durchschnittlicher Lagerbestand: 101.300,— €
   Ermitteln Sie den Lagerkostensatz! Erklären Sie diese Zahl!

3. Was wird mit dem Lagerzins angegeben?

4. Durchschnittliche Lagerdauer: 30 Tage,
   Zinssatz: 10 %
   a) Ermitteln Sie den Lagerzinssatz!
   b) Erklären Sie diese Zahl!

5. Welcher Zusammenhang besteht zwischen Lagerdauer und Lagerzins?

6. Erklären Sie „Lagerhaltungskosten"!

7. Erklären Sie den Zusammenhang zwischen Lagerhaltungskosten und Lagerbestand!

Aufgaben zu 1.8 Analysen der Materialien

1. Erklären Sie Bedeutung und Zielsetzung der sog. A-B-C-Analyse
   a) allgemein,
   b) im Zusammenhang mit der Beschaffungsplanung!

2. Nennen Sie Anwendungsbereiche der A-B-C-Analyse!

3. Beschreiben Sie den Ablauf einer A-B-C-Analyse!

4. Welche Bedeutung hat die X-Y-Z-Analyse?

5. Nennen Sie Beispiele für XYZ-Kriterien!

Aufgaben zu 1.9 Rationalisierung der Materialwirtschaft

1. Was versteht man unter Materialnummerung?

2. Wodurch unterscheiden sich sprechende von nicht sprechenden Schlüsseln?

3. Erläutern Sie die Identifikationsfunktion!

4. Erläutern Sie die Informationsfunktion!

5. Erläutern Sie die Klassifikationsfunktion!

6. Welche Bedeutung hat eine Prüfziffer?

7. Was ist Normung?

8. Welche Normen gibt es?

9. Welche Vorteile ergeben sich aus der Normung für die Beschaffung und die Lagerhaltung?

10. Was ist Typung?

11. Welche Vorteile ergeben sich aus der Typung für die Beschaffung und die Lagerhaltung?

Aufgaben zu 2.1 Bedarfsermittlung

1. Was ist eine Stückliste?

2. Was ist ein Verwendungsnachweis?

3. Was versteht man unter einer programmorientierten Bedarfsermittlung?

4. Wie ergibt sich der Materialbedarf? Verwenden Sie bei Ihrer Darstellung im richtigen Zusammenhang die Begriffe: Primär- und Sekundärbedarf, Brutto- und Nettobedarf!

5. Was versteht man unter einer verbrauchsorientierten Bedarfsermittlung?

6. Welche Methoden zur Vorhersage des Bedarfs kennen Sie? Erläutern Sie sie kurz!

7. Welche Bedeutung hat die Entscheidung für Eigenproduktion oder Fremdbezug für den Bedarf?

8. Welche Bedeutung hat die Produktakquisition für die Bedarfsermittlung?

9. Nennen Sie Besonderheiten der Bedarfsermittlung im Handel!

10. Definieren Sie „Saisonartikel"!

11. Zeichnen Sie die typischen Absatzverläufe für Produkte im Handel! Nennen Sie auch Beispiele für Produkte (zu den Verläufen)!

12. Ermitteln Sie nach der Methode des gleitenden Mittelwerts den Bedarf für März anhand der Zahlen in Tab. 2.3, legen Sie der Schätzung einen Basiszeitraum von 9 Monaten zu Grunde; der tatsächliche Wert für Januar beträgt 720, für Februar 700!

Aufgaben zu 2.2 Beschaffungspolitik

1. Was versteht man unter Beschaffungspolitik?

2. Man unterscheidet bei der Beschaffungspolitik vier Politikbereiche. Nennen Sie die vier Politikbereiche an und geben Sie für jeden Bereich ein Beispiel an!

3. Erklären Sie kurz (mit Stichworten)

    a) fertigungssynchrone Anlieferung,
    b) global sourcing,
    c) single und double sourcing,
    d) modular sourcing!

Aufgaben zu 2.3 Bezugsquelleninformation

1. Unterscheiden Sie interne und externe Bezugsquelleninformation!

2. Beschreiben Sie den Inhalt der Warenkartei!

3. Beschreiben Sie den Inhalt der Liefererkartei!

Aufgaben zu 2.4 Beschaffungsmärkte

1. Was versteht man unter B2B-Handel?

2. Definieren Sie die folgenden Marktformen!

    a) Angebotsmonopol,
    b) Angebotsoligopol,
    c) Polypol.

3. Was versteht man unter Umsatzkonzentration?

4. Welche Strukturveränderungen verursachen bzw. verstärken die Konzentrationstrends im Handel?

5. Kennzeichnen Sie Vorgang und Ziel der Betriebstypendifferenzierung im Einzelhandel!

6. Worin zeigt sich die Beschaffungskooperation?

7. Nennen Sie die Fremdgeschäfte der Kooperationszentrale und charakterisieren Sie sie kurz!

8. Charakterisieren Sie kurz die folgenden Formen der Kooperation!

    a) Einkaufsgenossenschaft,
    b) Depotsystem,
    c) Rack Jobbing,
    d) freiwillige Kette.

9. Welche Bedeutung hat das elektronische Beschaffungswesen?

Aufgaben zu 2.5 Beschaffungsmarktforschung

1. Umschreiben Sie die Aufgaben der Beschaffungsmarktforschung!

2. Erläutern Sie Ziele und Aufgaben der Lieferantenforschung!

3. Zählen Sie in Anlehnung an den Text die Bereiche der Lieferantenforschung auf, und geben Sie zu jedem Bereich mögliche Fragestellungen an!

4. Welche grundlegende Aufgabe hat das Qualitätsmanagement?

5. Nennen Sie Gründe eines Unternehmens für die Einführung eines Qualitätsmanagementsystems!

6. Warum kann man die Dokumentation als wesentliches Element des QM-Systems bezeichnen?

7. Welche besondere Bedeutung hat das QM-Handbuch?

8. Erläutern Sie Ziele und Aufgaben der Konkurrenzforschung!

9. Nennen Sie Fragestellung der Konkurrenzforschung!

10. Erläutern Sie Ziele und Aufgaben des Teils der Beschaffungsmarktforschung, der sich mit Preisen befasst!

11. Nennen Sie Quellen für die Information über Preise!

12. Erklären Sie die sekundäre Beschaffungsmarktforschung! Nennen Sie ihre Vor- und Nachteile!

13. Erklären Sie die primäre Beschaffungsmarktforschung! Nennen Sie ihre Vor- und Nachteile!

14. Nennen Sie Mittel der
    a) Sekundärforschung,
    b) Primärforschung!

15. Wie wird bei der Lieferantenbeurteilung und –auswahl vorgegangen?

Aufgaben zu 2.6 Category Management und Supply Chain Management

1. Erläutern Sie Bedeutung und Ziel des Category Management!

2. Kennzeichnen Sie das Efficient Consumer Response!

3. Kennzeichnen Sie das Efficient Store Assortment!

4. Erläutern Sie Bedeutung und Ziel des Supply Chain Management!

5. Kennzeichnen Sie das Efficient Continuous Replenishment!

6. Erläutern Sie die Bedeutung des EDI!

7. Welche Bedeutung hat das Key Account Management für die Beschaffung?

Aufgaben zu 2.7 Just-in-Time-Beschaffung

1. Kennzeichnen Sie
    a) Just-in-Time-Beschaffung,
    b) Just-in-Time-Produktion!

2. Welche Voraussetzungen hat die JiT-Beschaffung?

3. Welche Vorteile hat die JiT-Beschaffung?

4. Was versteht man unter dem Prinzip Just in Sequence?

Aufgaben zu 2.8 Beschaffungsplanung

1. Beschreiben Sie das Bestellpunktverfahren!

2. Ermitteln Sie den Bestellpunkt (bzw. die Bestellpunktmenge) für folgendes Beispiel: Täglicher Bedarf 15 Stück, Beschaffungszeit 8 Tage, Mindestbestand 40 Stück.

3. Nennen Sie besondere Bestellpunkte im Handel!

4. Beschreiben Sie das Bestellrhythmusverfahren!

5. Grenzen Sie Bestellpunkt- und Bestellrhythmusverfahren hinsichtlich ihrer Vor- und Nachteile voneinander ab!

6. Nennen Sie die Aufgaben der Preisplanung!

7. Stellen Sie das Schema auf, das der Ermittlung des Einstandspreises zu Grunde liegt!

8. Ermitteln Sie die Beschaffungskosten für folgenden Fall:

    Angebotspreis eines Artikels: 5,— €/Stück,
    Verpackung: 3,— €/100 Stück,
    Mengenrabatt: 20 % bei Abnahme von mind. 1.000 Stück,
    Zahlung: 3 % Skonto bei Zahlung innerhalb 10 Tagen,
    Lieferung: frei Haus,
    Bestellmenge: 1.200 Stück, Zahlung in einer Woche.

9. Erörtern Sie die Bedeutung der Angemessenheit eines Einstandspreises!

10. Nennen Sie Rabatte und geben Sie an, wofür sie gewährt werden! In welcher Form können Rabatte gewährt werden?

11. Die LandmaschinengesellschaftmbH bestellt 1.500 Spaten zum Stückpreis von 20 € (Zahlungsbedingung: Zahlungsziel 30 Tage, bei Zahlung innerhalb 10 Tagen wird ein Skonto von 3 % gewährt). Sie will die Rechnung mit Skontoabzug ausgleichen, muss aber bei Überweisung am 10. Tag einen Überziehungskredit in Anspruch nehmen (Zinsen 13 %). Lohnt sich die Kontoüberziehung? Wäre es sinnvoller gewesen, das Zahlungsziel in Anspruch zu nehmen?

12. a) Nennen Sie Bezugskosten!
    b) Nennen und erklären Sie Lieferungsbedingungen!

13. Wodurch kann die Position eines Einkäufers in einer Verhandlung gestärkt werden?

14. Welche Kosten werden in eine Kostenvergleichsrechnung einbezogen?

15. Welchen Nachteil hat die Kostenvergleichsrechnung als Grundlage für die Beschaffungsplanung von Investitionsgütern?

16. Unterscheiden Sie Barwert und Zeitwert eine Einnahme!

17. Welche Angaben enthält eine Abzinsungstabelle?

18. Welche Bedeutung hat das Kapitalwertverfahren als Investitionsrechnung?

19. Erörtern Sie grundsätzliche Probleme bei der Planung wirtschaftlicher Mengen!

20. Was sind Bestellkosten? Nennen Sie auch einzelne Kostenarten!

21. Die Landmaschinenges. m.b.H. hat einen Jahresbedarf von 1.500 Stück. Die Bestellkosten betragen erfahrungsgemäß 10,— €. Wie hoch sind die Bestellkosten,

    a) wenn die Bedarfsmenge insgesamt im Januar,
    b) wenn im Januar und im Mai jeweils ein Teil der Bedarfsmenge,
    c) wenn monatlich

    bestellt wird?

22. Ermitteln Sie die optimale Bestellmenge!

    Jahresbedarf (Jb): 1.200 Stück,
    Einstandspreis (EPr): 10,— €/Stück,
    Bestellkosten je Bestellung (k_{best}): 20,— €,
    Kostensatz der Lagerhaltung (q   ): 15 % des durchschnittlichen Lagerbestandes.

23. a) Erklären Sie den Begriff „optimale Bestellmenge"! Erläutern Sie dabei das Ziel, das mit der Ermittlung der optimalen Bestellmenge erreicht werden soll!

    b) Erklären Sie die Bestimmungsfaktoren für die optimale Bestellmenge! Stellen Sie die Zusammenhänge in einer Zeichnung dar!

24. Geben Sie wieder

    a) die Losgrößenformel zur Ermittlung der optimalen Bestellmenge,
    b) die (mit a) zusammenhängende Formel zur Ermittlung der optimalen Bestellhäufigkeit!

25. Ermitteln Sie nach den Formeln aus Aufg. 24 mit den Angaben zu Aufg. 22

    a) die optimale Bestellmenge,
    b) die optimale Bestellhäufigkeit!

26. Kennzeichnen Sie das Kostenausgleichsverfahren zur Ermittlung von optimalen Bestellmengen!

27. Welchen besonderen Vorteil hat das Kostenausgleichsverfahren?

28. Ermitteln Sie die optimalen Bestellmengen nach dem Kostenausgleichsverfahren mit den folgenden Angaben!

Monate	1	2	3	4	5
Bedarf in ME	70	30	40	45	35

Bestellkosten: 14 € je Bestellung,
Kostensatz der Lagerhaltung: 0,175,
durchschnittliche Lagerdauer: 1 Monat, 0,5 Monate im 1. Monat

Aufgaben zu 2.9 Beschaffungsprinzipien

1. Was versteht man unter Einzelbeschaffung?

2. Nennen und erläutern Sie Vorteile und Nachteile der Einzelbeschaffung!

3. Was versteht man unter Vorratsbeschaffung?

4. Nennen und erläutern Sie Vorteile und Nachteile der Vorratsbeschaffung!

5. Erklären Sie „fertigungssynchrone Lieferung"!

6. Erklären Sie „absatzsynchrone Lieferung"!

Aufgaben zu 2.10 Beschaffungswege

1. Was versteht man unter einem direkten Beschaffungsweg!

2. Erläutern Sie die Vorteile direkter Beschaffung!

3. Beschreiben Sie indirekte Beschaffungswege!

4. Unterscheiden Sie Absatzmittler und -helfer! Nennen Sie Beispiele für Absatzmittler und -helfer!

5. Erörtern Sie Vorteile und Nachteile indirekter Beschaffung!

6. Erklären Sie Begriff, Vorgang und Bedeutung des Streckengeschäfts!

Aufgaben zu 2.11 Organisation der Beschaffung

1. Welche grundsätzlichen Fragestellungen werden unter „Organisation der Beschaffung" zusammengefasst?

Aufgaben 187

2. Erklären Sie Vorgang und Bedeutung zentraler Beschaffung!

3. Nennen Sie Vorteile und Nachteile zentraler Beschaffung!

4. Erklären Sie Vorgang und Bedeutung dezentraler Beschaffung!

5. Nennen Sie Vorteile und Nachteile dezentraler Beschaffung!

Aufgaben zu 2.12 Anlieferung (Transportmittel)

1. Nennen Sie Kriterien für die Wahl des Transportmittels!

2. Welche besonderen Vorteile hat der Straßengüterverkehr gegenüber dem Schienenverkehr?

3. Nennen Sie Lkw-Ausstattungen!

4. Welche besonderen Vorteile hat der Schienengüterverkehr?

5. Nennen Sie einige Fahrzeugtypen im Schienengüterverkehr!

6. Welche besonderen Vorteile hat die Binnenschiffahrt!

7. Welche Gründe kann es dafür geben, für die Anlieferung von Waren oder Materialien die Leistungen eines Transportunternehmens bzw. eines Spediteurs in Anspruch zu nehmen?

8. Was ist ein Spediteur?

9. Was ist ein Frachtführer?

10. Welche Leistungen bietet ein Logistikunternehmen an?

Aufgaben zu 2.13 Lieferterminkontrolle

1. Erläutern Sie die Bedeutung der Lieferterminkontrolle!

2. Wie können Lieferterminkontrollen durchgeführt werden?

Aufgaben zu 2.14 Rechtliche Aspekte der Beschaffung

1. Was ist ein Kaufvertrag?

2. Wie kommt ein Kaufvertrag zu Stande?

3. Wodurch unterscheidet sich der Handelskauf vom Verbrauchsgüterkauf?

4. Welche Pflichten übernimmt der Verkäufer durch den Kaufvertrag?

5. Welche Pflichten übernimmt der Käufer durch den Kaufvertrag?

6. Kennzeichnen Sie kurz die folgenden Kaufvertragsformen!
   a) Kauf nach Probe,
   b) Kauf auf Probe,
   c) Kauf zur Probe,
   d) Kauf nach Besicht,
   e) Kauf auf Abruf,
   f) Spezifikationskauf,
   g) Fixgeschäft.

7. Erklären Sie den Werkvertrag!

8. Wodurch unterscheiden sich Miete und Pacht?

9. Was ist ein Dienstvertrag?

10. Was ist ein Geschäftsbesorgungsvertrag?

11. Was hat ein Leasingvertrag zum Inhalt?

12. Was sind Allgemeine Geschäftsbedingungen?

13. Unter welchen Bedingungen werden Allgemeine Geschäftsbedingungen zum Bestandteil des Kaufvertrages?

14. Die AGB-Vorschriften verbieten die Verwendung bestimmter Klauseln. Nennen Sie solche Klauseln, unterscheiden Sie dabei Klauseln mit und ohne Wertungsmöglichkeiten!

15. Welche Bedeutung hat der Erfüllungsort?

16. Unterscheiden Sie den vertraglichen vom gesetzlichen Erfüllungsort!

17. Wodurch tritt die Unmöglichkeit einer Leistung ein? Welche Folgen hat die Unmöglichkeit?

18. Wann kommt der Schuldner in Verzug?

19. Wann kommt der Schuldner einer Entgeltforderung in Verzug?

20. Wann tritt der Lieferungsverzug ein?

21. Wann liegt Annahmeverzug vor?

22. Wann liegt ein Sachmangel vor?

Aufgaben 189

23. Welche Rechte hat der Käufer bei einem Sachmangel?

24. Welche Bedeutung hat beim Verbrauchsgüterkauf die Beweislastumkehr bei Mangel?

25. Hat der Verkäufer einen Rückgriffsanspruch an seinen Lieferanten, wenn ein Käufer Ansprüche bei einer mangelhaften Sache stellt?

26. Was ist ein Fernabsatzvertrag?

27. Welche besonderen Pflichten hat der Verkäufer in einem Fernabsatzgeschäft?

28. Welche Bedeutung hat die Einrede der Verjährung?

29. Wann verjähren Forderungen regelmäßig? Wann beginnt die Verjährungsfrist?

30. Was ist eine Verjährungshemmung? Welche Folgen hat die Hemmung einer Verjährung?

31. Was bedeutet der Neubeginn einer Verjährung?

32. Wodurch wird ein Leistungsanspruch verwirkt?

33. Welche Bedeutung hat der Wegfall der Geschäftsgrundlage?

Aufgaben zu 3.1 Waren- und Materialeingang

1. Erklären Sie die Bedeutung der folgenden Prüfungen bei Waren- bzw. Materialeingang: Belegprüfung, Mengenprüfung, Zeit-(Termin-)Prüfung!

2. Welche Vorteile hat eine Stichprobenprüfung gegenüber einer Hundertprozentprüfung?

3. Welche Probleme wirft eine Stichprobenprüfung auf?

4. Wie können Stichproben ausgewählt werden?

5. Was sind Stichprobenpläne?

6. Nennen Sie Prüfverfahren!

7. Nennen Sie die Aspekte der Rechnungsprüfung!

8. Kennzeichnen Sie das Freiplatzsystem!

9. Erläutern Sie die Bedeutung des Lagerplatznummernsystems!

10. Kennzeichnen Sie das Festplatzsystem!

11. Erörtern Sie die Vorteile und Nachteile von Frei- und Festplatzsystem!

Aufgaben zu 3.2 Funktionen der Lagerhaltung

1. Erläutern Sie die Überbrückungsfunktion des Lagers! Gehen Sie dabei auch auf die einzelnen Bereiche der Überbrückung ein!

2. Erläutern Sie den Beitrag, den die Lagerhaltung für die Sortimentsgestaltung leisten kann!

3. a) Was ist unter der Lagerfunktion „Manipulation" zu verstehen?
   b) Nennen Sie Beispiele für Warenmanipulation im Lager!

Aufgaben zu 3.3 Lagerarten

1. a) Erklären Sie Begriff und Vorgang zentraler Lagerung!
   b) Erläutern Sie Vorteile und Nachteile zentraler Lagerung!

2. a) Erklären Sie Begriff und Vorgang dezentraler Lagerung!
   b) Beschreiben Sie Gründe, die zur Einrichtung bzw. zur Nutzung dezentraler Lager führen! Erläutern Sie Vorteile und Nachteile dezentraler Lager!

3. Erläutern Sie die Gründe für die Inspruchnahme eines Fremdlagers!

4. Was ist ein sog. Lagerhalter!

5. Unterscheiden Sie Sonder- und Sammellagerung!

6. Erklären Sie die Bedeutung eines sog. Gemeinschaftslagers!

7. Was ist ein Konsignationslager? Erörtern Sie seine besondere Bedeutung!

8. Nennen Sie Beispiele für Funktionsschwerpunkte der Lagerung!

9. Beschreiben Sie warenspezifische Anforderungen an Lager, geben Sie auch Beispiele für Lagerarten an!

10. Was sind Stufenlager?

Aufgaben zu 3.4 Lagereinrichtungen

1. Nennen Sie die Faktoren, die die Wahl einer bestimmten Lagereinrichtung mitbestimmen!

2. Nennen und beschreiben Sie Lagereinrichtungen!

Aufgaben zu 3.5 Lagerarbeiten

1. Das Lagergut muss gepflegt werden. Welche Arbeiten fallen dabei an?

2. Was versteht unter der Manipulation des Lagerguts?

3. Mit welchen Mitteln wird das Lagergut geprüft?

Aufgaben zu 3.6 Kommissionierung

1. Definieren Sie Kommissionieren nach der VDI-Richtlinie!

2. Erklären Sie die Entnahmemethode Mann zur Ware!

3. Erklären Sie die Entnahmemethode Ware zum Mann!

4. Kennzeichnen Sie kurz den eindimensionalen und den zweidimensionalen Entnahmeweg!

5. Unterscheiden Sie die einstufige Kommissionierung von der zweistufigen!

6. Was ist eine serielle Kommissionierung?

7. Was ist eine parallele Kommissionierung?

8. Unterscheiden Sie das Holsystem von dem Bringsystem!

Aufgaben zu 3.7 Lagerbestandsplanungen

1. Warum sind Lagerbestandsplanungen erforderlich? Welche Besonderheiten des Handels sind bei Bestandsplanungen zu berücksichtigen?

2. Wozu dient die Festlegung des Höchstbestandes?

3. Erläutern Sie die Bedeutung des Mindestbestandes!

4. Erläutern Sie das Verfahren zur Ermittlung des Meldebestandes!

5. Wie ergibt sich der verfügbare Bestand?

6. Erörtern Sie die Bedeutung des optimalen Lagerbestands!

7. Definieren Sie „Grad der Lieferbereitschaft"!

8. Was geben die folgenden Werte für die Lieferbereitschaft an?

    a) $L_A = 85\,\%$,
    b) $L_N = 90\,\%$.

9. Was sind Fehlmengenkosten?

10. Erläutern Sie die folgenden Möglichkeiten zur Verringerung von Lagerbeständen!

   a) Kauf auf Abruf,
   b) fertigungssynchrone Lieferung,
   c) Rabattpolitik,
   d) Mindestmengenpolitik,
   e) Streckengeschäft,
   f) Fertigung just in time.

11. Welcher Zusammenhang besteht zwischen der Höhe des durchschnittlichen Lagerbestandes und der Höhe der Bestellmenge (Häufigkeit der Bestellungen)?

12. a) Ermitteln Sie den durchschnittlichen Lagerbestand (mengen- und wertmäßig) aus den begrenzenden Beständen!

   b) Ermitteln Sie den durchschnittlichen Lagerbestand (mengen- und wertmäßig) aus den Monatsendbeständen!

   c) Ermitteln Sie den durchschnittlichen Lagerbestand (mengen- und wertmäßig) aus den Quartalsendbeständen!

Monat	Bestände	
	Mengen	Wert
Dezember	1.350	15.525,—
Januar	1.330	14.630,—
Februar	1.380	15.510,—
März	1.410	15.180,—
April	1.570	18.840,—
Mai	1.700	20.400,—
Juni	1.830	21.960,—
Juli	1.750	22.750,—
August	1.900	24.700,—
September	1.820	23.660,—
Oktober	2.000	28.000,—
November	1.600	23.200,—
Dezember	1.420	21.300,—

13. Was wird mit der Kennzahl „durchschnittlicher Lagerbestand" angegeben? - Welches der bei Aufgabe 12 anzuwendenden Verfahren würden Sie wählen? Begründen Sie Ihre Meinung!

14. Was wird mit der Kennzahl „Umschlagshäufigkeit" angegeben? Welche Bedeutung hat sie?

15. Ermitteln Sie die Umschlagshäufigkeit!

   a) Jahresabsatz: 22000 Stück.
      durchschnittlicher Lagerbestand: 4000 Stück,

   b) Wareneinsatz zu Einstandspreisen: 133.750,— €,
      durchschnittlicher Lagerbestand: 26.750,— €.

16. Was wird mit der Kennzahl „durchschnittliche Lagerdauer" angegeben?
    Welcher Zusammenhang besteht zwischen Umschlagshäufigkeit und durchschnittlicher Lagerdauer?

17. Die Umschlagshäufigkeit wird mit 5 angegeben. Wie hoch ist die durchschnittliche Lagerdauer? Was gibt diese Zahl an?

18. Eine Lagerkarte weist für eine Warenart folgende Vorgänge auf:

    02.01. Anfangsbestand 10.000,— €
    13.02. Einkauf 8.000,— €
    05.03. Einkauf 7.000,— €
    10.05. Verkauf 4.300,— €
    28.08. Verkauf 2.700,— €
    10.10. Verkauf 9.550,— €
    11.11. Einkauf 3.450,— €
    19.12. Verkauf 6.400,— €

    a) Ermitteln Sie den durchschnittlichen Lagerbestand
       - aus den begrenzenden Beständen,
       - aus den Monatsbeständen!
       Vergleichen Sie die Ergebnisse!

    b) Ermitteln Sie den Wareneinsatz zu Einstandspreisen!

    c) Ermitteln Sie die Umschlagshäufigkeit!

    d) Ermitteln Sie die durchschnittliche Lagerdauer!

19. Erörtern Sie anhand der Beispiele auf S. 168 die Zusammenhänge zwischen Umschlagshäufigkeit und Lagerhaltungskosten!

20. Durchschnittlicher Lagerbestand: 12.662,50 €
    Wareneinsatz: 151.950,— €
    Lagerkosten: 15.195,— €

    a) Ermitteln Sie die Umschlagshäufigkeit!

    b) Ermitteln Sie den prozentualen Anteil der Lagerkosten am Wareneinsatz! - Erklären Sie diese Zahl!

    c) Wie hoch wären die Kostensätze, wenn die Umschlagshäufigkeit
       - auf 8 gesenkt würde,
       - auf 16 anstiege?

21. Erörtern Sie die Bedeutung der Lagerkennziffern Umschlagshäufigkeit und Lagerdauer für die Lagerplanung!

Aufgaben zu 3.8 Entsorgung

1. Welche Ziele verfolgt das Kreislaufwirtschafts- und Abfallgesetz?

2. Wie kennzeichnet das Gesetz entsorgungspflichtige Abfälle?

3. Kennzeichnen Sie die beiden vom Gesetz vorgesehenen Aspekte der Entsorgung?

4. Wie können Abfälle verwertet werden?

5. Wie können Abfälle verwendet werden?

6. Welche Formen der Abfallbeseitigung gibt es?

7. Nennen Sie Arbeiten, die bei der Entsorgung anfallen!

Zusammenfassende Übungsaufgaben – Klausurtypische Aufgaben

(vgl. Hinweise auf S. 173 f.)

1	1 Voraussetzungen, Grundbegriffe und Grundtatbestände
Hinweise	
Themenbereich(e)	Einführung
Thema, Themen	Gegenstände der Beschaffung
Textbezug	1.1
geschätzte Bearbeitungsdauer	15 Minuten
geschätzte Anforderungen	I

Geben Sie in der folgenden Tabelle durch Ankreuzen an, um welche Materialien bzw. Waren es sich handelt!

	Unternehmen	Gegenstände der Beschaffung	Rohstoffe	Hilfsstoffe	Betriebsstoffe	Teile	Handelsware	Ware
1	Möbelhersteller	Holz						
2	Möbelhersteller	Leim						
3	Mühlenwerke	Getreide						
4	Mühlenwerke	Verpackungsmaterial						
5	Hersteller von Gartengeräten	Reinigungsmittel						
6	Supermarkt	Lebensmittel						
7	Brotfabrik	Mehl						
8	Hersteller von landwirtschaftl. Nutzfahrzeugen	Anhängeruntergestell						
9	Brotfabrik	Strom						
10	Hersteller von Kunststoffteilen	Granulat						
11	Haushaltswaren-einzelhändler	Geschirr - Trinkgläser						
12	Maschinenfabrik	Schmiermittel						
13	Automobilfabrik	Sitze						
14	Automobilfabrik	Stahlbleche						

2	1 Voraussetzungen, Grundbegriffe und Grundtatbestände
Hinweise	
Themenbereich(e)	Aufbauorganisation
Thema, Themen	Eingliederung der Beschaffungslogistik
Textbezug	1.2
geschätzte Bearbeitungsdauer	60 Minuten
geschätzte Anforderungen	I und II (II überwiegt)

Die Landtransport GmbH in Kiel, die vorwiegend landwirtschaftliche Transporteinrichtungen herstellt und vertreibt, hat wegen der besonderen Bedeutung von Beschaffung und Lagerhaltung für die Leistungsfähigkeit des Unternehmens die Stelle eines „Leiters der Beschaffungslogistik" geschaffen, die in die oberste Führungsebene des Unternehmens eingegliedert ist.

Die Unternehmensleitung trägt damit der Einsicht Rechnung, dass bei einem kundenorientierten Unternehmen auf einem enger werdenden Markt neben dem Marketing- auch das Beschaffungsmanagement für den Bestand und das weitere Wachstum ihres Unternehmens wesentlich verantwortlich ist. Die Materialwirtschaft erhält durch diese Organisation eine angemessen starke Stellung gegenüber den anderen Managementbereichen, die für die Zusammenarbeit, insbesondere mit Produktion und Marketing, dringend erforderlich ist.

1. Erklären Sie Gesamt-, Haupt-, Teil- und Einzelaufgaben der Landtransport GmbH!

2. Erläutern Sie Weisungssysteme (Lenkungssysteme)!

3. Zeichnen Sie den organisatorischen Aufbau (Weisungssystem) der Landtransport GmbH; gehen Sie dabei von einem Liniensystem aus, berücksichtigen Sie einen Stab und vier Bereiche (Abteilungen): Marketing, Materialwirtschaft, Produktion, Allgemeine Verwaltung (als Zusammenfassung aller anderen Abteilungen).

4. Stellen Sie grafisch den Unternehmensaufbau unter Berücksichtigung einer Spartenorganisation dar; berücksichtigen Sie die Sparten: Motorfahrzeuge, Kleinfahrzeuge, innerbetriebliche Transporteinrichtungen!

Zusammenfassende Übungen 197

3	1 Voraussetzungen, Grundbegriffe und Grundtatbestände
Hinweise	
Themenbereich(e)	Ablauforganisation
Thema, Themen	Arbeitsablaufplan
Textbezug	1.2.3.1
geschätzte Bearbeitungsdauer	30 Minuten
geschätzte Anforderungen	II

Bei den Ostholmer Mühlenwerken geht die Rechnung der VerpackungsgmbH ein. Vor Rechnungsausgleich ist die Rechnung auf rechnerische und sachliche Richtigkeit zu prüfen. Der Vorgang weist (vereinfacht) die folgenden Arbeitsschritte auf.

Stellen Sie durch Ausfüllen der Symbole den Arbeitsablaufplan dar!

Welche analytischen Aufgaben kann dieser Arbeitsablaufplan übernehmen?

	Ablaufabschnitt	Ablaufarten des Arbeitsgegenstandes	Bemerkungen
1	Rechnungseingang, Eingangsstempel	○ ⇒ □ D ▽	
2	Ablage in Postausgangskorb	○ ⇒ □ D ▽	
3	Weitergabe zur Abt. Rechnungswesen	○ ⇒ □ D ▽	
4	Rechnung im Postausgangskorb	○ ⇒ □ D ▽	
5	Prüfung der Rechnung	○ ⇒ □ D ▽	
	Bestätigung der Richtigkeit	○ ⇒ □ D ▽	
6	Rechnung im Ausgangskorb	○ ⇒ □ D ▽	
7	Weitergabe zur Zahlungsanweisung	○ ⇒ □ D ▽	
8	Rechnung im Eingangskorb	○ ⇒ □ D ▽	

9	Vorlage bei Leiter Rechnungswesen	○ ⇒ □ D ▽	
10	Freigabe zur Zahlung	○ ⇒ □ D ▽	
11	Rechnung im Ausgangskorb	○ ⇒ □ D ▽	
12	Ausstellung der Zahlungsanweisung	○ ⇒ □ D ▽	
13	Rechnung im Ausgangskorb	○ ⇒ □ D ▽	
14	Rechnung zur Buchhaltung	○ ⇒ □ D ▽	
15	Verbuchung	○ ⇒ □ D ▽	
16	Ablage	○ ⇒ □ D ▽	

4	1 Voraussetzungen, Grundbegriffe und Grundtatbestände
Hinweise	
Themenbereich(e)	Organisation
Thema, Themen	Ablauforganisation – Netzplan
Textbezug	1.2.3.2
geschätzte Bearbeitungsdauer	120 Minuten
geschätzte Anforderungen	II

Bei der Anschaffung und Investition einer Maschine fallen die im Folgenden angegebenen Vorgänge an.

a) Vervollständigen Sie die Tabelle! (Damit die vorgeschlagene Lösung zum Vergleich herangezogen werden kann, sollte aus der Lösung die Spalte „Voraussetzungen", in der angegeben ist, welcher Vorgang abgeschlossen sein muss, damit mit dem nächsten begonnen werden kann, hier übernommen werden.)

b) Entwerfen Sie den Netzplan mit allen Angaben!

c) Geben Sie den kritischen Weg an!

Zusammenfassende Übungen

d) Wie lange dauert das Gesamtprojekt?

	Vorgänge	Dauer in Wochen
A	Bedarf feststellen, Prüfungen	1
B	Anfragen, Angebote einholen	3
C	Entscheidung fällen	1
D	bestellen	1
E	Trennwand mauern	3
F	elektrische Leitungen installieren	1
G	Wasserleitung installieren	2
H	Fundament mauern	4
I	Malerarbeiten	2
J	Lieferung	9
K	Maschinen aufbauen und anschließen	2
L	Probelauf	1

5	1 Voraussetzungen, Grundbegriffe und Grundtatbestände
Hinweise	
Themenbereich(e)	Lagerbestand
Thema, Themen	Bestandsbewertungen
Textbezug	1.6.2
geschätzte Bearbeitungsdauer	120 Minuten
geschätzte Anforderungen	II und III

	Stück	Einzelpreis in €
Anfangsbestand	800	5,00
Einkauf	200	5,85
Verkauf	300	
Verkauf	400	
Einkauf	250	6,10
Verkauf	500	
Einkauf	100	6,25
Verkauf	30	
Einkauf	625	6,55
Verkauf	300	
Verkauf	320	
Einkauf	50	7,20

1. Ermitteln Sie den Schlussbestand und bewerten Sie ihn

   a) zum Buchbestandspreis,

   b) nach dem Verfahren mit gleitenden Durchschnittspreisen,

   c) nach dem Fifo-Verfahren,

   d) nach dem Lifo-Verfahren!

2. Geben Sie in einer Tabelle an, welche der Bewertungsverfahren nach Handels- und Steuerrecht zulässig sind!

6	1 Voraussetzungen, Grundbegriffe und Grundtatbestände
Hinweise	
Themenbereich(e)	Lagerhaltungskosten
Thema, Themen	Lagerhaltungskosten u. dgl.
Textbezug	1.7
geschätzte Bearbeitungsdauer	30 Minuten
geschätzte Anforderungen	II

Lagerkosten: 23.250 €
durchschnittlicher Lagerbestand: 155.000 €
Zinssatz: 12 %
durchschnittliche Lagerdauer: 30 Tage

1. Berechnen Sie den Lagerhaltungskostensatz!

2. Erklären Sie den Zusammenhang zwischen Lagerdauer und Lagerzins!

3. Erklären Sie den Zusammenhang zwischen Lagerhaltungskosten und Lagerbestand!

Zusammenfassende Übungen

7	1 Voraussetzungen, Grundbegriffe und Grundtatbestände
Hinweise	
Themenbereich(e)	Analysen der Materialien
Thema, Themen	A-B-C-Analyse
Textbezug	1.8.1
geschätzte Bearbeitungsdauer	120 Minuten
geschätzte Anforderungen	II

Führen Sie anhand der folgenden Angaben eine A-B-C-Analyse durch; teilen Sie die Artikel nach Wertgruppen ein (A, B, C)! Ergänzen Sie die Tabelle und ermitteln Sie die Wertgruppen! Stellen Sie das Ergebnis in einer Konzentrationskurve dar!

Kennzeichnen Sie kurz die Bedeutung der A-B-C-Analyse für die Materialwirtschaft (Beschaffung und Lagerhaltung)!

Artikel-Nr.	Absatz in Stück	Preis je ME in €
1001	16	430
1002	950	4,4
1003	150	3
1004	490	1,4
1005	100	6
1006	85	8
1007	1.500	0,13
1008	1.800	0,1
1009	1.150	0,08
1010	4.000	0,03

8	1 Voraussetzungen, Grundbegriffe und Grundtatbestände
Hinweise	
Themenbereich(e)	Rationalisierung in der Materialwirtschaft
Thema, Themen	Materialnummerung
Textbezug	1.9.1
geschätzte Bearbeitungsdauer	90 Minuten
geschätzte Anforderungen	II und III

Nehmen Sie an, die folgende Materialnummer auf einem Entnahmeschein wäre für Metallplättchen aus Stahl mit der Stärke 5 mm, Länge 6 cm, Breite 3 cm vergeben. Diese Materialnummer enthält die Identnr. und Informationen über Teil, Materialart, Format und Lagerort.

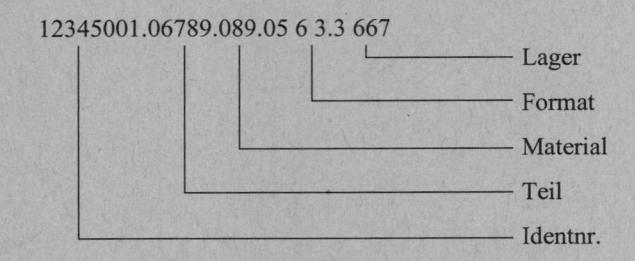

```
12345001.06789.089.05 6 3.3 667
                              └──── Lager
                          └──────── Format
                       └─────────── Material
                └──────────────── Teil
         └────────────────────── Identnr.
```

1. Interpretieren Sie die Materialnummer!

2. Wodurch unterscheidet sich die Identnr. von den anderen Komponenten der Nummer?

3. Ermitteln Sie für die folgende Materialnummer die Prüfziffer, und kontrollieren Sie die Richtigkeit der ermittelten Prüfziffer!
   123678 90 235 671

4. Kontrollieren Sie anhand der Prüfziffer, ob die folgende Materialnummer richtig ist!
   78902 48 601 4559 3

9	2 Beschaffung
Hinweise	
Themenbereich(e)	Bedarfsermittlung
Thema, Themen	Bedarfsprognose (gleitende Mittelwerte)
Textbezug	2.1.2
geschätzte Bearbeitungsdauer	30 Minuten
geschätzte Anforderungen	II

Bei der Landtransport GmbH zeigt die Statistik für einen bestimmten Rohstoff folgenden Verbrauchsverlauf.

a) Ermitteln Sie den wahrscheinlichen Verbrauch für Januar des Folgejahres nach der Methode gleitender Durchschnitte
   3. Ordnung,
   5. Ordnung!

b) Beurteilen Sie die Ergebnisse!

Zusammenfassende Übungen 203

		Verbrauch in Stück			Verbrauch in Stück
1	Januar	1.670	13	Januar	1.750
2	Februar	1.630	14	Februar	1.720
3	März	1.570	15	März	1.684
4	April	1.635	16	April	1.713
5	Mai	1.685	17	Mai	1.760
6	Juni	1.720	18	Juni	1.786
7	Juli	1.605	19	Juli	1.772
8	August	1.660	20	August	1.635
9	September	1.620	21	September	1.695
10	Oktober	1.700	22	Oktober	1.800
11	November	1.840	23	November	2.000
12	Dezember	1.995	24	Dezember	2.150

10	2 Beschaffung	
Hinweise		
Themenbereich(e)	Bedarfsermittlung	
Thema, Themen	Bedarfsprognose	
Textbezug	2.1.2	
geschätzte Bearbeitungsdauer	30 Minuten	
geschätzte Anforderungen	II	

Die Ostholmer Mühlenwerke GmbH verzeichneten für das grobe Mehl in den vergangenen Jahren folgende Absatzzahlen.

Prognostizieren Sie den Absatz für das Jahr 2005 nach der Methode der exponentiellen Glättung 1. Ordnung (Glättungsfaktor g = 0,9, geschätzter Wert für 2001: 125)!

	Jahr	Absatz in 1000 kg
1	1995	100
2	1996	105
3	1997	103
4	1998	108
5	1999	110
6	2000	112
7	2001	115
8	2002	118
9	2003	120
10	2004	123
	2005	?

11	2 Beschaffung
Hinweise	
Themenbereich(e)	Bedarfsermittlung
Thema, Themen	make oder buy
Textbezug	2.1.3
geschätzte Bearbeitungsdauer	30 Minuten
geschätzte Anforderungen	II (in geringem Umfang auch III)

Die Landtransport GmbH in Kiel, die landwirtschaftliche Transporteinrichtungen herstellt, hat, der Kundennachfrage entsprechend, Pkw-Anhänger mit geschlossenem Aufbau in ihr Angebot aufgenommen. Der Kastenaufbau wird im eigenen Betrieb hergestellt (Eigenproduktion) und auf ein Anhängergestell montiert, das von einem anderen Hersteller bezogen wird (Fremdbezug). Herstellung des Aufbaus und die Montage werden in Werkstätten ausgeführt (Werkstättenfertigung). Die Nachfrage nach den Anhängern entwickelt sich positiv, sodass die Absicht besteht, sie in absehbarer Zeit in Eigenproduktion herzustellen.

1. Erläutern Sie Gründe für den Fremdbezug der Anhängergestelle!

2. Zeigen Sie Probleme auf, die im Zusammenhang mit der Übernahme in Eigenproduktion auftreten!

3. Erklären Sie die Kostenstrukturen vor und nach der Umstellung auf Eigenproduktion!

4. Erläutern Sie die materialwirtschaftliche Bedeutung des Fremdbezugs!

12	1 Voraussetzungen, Grundbegriffe und Grundtatbestände 2 Beschaffung 3 Lagerhaltung
Hinweise	
Themenbereich(e)	Beschaffungsaktivitäten
Thema, Themen	Bezugsquelleninformation, Meldebestand, A-B-C-Analyse
Textbezug	2.3, 1.8.1, 3.7.1.3
geschätzte Bearbeitungsdauer	180 Min. (mit A-B-C-Analyse einschl. Zeichnung)
geschätzte Anforderungen	II und III

In der Beschaffungsabteilung der Ostholmer Mühlenwerke GmbH geht die Mitteilung des Lagers ein, das bei dem Verpackungsmaterial für Weizenmehl Typ 405 (1000-g-Beutel mit Aufdruck der Marke, des Typs, der Firma und des Gütezeichens) der Meldebestand erreicht ist. Die Beschaffungs-

Zusammenfassende Übungen 205

aktivitäten richten sich zunächst auf die Bezugsquellen und die Überprüfung ihrer Leistungsfähigkeit.

Die Ostholmer Mühlenwerke rechnen bei diesem Produkt zzt. mit einer Lieferzeit von 21 Tagen, der tägliche Bedarf liegt bei 10.000 Stück, der Mindestbestand wird mit 20.000 Stück angegeben.

1. Ermitteln Sie die Höhe des Mindestbestandes! Welche Bedeutung hat der Meldebestand?

2. Erklären Sie „Bezugsquelleninformation"!

3. Aufgrund von Anfragen gehen Angebote mehrerer Lieferanten ein. Nach welchen Gesichtspunkten können diese Angebote miteinander verglichen werden?

4. Wegen Einrichtung eines weiteren Transportbandes mit Abfülleinrichtung erhöht sich der Bedarf an 1000-g-Beuteln auf 15.000 Stück pro Tag. Wirkt sich dieses auf den Meldesbestand aus? Wenn ja: Wie?

5. Halten Sie es für sinnvoll, bei der Bearbeitung der Angebote den Lieferanten mit der kürzesten Lieferzeit vorzuziehen?

6. In der sog. Beschaffungspreispolitik geht es um die Minimierung von Beschaffungskosten. Welche Möglichkeiten haben die Ostholmer Mühlenwerke, die Beschaffungskosten zu verringern?

7. Der Umfang der Beschaffungsaktivitäten ist u.a. auch davon abhängig, in welche Wertkategorie (A, B, C) die zu beschaffende Ware bzw. das zu beschaffende Material eingeordnet wurde. Der Einordnung liegt die sog. A-B-C-Analyse zu Grunde. Erklären Sie den Vorgang der A-B-C-Analyse!

8. Stellen Sie anhand des u.a. Zahlenmaterials eine A-B-C-Analyse auf!

9. Gehen Sie davon aus, dass das Verpackungsmaterial hier zu den sog. C-Gütern zählt. Welche Bedeutung hat das für die Beschaffungsaktivitäten?

Artikel Nr.	Jahresbedarf in ME	Preis je ME in €
150.191	12	1.451,00
150.192	890	14,55
150.193	145	11,35
150.194	500	6,00
150.195	100	22,70
150.196	90	25,00
150.197	1.500	0,30
150.198	2.000	0,20
150.199	1.300	0,16
150.200	4.250	0,10

13	2 Beschaffung	
Hinweise		
Themenbereich(e)	Beschaffungsmarktforschung	
Thema, Themen	Beschaffungsmärkte (Struktur)	
Textbezug	2.4	
geschätzte Bearbeitungsdauer	90 Minuten	
geschätzte Anforderungen	I	

Geben Sie die erfragten Begriffe an, kreuzen Sie richtig oder falsch an!

		Antworten	
1	Ein Anbieter, viele Nachfrager. Welche Marktform liegt vor?		
2	Viele Anbieter, viel Nachfrager. Welche Marktform liegt vor?		
3	Wenige, relativ starke Anbieter, viele Nachfrager. Welche Marktform liegt vor?		
4	Wenige relativ starke Anbieter und Nachfrager. Welche Marktform liegt vor?		
5	Welche Marktform herrscht auf Beschaffungsmärkten vor?		
6	Beschaffungskooperation ist der Zusammenschluss von Unternehmen zu einer ..., bei der die einzelnen ... zusammengefasst werden.		
7	Bei einem ... liefert der Hersteller direkt an die Unternehmen.		
8	Wenn die Mitglieder der Einkaufsgemeinschaft die Rechnungen an die Zentrale bezahlen, die ihrerseits den Zahlungsausgleich vornimmt, liegt ein ... vor.		
9	Depotsysteme sind Formen der Kooperation zwischen Herstellern und Händlern.	richtig?	falsch?
10	Rack-Jobbing-Systeme sind Formen der Kooperation zwischen Unternehmen des Einzelhandels, bei denen die Regale zur eigenen Ausstattung vermietet werden.	richtig?	falsch?
11	Beim Category Management wird in besonderem Maße der ... berücksichtigt.		
12	Bei sog. ... arbeiten Hersteller und Handel bei Beschaffung eng zusammen.		
13	EDI ist der ... Austausch strukturierter Geschäftsdaten. Dabei verwenden die beteiligten Unternehmen ... Datensysteme.		

Zusammenfassende Übungen 207

14	Was bedeutet das Kürzel B2B?		
15	Der Bestellvorgang im E-Commerce ist kürzer und kostengünstiger als die „klassische" Beschaffung.	richtig?	falsch?
16	Baugruppen, die von sog. Systemlieferanten hergestellt werden, werden fast immer im E-Commerce beschafft.	richtig?	falsch?
17	Die Strukturveränderungen im Handel zeigen sich in einem ...prozess und in einem ...prozess.		
18	Der Wettbewerb zwischen Herstellern findet zunehmend im konsumnahen Bereich statt.	richtig?	falsch?
19	Umsatzkonzentration heißt, dass ... Unternehmen den größten Teil des ... der Branche an sich ziehen.		
20	Alle Maßnahmen zur Betreuung von Großkunden werden unter dem Begriff ... zusammengefasst.		

14	2 Beschaffung
Hinweise	
Themenbereich(e)	Beschaffungsmarktforschung
Thema, Themen	Beschaffungsmärkte - B2B
Textbezug	2.4
geschätzte Bearbeitungsdauer	30 Minuten
geschätzte Anforderungen	I

Der Beschaffungsmarkt der Handelsunternehmen wird u.a. bestimmt durch besondere Interessen der Hersteller und des Handels. Welche der angegebenen Charakterisierungen trifft eher auf die Hersteller, welche eher auf den Handel zu? (Ankreuzen!)

		Hersteller	Handel
1	betriebstypische Profilierung		
2	zielgruppenspezifische Differenzierung des Sortiments		
3	Vermeidung konkurrierender Sortimente		
4	Visualisierung von Problemlösungen durch Werbung		
5	Aufbau von Markentreue		
6	Aufbau von Kundentreue		
7	möglichst geringe Lagerbestände bei schneller Ergänzung bestimmen das Beschaffungsverhalten		

8	Entlastung der Lagerhaltung durch große Absatzmengen		
9	stabiles mittleres Preisgefüge (mithilfe unverbindlicher Preisempfehlung)		
10	Preisdifferenzierungen in Abhängigkeit vom Verbraucher (Sonderangebote als Marketingmaßnahme)		

15	2 Beschaffung
Hinweise	
Themenbereich(e)	Beschaffungsmarktforschung
Thema, Themen	Angebotsvergleich, Kaufvertrag
Textbezug	2.8.2.2 f., 2.14.1
geschätzte Bearbeitungsdauer	60 Minuten
geschätzte Anforderungen	überwiegend II

Die Landtransport GmbH in Kiel, Herstellerin landwirtschaftlicher Transporteinrichtungen, hat Informationen vorliegen, wonach offenbar Nachfrage nach einachsigen Pkw-Anhängern mit geschlossenem Aufbau besteht. Sie zieht deshalb in Erwägung, ihr Sortiment entsprechend zu erweitern. Die Pläne gehen dahin, den Kastenaufbau gemäß dem Kundenbedarf selbst herzustellen und auf Anhängergestelle zu montieren, die von anderen Unternehmen bezogen werden sollen. Die Beschaffungsabteilung wird deshalb beauftragt, Angebote für eine vorläufige Bedarfsmenge von 200 Stück von einschlägigen Herstellerbetrieben einzuholen. Folgende Angebote werden vorgelegt.

1. Anhängerfabrik Augsburg AG (AFAG):
Stückpreis: 520,– €; bei Bezug von mind. 100 Stück: Rabatt von 10 %; Lieferung frei Haus; Zahlung in 30 Tagen, bei Zahlung innerhalb 14 Tagen 2 % Skonto,

2. Schmidt-Fahrzeuge GmbH, Hannover:
Stückpreis: 490,– €; ab Werk; Zahlbar in 30 Tagen, bei Zahlung innerhalb 14 Tagen 2 % Skonto,

3. Anton Müller KG, Hamburg:
Stückpreis: 530,– €; für die in Aussicht gestellt Menge: Rabatt von 15 %; Lieferung frei Bahnhof dort; Zahlung in 30 Tagen, bei Zahlung innerhalb 14 Tagen 2 % Skonto.

1. Vergleichen Sie die Angebote! Erläutern Sie das Ergebnis!

2. In der Darstellung werden einige Lieferungs- und Zahlungsbedingungen genannt. Was wird mit Lieferungs- und Zahlungsbedingungen geregelt?
Nennen Sie weitere Lieferungs- und Zahlungsbedingungen, erklären Sie sie!

Zusammenfassende Übungen 209

3. Lohnt sich Skontoziehung? Begründen Sie Ihre Meinung evtl. anhand eines Zahlenbeispiels!

4. Erklären Sie die Bedeutung von Rabatten! Gehen Sie auch auf den Unterschied zwischen Rabatt und Skonto ein!

5. Die Angebote in der Darstellung sind „freibleibend". Erklären Sie diese Klausel!

6. Es kommt schließlich zum Kaufvertrag auf der Grundlage des günstigsten Angebots. Erklären Sie, wie ein Kaufvertrag zustande kommt! - Beschreiben Sie auch die Pflichten der Partner aus dem Kaufvertrag!

16	2 Beschaffung
Hinweise	
Themenbereich(e)	Beschaffungsplanung
Thema, Themen	Preisvergleich - Angebotsvergleich (2 Angebote)
Textbezug	2.8.2.2
geschätzte Bearbeitungsdauer	45 Minuten
geschätzte Anforderungen	II und III

Auf eine Anfrage erhält einen Großhandlung zwei Angebote.

- A - 3,60 € pro Stück, Ziel 2 Monate, 2 % Skonto bei Zahlung innerhalb 10 Tagen, ab Werk, Lieferzeit: 10 Tage nach Bestellungseingang.
- B - 3,55 € pro Stück, Ziel 3 Monate, 3 % Skonto bei Zahlung innerhalb 14 Tagen, frachtfrei, Lieferzeit: 40 Tage.

Täglicher Absatz im Durchschnitt 45 Stück, derzeitiger Lagerbestand 700 Stück, Mindestbestand 180 Stück.

1. Ermitteln Sie die Bestellpunkte unter Berücksichtigung der Lieferzeiten!

2. Vergleichen Sie die Angebote! Stellen Sie dazu eine Tabelle auf!

3. Welches Angebot wird angenommen?

4. Wieviel Stück würden Sie bestellen? Begründen Sie Ihre Meinung!

5. Welche Konsequenzen könnten u. U. aus der Problematik dieses Falles für die Festlegung eines Bestellpunktes gezogen werden?

17	2 Beschaffung
Hinweise	
Themenbereich(e)	Preisplanung
Thema, Themen	Preisvergleich - Angebotsvergleich (3 Angebote, Tabelle)
Textbezug	2.8.2.2
geschätzte Bearbeitungsdauer	60 Minuten
geschätzte Anforderungen	II

Die Landmaschinenhandelsges. mbH in Kahdorf will nach entsprechenden Anfragen ihrer Kunden ihr Sortiment mit Gartengeräten (u.a. mit Spaten) ergänzen. Sie holt die im Folgenden angegebenen Angebote für Spaten ein.

Vergleichen Sie die Beschaffungskosten pro Stück bei folgenden Beschaffungsmengen: 300, 800 und 1.300 Stück! Stellen Sie für den Vergleich eine Übersicht (Tabelle) auf!

- Angebot A:
  Stückpreis 25,– €,
  bei Bezug von weniger als 400 Stück wird ein Mindermengenzuschlag von 5 % erhoben,
  bei Bezug von mind. 1.000 Stück wird ein Mengenrabatt von 10 % gewährt,
  Lieferung frei Haus,
  Zahlung in 30 Tagen, bei Zahlung innerhalb 14 Tagen 2 % Skonto.

- Angebot B:
  Stückpreis 23,– €,
  Zahlung in spätestens 30 Tagen ohne Abzug,
  für jeweils 100 Stück wird ein Verpackungskostenanteil in Höhe von 12,– € berechnet,
  Lieferung frei Haus.

- Angebot C:
  Stückpreis 30,– €,
  bei Bezug von mindestens 1.000 Stück wird ein Rabatt von 30 % gewährt,
  Zahlungsziel 30 Tage, bei Zahlung innerhalb 10 Tagen 3 % Skonto,
  für jeweils 100 Stück wird ein Verpackungskostenanteil in Höhe von 10,– € berechnet,
  bei Bezug von mind. 500 Stück wird der Verpackungskostenanteil nicht berechnet.

18	2 Beschaffung	
Hinweise		
Themenbereich(e)	Beschaffungsplanung - Preisplanung	
Thema, Themen	Beschaffungspreispolitik - Skontoziehung	
Textbezug	2.8.2.3	
geschätzte Bearbeitungsdauer	30 Minuten	
geschätzte Anforderungen	II	

A. bezieht von B. Rohstoffe im Wert von 4.500,– €. Folgende Zahlungsbedingung wird vereinbart: Zahlung innerhalb 30 Tagen ohne Abzug, bei Zahlung innerhalb 14 Tagen 2 % Skonto.

a) Lohnt sich die Skontoziehung? Begründen Sie Ihre Meinung, benutzen Sie dabei einen Bankzinssatz in Höhe von 12 %!

b) Welchem Zinssatz entspricht der Skontosatz?

19	2 Beschaffung	
Hinweise		
Themenbereich(e)	Preisplanung - Beschaffungspreispolitik	
Thema, Themen	Lieferungsbedingungen	
Textbezug	2.8.2.3	
geschätzte Bearbeitungsdauer	30 Minuten	
geschätzte Anforderungen	I	

Geben Sie die entsprechenden Lieferungsbedingungen an.

		Lieferungsbedingungen
1	Der Hersteller (Verkäufer) trägt Transportkosten.	
2	Der Verkäufer übernimmt keine Transportkosten.	
3	Der Verkäufer trägt lediglich die Kosten bis zum Versandbahnhof.	
4	Der Verkäufer trägt die Kosten bis zum Bestimmungsbahnhof.	
5	Der Verkäufer trägt die Kosten bis zur Beladung (Bahntransport).	
6	Der Verkäufer (im internationalen Handel) trägt die Kosten bis an das Schiff.	

7	Der Verkäufer (im internationalen Handel) trägt die Kosten bis an das Schiff einschließlich der Kosten für die Verladung.	
8	Der Verkäufer (im internationalen Handel) trägt sämtliche Kosten des Schiffstransports einschließlich Fracht-, Versicherungs- und sonstiger Kosten.	

20	2 Beschaffung	
Hinweise		
Themenbereich(e)	Beschaffung von Investitionsgütern	
Thema, Themen	Kostenvergleichsrechnung	
Textbezug	2.8.3.1	
geschätzte Bearbeitungsdauer	30 Minuten	
geschätzte Anforderungen	II	

Die Ostholmer Mühlenwerke GmbH planen zur Erweiterung ihrer Kapazität die Einrichtung eines weiteren Transportbandes. Es liegen zwei Angebote vor. Vergleichen Sie die Angebote unter Einbeziehung der angegebenen Kosten! Stellen Sie für den Vergleich keine Tabelle auf!

- Angebot A:
  Anschaffungskosten: 1.000.000 €,
  Nutzungsdauer: 4 Jahre,
  kalkulatorischer Zins: 7,5 %,
  Betriebskosten: 400.000 €

- Angebot B:
  Anschaffungskosten: 800.000 €,
  Nutzungsdauer: 4 Jahre,
  kalkulatorischer Zins: 7,5 %,
  Betriebskosten: 450.000 €

21	2 Beschaffung	
Hinweise		
Themenbereich(e)	Mengenplanung	
Thema, Themen	optimale Bestellmenge	
Textbezug	2.8.4.3.1	
geschätzte Bearbeitungsdauer	60 Minuten	
geschätzte Anforderungen	II	

Zusammenfassende Übungen 213

Jahresbedarf: 1.200 Stück
Einstandspreis: 0,25 € je Stück
Bestellkosten pro Bestellung: 2,– €
Kostensatz der Lagerhaltungskosten: 10 % bzw. 0,1

22	2 Beschaffung
Hinweise	
Themenbereich(e)	Beschaffungsplanung, Mengenplanung
Thema, Themen	optimale Bestellmenge - Kostenausgleichsverfahren
Textbezug	2.8.4.3.2
geschätzte Bearbeitungsdauer	45 Minuten
geschätzte Anforderungen	II

Die Getriebebetriebe Barg & Heide GmbH benötigt für die Herstellung von Rotoren u.a. bestimmte vorgefertigte Motorteile. Unter Berücksichtigung der Auftragslage wird von einem schwankenden Bedarf in den nächsten Monaten ausgegangen.

Ermitteln sie nach dem Kostenausgleichsverfahren die optimalen Bestellmengen! Gehen Sie dabei von den folgenden Annahmen aus:

Kostensatz: 0,20,
Kosten der Bestellung: 22,50 E
Durchschnittliche Lagerdauer: 1 Monat (1/2 Monat im 1. Monat)

Monate	1	2	3	4	5	6	7	8	9
Bedarf in ME	86	70	58	64	62	54	40	30	20

23	2 Beschaffung
Hinweise	
Themenbereich(e)	Anlieferung
Thema, Themen	Eigen- vs. Fremdtransport
Textbezug	2.12.2
geschätzte Bearbeitungsdauer	45 Minuten
geschätzte Anforderungen	II

Die Motorenwerke Buchwald GmbH in O. sind wegen technischer und örtlicher Besonderheiten gezwungen, einzelne Teile aller Motorentypen in ihrem Zweigwerk in Trappenfeld zu fertigen.

Die fertigen Teile werden werktäglich (außer freitags, insgesamt 16-mal monatlich) in das Hauptwerk nach O. zur weiteren Ver- bzw. Bearbeitung transportiert. Die einfache Entfernung von Trappenfeld nach O. beträgt 50 km.

Bisher wurden die Transporte mit einem eigenen Lkw durchgeführt. Vor Anschaffung eines neuen Lkw lässt die Unternehmesleitung prüfen, ob die Inanspruchnahme von Transportdienstleistungen eines Spediteurs nicht kostengünstiger ist als der Eigentransport.

Entscheiden Sie, wie die Transporte künftig ausgeführt werden sollen!
Stellen Sie dazu die Vergleichsrechnung für einen Monat auf und ermitteln Sie den kritischen Wert für die Km-Leistung (mit Zeichnung)! Legen Sie der Rechnung folgende Zahlen zu Grunde! Das Logistikunternehmen stellt im Monat einen Festbetrag von 1.000 € und 2 € pro km in Rechnung. Der Kostenberechnung bei Eigentransport liegen folgende Angaben zu Grunde:

Abschreibungen:	30.000 € im Jahr,
Steuern, Versicherungen u. dgl.:	3.000 € im Jahr,
laufende Kosten für Treibstoff:	0,20 € je km,
Lohnkosten des Fahrers:	2.100 € im Monat

24	2 Beschaffung	
	Hinweise	
	Themenbereich(e)	Rechtliche Aspekte der Beschaffung
	Thema, Themen	Kaufvertrag (Grundbegriffe)
	Textbezug	2.14.1
	geschätzte Bearbeitungsdauer	45 Minuten
	geschätzte Anforderungen	I und II

Der Großhändler K. fragt bei dem Hersteller von Gartengeräten V. an, ob und unter welchen Bedingungen dieser 20 Rasenmäher des Typs RW 101 C liefern könne. Daraufhin liefert V. 10 Mäher, und zwar 10 Mäher des Typs RW 101 C und 10 Mäher eines anderen Typs.

Muss K. alle gelieferten Rasenmäher oder nur die des Typs RW 101 C annehmen?
Begründen Sie Ihre Meinung! Benutzen Sie dabei die Begriffe aus dem Kaufvertragsrecht!

Zusammenfassende Übungen 215

25	2 Beschaffung	
Hinweise		
Themenbereich(e)	Rechtliche Aspekte der Beschaffung	
Thema, Themen	Kaufvertrag (Begründung)	
Textbezug	2.14.1	
geschätzte Bearbeitungsdauer	45 Minuten	
geschätzte Anforderungen	II	

Tragen Sie die erfragten Antworten ein!

	Fälle	Antworten
1	V. bietet dem K. Harken zu besonders günstigen Preisen an. Weitere Bedingungen sind im Angebot nicht enthalten. K. bestellt 200 Stück, V. hat aber nur noch 100 Stück dieser Harken auf Lager. Wie viel Harken muss V. liefern?	
2	Der Kaufmann X. bestellt auf der Grundlage eines Angebots, das die Klausel „Preise freibleibend" enthält. Ist ein Kaufvertrag zu Stande gekommen?	
3	X. fragt bei Y. nach den Lieferbedingungen für 100 Stück eines bestimmten Rohstoffs an. Daraufhin liefert Y. die Ware. X. nimmt den dringend benötigten Rohstoff auf Lager und begleicht die Rechnung. Ist ein Kaufvertrag zu Stande gekommen?	
4	X. fragt bei Y. nach den Lieferbedingungen für 100 Stück eines bestimmten Rohstoffs an. Daraufhin liefert Y. die 100 Stück. Muss X. die Ware annehmen?	
5	Wenn eine vertragsgemäß gelieferte Ware von dem Besteller nicht angenommen wird, liegt ... vor.	
6	Wenn eine vertragsgemäß gelieferte Ware von dem Besteller nicht angenommen wird, kann der Verkäufer sie in einem öffentlichen Lagerhaus einlagern lassen und sie schließlich nach Androhung und nach Mitteilung von Ort und Termin der Versteigerung in einem sog. ... versteigern lassen.	
7	Die Einlagerung (vgl. 6) erfolgt auf ... des Käufers. Die Versteigerung erfolgt auf ... des Käufers.	
8	Der Eintritt des Lieferungsverzugs setzt voraus: 1. Fälligkeit, 2. ... des Lieferers, 3. fruchtlose Mahnung.	

26	2 Beschaffung
Hinweise	
Themenbereich(e)	Rechtliche Aspekte der Beschaffung
Thema, Themen	Kaufvertrag (Arten von Kaufverträgen)
Textbezug	2.14.2
geschätzte Bearbeitungsdauer	30 Minuten
geschätzte Anforderungen	I

Welche Art eines Kaufvertrags liegt vor?

	Fälle	Antworten
1	Der Kaufvertrag kommt auf der Grundlage eines Musters zu Stande.	
2	Der Käufer erhält die Ware auf Besicht.	
3	Der Käufer kauft eine Ware, um sie auszuprobieren.	
4	Der Käufer besichtigt die Ware vor Abschluss des Vertrages, er kauft wie besehen.	
5	Der Käufer kauft in Bausch und Bogen zu einem Pauschalpreis.	
6	Der Käufer kauft unter der Bedingung, die Ware später abrufen zu können.	
7	Der Käufer kauft die Ware unter der Bedingung, sie später spezifizieren zu können.	
8	Der Käufer kauft die Ware unter der Bedingung, dass sie zu einem kalendermäßig genau bestimmten Termin geliefert wird.	

27	2 Beschaffung
Hinweise	
Themenbereich(e)	Kaufvertrag
Thema, Themen	Verbrauchsgüterkauf, Sachmängelhaftung
Textbezug	2.14.7
geschätzte Bearbeitungsdauer	45 Minuten
geschätzte Anforderungen	II, III

Am 29. März 2002 kauft B. bei dem Mercedes-Händler Hermthaler & Jensen einen gebrauchten A 140 für private Nutzung. Anfang April zeigen sich erhebliche Mängel in der Fahrleistung, die

durch den Bruch der Zündspindel verursacht wurden. B. bringt den Wagen in die Werkstatt des Händlers und verlangt die Beseitigung des Schadens. Er macht also seinen Anspruch, der sich aus der Sachmängelhaftung des Händlers ergibt, geltend.

Erläutern Sie den Fall anhand der folgenden Fragen!

1. Was für ein Kauf liegt vor?

2. Muss B. beweisen, dass er den Schaden nicht verursacht hat?

3. Welche Rechte hat B.?

4. Welcher Anspruch des B. wird schließlich erfüllt?

5. Kann B. vom Vertrag zurücktreten?

28	2 Beschaffung	
Hinweise		
Themenbereich(e)	Rechtliche Aspekte der Beschaffung	
Thema, Themen	Verjährung	
Textbezug	2.14.9 und 2.14.6	
geschätzte Bearbeitungsdauer	60 Minuten	
geschätzte Anforderungen	II	

Wann verjähren in den folgenden Fällen die Ansprüche (Verjährungsdaten angeben)? Ziehen Sie zur Lösung der Aufgaben den Gesetzestext heran!

	Fälle	**Verjährungsdaten**
1	Der Feinkosthändler Peters lieferte am 14.03.2004 Frau Müller für eine Familienfeier Getränke, kalte Platten usw. im Wert von 750 €. Die Rechnung wurde bei Ablieferung der Waren Frau Müller ausgehändigt. – Wann verjährt die Forderung?	
2	Am 14.10.2005 leistet Müller eine Abschlagszahlung.– Wann verjährt die Forderung danach? (Vgl. vorstehenden Fall.)	
3	Der Auszubildende Ferdinand verkaufte seinem Kollegen Ludwig am 15.09.2004 ein gebrauchtes Rennrad für 300 €. – Wann verjährt die Forderung?	
4	Die Konditorei Bakker kaufte bei der Mühle Viktoria Mehl ein, die Rechnung über 1.500 € ist am 20.02.2003 dem Käufer zugegangen. – Wann verjährt die Forderung?	
5	Firma Schuster kaufte bei Firma Jäger Rohstoffe ein. Die Ware wurde am 20.10.2003 geliefert. Die Rechnung ist am 25.10.2003 zugegangen. – Wann verjährt die Forderung?	

6	Am 15.03.2004 stundet Jäger dem Schuster die Forderung für 8 Wochen (vgl. vorstehenden Fall). Wann verjährt die Forderung jetzt?	
7	Wann ist im Fall 5 der Gewährleistungsanspruch der Firma Schuster verjährt?	
8	K. kauft am 29.08.04 bei dem Mercedes-Händler V. einen drei Jahre alten A 140 für die private Nutzung zum Preis von 13.500 €. V. nimmt K's alten Opel Vectra mit 1.000 € in Zahlung. K. unterschreibt den Kaufvertrag, mit dem er sich zur Überweisung des Restbetrages bis zum 29.09. einverstanden erklärt. Die Frist für die Verjährung des Gewährleistungsanspruchs wird auf die Mindestzeit gekürzt. – Wann verjährt der Gewährleistungsanspruch des K.?	
9	Wann verjährt die Forderung des V. im vorstehenden Fall?	
10	Herr Müller kauft bei Zweirad-Meier ein neues Fahrrad mit 7-Gang-Getriebe für 750 €; er holt das Rad am 30.06.04 ab; die Rechnung wird dabei beglichen. – Wann verjährt der Gewährleistungsanspruch?	
11	Am Tage vor Ablauf der Gewährleistungsfrist (vgl. vorstehenden Fall) zeigt Müller der Firma Zweirad-Meier einen Mangel an, die Gangschaltung funktioniert nicht und muss in der Werkstatt von Meier ausgetauscht werden. – Wann verjährt der Anspruch Meiers gegenüber seinem Lieferanten (Hersteller) auf Ersatz der bei Beseitigung des Mangels entstandenen Aufwendungen?	

29	3 Lagerhaltung	
Hinweise		
Themenbereich(e)	Wareneingang	
Thema, Themen	Prüfungen, Einlagerungen	
Textbezug	3.1	
geschätzte Bearbeitungsdauer	30 Minuten	
geschätzte Anforderungen	I und II	

Die Großhandlung Anton Müller, Lübeck, hat bei der Nord-West-Zucker GmbH, Hamburg, 15.000 kg Zucker bestellt, der wie vereinbart geliefert wird – zum vereinbarten Termin, zum Lager Lübeck-Moisling, mit eigenem Lkw, in den üblichen Abpackungen, auf Paletten. An der Laderampe wird die Ware übernommen.

1. Bei Eingang der Ware fallen Prüfungen an. Nennen und beschreiben Sie sie! Was und wie wird geprüft?

Zusammenfassende Übungen 219

2. Bei der Großhandlung Anton Müller wird auf Paletten angelieferte Ware, z. B. Zucker, Mehl, u. dgl., im Freiplatzsystem eingelagert. Welche Bedeutung hat diese Methode der Lagerordnung im vorliegenden Fall?

3. Was geschieht nach der Einlagerung bzw. nach dem Einsortieren der Ware?

30	2 Beschaffung 3 Lagerhaltung
Hinweise	
Themenbereich(e)	Bestellung und Einlagerung
Thema, Themen	Bestellpunkt und Bestellrhythmus, Lagerordnung
Textbezug	2.8.1, 3.1.4
geschätzte Bearbeitungsdauer	60 Minuten
geschätzte Anforderungen	II (überwiegend) und III

Die Feuerschutz GmbH stellt für den mobilen Brandschutz u.a. Feuerlöscher und Feuerlöschgeräte her, die sie unter dem Markennamen VIGILEX vertreibt. Das Feuerlöschgerät Vigilexol 50, das einen Löschmittelvorrat von 50 l enthält, ist auf einen kleinen Karren mit zwei Rädern, Seitenhalterungen und einem Lenkgriff montiert; er ermöglicht den raschen Transport des relativ schweren Geräts an den Einsatzort.

Die Karren werden von einem Lieferanten aus Hamburg bezogen. Die für die Produktion erforderlichen Karren werden von der Beschaffungsabteilung nach Eingang der Bedarfsmeldungen bzw. nach Erreichung des Bestellpunkts bestellt.

Die Ware wird wie vereinbart verpackt und auf Paletten mit Lkw angeliefert. Nach Abschluss der Prüfungsarbeiten (Warenprüfung) werden die Paletten von einem Lagerarbeiter mit Gabelstapler in den Lagerraum transportiert und auf die für die Lagerung der Gehäuse vorgesehenen Plätzen untergebracht. Diese Methode der Lagerordnung wird als *Festplatzsystem* bezeichnet. Der Lagerleiter hat kürzlich vorgeschlagen, diese Methode durch das *Freiplatzsystem* zu ersetzen.

1. Welche Bedeutung hat der Bestellpunkt?
   Unterscheiden Sie Bestellpunkt- und Bestellrhythmusverfahren! Welches Verfahren sollte im vorliegenden Fall angewandt werden? Begründen Sie Ihre Meinung!

2. Soll die Beschaffungsabteilung auch neue Bezugsquellen für die Karren erschließen? Begründen Sie Ihre Meinung!

3. Kennzeichnen Sie das in der Sachdarstellung angedeutete Festplatzsystem! Nennen Sie seine Vorteile und Nachteile!

4. Kennzeichnen Sie das Freiplatzsystem! Nennen Sie seine Vorteile und Nachteile!

5. Halten Sie die Änderung der Lagerordnung für richtig? Begründen Sie Ihre Meinung!

31	3 Lagerhaltung
Hinweise	
Themenbereich(e)	Lagerbedarf
Thema, Themen	Lagerarten, -kosten, Eigen-, Fremdlager
Textbezug	3.3
geschätzte Bearbeitungsdauer	45 Minuten
geschätzte Anforderungen	I und II

Die Erich Scheidsen GmbH in Rheincamp stellt ein Regalsystem her, das sie unter der Bezeichnung „Stormarnia Einrichtungen" an private Haushalte und Betriebe für die Einrichtungen von Wohnungen, Büros und Lager vertreibt. Die Fertigung der Regalbretter und -ständer, der Schubladenelemente, der Rückwände usw. findet in Rheincamp statt, wo sich selbstverständlich auch das Rohstofflager befindet. Als Material für die Produktion wird Massivholz aus Fichte verwandt, das vorwiegend aus Schweden eingeführt wird.

Aus entsprechenden Anfragen von Kunden und aus Vertreterberichten geht hervor, dass Bedarf an verschließbaren Schrankelementen für Akten, Manuskripte und Kleider besteht. Man will deshalb in Ergänzung des bestehenden Systems die Produktion um Schranktüren und speziellen Einlegeböden erweitern. Die Ausdehnung der Produktion macht aber zusätzlichen Lagerraum für die Rohstofflagerung erforderlich. Der Lagerleiter wird deshalb beauftragt, die Möglichkeiten zur Lösung dieses Lagerproblems zu untersuchen.

1. Muss ein Unternehmen der genannten Art ein Rohstofflager unterhalten? Begründen Sie Ihre Meinung!

2. Zählen Sie verschiedene Lagerarten auf und kennzeichnen Sie sie kurz!
   Nennen Sie Lagereinrichtungen, Lagerarbeiten, Lagertransporteinrichtungen!

3. Stellt die Lagerung des Rohstoffs Holz an Lagereinrichtung usw. besondere Anforderungen? Begründen Sie Ihre Meinung!

4. Lagerhaltung ist teuer. Welche Lagerhaltungskosten fallen an?

5. Wie können Lagerhaltungskosten minimiert werden?

6. Erörtern Sie die Möglichkeiten der Erich Scheidsen GmbH, den zusätzlichen Lagerbedarf zu decken!

7. Welche Daten liegen der Planung für den zusätzlichen Lagerraum zu Grunde?

32	3 Lagerhaltung
Hinweise	
Themenbereich(e)	Lagerarten
Thema, Themen	zielorientierte und warenspezifische Lagerung (Handel)
Textbezug	3.3
geschätzte Bearbeitungsdauer	30 Minuten
geschätzte Anforderungen	I und II

1. In der folgenden Tabelle werden Funktionen der Lagerung angegeben. Geben Sie dazu das Lager an, das die jeweilige Funktion schwerpunktmäßig erfüllt! Nennen Sie auch jeweils ein Beispiel!

	Funktionsschwerpunkte	**Lagerart**	**Beispiele**
1	Verkaufs- und Lieferfähigkeit		
2	Ausgleich starker Beschaffungsschwankungen		
3	Ausgleich starker Absatzschwankungen		
4	Veredlung des Produkts		
5	kurzfristige Lagerung vor Weitertransport		
6	Spekulation		

2. In der folgenden Tabelle wurden Beispiele für Lagergut angegeben. Nennen Sie das Lager, das den jeweils erforderlichen warenspezifischen Anforderungen gerecht wird!

	Lagergut	**Lager**
1	Butter	
2	Milch	
3	Haferflocken (abgepackt)	
4	Kies	
5	Klinker	
6	Heizöl	
7	Bauholz	
8	Holz für die Herstellung von Möbeln	
9	leere Flaschen	
10	Behälter für Flüssigkeiten	

33	1 Voraussetzungen, Grundbegriffe und Grundtatbestände 3 Lagerhaltung
Hinweise	
Themenbereich(e)	Lagerhaltungskosten
Thema, Themen	Lagerbestandsplanungen
Textbezug	1.7 und 3.7
geschätzte Bearbeitungsdauer	60 Minuten
geschätzte Anforderungen	II und III

Die Großhandlung Anton Müller, Lübeck, ermittelte für Mehl einen durchschnittlichen Lagerbestand von 15.000 kg; bei einem Einstandspreis von 0,60 € je kg entspricht das einem Wert von 9.000 €. Der Lagerkostensatz wird mit $q_{Lh} = 11,5\ \%$ ermittelt, der kalkulierte Zinssatz mit $i = 8\ \%$ angenommen. Die Höhe der Lagerhaltungskosten wird in besonderem Maße von hohen Personalkosten und von den Zinskosten bestimmt.

Es werden Überlegungen angestellt, die Lagerhaltungskosten zu verringern. (Die Überlegungen beruhen hier exemplarisch auf dem Artikel Mehl.)

1. Nennen Sie Kostenarten der Lagerhaltung!

2. Wie hoch sind die Lagerhaltungskosten für Mehl?

3. Welche Lagerarbeiten und welche Bedingungen für diese Lagerarbeiten können ursächlich für relativ hohe Lagerkosten sein?

4. Diskutieren Sie Ansätze für eine Verringerung der Lagerkosten!

5. Welche Ursachen können relativ hohe Zinskosten haben?

6. Diskutieren Sie Ansätze für eine Verringerung der Zinskosten!

34	3 Lagerhaltung
Hinweise	
Themenbereich(e)	Lagerbestand
Thema, Themen	verfügbarer Bestand
Textbezug	3.7.1.4
geschätzte Bearbeitungsdauer	30 Minuten
geschätzte Anforderungen	II

Zusammenfassende Übungen 223

Die Landtransport in Kiel GmbH, die vor allem LKW-Anhänger für den landwirtschaftlichen Bedarf herstellt, hat für Profileisen im vergangenen Jahr die angegebenen Monatsbestände ermittelt.

a) Ermitteln Sie den durchschnittlichen Jahresbestand aus den folgenden Monatsbeständen!

Dez	Jan	Feb	Mrz	Apr	Mai	Jun	Jul	Aug	Sep	Okt	Nov	Dez
350	720	270	265	400	385	490	615	631	578	299	212	283

b) Ermitteln Sie die verfügbaren Monatsbestände unter Berücksichtigung der folgenden Bestellbestände und reservierten Bestände!

	Dez	Jan	Feb	Mrz	Apr	Mai	Jun	Jul	Aug	Sep	Okt	Nov	Dez
Bestellbestände	-	-	40	55	56	30	69	75	86	75	99	255	41

	Dez	Jan	Feb	Mrz	Apr	Mai	Jun	Jul	Aug	Sep	Okt	Nov	Dez
reservierte Bestände	30	30	60	45	63	40	55	88	100	112	123	154	80

c) Ermitteln Sie den durchschnittlich verfügbaren Bestand!

35	3 Lagerhaltung
Hinweise	
Themenbereich(e)	Lagerbestandsplanung
Thema, Themen	Grad der Lieferbereitschaft
Textbezug	3.7.2
geschätzte Bearbeitungsdauer	75 Minuten
geschätzte Anforderungen	I, II und III

Die Drinkuth GmbH & Co. KG in Arneburg ist Anbieterin alkoholischer Getränke mit einem umfangreichen Sortiment an Obst- und Kornbranntweinen, mehreren Weinbränden, Rum der Traditionsmarke Seelord und einigen Sektmarken.

Die Drinkuth GmbH & Co. KG stellt die von ihr angebotenen Produkte zu einem Teil selbst her; der größere Teil des Sortiments wird fremd bezogen. Im Angebot befindet sich auch ein Obstbranntwein, der von einem Hersteller in Süddeutschland bezogen wird. In den einzelnen Monaten des vergangenen Jahres lagen die im Folgenden aufgelisteten Aufträge vor, für die das Lager im angegebenen Umfang sofort lieferbereit war.

	Aufträge	ausgeführte Aufträge		Aufträge	ausgeführte Aufträge
Januar	1.254	1.078	Juli	1.330	1.225
Februar	1.401	1.247	August	1.390	1.304
März	1.395	1.289	September	1.400	1.290
April	1.195	1.119	Oktober	1.250	1.123
Mai	1.300	1.260	November	1.100	950
Juni	1.325	1.185	Dezember	1.000	890

a) Ermitteln Sie den Grad der Lieferbereitschaft! Was gibt der ermittelte Wert an?

b) Kann dieser Wert als Grundlage für die Planung des Folgejahres dienen?

c) Welche Fehlmengenkosten könnten entstehen?

d) Nehmen Sie Stellung zu der Behauptung, viele Unternehmen hielten einen Lieferbereitschaftsgrad von 95 für ausreichend!

e) Mit welchem durchschnittlichen Lagerbestand könnte die Drinkuth GmbH & Co. KG einem geplanten Grad der Lieferbereitschaft in Höhe von 95 gerecht werden?

36	3 Lagerhaltung
Hinweise	
Themenbereich(e)	Lagerplanung
Thema, Themen	Fehlmengenkosten
Textbezug	3.7.2
geschätzte Bearbeitungsdauer	30 Minuten
geschätzte Anforderungen	II

Die August Heitherr GmbH in Heidebarg ist eine bedeutende Herstellerin von Branntweinen mit eigenen Brennrechten. Sie stellt u.a. Korn-, Obst- und „aufgesetzte" Branntweine her und vertreibt sie vor allem auf dem norddeutschen Markt. Wichtigster Umsatzträger ist ein Weizenbranntwein, der unter der Marke *Heidebarger Korn* gut eingeführt ist. Rohstoff des Heidebarger Korns ist ein Branntweindestillat, das von der Deutschen Kornbranntweinverwertung (DKV) bezogen wird; bei der Bearbeitung wird er mit reinem Weizenbrand aus eigener Destillation versetzt, mit enthärtetem Wasser verdünnt usw. Die Kunden der August Heitherr GmbH sind Restaurants (und Restaurantketten), der Lebensmittel- und Fachgroßhandel sowie große Unternehmen des Einzelhandels mit Filialen.

Aufgrund einer Fehlplanung ist das von der DKV bezogene Destillat verbraucht, bevor nachgeliefert werden kann. Es gelingt der Heitherr GmbH zwar, die zur Überbrückung erforderliche Menge an Branntweindestillat bei einem Destillationsbetrieb im Kreis Heidebarg zu kaufen; allerdings ist der Beschaffungspreis etwas höher als der Abgabepreis der DKV; außerdem muss der Alkohol noch zur weitergehenden Reinigung einen letzten Destillationsvorgang durchlaufen.

Die Produktion wird für einige Tage unterbrochen. Kundenaufträge können nicht ausgeführt und Lieferverträge nicht eingehalten werden. Es entstehen Fehlmengen und Fehlmengenkosten.

1. Zählen Sie die Arten von Fehlmengenkosten auf, die im vorstehenden Fall entstanden sein können!

2. Ermitteln Sie die Fehlmengenkosten bei folgenden Annahmen.

    - Die Herstellungskosten erhöhen sich um 65 € je 100 Liter. Es werden bis zur neuen Lieferung durch die DKV 12.500 Flaschen zu 0,75 l hergestellt und ausgeliefert.

    - Mit der Zentrale eines Lebensmittelfilialisten wurde eine Vertragsstrafe bei Lieferungsverzug in Höhe von 200 € pro Tag vereinbart. Der vertraglich vereinbarte Liefertermin wird um 5 Tage überschritten.

    - Es wird damit gerechnet, dass einige Kunden ihren Bedarf künftig bei Mitbewerbern decken werden, um das Risiko des Lieferausfalls zu minimieren. Der Umsatzausfall könnte langfristig zu einem Verlust von 12.000 € führen.

    - Es ist davon auszugehen, dass während des Produktionsausfalls Personal und Betriebsmittel anderweitig eingesetzt werden können.

37	2 Beschaffung 3 Lagerhaltung
Hinweise	
Themenbereich(e)	Lagerbestandsplanungen
Thema, Themen	Lagerkennziffern, zentrale – dezentrale Beschaffung
Textbezug	3.7.4.1, 2.11
geschätzte Bearbeitungsdauer	60 Min.
geschätzte Anforderungen	I und II

Bei der Großhandlung Anton Müller, Lübeck, weist die Lagerkarte für Weizenmehl Typ 405 (exemplarisch verkürzt) folgende (mit Einstandspreisen bewertete) Bestandsveränderungen auf.

lfd. Nr.	Datum	Text	€ Zugang	€ Abgang	€ Bestand
1	2.1.	Anfangsbestand			3.000,00
2	15.1.	Einkauf	6.000,00		9.000,00
3	2.2.	Entnahme		5.787,00	3.213,00
4	10.3.	Einkauf	2.625,00		5.838,00
5	15.3.	Entnahme		1.825,00	4.013,00
6	20.4.	Einkauf	4.500,00		8.513,00
7	3.5.	Einkauf	2.527,00		11.040,00
8	20.6.	Entnahme		2.208,00	8.832,00
9	9.7.	Entnahme		3.501,75	5.330,25
10	29.8.	Einkauf	1.975,80		7.306,05
11	2.9.	Entnahme		5.724,60	1.581,45
12	10.9.	Einkauf	3.858,65		5.440,10
13	29.10.	Entnahme		2.040,00	3.400,10
14	5.11.	Einkauf	7.850,00		11.250,10
15	2.12.	Entnahme		2.890,00	8.360,10
16	15.12.	Entnahme		3.500,00	4.860,10
17	16.12.	Entnahme		4.150,10	710,00

1. Ermitteln Sie die folgenden Kennziffern!
   1) durchschnittlicher Lagerbestand,
   2) Umschlagshäufigkeit,
   3) durchschnittliche Lagerdauer.

2. Nennen und erläutern Sie Beispiele für Kostenarten der Lagerhaltung (Lager- und Zinskosten)! Welcher Zusammenhang besteht zwischen Lagerhaltung und Lagerhaltungskosten? Wie beeinflusst die Umschlagshäufigkeit die Lagerhaltungskosten?

3. Erklären Sie Bestellkosten. Besteht ein Zusammenhang zwischen Höhe der Bestellkosten und Lagerhaltung?

4. Erläutern Sie die Bedeutung der optimalen Bestellmenge!

5. Die Ostholmer Mühlenwerke beschaffen ihren wichtigsten Rohstoff (Getreide) direkt. Unterscheiden Sie direkte und indirekte Beschaffung!

Zusammenfassende Übungen 227

38	3 Lagerhaltung
Hinweise	
Themenbereich(e)	Lagerbestandsplanungen
Thema, Themen	Lagerbestandsplanungen und Kennziffern
Textbezug	3.7.4.2
geschätzte Bearbeitungsdauer	45 Minuten
geschätzte Anforderungen	II und III

Durchschnittlicher Lagerbestand: 30.000,– €
Wareneinsatz zu Einstandspreisen: 270.000,– €
Kosten der Lagerhaltung: 32.400,– €

a) Ermitteln Sie die Umschlagshäufigkeit! Erklären Sie diese Zahl!

b) Ermitteln Sie die durchschnittliche Lagerdauer! Erklären Sie diese Zahl!

c) Ermitteln Sie den Kostensatz der Lagerhaltung! Erklären Sie diese Zahl!

d) Die Umschlaghäufigkeit
   1) sinkt auf 6,
   2) steigt auf 12.
   Welchen Einfluss haben die Änderungen auf die Kostensätze der Lagerhaltung und auf die durchschnittliche Lagerdauer? (Annahme; Konstanz des durchschnittlichen Lagerbestands und der Lagerhaltungskosten.)

e) Erörtern Sie die Zusammenhänge zwischen Umschlagshäufigkeit und Lagerhaltungskosten!

Lösungen

Lösungsvorschläge

1. zu den Aufgaben zur Wiederholung und Vertiefung
2. zu den zusammenfassenden Übungen und klausurtypischen Aufgaben

Zu 1.1

1. Mitteilung der Lagerbuchhaltung, Meldebestand, Beschaffungsaktivitäten, Bestellung, Eingang der Waren, Prüfungen, Einlagerung, Buchungen in Karteien, Manipulation, Bereitstellung, rechtzeitige und ausreichende Ergänzung des Bestandes, Lieferbereitschaft (gem. Zielsetzung).

2. Geld- und Güterströme nennen, Wertschöpfung im Handel erklären; Beschaffungsmärkte und Absatzmärkte (Beispiele) nennen.

3. Großhandel: beliefert Einzelhandel, Einzelhandel: beliefert Endverbraucher o.Ä.

4. Traditionelle Beschaffungskette: Zulieferer – Hersteller – Großhändler – Einzelhändler, Logistikkette: Warenfluss und Informationsfluss zwischen Lieferern und Kunden unter Einbeziehung-weiterer Dienstleister (z.B. Logistikunternehmen) ...

5. Handelsunternehmen beschaffen Waren, die substanziell nicht verändert werden, und Materialien, Betriebsstoffe usw. ...

6. Leistungen des Handels sind u. a.
   - Mengenumgruppierung,
   - Lagerung,
   - Präsentation,
   - Manipulation,

7. Fertigungsbetriebe beschaffen
   - Rohstoffe, Hilfsstoffe, , Betriebsstoffe,
   - Fertigteile,
   - Ersatzteile.

8. Werkstoffe: Roh-, Hilfs- und Betriebsstoffe.

Zu 1.2

1. Die Organisation der Materialwirtschaft befasst sich u.a. mit dem organisatorischen Aufbau dieses Funktionsbereiches und seiner Institutionalisierung in den Unternehmensaufbau, mit der Definition von Aufgaben, Zuständigkeiten, Weisungsbefugnissen, mit der Koordination zwischen dem Bereich Materialwirtschaft und den anderen Funktionsbereichen.

2. Das Einliniensystem gibt einen Unternehmensaufbau in streng hierarchischer Gliederung mit eindeutigem Weisungssystem nach dem Schema von Über- und Unterordnung.

3. Bei der Spartenorganisation werden die Entscheidungsbefugnisse einzelnen Sparten (z.B. einzelnen Betrieben) zugewiesen (dezentrale Entscheidungen). Die Sparten werden zuständig für einzelne Funktionen. Das schließt allerdings nicht aus, dass bestimmte Funktionsbereiche, z.B. die Absatzwirtschaft bzw. der Verkauf, nicht in die Zuständigkeit der Sparten fallen.

4. Funktionsorientierte Organisation: Der Organisation liegen die Funktionen zu Grunde. Der Funktionsbereich Materialwirtschaft ist untergliedert nach Beschaffung und Lagerhaltung, diese wieder nach den jeweils anfallenden Funktionen (Aufgaben).

   Produktionsorientierte Organisation: Der Bereich Materialwirtschaft ist untergliedert z.B. in Beschaffung von Rohstoffen, von Teilen u.Ä., diese Teilbereiche sind untergliedert in die Aufgabenbereiche.

5. Aufgabenanalyse: Erfassung aller Aufgaben und Unterteilung in

   Gesamtaufgabe, Beispiel ...
   Hauptaufgaben, Beispiel ...
   Teilaufgaben, Beispiel ...
   Einzelaufgaben, Beispiel ...

6. Matrixorganisation: Verbindung von Funktions- mit Spartenorganisation ...

7. Management by Exception: Führung durch Ausnahme; untergeordneten Stellen werden Aufgabenbereiche innerhalb eines Handlungsspielraums zugewiesen; für den Handlungsspielraum werden Grenzen (meistens wertmäßig) definiert; wenn Grenzen überschritten werden (müssen), wird die vorgesetzte Stelle informiert bzw. zur Entscheidung aufgefordert.

8. Ein Einkäufer erhält für den Einkauf ein Limit, das er nicht überschreiten darf (wert- oder mengenmäßig). Das Limit richtet sich nach der Umsatzplanung und der Planung des erforderlichen Wareneinsatzes. Es soll erreicht werden, dass die Beschaffungsmengen in den Sortimentsbereichen im Rahmen der Gesamtplanungen bleiben.

9. In einem Arbeitsablaufplan werden die Arbeitsablaufabschnitte eines Vorgangs in der Reihenfolge erfasst, in der sie organisatorisch anfallen. Im Plan werden die Ablaufabschnitte mit Symbolen dargestellt.

10. Darstellung einfacher Bearbeitungsvorgänge, Kritik an Ist-Zuständen von Arbeitsabläufen, Erkennen von organisatorischen Problemen, z.B. langes Liegen, lange Förderwege u. Ä.

11. Die Ablaufarten werden folgendermaßen typisiert:

    Fördern (Lageveränderung, z.B. Transportieren) - Symbol: Pfeil,
    Einwirken (Formveränderung, z.B. Bearbeiten) - Symbol: Kreis,
    Prüfen - Symbol: Quadrat,
    Liegen (Unterbrechung von Vorgängen, z.B. vorübergehendes Liegen eines Briefes in einem

Postkorb) – Symbol: links geschlossener Halbkreis,
Lagern (Liegen in Lagern, (vorläufiger) Abschluss eines Vorgangs (z.B. Ablage eines Briefes) - Symbol: auf der Spitze stehendes Dreieck.

12. Bedeutung des Netzplans: Grafische Darstellung aller Ereignisse eines Projekts in logisch richtiger Reihenfolge mit Angabe der erforderlichen Zeiten. Es werden auch parallel laufende Vorgänge erfasst.

13. Erklärungen zum Netzplan:

    a) Die früheste Anfangszeit ist der Zeitpunkt, zu dem ein Ereignis frühestens begonnen werden kann, dabei wird die Beendigung des vorhergehenden Ereignisse bzw. der vorhergehenden Ereignisse berücksichtigt; die früheste Endzeit ist der Zeitpunkt, zu dem ein Ereignis unter Berücksichtigung der frühesten Anfangszeit und der Ereignisdauer frühestens beendet sein kann.

    b) Die späteste Endzeit ist der Zeitpunkt, zu dem ein Ereignis spätestens beendet sein muss, damit das nächste Ereignis beginnen kann; die späteste Anfangszeit ist der Zeitpunkt, zu dem ein Ereignis spätestens begonnen werden muss.

    c) Pufferzeiten ergeben sich, wenn parallel laufende Ereignisse unterschiedlich lang sind.

14. Kritischer Weg: Folge der Ereignisse ohne Pufferzeiten, die Dauer der einzelnen Ereignisse auf dem kritischen Weg geben die Dauer des Gesamtprojekts an.

Zu 1.3

1. Aufgaben:

    Hauptaufgaben z.B. Einkauf, Vorratshaltung, Bereitstellung, Entsorgung u.Ä. ...
    Teil- und Einzelaufgaben: Ermittlung von Bezugsquellen, Kontrollen, Kommissionierung u.Ä. ...

2. Ziele eines Unternehmens können z.B. sein: Gewinnmaximierung, Sicherung (Produktivität und Flexibilität), ökologische Ziele, soziale Ziele ...

3. Aspekte der Zieldefinition:

    a) Zielinhalt, z.B. Senkung der Beschaffungskosten,
    b) Ausmaß der Zielerreichung: z.B. 20 %,
    c) Zeitrahmen: z.B. zwei Jahre.

4. Zielbeziehungen:

    a) Zielkonformität, die Ziele entsprechen sich, z.B. Senkung der Kosten – Schließung von Außenlagern,
    b) Zielkonflikt, die Ziele schließen sich gegenseitig aus, z.B. Senkung der Logistikkosten – Vergrößerung des Fuhrparks,
    c) Zielindifferenz, ein Ziel berührt das andere nicht, z.B. Senkung der Beschaffungskosten – Einrichtung eines Betriebskindergartens.

5. Materielle Ziele: messbar mit quantitativen Größen, z.B mit Euro, Beispiel: Senkung der Beschaffungskosten,

    immaterielle Ziele: messbar nur mit qualitativen Angaben, z.B. gut, schlecht, besser als ..., Beispiel: Kundenzufriedenheit durch zielgruppengerechtes Warengruppenmanagement ...

6. Strategische Ziele: Ziele der übergeordneten Planung;

    operationale Ziele: Ziele der Ausführung der Planung durch geeignete Maßnahmen (meistens auf unteren Ebenen).

7. Kennzahlen dienen zur Präzisierung von Zielen bzw. von Maßnahmen zur Zielerreichung. z.B. eine Grundzahl als absolute Zahl, eine Gliederungszahl als eine Prozentzahl usw.

8. Ziel des Einkaufs: Optimierung des Preis-Leistungs-Verhältnisses bei Waren und Materialien;

    Ziel der Logistik: bedarfsgerechte körperliche Verfügbarkeit der Materialien und Waren.

Zu 1.4

1. Balanced Scorecard: Instrumentarium zur Übertragung der Unternehmensvision und -strategie in ein geschlossenes System von Leistungsmessungsfaktoren.

2. Vision: realisierbare Wunschvorstellung des Unternehmens als vage formuliertes Ziel für die Mitarbeiter ...

    Mission: Darstellung der Vision nach außen ...

3. Perspektiven der Balanced Scorecard: Finanzperspektive, Kundenperspektive, interne Prozessperspektive, Lern- und Wachstumsperspektive;

    sie gestatten, die Unternehmensstrategie unter verschiedenen Blickwinkeln zu betrachten; Finanzperspektive ist die Hauptperspektive, die anderen Perspektiven sind auf sie bezogen, ihre Kennziffern, Rentabilitätskennziffern, dienen der Messung des Ziele der Finanzperspektive, sind aber auch Endziele der anderen Perspektiven.

4. Kennzahlen sind Indikatoren.
    Spätindikatoren: geben Endergebnisse an,
    Frühindikatoren sind Leistungstreiber ...

Zu 1.5

1. Aufgaben der Lagerbuchführung:

    Buchungen der eingehenden und ausgehenden Waren nach Arten und Mengen,
    = Fortschreibung der Lagerbewegungen, Überwachung der Bestände, Meldung des Bestellpunkts.

2. Unterlagen

Lieferschein (Kontrolle der eingehenden Ware)
Bestellsatzkopie (Kontrolle der eingehenden Ware und der Buchung)
Rücklieferungsschein (Beleg über Retouren)
Eingangsrechnung (Kopie) (Unterlagen für Buchungen mit Werten)
Lieferschein (zur ausgehenden Ware, Unterlage für Buchung)
Versandorderkopie (Unterlage für Kommissionierung, Verpackung im Lager)
Warenentnahmezettel (Buchung des Warenausgangs, der nicht in den Versand geht)
Aussortierungsbeleg

3. Verfahren der Lagerbuchführung

- Fachkartenverfahren
- Kontenverfahren
- EDV-Verfahren

4. Lagerbuchführung ist Nebenbuchführung,
Ergänzung der Finanzbuchhaltung,
Übereinstimmung der Werte,
Besondere Buchung beim Abschluss (Ermittlung des Schlussbestandes)

Zu 1.6

1. -

2. Inventur: Bestandsermittlung durch Wiegen, Messen, Zählen, Schätzen, Bewerten; Aufstellung des Vermögens und der Schulden.

   Inventar: Ergebnis der Inventur (Verzeichnis).

3. a) Zu einem Stichtag, z.B. zum 31.12., vorgenommene Inventur

   b) Vorteile: zeitlich enge Beziehung zur Bilanzierung, Genauigkeit,
   Nachteile: Arbeitshäufung an den Stichtagen, Betriebsunterbrechung, Einsatz ungeschulten Personals.

   c) Permanente Inventur: Inventur durch Skontration,
   Voraussetzungen: Körperliche Bestandsaufnahme 3 Monate vor bzw. 2 Monate nach Stichtag, Fortschreibung bzw. Rückrechnung zum Stichtag.

   d) Vorteile: Vermeidung von Arbeitshäufung am Jahresende, keine Betriebsunterbrechungen, geschultes Personal, Ermöglichung zusätzlicher Kontrollen.

4. Hohe Bewertung des Schlussbestandes führt zu relativ geringem Wert des Wareneinsatzes, der wiederum zu einem relativ hohen Rohgewinn führt.

5. Einzelbewertung: vorrangige Vorschrift, die einzelnen Teile des Vermögens sind zu erfassen und zu bewerten.

   Pauschalbewertung: sie ist zulässig, wenn die Einzelbewertung nicht möglich ist. Die zu bewertenden Waren müssen gleichartig und vertretbar sein.

Niederstwertprinzip: von zwei möglichen Werten ist der niedrigere anzusetzen, Vorschrift HGB, Vorsichtsprinzip.

6. -

7. Waren sind mit Anschaffungswert anzusetzen. Niedrigerer Teilwert kann angesetzt werden.

8. Bewertungsvereinfachung bei gleichartigen Vermögensgegenständen des Vorratsvermögens: Es kann unterstellt werden, dass die zuerst oder zuletzt gekauften bzw. hergestellten Vermögensgegenstände zuerst oder in einer sonstigen bestimmten Folge verbraucht oder verkauft worden sind.

9.

AB	200 Stück	8,— €/Stück	1.600,— €
E	50 Stück	9,— €/Stück	450,— €
E	125 Stück	10,— €/Stück	1.250,— €
E	135 Stück	11,— €/Stück	1.485,— €
	510 Stück		4.785,— €

Durchschnittspreis: $\frac{4.785}{510} = 9{,}38$

300 Stück zu 9,38 €/St. = 2.814,— €

10. Bei Bewertung nach Buchbestandspreisen wird bei Ermittlung des Durchschnittspreises auch der Anfangsbestand herangezogen. Bei Bewertung nach Eingangsdurchschnittspreisen entfällt die Berücksichtigung des Anfangsbestandes.

11.

	Menge in Stück	Preis je Stück in €	Wert in €
AB	200	8,—	1.600,—
Einkauf	50	9,—	450,—
Bestand	250	8,20	2.050,—
Verkauf	100	8,20	820,—
Bestand	150	8,20	1.230,—
Einkauf	125	10,—	1.250,—
Bestand	275	9,02	2.480,—
Verkauf	175	9,02	1.578,50
Bestand	100	9,02	901,50
Einkauf	135	11,—	1.485,—
Bestand	235	10,16	2.386,50

12. Gleitende Durchschnittspreise sind genauer als Buchbestandspreise, das Verfahren berücksichtigt die Ausgänge; beide Verfahren sind zulässig (Steuer- und Handelsrecht).

13. Fifo-Verfahren

    first in - first out: Es wird unterstellt, dass die zuerst eingegangenen Vorräte auch zuerst entnommen werden, d.h. vorhandene Vorräte sind zuletzt eingekauft, müssten also auch mit den Werten der zuletzt eingekauften Waren angesetzt werden.

14. Bestand 235 Stück

letzter Einkauf	135 Stück zu 11,–	1.485,–
vorletzter Einkauf	100 Stück zu 10,–	1.000,–
	235 Stück, Wert:	2.485,–

15. Lifo-Verfahren

    last in - first out: Es wird unterstellt, dass die zuletzt eingegangenen Waren zuerst entnommen wurden. D.h. vorhandene Bestände sind zuerst eingekauft worden, sie müssen also auch mit den Werten der zuerst eingekauften Waren angesetzt werden.

16. Bestand 235 Stück

AB	200 Stück zu 8,–	1.600,–
erster Einkauf	35 Stück zu 9,–	315,–
	235 Stück, Wert:	1.915,–

17. Hifo-Verfahren

    highest in - first out: Es wird unterstellt, dass die Waren, die jeweils am teuersten eingekauft wurden, zuerst entnommen worden sind. D.h. vorhandene Bestände wurden zu niedrigeren Preisen eingekauft, müssen also auch mit diesen Preisen bewertet werden.

Zu 1.7

1. Lagerkosten
   Raumkosten, z.B. Miete, Heizung
   Personalkosten, z.B. Löhne, Gehälter
   Risikokosten, z.B. Versicherungen, Schwund.

2. q = 0,15 (15 %), d.i. der prozentuale Anteil der Lagerkosten am dLb.

3. Lagerzins: Kalkulatorische Kosten, Zinsentgang durch Kapitalbindung in der Lagerhaltung.

4. a) i = 0,83 %

   b) Bei einem Jahreszins von 10 % entfallen auf eine Lagerdauer von 30 Tagen 0,83 %.

5. Bei zunehmender Lagerdauer (Kapitalbindung) erhöhen sich die Zinskosten.

6. $K_{Lh} = K_L + K_Z$

7. Über den Kostensatz der Lagerhaltung nehmen die Kosten der Lagerhaltung mit zunehmendem Bestand zu.

Zu 1.8

1. a) Einteilung von Gütern, Artikeln, Lieferanten, Kunden in Kategorien von unterschiedlicher Bedeutung: A - wichtig, B - weniger wichtig, C - kaum wichtig.

   b) Entsprechend der Einteilung unterschiedlicher Behandlung bei Beschaffung:

   A - Intensive Marktforschung, genaue Festlegung von Mengen und Qualitäten, sorgfältige Prüfung von Preisen und Konditionen, bevorzugte Überwachung, Bestellung häufig in kleinen Mengen usw.

   C - Sammellagerung, telef. Bestellung, Pauschalbuchungen, Bestellung selten und in großen Mengen, geringe Überwachung usw.

2. Beschaffungsmarkt: Einteilungen nach Artikeln, Lieferanten u.Ä.
   Absatzmarkt: Einteilungen nach Artikeln, Kunden u.Ä.
   Lagerwirtschaft: Einteilungen nach Artikeln.

3. 1) Erfassung des Materials,
   2) Sortierung des Materials,
   3) Berechnungen,
   4) Auswertung,
   5) Analyse.

4. Eine X-Y-Z-Analyse wird angewandt, wenn andere Kriterien als Wert und Menge (wie bei der A-B-C-Analyse) analysiert werden sollen. Dazu werden die analysierten Kriterien in XYZ-Kategorien eingeteilt, z.B. viel – mittel – wenig, hoch – mittel – niedrig.

5. Beispiel für XYZ-Kriterien:
   Vorhersagegenauigkeit, Beschaffungstermine lassen sich danach einteilen, wie genau sie vorhersehbar sind: genau – weniger genau – ungenau, usw.

Zu 1.9

1. Unter Materialnummerung versteht man die Verschlüsselung bestimmter Informationen über einzelne Materialien, Teile u. Ä. durch Nummern.

2. Sprechende Schlüssel sind einfach zu lesen; sie ergeben sich aus den Daten der Information, z.B. könnte das Format einer Metallplatte (in cm, Länge, Breite, Höhe) mit 92 34 05 verschlüsselt werden. Bei nicht sprechenden Schlüsseln werden die Daten abstrakt verschlüsselt, z.B. durch eine Ziffer oder Ziffernfolge.

3. Identifikationsfunktion: Durch die Nummerung soll das Material eindeutig identifiziert werden können. Der sog. Identnr. kommt hierbei besondere Bedeutung zu.

4. Informationsfunktion: Die Nummer soll Auskunft über das Material geben können.

5. Klassifikationsfunktion: Es werden Klassen gebildet mit klassifikationstypischen Informationen; die Klassen können einzeln abgerufen werden.

6. Mithilfe der Prüfziffer kann kontrolliert werden, ob eine Materialnummer richtig eingegeben wurde.

Lösungsvorschläge

7. Normung ist die Festlegung von Größen, Abmessungen u. Ä.

8. Teilenormen, Stoffnormen, Gütenormen, Konstruktionsnormen

9. Vorteile der Normung für die **Beschaffung**:

   Eindeutigkeit verwendeter Begriffe,
   Beschränkung auf einige genormte Teile,
   Verkürzung von Beschaffungsvorgängen,
   Verringerung von Beschaffungs- bzw. Bestellkosten,

   Vorteile der Normung für die **Lagerhaltung**:

   Vereinfachung der Lagerhaltung durch Beschränkung,
   Verkürzung der Lagerdauer durch schnellere Nachlieferung,
   Senkung der Lagerhaltungskosten.

10. Typung: Vereinheitlichung von Endprodukten durch Einschränkung von Größen u. Ä.

11. Vorteile: Kostenvorteile sowohl bei Beschaffung als auch bei Lagerhaltung duch die Beschränkung ...

Zu 2.1

1. Eine Stückliste erfasst in tabellarischer Form, Teile, Baugruppen usw. für ein Produkt.

2. Ein Verwendungsnachweis gibt an, welches Teil u. Ä. in welchem Umfang in den Produkten enthalten ist.

3. Programmorientierte Bedarfsermittlung: Grundlage ist das Produktionsprogramm, das den Bedarf an Materialien i.w.S. bestimmt. Der Bedarf wird vor allem über die Stücklisten ermittelt.

4. Aus dem Produktionsprogramm ergibt sich der Primärbedarf.
   Über die Stücklisten wird der Sekundärbedarf ermittelt.

   Wenn zum Sekundärbedarf der Zusatzbedarf (z.B. für Prüfungen) hinzugezählt wird, erhält man den Bruttobedarf.

   Bei Berücksichtigung eines evtl. vorhandenen Lagerbestandes erhält man den Nettobedarf. Der Nettobedarf wird mit der Anzahl der Produkte, die sich aus dem Produktionsprogramm ergibt, multipliziert.

   Daraus ergibt sich schließlich der Materialbedarf.

5. Der Bedarf kann mit Hilfe von Vergangenheitswerten prognostiziert werden.

6. Zeitreihenanalysen
   - mit der Methode der gleitenden Durchschnitte,
   - mit der Methode der exponentiellen Glättung erster Ordnung. ...

7. Eine Entscheidung für oder gegen Eigenproduktion bzw. Fremdbezug ist von Kosten, Qualität u.ä. Gründen abhängig. Sie beeinflusst den Bedarf. Bei der Entscheidung für Eigenproduktion - Bedarf an Material, Rohstoffen usw., bei Entscheidung für Fremdbezug - Bedarf an Bauteilen usw. Auch der Lagerbedarf wird u.U. unterschiedlich sein.

8. Produktakquisition wird erforderlich, wenn ein Unternehmen sein Sortiment mit Produkten erweitern will, die es nicht selbst herstellen kann oder will. Der Bedarf, der sich z.B. aus Kundenerwartungen ergibt, ist der Bedarf an bestimmten fertigen Produkten, auch Handelswaren; der Lagerbedarf wird beeinflusst.

9. Die Besonderheiten im Handel ergeben sich im Allgemeinen aus der ausschließlichen Absatzorientierung. Bei bestimmten Artikeln des täglichen Bedarfs kann der Beschaffungsbedarf meistens auf der Grundlage von Vergangenheitswerten gut prognostiziert werden. Das gilt auch bei Saisonartikeln. Allerdings kann sich das Nachfrageverhalten der Verbraucher grundsätzlich und nachhaltig ändern (vgl. z.B. die wachsende Nachfrage nach Backmischungen, nach Fast-Food u.ä.).

10. Saisonartikel: Bedarf ist saisonbedingt, d.h. der zugrundeliegende Anlass für die zusätzliche Nachfrage kehrt regelmäßig wieder, der zusätzliche Bedarf liegt etwa 30 % über dem durchschnittlichen Bedarf; der Bedarfsanstieg in der Saison liegt erheblich über den „normalen" Absatzschwankungen.

11. 1) konstanter Verlauf, z.B. Seife, Klopapier, Waschpulver ...

    2) saisonbedingter Verlauf, z.B. Geschenkartikel zu Weihnachten, besondere Nahrungs- und Genussmittel ...

    3) Verlauf mit Trend, z.B. Nachfrage nach Backmischungen, Schnellgerichten ....

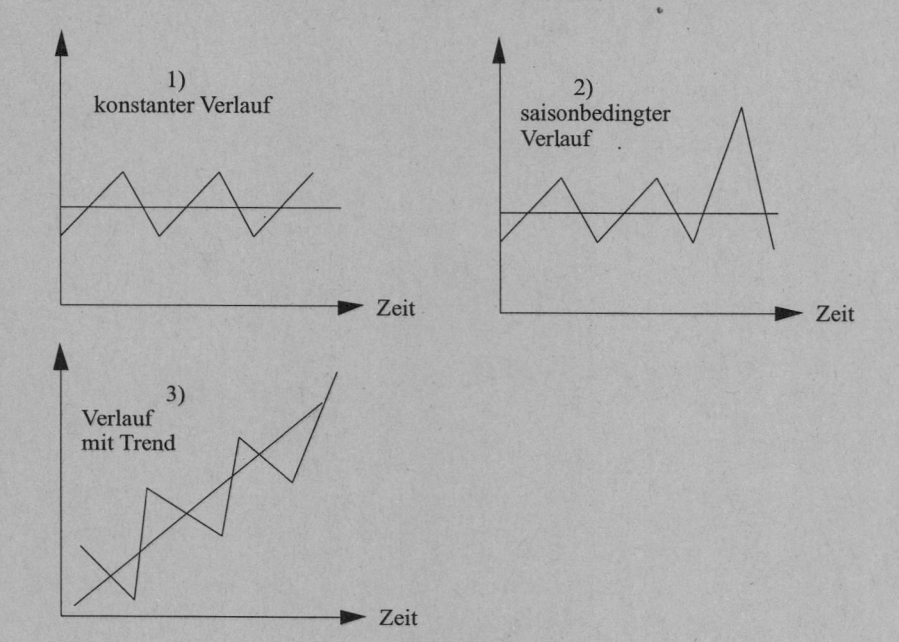

12.

1	Juni	690
2	Juli	670
3	August	630
4	September	590
5	Oktober	700
6	November	1.600
7	Dezember	3.000
8	Januar	720
9	Februar	700

wahrscheinlicher Wert für März:

$$wW_{(März)} = \frac{9.300}{9} = 1.033,3$$

Zu 2.2

1. Beschaffungspolitik: Festlegung der Beschaffungsziele und die Bestimmung der Mittel, mit denen die Ziele erreicht werden sollen.

2. Produkt- und Sortimentspolitik befassen sich mit Art und Qualität der Waren bzw. der Materialien, mit Beschaffungsmengen usw.; auch die Entscheidung make or buy gehört in diesen Politikbereich ...

   Kontrahierungspolitik befasst sich mit den Vertragsfragen, z.B. Einstandspreis, Zahlungs- und Lieferungsbedingungen usw.

   Kommunikationspolitik befasst sich mit der Lieferantenpflege.

   Bezugspolitik befasst sich mit allen Fragen der Beschaffungslogistik.

3. a) Fertigungssynchrone Anlieferung: Lieferung wird just in time vereinbart, z.B. zum Produktionsbeginn,

   b) Global sourcing: Weltweite Beschaffung ...

   c) Single sourcing: Versorgung aus einer Quelle ...

   Double sourcing: Versorgung aus mehreren Quellen ...

   d) Modular sourcing (system sourcing): Beschaffung von Baugruppen von gleichen (zuverlässigen) Lieferanten (Systemlieferanten) ...

Zu 2.3

1. Interne Bezugsquellen:
   Informationen liegen bereits vor, sind in Karteien erfasst (Warenkartei, Lieferantenkartei).

   Externe Bezugsquellen:
   Informationen werden eingeholt durch Anfragen, Vertreterbesuche usw.

2. Warenkartei: Informiert über Lieferanten gleicher Waren, Ordnung nach Waren.

3. Lieferantenkartei: Informiert über Lieferanten und deren Produkte, Ordnung nach Lieferanten.

Zu 2.4

1. B2B-Handel – Business-to-Business-Handel: Typische Beschaffungssituation, Anbieter und Nachfrager sind Unternehmen.

2. a) Ein Anbieter, viele Nachfrager,

   b) mehrere, relativ starke Anbieter, viele Nachfrager,

   c) viele Anbieter, viele Nachfrager.

3. Umsatzkonzentration: Wenige große Unternehmen können den größten Teil des Umsatzes der Branche an sich ziehen.

4. Strukturveränderungen im Handel, die die Konzentration fördern, sind Auslese- und Expansionsprozesse.

5. Betriebstypendifferenzierung bedeutet, dass sich Unternehmen des Einzelhandels mit ihren Betriebstypen auf bestimmte Zielgruppen einstellen, z.B. durch Spezialisierung auf Sortimente, Preisniveau, Qualitätsniveau, Ausstattung der Ladenlokale, Kundenerwartungen u. dgl. Ziel ist die Erfassung aller in Betracht kommenden Käufersegmente.

6. Beschaffungskooperation: Zusammenfassung von vielen (mehreren) Beschaffungsmengen einzelner Unternehmen zu einer Beschaffungsmenge, die zentral beschafft wird.

7. Fremdgeschäfte:

   a) Empfehlungsgeschäft: Zentrale empfiehlt den beteiligten Unternehmen Waren und Lieferanten,

   b) Abschlussgeschäft: Zentrale schließt Rahmenverträge ab, sie geht dabei Abnahmeverpflichtungen ein,

   c) Delkredergeschäft: Zentrale übernimmt Ausfallbürgschaften,

   d) Zentralregulierungsgeschäft: Beteiligte Unternehmen zahlen an Zentrale, Zentrale gleich Rechnungen gegenüber Lieferanten aus.

8. Formen der Kooperation:

   a) Einkaufsgenossenschaft: Beschaffungskooperation – kooperierende Unternehmen schließen sich in einer Genossenschaft zur gemeinsamen Beschaffung zusammen,

   b) Depot: Kooperation zwischen Hersteller und Händler, Händler bezieht das Sortiment des Herstellers,

   c) Rack Jobbing: Kooperation zwischen Hersteller (oder Händler) und Händler, Regalmiete im stationären Handel,

   d) freiwillige Kette: Kooperation des Einzelhandels (gelegentlich mit einem Großhändler als Zentrale) vorwiegend zur Beschaffung.

9. Elektronisches Beschaffungswesen bedeutet Beschaffung mithilfe des Internet (E-Commerce). Eignet sich eher für Güter mit geringem Wert, die häufig benötigt werden; Mitarbeiter können am Ort des Bedarfs bestellen.

Zu 2.5

1. Beschaffungsmarktforschung, Aufgaben: Maßnahmen, die die Beschaffungsmärkte überschaubar machen, Informationsgewinn über Märkte, Auswertung der Informationen, Informationen über Entwicklung der Märkte, Ermittlung günstiger Bezugsquellen.

2. Lieferantenforschung: Erfassung der möglichen Lieferanten in sinnvoller Beschaffungsreichweite, Ermittlung relevanter Eigenschaften zur Beurteilung der wirtschaftlichen und technischen Leistungsfähigkeit.

3. Bereiche der Lieferantenforschung und mögliche Fragestellungen:

    a) wirtschaftliche Leistungsfähigkeit, z.B. Struktur und Strukturentwicklung von Umsatz, Gewinn, Kosten; Personalpolitik, Personalqualifikation, Personalentwicklung; Verkaufsprogramm, Sortiment, Marktanteile, Finanzen, Eigentumsverhältnisse,

    b) technische Leistungsfähigkeit, z.B. Umfang des Fertigungsprogramms, Fertigungsmethoden, Kapazitäten, Vorlieferanten,

    c) Marketingaktivitäten, z.B. Preisverhalten, Verkaufsförderung, Außendienst.

4. Aufgabe des QM: Planung, Steuerung und Überwachung der Qualität des Leistungsprozesses und des Leistungsergebnisses.

5. Gründe für Einführung eines QM-Systems:

    Verbesserung der betrieblichen Abläufe,
    Grundlage für vertrauensvolle Zusammenarbeit mit Kunden,
    (teilweise) Entlastung im Fall einer Produkthaftung.

6. Es werden nicht nur Grundlagen (Grundsätze u. dgl.) dokumentiert, sondern auch lfd. Vorgänge, z.B. Fehler, Lieferantenauswahl usw.

7. Das QM-Handbuch kann auch von Kunden eingesehen werden; es gibt Informationen, die ein Kunde benötigt, um die Zuverlässigkeit, Einhaltung von Qualitätsanforderungen u. dgl. des Unternehmens beurteilen zu können. Es entlastet den Kunden im Rahmen der sog. Lieferantenforschung. ...

8. Konkurrenzforschung, Aufgaben und Ziele: Erfassung der relevanten Mitbewerber, das sind z.B. Unternehmen mit gleichen oder ähnlichen Sortimenten, die sich um das gleiche Sortiment bemühen.

9. Konkurrenzforschung, mögliche Fragestellungen:
   Zahl der relevanten Konkurrenten, Größe der Betriebe, Marktstellung, Image, Marketingaktivitäten ....

10. Preisanalysen, Preisvergleiche, Analysen der Preisentwicklungen, Lieferungs- und Zahlungsbedingungen, Angemessenheit der Preise ...

11. Anfragen, Angeboten, Kataloge, Preislisten u. Ä.,
    Marktbeobachtung, Marktanalysen, Geschäftsberichte ...

12. Beschaffungsmarktforschung auf der Grundlage bereits vorliegenden Materials, das zur Bearbeitung anderer Fragen erstellt wurde.

    Vorteile: einfache, kostengünstige Erfassung,
    Nachteile: gelegentlich mangelhafte Aktualität, geringe Bezugnahme auf anstehende Fragestellung ...

13. Material wird für die konkret anstehende Fragestellung erhoben.

    Vorteile: Aktualität, enger Bezug zur Fragestellung ...
    Nachteile: höhere Kosten, zeitaufwändig ...

14. Mittel von Sekundär- und Primärforschung:

    a) Interne (innerbetriebliche) Quellen: Lieferantenkarteien, Warenkarteien, Unterlagen des Rechnungswesens, Vertreterberichte ...
       Externe Quellen: Berichte, Statistiken ...

    b) Anfragen, Besuch von Messen, Auswertung von Werbungen u. Ä.

15. Lieferantenbeurteilung und -auswahl:

    Auswahl von Bewertungskriterien,
    Bewertung der Kriterien nach Punkten,
    Gewichtung der Punktwerte für die Kriterien,
    Summierung der gewichteten Punkte,
    Auswahl des günstigsten Lieferanten.

Zu 2.6

1. CM: Warengruppenmanagement – Hersteller und Einzelhandel arbeiten zur optimalen Gestaltung des Sortiments zusammen; Orientierung der Beschaffung in besonderem Maße an dem Verbraucherbedarf.

2. ECR – Hersteller und Einzelhandel arbeiten zur optimalen Gestaltung des Sortiments zusammen; Orientierung der Beschaffung in besonderem Maße an dem Verbraucherbedarf.

3. Efficient Store Assortment: Durch Sortiments- und Warengruppenidentität zwischen Hersteller und Handel wird die Effizienz der Kooperation erhöht, z.B. Beschleunigung der Liefervorgänge, der Regalauffüllung u.Ä.

Lösungsvorschläge

4. Supply Chain Management ist das Management der Logistikkette von Zulieferern über Hersteller zum Handel, i.e.S. von Hersteller zum Handel (Einzelhandel). Ziel ist die Optimierung der Informations- und Warenflüsse zwischen Lieferer und Einzelhandelsunternehmen.

5. Efficient Continuous Replenishment: Besondere Zusammenarbeit bei Beschaffung, z.B. durch automatisches Bestellwesen, Just-in-Time-Lieferung u. Ä.

6. EDI: Austausch strukturierter Geschäftsdaten zwischen Einzelhandel und Lieferanten (Hersteller), Verkürzung von Bearbeitungsvorgängen, dadurch Beschleunigung der Beschaffung.

7. Bedeutung des Key-Account-Managements für die Beschaffung:

   Betreuung von Kunden durch einen Key-Account-Manager des Lieferanten.
   Beschafft wird mithilfe des Key-Account-Managers; der Key-Account-Manager betreut große Kunden, er berät die Kunden bei Beschaffung usw.

Zu 2.7

1. Just in Time:
   a) Beschaffung: Der Kunde erhält das Material just in time, wenn er es für die Produktion benötigt bzw. wenn er es für diesen Zeitpunkt abruft.
   b) Produktion: Der Lieferant produziert das Material zu dem Zeitpunkt, an dem er es liefern muss.

2. JiT-Beschaffung, Voraussetzungen:

   relativ gleichmäßiger Verbrauch,
   gute Prognostizierung des Verbrauchs,
   Datenaustauschsystem ... .

3. JiT-Beschaffung, Vorteile:

   kontinuierlicher Materialfluss,
   Senkung der Lagerhaltungskosten durch geringe Bestandshaltung,
   Senkung von Bestellkosten u. Ä.

4. Just in Sequence: Bei der JiT-Lieferung wird die Produktionsreihenfolge beim Kunden berücksichtigt.

Zu 2.8

1. Bestellpunktverfahren:

   Bestellt wird zu einem bestimmten Zeitpunkt (Bestellpunkt); i.d.R. ist dies der Zeitpunkt, an dem der sog. Meldebestand erreicht ist.

2. $160 = 8 \cdot 15 + 40$

3. Meldebestand, Feiertage, Weihnachten...

4. Bestelltermine wiederholen sich periodisch.

5. Punktverf.: Vorteile für Handel, entspricht den Erfordernissen im Handel eher: bestellt wird bei Bedarf.

   Nachteile d. Rhythm.-Verfahren: Lücken in der Versorgung bei unerwartet hoher Nachfrage, Nachbestellungen werden erforderlich...

6. 1) Beurteilung, ob Einstandspreis angemessen ist,

   2) Vergleich mehrerer Einstandspreise zur Ermittlung des günstigsten,

   3) Beeinflussung des Einstandspreises.

7. Angebotspreis
   − Rabatt
   + Mindermengenzuschlag

   = Zieleinkaufspreis
   − Skonto

   = Bareinkaufspreis
   + Bezugskosten

   = Einstandspreis

8.

Angebotspreis	6.000,—
− Rabatt (20 %)	1.200,—
Zieleinkaufspreis	4.800,—
− Skonto (3 %)	144,—
Bareinkaufspreis	4.656,—
+ Verpackung	36,—
Beschaffungskosten	4.692,—

9. Angemessenheit des Einstandspreises.
   Beurteilung nach der Situation auf dem Absatzmarkt (Gesamtangebot, Marktsättigung, Preise der Konkurrenzprodukte, beabsichtige Marktstrategie), Ermittlung durch Rückwärtskalkulation.

10. Mengenrabatt − Lagerhaltung
    Präsentationsrabatt − besondere Präsentation
    Frühbezugsrabatt − Beschaffung unmittelbar nach Erscheinen neuer Preislisten usw.
    Form: prozent. Nachlass − unberechnete Mengen oder Stück usw.

11. Bei Skontoziehung und Kontoüberziehung:
    Einsparung von 689,83 (Skonto 900 abz. Zinsen 210,17)

12. a) Anrollgeld, Fracht, Abrollgeld, Versicherungen, Zölle, Verladekosten...

b) frei Haus, frei Empfangsstation...
   ab hier, ab Werk...
   ab Versandstation...
   fob, cif,...

13. u.a.
    Kenntnisse besonderer Situationen beim Verkäufer (z.B. Ausscheiden eines bisherigen bedeutenden Abnehmers),
    Mengenabnahme,
    Kostenübernahme.

14. Folgende Kosten werden in die Kostenvergleichsrechnung einbezogen:
    Kalkulatorische Abschreibungen,
    kalkulatorische Zinsen,
    Betriebskosten (Personalkosten, Materialkosten, Instandhaltungskosten usw.).

15. Nachteil der Kostenvergleichsrechnung: Es werden lediglich die Kosten verglichen; die mit der Investition zu erwirtschaftenden Erträge werden nicht berücksichtigt.

16. Zeitwert: Wert einer Einnahme zum Zeitpunkt ihrer Fälligkeit;
    Barwert: Gegenwartswert einer Einnahme, auf den gegenwärtigen Zeitpunkt abgezinsten Zeitwert. Der Barwert ist niedriger als der Zeitwert.

17. Eine Abzinsungstabelle enthält die Abzinsungsfaktoren bei einmaliger und bei mehrmaliger Zahlung unter Berücksichtigung der Zeit und des Zinssatzes. Mit dem Abzinsungsfaktor wird der Zeitwert zur Ermittlung des Barwertes multipliziert.

18. Das Kapitalwertverfahren als Investitionsrechnung berücksichtigt sowohl die Kosten einer Investition als auch ihre künftigen Erträge. Die Nettoerträge werden auf den gegenwärtigen Zeitpunkt abgezinst.

19. Konkurrierende Ziele
    - hohe Bestellmenge: hohe Beschaffungskosten, hohe Finanzierungs- und Lagerhaltungskosten
    - hohe Bestellmenge: Preisvorteile, besondere Bedingungen (Rabatte)

    Hohe Bestellmengen können den Grad der Lieferbereitschaft erhöhen - geringe Fehlmengenkosten. Ausgleich zwischen angemessenem Grad der Lieferbereitschaft und den anfallenden Fehlmengenkosten.

20. Bestellkosten fallen bei Abwicklung der Bestellung an:
    Porti, Formulare, Personalkosten, Scheckgebühren, Bankspesen

21. a) 10,—
    b) 20,—
    c) 120,—

22.

n	B	B · EPr	$\dfrac{B \cdot EPr}{2}$	K_{Best}	K_{Lh}	$K = K_{Best} + K_{Lh}$
1	1.200	12.000,—	6.000,—	20,—	900,—	920,—
2	600	6.000,—	3.000,—	40,—	450,—	490,—
3	400	4.000,—	2.000,—	60,—	300,—	360,—
4	300	3.000,—	1.500,—	80,—	225,—	305,-
5	240	2.400,—	1.200,—	100,—	180,—	280,—
6	200	2.000,—	1.000,—	120,—	150,—	270,—
[7]	171,4	1.714,28	857,14	140,—	128,57	[268,57]
8	150	1.500,—	750,—	160,—	112,50	272,50
9	133,3	1.333,33	666,66	180,—	100,—	280,—
10	120	1.200,—	600,—	200,—	90,—	290,—

23. a) Die optimale Bestellmenge ist die Menge, bei der die Summe aus den Kosten der Lagerhaltung und der Bestellung am geringsten ist. Ziel: Bei geringer Lagerhaltung sind die Lagerhaltungskosten gering; geringe Lagerhaltung bedeutet aber relativ häufige Bestellung, also hohe Bestellkosten.

b) Es geht darum, die Bestellkosten und die Lagerhaltungskosten über die Bestellmenge so miteinander zu verbinden, dass ihre Summe möglichst gering ist.

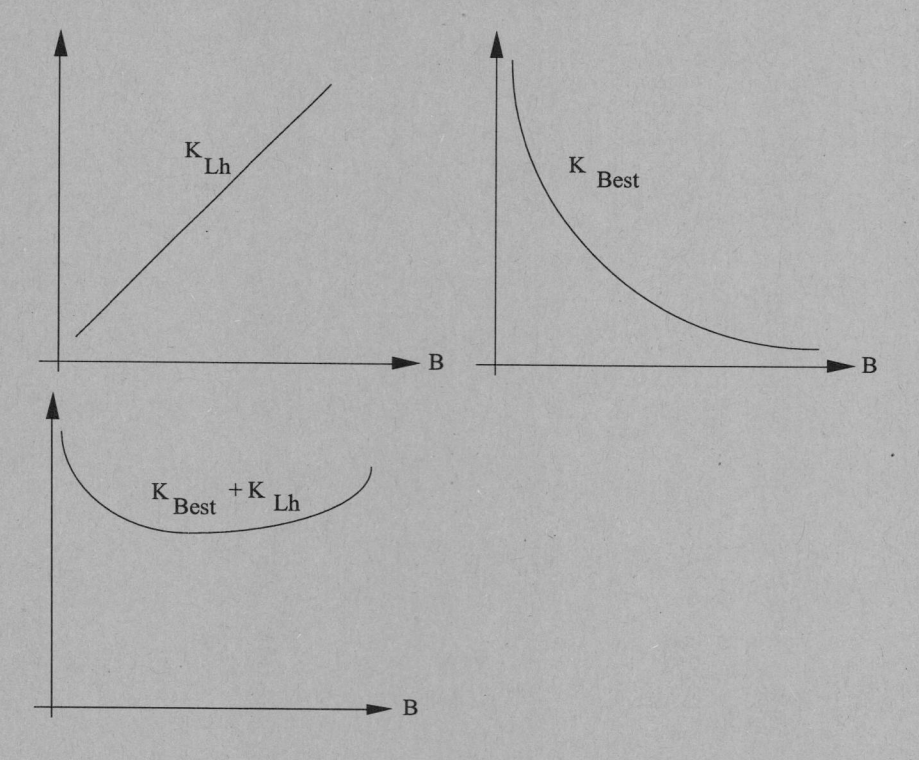

Lösungsvorschläge

24. a) und b)

$$Bm_{optim} = \sqrt{\frac{200 \cdot Jb \cdot k_{best}}{EPr \cdot q_{Lh}}} \qquad Bh_{optim} = \frac{Jb}{Bm_{optim}}$$

25. Optimale Bestellmenge und -häufigkeit nach Aufg. 20:

a)
$$Bm_{optim} = \sqrt{\frac{200 \cdot 1200 \cdot 20}{10 \cdot 15}} = 178,9$$

b)
$$Bh_{optim} = \frac{1200}{178,9} = 6,7$$

26. Nach dem Kostenausgleichsverfahren ergibt sich die optimale Bestellmenge bei der (ungefähren) Gleichheit von Lagerhaltungskosten und Bestellkosten. Um den Vergleichswert zu erhalten, muss stufenweise über kumulierte Werte der Lagerhaltungskosten vorgegangen werden.

27. Das Kostenausgleichsverfahren kann bei schwankenden Bedarfsmengen angewandt werden.

28. Ermittlung von optimalen Bestellmengen

Monate	Bedarf ME	Bedarf kumul.	Lagerdauer	Lagerdauer kumul.	q_{Lh}	K_{Lh}	K_{Lh} kum	k_{best}	**Bm$_{optim}$**
1	70	70	0,5	0,5	0,175	6,13	6,13	14,00	
2	30	100	1,0	1,5	0,175	7,88	14,00	14,00	**100**
3	40	40	0,5	0,5	0,175	3,50	3,50	14,00	
4	45	85	1,0	1,5	0,175	11,81	15,31	14,00	**85**
5	35	120	0,5	0,5	0,175	3,06	18,38	14,00	**120**

Zu 2.9

1. Einzelbeschaffung: Waren oder Material werden zum Zeitpunkt des Bedarfs beschafft, also nicht auf Lager genommen.

2. Vorteile der Einzelbeschaffung:
geringe Lagerhaltung,
geringe Lagerhaltungskosten,
geringes Absatzrisiko

Nachteile der Einzelbeschaffung:
Mögliche Verzögerung bei Lieferung (oder Beschaffung) - abnehmende Lieferbereitschaft.

3. Vorratsbeschaffung: Beschaffte Ware bzw. beschafftes Material wird auf Lager genommen.

4. Vorteile der Vorratsbeschaffung:

   Vorratshaltung wegen schwankender Nachfrage,
   Vorratshaltung aus spekulativen Gründen,
   Vorratshaltung wegen Manipulation,
   Vorratshaltung wegen Inanspruchnahme von Preisvorteilen bei großer Mengenabnahme,
   Vorratshaltung wegen Lieferbereitschaft.

   Nachteile der Vorratsbeschaffung:
   hohe Lagerhaltungskosten,
   Nachteile bei Preisrückgang.

5. Fertigungssynchrone Lieferung: Kombination von Einzel- und Vorratsbeschaffung; Verkäufer übernimmt Lagerhaltung für gekauftes Material usw., Käufer ruft bei Bedarf (Fertigung) ab.

6. Absatzsynchrone Lieferung: wie bei 5); Verkäufer übernimmt Lagerhaltung für gekaufte Ware, Käufer (meistens Handel) ruft bei Bedarf (Lieferung oder Verkauf) ab.

Zu 2.10

1. Direkte Beschaffung verzichtet auf branchenübliche Vermittlung durch Großhandel u.Ä.

2. Vorteile: Handelsspannen der Vermittler werden umgangen, Beschaffungskosten können niedriger sein (gilt vor allem für Waren der Wertkategorie A und bei großen Beschaffungsmengen) u.a.

3. Beschaffung wird vermittelt (z.B. durch Großhandel, Vertreter).

4. Absatzmittler (z.B. Groß- und Einzelhandel, evtl. Vertreter) setzen bei der Verteilung des Produkts eigene absatzpolitische Instrumente ein, Helfer tun das nicht (z.B. Spediteur u.a.).

5. Vorteile: Kostenentlastung für den Einzelhandel, kürzere Lieferfristen u.a.;

   Nachteile: höhere Beschaffungskosten u.a.

6. Bei einem Streckengeschäft ist ein Großhändler Vermittler der Lieferung, er wird also bei Lieferung umgangen, nicht jedoch bei Bestellung und Zahlungsvorgang. Der Großhändler unterhält also kein Lager, umgeht so die entsprechenden Kosten. Häufig bei Massengütern, z.B. Stahl u.ä.

Zu 2.11

1. Zuständigkeit im Unternehmensbereich Beschaffung: Personalfrage; Koordination von Beschaffung und Absatz: zentrale oder dezentrale Beschaffung.

Lösungsvorschläge 251

2. Beschafft wird zentral bei Dezentralisation von Verkauf und Lagerung.

3. Vorteile: Kostenersparnis durch große Beschaffungsmengen, durch bessere Ausnutzung des technischen und personellen Apparats, durch Spezialisierung bei Beschaffungsaktivitäten, zentrale Speicherung von Daten, die einen raschen Datenzugriff ermöglicht, Einheitlichkeit der Willensbildung.

   Nachteile: geringere Elastizität bei Anpassung an Nachfrageänderungen, evtl. entstehen Fehlmengenkosten u.a.

4. Beschaffungsaufgaben werden delegiert an Lager, Abteilungen oder Filialen.

5. Vorteile: größere Elastizität bei Anpassungen, Förderung von Initiativen von Mitarbeitern, Möglichkeiten zur schnellen Ausnutzung günstiger Bezugsquellen, Berücksichtigung lokal bedingter Besonderheiten der Nachfrage.

   Nachteile: uneinheitliche Willensbildung, mangelhafter Informationsfluss, höhere Beschaffungskosten wegen geringerer Beschaffungsmengen.

Zu 2.12

1. Kriterien für die Wahl des Transportgutes u.a.
   Art, Qualität, Umfang, Gewicht des Transportgutes,
   Preis, Flexibilität des Transportmittels,
   Erreichbarkeit des Empfängers u. Ä.

2. Vorteile des Straßengüterverkehrs gegenüber dem Schienengüterverkehr:
   Kosten, Flexibilität, Schnelligkeit, gute direkte Erreichbarkeit des Empfängers.

3. Lkw-Ausstattungen:
   Kipper-, Koffer- Tankaufbau, Containereinrichtung, Kühlbehälter u. Ä.

4. Vorteile des Schienengüterverkehrs gegenüber dem Straßengüterverkehr:
   Massengütertransport, hohe Nutzlasten u. Ä.

5. Fahrzeugtypen im Schienengüterverkehr:
   offene und gedeckte Wagen, Kühlwagen, Tiefladewagen u. Ä.

6. Vorteile des Binnenschiffahrtsverkehrs liegen im günstigen Transport von Massengütern.

7. Gründe für Inanspruchnahme eines Transportunternehmers bzw. Spediteurs:
   Kosten,
   eigene Transportkapazität reicht nicht aus oder ist ausgelastet,
   Umfang oder Qualität der Waren bzw. Materialien macht waren- oder materialspezifischen (spezialisierten) Transport erforderlich.

8. Spediteur: Selbstständiger Gewerbetreibender, der im eigenen Namen für Rechnung des Versenders Güterversendungen durchführen lässt oder selbst durchführt.

9. Frachtführer: Selbstständiger Gewerbetreibender, der die Beförderung von Gütern vornimmt.

10. Leistungen eines Logistikunternehmens: Alle Dienstleistungen, die im Zusammenhang mit der Lieferung von Waren oder Materialien stehen, Lagerung, Verpackung, Transport usw.

Zu 2.13

1. Lieferterminkontrollen tragen dazu bei, dass bestellte Ware bzw. bestelltes Material auch zu vereinbarten Lieferterminen geliefert werden. Der Käufer erreicht dadurch, dass er nicht selbst in Produktionsschwierigkeiten oder Lieferschwierigkeiten kommt.

2. Liefertermine werden durch eine entsprechende Ordnung der Bestellsatzkopien, durch EDV u.Ä. überwacht.

Zu 2.14

1. Ein Kaufvertrag ist ein zweiseitiges Rechtsgeschäft.

2. Ein Kaufvertrag kommt zu Stande durch zwei übereinstimmende Willenserklärungen: Antrag und Annahme (z.B. Angebot und Bestellung).

3. **Handelskauf**: Verkäufer und Käufer sind Unternehmer; beide handeln in Ausübung ihrer gewerblichen Tätigkeit.

   Verbrauchsgüterkauf: Verkäufer ist Unternehmer, Käufer ist Verbraucher; die gekaufte Sache dient einem privaten Zweck des Käufers.

4. Pflichten des Verkäufers:

   V muss die Sache übergeben,
   V muss dem K das Eigentum an der Sache verschaffen,
   V muss für die Mangelfreiheit der Sache sorgen,
   V hat die Kosten der Übergabe zu tragen.

5. Pflichten des Käufers:

   K muss die vertragsgemäß gelieferte Sache abnehmen,
   K muss die gelieferte Sache prüfen,
   K muss das für die gelieferte Sache geforderte Entgelt zahlen,
   K hat die Kosten der Abnahme zu tragen.

6. Formen von Kaufverträgen:
   a) Kauf auf Probe: Käufer erhält die Ware zunächst auf Probe, d.h. zur Ansicht.
   b) Kauf nach Probe: Käufer kauft nach einem Muster, z.B. Warenprobe; Kauf kommt nur zu Stande, wenn die gelieferte Sache dem Muster entspricht.
   c) Kauf zur Probe: Kauf einer Probemenge, keine weiteren Bedingungen.
   d) Kauf nach Besicht: K kauft die Ware wie besehen.
   e) Kauf auf Abruf: Käufer kann die gekaufte Sache später vom Lager des Verkäufers abrufen.

Lösungsvorschläge 253

    f) Spezifikationskauf: Käufer spezifiziert die Ware hinsichtlich bestimmter Eigenschaften nach Kauf, z.B. bei Abruf.
    g) Fixgeschäft: Im Vertrag wird ein Zeitpunkt für die Lieferung festgelegte („fixiert").

7. Bei einem Werkvertrag verpflichtet sich der Auftragnehmer zur Erstellung eines Werks und zur Lieferung, der Auftraggeber zur Zahlung einer Vergütung.

8. Miete ist die vertragliche Überlassung einer Sache zum Gebrauch; Pacht ist die vertragliche Überlassung einer Sache zum Gebrauch und zum Genuss der Früchte aus der Sache.

9. Bei einem Dienstvertrag stellt der Dienstnehmer dem Dienstberechtigten seine Arbeitskraft für die vereinbarte Zeit zur Verfügung.

10. Bei einem Geschäftsbesorgungsvertrag verpflichtet sich der Auftragnehmer zur Besorgung eines Geschäfts und der Auftraggeber zur Zahlung einer Vergütung.

11. Ein Leasingvertrag ist eine Art Mietvertrag: Der Leasingnehmer kann die geleaste Sache gebrauchen, er bezahlt dafür die vereinbarten Leasingraten, der Leasinggeber bleibt Eigentümer der Sache. Hauptsächlich werden Investitionsgüter geleast.

    Inhalt des Leasingvertrages sind Vereinbarungen u. a. über Höhe der Leasingraten, Dauer der Grundmietzeit, Möglichkeiten zur Verlängerung der Grundmietzeit, Kaufoptionen, Übernahme des Investitionsrisikos, Wartungsdienste.

12. Allgemeine Geschäftsbedingungen sind vorformulierte Vertragsbedingungen, die für viele Verträge gelten können.

13. AGB werden unter folgenden Voraussetzungen zum Vertragsbestandteil

    Hinweis des Vertragspartners auf Verwendung,
    Möglichkeit des Vertragspartners, vom Inhalt der AGB Kenntnis zu nehmen,
    Einverständnis des Vertragspartners.
    Wenn AGB-Verwender und Vertragspartner Kaufleute sind, werden die AGB Vertragsbestandteil, der Partner wusste oder wissen musste, dass AGB dem Vertrag zu Grunde gelegt werden.

14. In den AGB dürfen folgende Klauseln nicht verwendet werden.

    Klauseln mit Wertungsmöglichkeiten, das sind Klauseln mit richterlichen Wertungsmöglichkeiten; ihre Wirksamkeit ist abhängig von der richterlichen Wertung. Dazu zählt z.B. die Klausel, dass der Verwender der AGB ohne sachlich gerechtfertigten Grund vom Vertrag zurücktreten kann. Klauseln ohne Wertungsmöglichkeiten sind grundsätzlich verboten.

15. Der Erfüllungsort ist der Leistungsort; es ist der Ort, an dem ein Schuldner die geschuldete Leistung erbringen muss. Der Erfüllungsort bestimmt des Zeitpunkt des Gefahrübergangs und den Gerichtsstand.

16. Der Erfüllungsort kann im Vertrag vereinbart werden. Wenn keine Vereinbarung über den Erfüllungsort getroffen wurde, gilt der gesetzliche Erfüllungsort; das ist der Ort, an dem der Schuldner bei Entstehung des Schuldverhältnisses seinen Wohnsitz hatte.

17. Wenn eine Leistung unmöglich wird, ist die Leistungspflicht ausgeschlossen. Eine Leistung wird dann unmöglich,

    wenn sie für den Schuldner und für jedermann unmöglich ist,
    wenn die für die Leistung erforderlichen Aufwendungen unangemessen hoch sind,
    wenn sie nach Abwägung der Interessen von Gläubiger und Schuldner dem Schuldner nicht zugemutet werden kann.

18. Ein Schuldner kommt in Verzug, wenn die Leistung fällig ist und er trotz Mahnung nicht leistet. Die Mahnung kann unter besonderen Voraussetzungen entfallen, z.B. bei Fixgeschäften.

19. Der Schuldner einer Entgeltforderung kommt in Verzug, wenn die Zahlung fällig ist, dem Schuldner eine Rechnung (oder ähnliche Aufstellung) zugegangen und nach Zugang der Rechnung eine Frist von 30 Tagen verstrichen ist.

20. Voraussetzungen für Lieferungsverzug:

    Fälligkeit der Lieferung;
    Verschulden des Lieferers,
    fruchtlose Mahnung (kann u.U. entfallen).

21. Voraussetzung für Annahmeverzug: Kunde nimmt die vertragsgemäß gelieferte Ware nicht an.

22. Sachmängel liegen in folgenden Fällen vor.

    1) Der Sache fehlt eine im Vertrag vereinbarte Eigenschaft.
    2) Der Sache fehlt eine Eigenschaft, die vertraglich vorausgesetzt wurde und deshalb vom Käufer erwartet werden konnte.
    3) Der Sache fehlt eine Eigenschaft, die der Käufer aufgrund von Werbeaussagen u. Ä. erwarten konnte.
    4) Die vereinbarte Montage wurde unsachgemäß ausgeführt.
    5) Die Montageanleitung ist so fehlerhaft, dass die Montage nicht sachgemäß ausgeführt werden kann.
    6) Der Verkäufer liefert eine andere Sache als vereinbart.
    7) Der Verkäufer liefert eine zu geringe Menge.

23. Rechte des Käufers bei Sachmangel.

    1) Der Käufer verlangt zunächst Nacherfüllung; dabei kann er verlangen, dass der Verkäufer den Mangel beseitigt oder eine mangelfreie Sache liefert.
    2) Rücktritt vom Vertrag, wenn nach einer angemessenen Frist für die Nacherfüllung die Nacherfüllung verweigert, die Reparatur nur unzulänglich ausgeführt wird usw.
    3) Minderung des Kaufpreises anstatt des Rücktritts.
    4) Schadenersatz und Ersatz vergeblicher Aufwendungen.

24. Macht ein Käufer innerhalb von sechs Monaten nach dem Kauf einen Sachmangel geltend, wird angenommen, dass der Mangel bereits beim Kauf bestanden hat. Es sei denn, der Verkäufer beweist dem Käufer, dass er den Mangel verursacht hat.

25. Wenn es sich um eine neu hergestellte Sache handelt, kann der Verkäufer von seinem Lieferanten Ersatz der Aufwendungen verlangen, die ihm aus den Ersatzansprüchen seines Kunden entstanden sind. Der Lieferant kann wiederum Ersatz von seinem Lieferanten verlangen.

26. Einen Fernabsatzvertrag schließt ein Unternehmer und ein Verbraucher über sog. Fernkommunikationsmittel, z.B. über E-Mails, ab. Gegenstand des Vertrages ist der Kauf von Waren oder Dienstleistungen.

27. Pflichten des Verkäufers bei einem Fernabsatzgeschäft u. a: Eindeutige Information

    über seine Identität und Anschrift,
    über wesentliche Merkmale der Ware oder Dienstleistung,
    über das Zustandekommen des Vertrages,
    über die Mindestlaufzeit des Vertrages.

28. Einrede der Verjährung bewirkt, dass der Schuldner eine Leistung verweigert, weil der Anspruch verjährt ist.

29. Regelmäßige Verjährungsfrist einer Forderung: drei Jahre,

    Beginn der Verjährungsfrist: Ende des Jahres, in dem der Anspruch entstanden ist (und der Gläubiger sowohl von den Umständen für die Anspruchsbegründung als auch von der Person des Schuldners Kenntnis erlangt hat).

30. Bei einer Verjährungshemmung verjährt eine Forderung für eine bestimmte Zeit nicht. Die gehemmte Frist wird an die ursprüngliche Frist angehängt.

31. Eine Verjährung kann unterbrochen werden. Die Verjährung beginnt dann neu. Sie beginnt dann am Tage der Unterbrechung.

32. Ein Leistungsanspruch wird verwirkt, wenn er z.B. verspätet geltend gemacht wird.

33. Wegfall der Geschäftsgrundlage kann vom Schuldner als Einrede gegen seine Leistungspflicht benutzt werden. Es sind dann bestimmte Umstände, die bei Vertragsabschluss bestanden haben, weggefallen.

Zu 3.1

1. Belegprüfung:
    Vergleich Begleitpapiere mit Bestellkopien (evtl. Bildschirm); Feststellung: 1) Zahl der Versandstücke, 2) äußerlich erkennbare Schäden, 3) Identifikation der Waren bzw. Materialien, 4) Existenz eines Bestellsatzes;

    Rückschlüsse bei fehlerhaften Belegen (bzw. mangelhafter Übereinstimmung),
    - fehlerhafte Begleitpapiere,
    - fehlender Bestellsatz ...

    Mengenprüfung:
    Vergleich gelieferte Menge - Mengen in Begleitpapieren und Mengen im Bestellsatz ...

Zeitprüfung:
Vergleich tatsächlicher Liefertermin - Termin im Bestellsatz

2. Vorteile von Stichproben (z.B. bei Qualitätsprüfungen):

    Mit Hilfe einer Stichprobe wird eine Teilgesamtheit ermittelt, die die Gesamtheit repräsentiert; Stichproben werden erforderlich bei Prüfverfahren, die das geprüfte Material unbrauchbar machen. Stichprobenprüfungen genügen, weil Lieferer, z.B. zur Vermeidung von Mängelrügen oder Vertragsstrafen, Lieferungen sehr sorgfältig prüfen.

    Stichprobenprüfung ist weniger aufwändig als Hundertprozentprüfung,
    Stichprobenprüfung ist kostengünstiger,
    Aufbereitung ist meistens besser,
    Stichproben können besser transportiert werden, z.B. zu einem spezialisierten Prüfbetrieb.

3. Die Übertragung der Prüfergebnisse von der Stichprobe auf die Gesamtheit wirft Probleme auf, wenn die Stichprobe sehr klein ist.

4. Zufallszahlentabelle,
   Stichprobenpläne ...

5. In vielen Unternehmen bestehen Stichprobenpläne; sie geben vor, wie groß eine Stichprobe bei einer bestimmten Gesamtheit sein muss und welche Prüfergebnisse noch toleriert werden.

6. Prüfverfahren: chemische, mechanische, physikalisch-chemische Verfahren

7. a) sachliche Prüfung
   b) rechnerische Prüfung
   c) preisliche Prüfung

8. Beim Freiplatzsystem (chaotische Lagerhaltung) wird die Ware auf derzeitig freien Lagerplätzen untergebracht.

9. Lagerplatznummern kennzeichnen systematisch den Lagerplatz durch ein Nummernsystem (vor allem bei chaotischer Lagerhaltung).

10. Beim Festplatzsystem hat jede Ware (oder Warengruppe oder Artikel) ihren festen Lagerplatz, der auch auf Dauer für sie reserviert bleibt.

11. Freiplatzsystem,
    Vorteile: bessere Ausnutzung der Lagerkapazität, schnellere Einlagerung.
    Nachteile: gleiche Ware wird evtl. auf getrennten Lagerplätzen untergebracht, evtl. lange Transportwege bei Entnahme.

    Festplatzsystem,
    Vorteile: Lagerplatzordnung berücksichtigt Entnahmehäufigkeiten und Transportwegeoptimierung.
    Nachteile: es besteht die Möglichkeit, dass Lagerraum freibleibt, dass bei höherem Bedarf der reservierte Lagerraum nicht ausreicht, so dass eine neue Lagerplatzordnung erforderlich wird.

Lösungsvorschläge 257

Zu 3.2

1. Überbrückung der Diskrepanzen zwischen Beschaffung und Absatz. Zeitliche, mengenmäßige, preisliche Überbrückung.

2. Kontinuität im Sortiment,
wirtschaftliche Lagerhaltung - Sortimentserweiterung,
Vorsortimentierung des Großhandels für den Einzelhandel.

3. a) Behandlung von Waren im Lager zur Bildung marktgängiger Qualitäten und Quantitäten, Warenveredlung i.w.S.

   b) Sortieren, Reinigen, Mischen, Umpacken...

Zu 3.3

1. a) Räumliche Zusammenfassung der Lager gleicher Art.

   b) Vorteile: große Übersichtlichkeit, geringe Raum- und Verwaltungskosten, einfache Bestands- und Bewegungskontrollen, schneller (zentraler) Datenzugriff.
   Nachteile: längere Transportwege, höhere Transportkosten, evtl. Störungen bei Lieferungen (bei längeren Transportwegen).

2. a) Räumliche Trennung der Lager gleicher Art.

   b) Gründe: Kundennähe, Abwägung der Vorteile bei Kundennähe gegen Nachteile (Kosten).
   Vorteile: Kundennähe, kürzere Transportwege, geringere Transportkosten, evtl. geringere Störungen bei Lieferungen.
   Nachteile: geringe Übersichtlichkeit, hohe Raum- und Verwaltungskosten, schwierigere Bestands- und Bewegungskontrollen.

3. Gründe für Fremdlager:
Eigenlager zu teuer, Lagerbedarf nur vorübergehend, spezielle Lagerung,
Verbindung mit besonderen Diensten,
Kosten,
Risiko.

4. Lagerhalter: selbstständiger Kaufmann, der gewerbsmäßig die Lagerung und Aufbewahrung von Gütern für andere übernimmt.

5. Sonderlager: gesonderte Lagerung und Rückgabe
Sammellager: gemischte Lagerung bei vertretbaren Gütern.

6. Gemeinschaftslager: Eigenlager mehrerer Händler, optimale Nutzung...

7. Konsignationslager: Das lieferereigene Lagergut wird beim Abnehmer (Händler) gelagert, der kann bei Bedarf entnehmen und rechnet i.d.R. monatlich ab. Der Händler bindet geringes Kapital und verfügt schneller über die Ware. Der Lieferer bindet einen Kunden und spart evtl. Auftragsabwicklungskosten.

8. Z.B. Ausgleich starker Beschaffungs- und Absatzschwankungen (Sammel- und Verteilungslager) u.Ä.

9. Warenspezifische Lager: Kühlhäuser für Kühllagerung, geschlossene Lager für Lebensmittel, offene Lager für Baumaterialien, halboffene Lager für Leergut, Gasflaschen, Behälter für Flüssigkeiten.

10. Stufenlager sind Lager im Zusammenhang mit den Produktionsstufen (Zwischenlager), auch Werkstattlager genannt.

Zu 3.4

1. Faktoren, die die Wahl von Lagereinrichtungen mitbestimmen: Art der Waren, optimale Ausnutzung von Lagerraum, Gestaltung der Transportwege, Arbeit am Lagergut, Qualifikation des Lagerpersonals (die Faktoren sind auf einzelne Lagereinrichtungen zu beziehen).

2. Lagereinrichtungen: Regale, Packmittel, Fördermittel, Lagerhilfsgerät (die Lagereinrichtungen sind zu beschreiben).

Zu 3.5

1. Pflege des Lagerguts: Staub wischen, Ölen usw.

2. Manipulation: Veredelung des Lagerguts, z.B. Mischen (Kaffee), Lagerung (Holz) ...

3. Prüfung: Stichproben, Bestandsermittlungen, Vergleich mit Lagerfachkarten usw.

Zu 3.6

1. VDI-Richtlinie: „Kommissionieren hat das Ziel, aus einer Gesamtmenge von Gütern (Sortiment) Teilmengen aufgrund von Anforderungen (Aufträge) zusammenzustellen."

2. Entnahme Mann zur Ware: der Kommissionierer geht zum Lagerplatz und entnimmt die Ware, häufig manuelle Entnahme, der Entnahmeweg ist eindimensional

3. Entnahme Ware zum Mann: Behälter, Palette o.Ä. Ladungsträger werden zum Kommissionierer transportiert, nach Entnahme werden Ladungsträger zurück zum Lagerplatz transportiert, häufig bei Hochregallagern, erforderlich sind maschinelle oder automatische Fördergeräte.

4. Entnahmewege
   1) eindimensional: der Entnahmeweg ist ausschließlich horizontal,
   2) zweidimensional: der Entnahmeweg ist sowohl horizontal als auch vertikal.

5. Einstufige Kommissionierung: die Kommissionierung bezieht sich auf einen Auftrag (evtl. auf eine Auftragsserie)
   zweistufige Kommissionierung: Kommissionierung bezieht sich auf mehrere Aufträge.

6. Serielle Kommissionierung: Entnahme für eine Serie gleicher (gleichartiger) Aufträge; die Aufträge werden nach Materialbedarf zerlegt, nach der Entnahme werden die Materialien den Aufträgen wieder zugeordnet.

7. Parallele Kommissionierung: Gleichzeitige Entnahme in mehreren Lagern oder Lagerbereichen.

8. Holsystem: das Material wird durch den Arbeiter zum Arbeitsplatz geholt,
die Lagerverwaltung wird entlastet, die Materialbestände am Arbeitsplatz werden dem Bedarf besser angepasst, die Materialbestände am Arbeitsplatz werden verringert;
Bringsystem: das Material wird durch das Lager zum Arbeitsplatz gebracht,
für die Arbeiter entsteht kein Zeitverlust.

Zu 3.7

1. Mithilfe von Lagerbestandsplanungen soll erreicht werden, dass
der Warenfluss vom Lager zum Verkauf bzw. zum Versand,
der Materialfluss vom Materiallager zur Produktionsstätte und
der Fluss der fertigen Produkte vom Lager zum Versand reibungslos vonstatten gehen kann und
die Kostenbedingungen für die Lagerhaltung verbessert werden.

   Probleme ergeben sich insbesondere für den Handel aus Fehleinschätzungen der Absatzchancen; das kann zu Bestandsüberhängen führen, z.B. bei Sonderaktionen, aus beschaffungs- und absatzpolitischen Abhängigkeiten.

   Probleme können sich auch dadurch ergeben, dass der Lagerbestand nicht dem Buchbestand entspricht (Schwund ...).

   Der ermittelte Bedarf ist eine wichtige Grundlage für die Bestandsplanung. Die Ergebnisse sind zumindest im Handel mit Vorsicht zu interpretieren, da Lagerentnahmen im Handel absatzorientiert (und nicht programmorientiert) und deshalb gelegentlich – entgegen der geschätzten Entwicklung – unregelmäßig sind.

2. Die Festlegung des Höchstbestandes soll dafür sorgen, dass überhöhte Lagervorräte vermieden werden.

3. Der Mindestbestand = Eiserner Bestand, Buchbestand einer Ware bzw. eines Materials, der in etwa gleicher Menge und Qualität ständig am Lager sein sollte. Ziel: Garantie angemessener Lieferbereitschaft bzw. Aufrechterhaltung des Produktionsablaufs bei Schwierigkeiten der Lagerergänzung.

4. Der Meldebestand ist der Bestand, der die Meldung an den Einkauf bewirkt, Meldung löst Bestellung aus.

   Meldebestand = Mindestbestand + (Beschaffungszeit · tägl. Bedarf)

5. Der verfügbare Bestand ergibt sich, wenn man zum tatsächlich vorhandenen Bestand die offenen Bestellungen (d.s. bestellte, noch nicht eingegangene Bestellungen) hinzuzählt und den reservierten Bestand (d.s. die Mengen, die bereits für die Produktion festgelegt, aber vom Lager noch nicht entnommen sind) abzieht.

6. Der optimale Lagerbestand ist der Bestand, bei dem die Summe aus Lagerhaltungs-, Bestell- und Fehlmengenkosten ihr Minimum hat ...

7. Der Grad der Lieferbereitschaft ist eine statistische Kennziffer, die angibt, in welchem Umfang das Lager im Durchschnitt lieferbereit war.

8. a) 85 % der Aufträge wurden ausgeführt,

   b) 90 % der nachgefragten Mengen waren lieferbar.

9. Fehlmengenkosten sind Kosten, die durch Fehlmengen, d.h. durch zu geringen Lagerbestand, entstehen.

   Zu unterscheiden sind
   echte Fehlmengenkosten, z.B. Vertragsstrafen,
   Opportunitätskosten, z.B. entgangener Gewinn.

10. a) Ware bleibt auf Lager des Lieferers bis zum Abruf durch den Käufer (aber: Vereinbarung der Abruftermine).
    b) Materialien werden fertigungssynchron angeliefert, d.h. meistens abgerufen oder zu geplanten und vereinbarten Terminen geliefert, damit Fertigung nicht stockt; ähnlich wie Kauf auf Abruf.
    c) Durch angemessene Rabattgewährung (Mengenrabatt) wird Käufer veranlasst, die Lagerhaltung zu übernehmen.
    d) Käufer wird durch entsprechende Preise veranlasst, mindestens eine bestimmte Menge abzunehmen (geringere Mengen werden teurer).
    e) Streckengeschäft: Händler (Zwischenhändler) nimmt Ware bzw. Material nicht auf Lager, Hersteller liefert direkt an (End-)Käufer.
    f) Gefertigt wird, was verbraucht wurde.

11. Höhe der Bestellmenge ist abhängig von der Häufigkeit der Bestellungen (Aufstellung des Jahresbedarfs): Bestellmenge nimmt ab bei zunehmender Häufigkeit der Bestellungen, da dLb = B : 2, verringert sich der dLb bei abnehmender Bestellmenge.

12. a) $$dLb = \frac{1.350 + 1.420}{2} = \frac{2.770}{2} = 1.385$$

    $$dLb = \frac{15.525 + 21.300}{2} = \frac{36.825}{2} = 18.412{,}50$$

    b) $$dLb = \frac{21.060}{13} = 1.620$$

    $$dLb = \frac{265.655}{13} = 20.435$$

Lösungsvorschläge

c) $dLb = \dfrac{7.830}{5} = 1.566$

$dLb = \dfrac{97.625}{5} = 19.525$

13. Der dLb gibt an, wieviel Ware (mengen- oder wertmäßig) im Durchschnitt am Lager war. Er wird genauer, je mehr Bestände in die Berechnung einbezogen werden (also ist b genauer).

14. Die Umschlagshäufigkeit gibt an, wie oft der durchschnittliche Lagerbestand im Jahr umgeschlagen wurde. Errechenbar für einzelne Artikel, Warenarten usw., erlaubt deshalb Vergleiche (z.B. mit den entsprechenden Kennziffern der Vorjahre, mit Branchen usw.).

15. a) $\dfrac{22.000}{4.000} = 5{,}5$ Umschlagshäufigkeit: 5

    b) $\dfrac{133.750}{26.750} = 5$ Umschlagshäufigkeit: 5

16. Die durchschnittliche Lagerdauer gibt an, wieviel Tage eine Ware im Durchschnitt (des Jahres) auf Lager war. Bei hoher Uh ist die dLd gering und umgekehrt.
    Die Ware war im Durchschnitt 72 Tage am Lager.

17. $dLd = \dfrac{360}{5} = 72$

    Die Ware war nur durchschnittlich 72 Tage am Lager.

18. a) 1) dLb = 7.750, 2) dLb = 16.303,85
    b) 22.950,— €
    c) Uh = 1,4
    d) dLd = 256 Tage

19. 1) Bei Konstanz des dLb (15000) verändert die Uh die dLd und den Wareneinsatz; bei Verringerung der Umschlagshäufigkeit erhöht sich die dLd und der Wareneinsatz wird verringert, bei Erhöhung der Uh wird die dLd verringert, der Wareneinsatz wird erhöht; unter der Voraussetzung, dass die Kosten der Lagerhaltung konstant bleiben (27000), verändert sich der Kostensatz in Bezug auf den Wareneinsatz, u.z. bei einer Verringerung der Uh erhöht sich der Kostensatz, bei einer Erhöhung der Uh verringert sich der Kostensatz.

    2) Der Wareneinsatz ist konstant (180.000), eine Verringerung der Uh führt deshalb zu einem höheren dLb, eine Erhöhung der Uh zu einer Verringerung des dLb; bei Konstanz des Kostensatzes der Lagerhaltung (15 %) verändern sich die Kosten der Lagerhaltung, bei Verringerung der Uh steigen sie, bei Erhöhung der Uh sinken sie.

20. a) Uh = 12

    b) 0,1 (10 %), Lagerkostensatz in Bezug auf den Wareneinsatz

c)

UH	Wareneinsatz	Kosten	Kostensatz
12	151.950,—	15.195,—	10,0 %
8	101.300,—	15.195,—	15,0 %
16	202.600,—	15.195,—	7,5 %

21. Erhöhung der Umschlagshäufigkeit durch aktive Absatzpolitik, d.h. der dLb wird bei gleichem Wareneinsatz häufiger umgeschlagen.

    Erhöhung der Umschlagshäufigkeit führt zu einer Verringerung der durchschnittlichen Lagerdauer und damit zu einer Verringerung der entsprechenden Lagerhaltungskosten.

Zu 3.8

1. Das Ziel des Kreislaufwirtschafts- und Abfallgesetz kommt in seinem vollständigen Namen zum Ausdruck: Gesetz zur Förderung der Kreislaufwirtschaft und Sicherung der umweltverträglichen Beseitigung von Abfällen.

2. Entsorgungspflichtige Abfälle: Bewegliche Sachen, die für ihre ursprüngliche Zweckbestimmung nicht mehr verwendet werden und die die Umwelt gefährden können; ihr Gefährdungspotenzial kann nur durch Verwertung oder Beseitigung ausgeschlossen werden.

3. Aspekte der Entsorgung: Verwertung und Beseitigung, die Verwertung hat Vorrang (bei technischer Möglichkeit und wirtschaftlicher Zumutbarkeit).

4. Verwertung von Abfällen - zu unterscheiden sind Wiederverwertung und Weiterverwertung,

    Wiederverwertung: Aufbereitung und Verwertung als Rohstoff im gleichartigen Produktionsprozess ...

    Weiterverwertung: Aufbereitung und Verwertung in einem andersartigen Produktionsprozess

5. Verwendung von Abfällen – zu unterscheiden sind Wiederverwendung und Weiterverwendung,

    Wiederverwendung: der Abfall wird entsprechend seinen ursprünglichen Verwendungszweck wieder verwendet ....
    Weiterverwendung: der Abfall wird für einen anderen als den ursprünglich vorgesehenen Zweck weiter verwendet ...

6. Abfallbeseitigung – Formen: Abfallablagerung (Deponie), Vernichtung (z.B. Verbrennung), Diffusion ...

7. Arbeiten bei Entsorgung:
    Einteilung, Aufbereitung, Aussonderung, Vernichtung, Verkauf, Abtransport ...

Zusammenfassende Übungen – Klausurtypische Aufgaben

| 1 | Einführung | Gegenstände der Beschaffung |

	Unternehmen	Gegenstände der Beschaffung	Rohstoffe	Hilfsstoffe	Betriebsstoffe	Teile	Handelsware	Ware
1	Möbelhersteller	Holz	X					
2	Möbelhersteller	Leim		X				
3	Mühlenwerke	Getreide	X					
4	Mühlenwerke	Verpackungsmaterial		X				
5	Hersteller von Gartengeräten	Reinigungsmittel					X	
6	Supermarkt	Lebensmittel						X
7	Brotfabrik	Mehl	X					
8	Hersteller von landwirtschaftl. Nutzfahrzeugen	Anhängeruntergestell				X		
9	Brotfabrik	Strom			X			
10	Hersteller von Kunststoffteilen	Granulat	X					
11	Haushaltswareneinzelhändler	Geschirr - Trinkgläser						X
12	Maschinenfabrik	Schmiermittel			X			
13	Automobilfabrik	Sitze				X		
14	Automobilfabrik	Stahlbleche	X					

| 2 | Aufbauorganisation | Eingliederung der Beschaffungslogistik |

1. Aufgabenanalyse bei der Landtransport GmbH:

   Gesamtaufgabe: z.B.
   Herstellung von landwirtschaftlichen Transporteinrichtungen,
   Sortimentserweiterungen, z.B. Aufnahme eines Anhängers in das Sortiment,

   Hauptaufgaben: im Bereich Materialwirtschaft z.B.
   beschaffungs- und lagerpolitische Entscheidungen zur Realisierung der Gesamtaufgabe in Zusammenarbeit mit Produktion und Absatz,
   Entscheidung Eigenproduktion oder Fremdbezug,
   Ermittlung des Lagerbedarfs,

   Teilaufgaben: im Bereich Materialwirtschaft z.B.
   Festlegung der Bezugsquelle,
   Angebotsvergleich,
   Lagerordnung, Lagerart u.Ä.

   Einzelaufgaben: im Bereich Materialwirtschaft
   verantwortliche Ausführung der Teilaufgaben in Teilbereichen, z.B.
   Einholung von Angeboten,
   Angebotsvergleich,
   Einlagerungen usw.

2. Weisungssysteme:
   Liniensystem: straffe Form des Aufbaus, Instanzenweg; klare hierarchische Gliederung (Ebenen);
   schwerfällig...
   Funktionsmeistersystem (Mehrliniensystem): ein Arbeiter hat mehrere Vorgesetzte, bestimmte Sachgebiete, Kompetenz; unübersichtlich...
   Stabliniensystem; Liniensystem mit Stabstellen, Beratungen ohne Weisungsrecht...

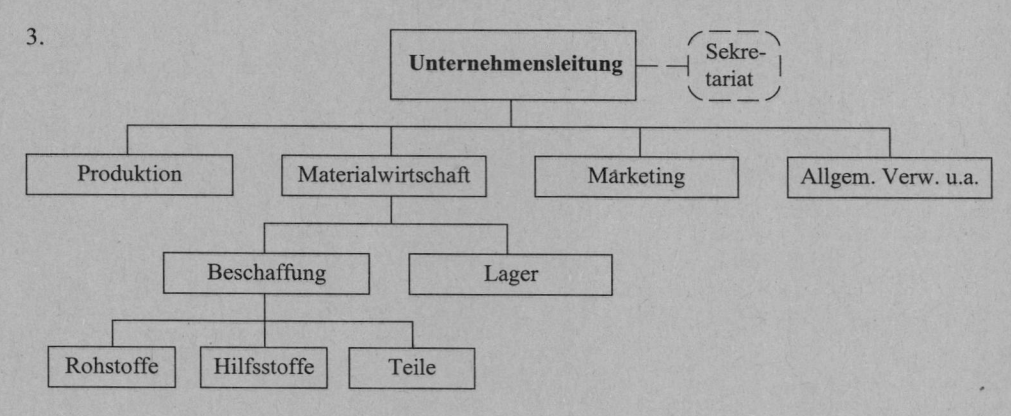

3.

```
                    ┌──────────────────────┐    ┌─────────┐
                    │ Unternehmensleitung  │────│ Sekre-  │
                    └──────────────────────┘    │ tariat  │
                               │                └─────────┘
         ┌─────────────┬───────┴───────┬──────────────┐
  ┌──────────┐  ┌──────────────┐  ┌─────────┐  ┌──────────────┐
  │Produktion│  │Materialwirt- │  │Marketing│  │Allgem.Verw.  │
  │          │  │schaft        │  │         │  │u.a.          │
  └──────────┘  └──────┬───────┘  └─────────┘  └──────────────┘
                ┌─────┴─────┐
          ┌───────────┐  ┌───────┐
          │Beschaffung│  │ Lager │
          └─────┬─────┘  └───────┘
      ┌─────────┼─────────┐
  ┌────────┐┌─────────┐┌──────┐
  │Rohstoffe││Hilfsstoffe││Teile│
  └────────┘└─────────┘└──────┘
```

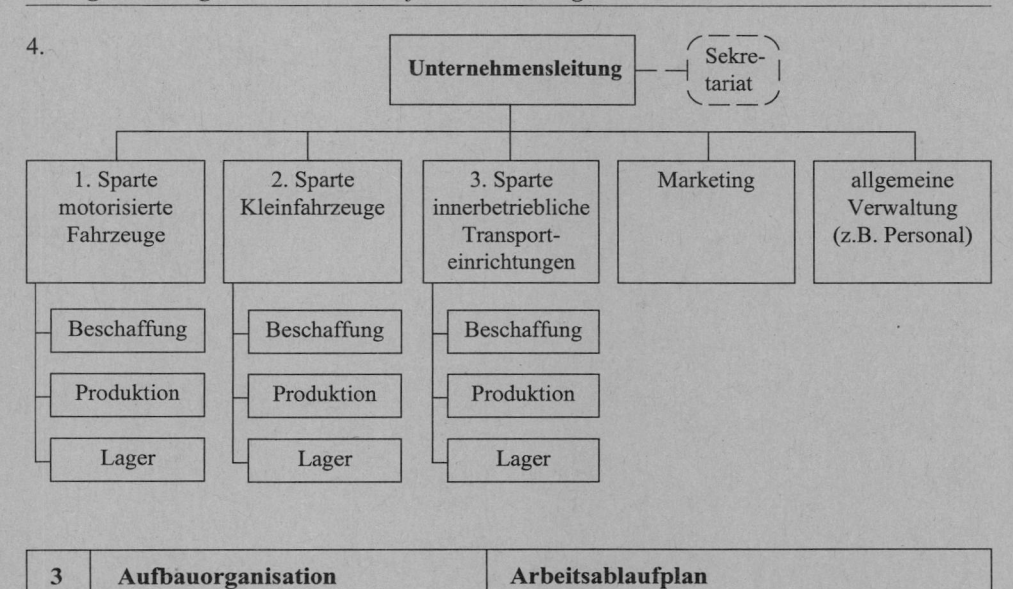

Lösungsvorschläge zu den zusammenfassenden Übungen 265

4.

```
                        Unternehmensleitung --- Sekretariat
    ┌──────────────┬──────────────┬──────────────┬──────────────┐
 1. Sparte     2. Sparte      3. Sparte      Marketing    allgemeine
 motorisierte  Kleinfahrzeuge innerbetriebliche            Verwaltung
 Fahrzeuge                    Transport-                   (z.B. Personal)
                              einrichtungen
 
 Beschaffung   Beschaffung    Beschaffung
 Produktion    Produktion     Produktion
 Lager         Lager          Lager
```

3	Aufbauorganisation	Arbeitsablaufplan

	Ablaufabschnitt	Ablaufarten des Arbeitsgegenstandes	Bemerkungen
1	Rechnungseingang, Eingangsstempel	● ⇒ □ D ▽	
2	Ablage in Postausgangskorb	○ ⇒ ■ D ▽	
3	Weitergabe zur Abt. Rechnungswesen	○ ◄ □ D ▽	
4	Rechnung im Postausgangskorb	○ ⇒ □ ■ ▽	
5	Prüfung der Rechnung	○ ⇒ ■ D ▽	
	Bestätigung der Richtigkeit	● ⇒ □ D ▽	
6	Rechnung im Ausgangskorb	○ ⇒ □ ■ ▽	
7	Weitergabe zur Zahlungsanweisung	○ ◄ □ D ▽	
8	Rechnung im Eingangskorb	○ ⇒ □ ■ ▽	

9	Vorlage bei Leiter Rechnungswesen	● ⇒	□	D	▽
10	Freigabe zur Zahlung	● ⇒	□	D	▽
11	Rechnung im Ausgangskorb	○ ⇒	■		▽
12	Ausstellung der Zahlungsanweisung	● ⇒	□	D	▽
13	Rechnung im Ausgangskorb	○ ⇒	■		▽
14	Rechnung zur Buchhaltung	○ ⇒	□	D	▽
15	Verbuchung	● ⇒	□	D	▽
16	Ablage	○ ⇒	□	D	▼

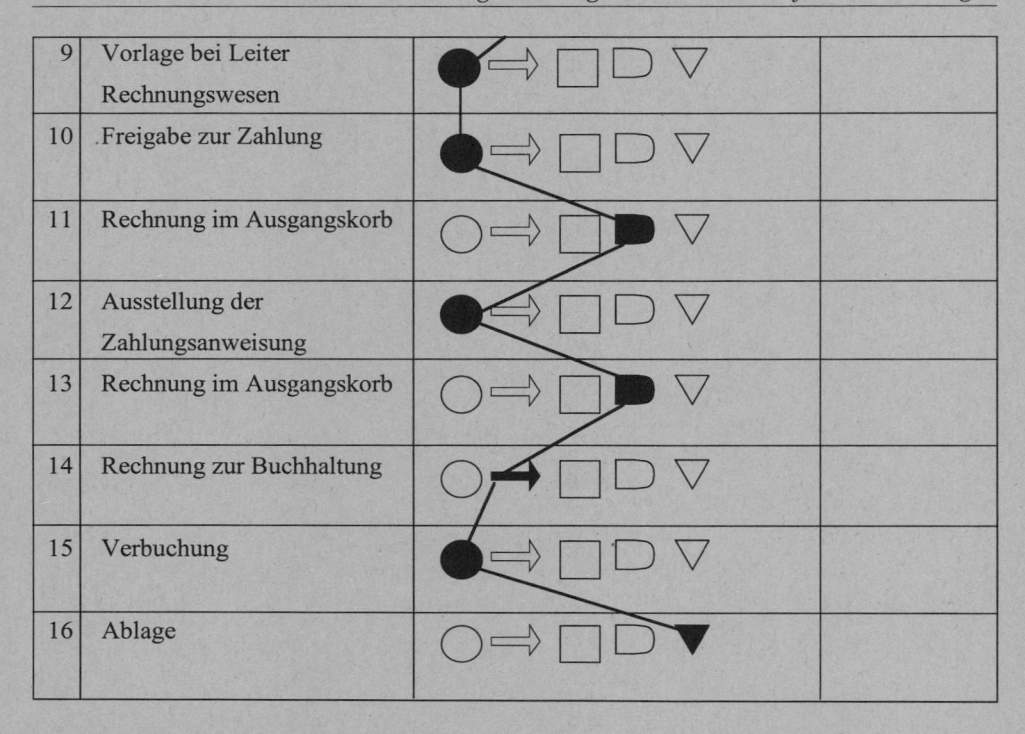

Der Plan dient dazu, die Reihenfolge von Abschnitten eines Arbeitsablauf grafisch darzustellen. Daneben kann er wichtige analytische Aufgaben erfüllen. Durch die Aufnahme weiterer Angaben können Schwachstellen des Arbeitslaufs deutlich gemacht werden. So zeigt das Beispiel in dieser Aufgabe besonders häufiges ablaufbedingtes Liegen.

Zur weitergehenden Analyse können die Zeiten ablaufbedingten Liegens, der Einwirkungs- und Prüfvorgänge und die Länge der Förderwege gemessen und in entsprechende Spalten des Plans aufgenommen werden. Aus den Angaben können Rückschlüsse für organisatorische Maßnahmen gezogen werden.

Lösungsvorschläge zu den zusammenfassenden Übungen 267

4	Organisation	Netzplan

a) Vervollständigung der Tabelle

	Vorgänge	Dauer (Wo)	Voraus-setzung	FAZ	FEZ	SAZ	SEZ	PG
A	Bedarf feststellen, Prüfungen	1	-	0	1	0	1	0
B	Anfragen, Angebote einholen	3	A	1	4	1	4	0
C	Entscheidung fällen	1	B	4	5	4	5	0
D	bestellen	1	C	5	6	5	6	0
E	Trennwand mauern	3	C	5	8	6	9	1
F	elektrische Leitungen installieren	1	C	5	6	14	15	9
G	Wasserleitung installieren	2	C	5	7	7	9	2
H	Fundament mauern	4	E, G	8	12	9	13	1
I	Malerarbeiten	2	H	12	14	13	15	1
J	Lieferung	9	D	6	15	6	15	0
K	Maschine aufbauen und anschließen	2	F, I, J	15	17	15	17	0
L	Probelauf	1	K	17	18	17	18	0

b) siehe nächste Seite

c) kritischer Weg: A – B – C – D – J – K – L

d) 18 Wochen

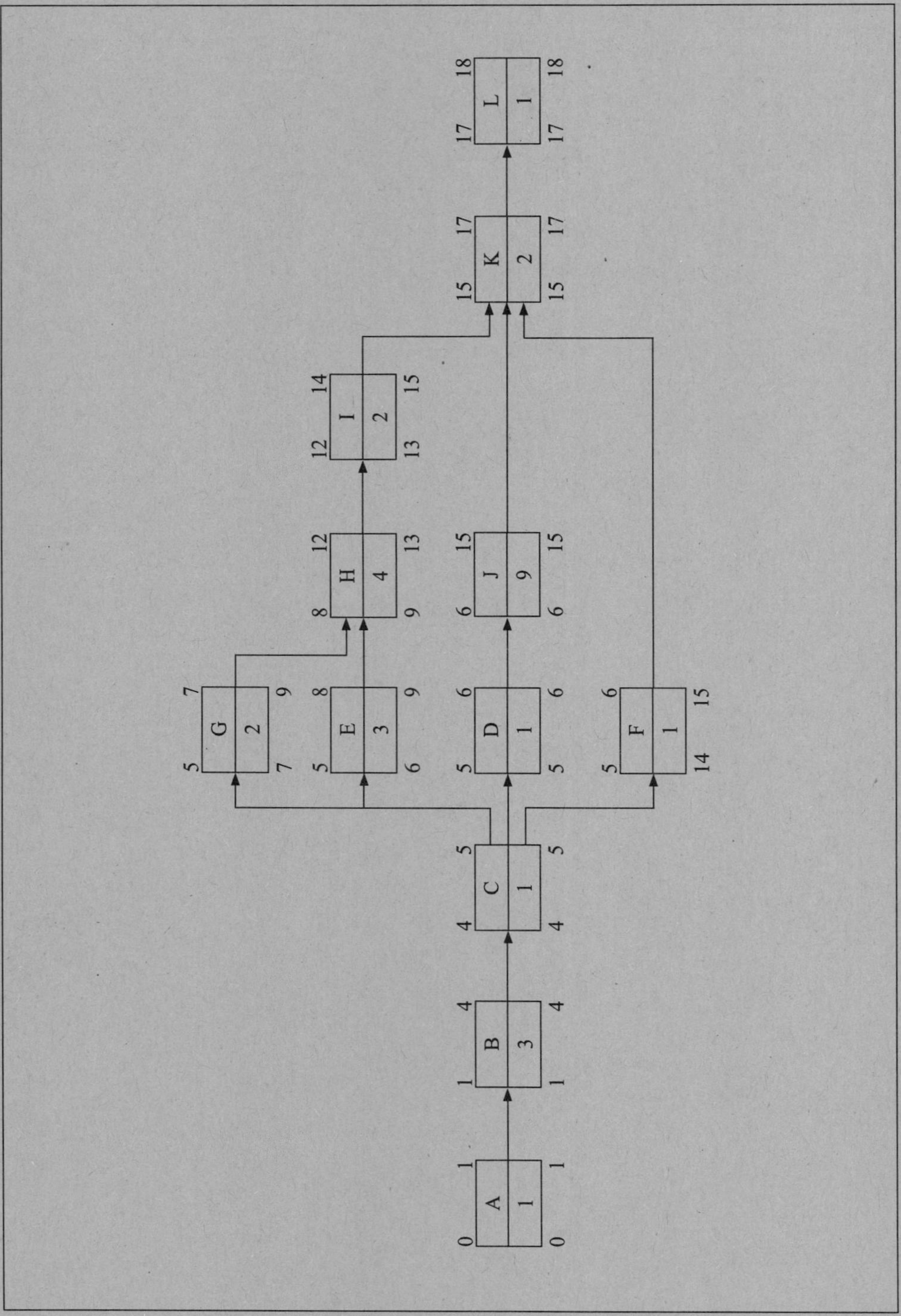
0 A 1 1
0 1 1
1 B 4 4
1 3 4
4 C 5 5
4 1 5
5 G 7 7
7 2 9
5 E 8 8
6 3 9
5 D 6 6
5 1 6
5 F 6 6
14 1 15
8 H 12 12
9 4 13
6 J 15 15
6 9 15
12 I 14 14
13 2 15
15 K 17 17
15 2 17
17 L 18 18
17 1 18

Lösungsvorschläge zu den zusammenfassenden Übungen 269

5	Lagerbestand	Bestandsbewertungen

1. Schlussbestand
a) Buchbestandspreis

	Stück		Einzelpreis in €	Bewertung
	Einkäufe	Verkäufe		
Anfangsbestand	800		5,00	4.000,00
Einkauf	200		5,85	1.170,00
Verkauf		300		
Verkauf		400		
Einkauf	250		6,10	1.525,00
Verkauf		500		
Einkauf	100		6,25	625,00
Verkauf		30		
Einkauf	625		6,55	4.093,75
Verkauf		300		
Verkauf		320		
Einkauf	50		7,20	360,00
Schlussbestand		**175**		
Summe	2.025	2.025		11.773,75

Durchschnittspreis : 11.773,75 / 2025 = 5,81

Bewertung des Schlussbestandes: 175 · 5,81 = 1.017,48 €

b) Gleitende Duchschnittspreise

	Menge in Stück	Preis je Stück in €	Wert in €
Anfangsbestand	800	5,00	4.000,00
Einkauf	200	5,85	1.170,00
Bestand	1.000	5,17	5.170,00
Verkauf	300	5,17	1.551,00
Bestand	700	5,17	3.619,00
Verkauf	400	5,17	2.068,00
Bestand	300	5,17	1.551,00
Einkauf	250	6,10	1.525,00
Bestand	550	5,59	3.076,00
Verkauf	500	5,59	2.795,00
Bestand	50	5,62	281,00
Einkauf	100	6,25	625,00
Bestand	150	6,04	906,00
Verkauf	30	6,04	181,20

Bestand	120	6,04	724,80
Einkauf	625	6,55	4.093,75
Bestand	745	6,47	4.818,55
Verkauf	300	6,47	1.941,00
Bestand	445	6,47	2.877,55
Verkauf	320	6,47	2.070,40
Bestand	125	6,46	807,15
Einkauf	50	7,20	360,00
Schlussbestand	**175**	**6,67**	**1.167,15**

c) Fifo

	Stück	Stückpreis in €	Wert in €
letzter Einkauf	50	7,20	360,00
vorletzter Einkauf	125	6,55	818,75
Schlussbestand	**175**		**1.178,75**

d) Lifo

	Stück	Stückpreis in €	Wert in €
Anfangsbestand	175	5,00	875,00
Schlussbestand	**175**		**875,00**

2.

Bewertungsverfahren	Handelsrecht	Steuerrecht
Buchbestandspreise	zulässig	zulässig
gleitende Eingangs-durchschnittspreise	zulässig	zulässig
Fifo	zulässig bei sinkenden Preisen	nur zulässig bei Nachweis first in – first out
Lifo	zulässig bei steigenden Preisen	nur zulässig bei Nachweis last in – first out

6	Lagerhaltungskosten	Lagerhaltungskostensatz

1. Lagerhaltungskostensatz = Lagerkostensatz + Lagerzinssatz

   Lagerkostensatz = Lagerkosten / durchschnittl. Lagerbestand = 23250 / 155.000 = 0,15
   Lagerzinssatz: 0,01 (1 %)
   Lagerhaltungskostensatz: 0,16 (16 %)

Lösungsvorschläge zu den zusammenfassenden Übungen 271

2. Bei zunehmender Lagerdauer erhöht sich die Kapitalbindung. Dadurch steigen die Lagerzinskosten. Im vorliegenden Fall beträgt die durchschnittliche Lagerdauer 30 Tage; wenn sie sich bei dem angenommenen Zinssatz auf 60 Tage erhöht, steigt der Lagerzinssatz auf 2 %; damit steigen auch die entsprechenden Zinskosten.

3. Über den Kostensatz der Lagerhaltung nehmen die Kosten der Lagerhaltung mit steigendem Bestand zu. Im vorliegenden Fall beträgt der durchschnittliche Lagerbestand 155.000 €. Bei einem Kostensatz der Lagerhaltung von 16 % betragen die Lagerhaltungskosten 24.800 €. Wenn der Lagerbestand sich auf 200.000 € erhöht, betragen die Lagerhaltungskosten 32.000 €.

7	Analysen der Materialien	A-B-C-Analyse

Ermittlung des Umsatzes zur Festlegung des Rangplatzes

Artikel-Nr.	Absatz in Stück	Preis je ME	Umsatz	Rangplatz
1001	16	430	6.880	1
1002	950	4,4	4.180	2
1003	150	3	450	6
1004	490	1,4	686	3
1005	100	6	600	5
1006	85	8	680	4
1007	1.500	0,13	195	7
1008	1.800	0,1	180	8
1009	1.150	0,08	92	10
1010	4.000	0,03	120	9

Festlegung der Rangordnung, Ermittlung der Anteile von Absatz und Umsatz, Kumulation der Anteile, Ermittlung der Wertgruppen

Rangplatz	Artikel-Nr.	Absatz in %	Absatz in % kumuliert	Umsatz in %	Umsatz	Wertgruppen
1	1001	0,15	0,15	48,92	48,92	A
2	1002	9,28	9,43	29,72	78,64	A
3	1004	4,78	14,21	4,88	83,52	B
4	1006	0,83	15,04	4,84	88,36	B
5	1005	0,98	16,02	4,27	92,63	B
6	1003	1,46	17,48	3,20	95,83	C
7	1007	14,65	32,13	1,39	97,22	C
8	1008	17,58	49,71	1,28	98,50	C
9	1010	39,06	88,77	0,85	99,35	C
10	1009	11,23	100,00	0,65	100,00	C
		100,00		100,00		

Zusammenstellung der Wertgruppen, Zusammenfassung der Absatz- und Umsatzanteile

	Artikel	Mengenanteile	Umsatzanteile
A	1001, 1002	9,43	78,64
B	1004, 1006, 1005	6,59	13,99
C	1003, 1007, 1008, 1010, 1009	83,98	7,37

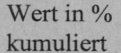

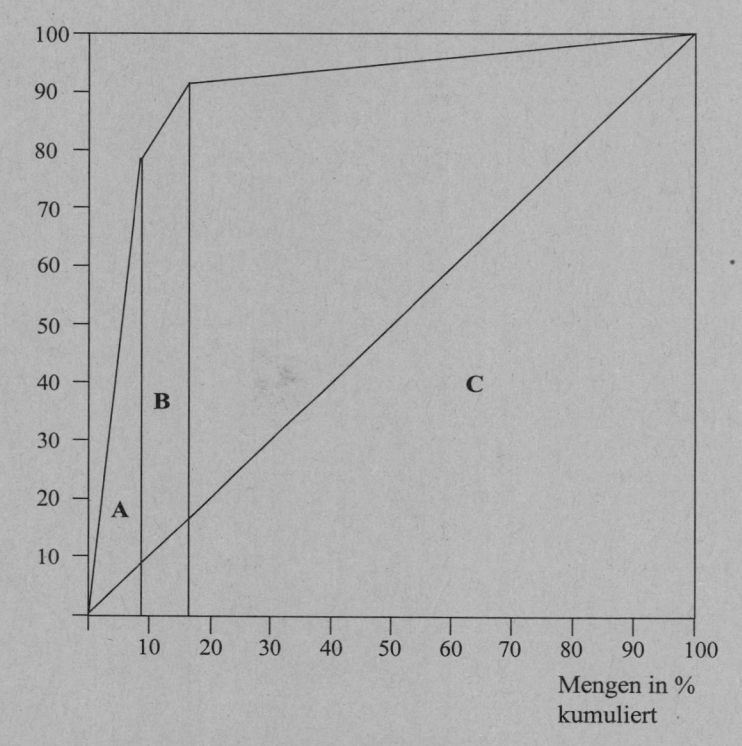

Im vorstehenden Fall wird die ABC-Analyse zur Einteilung von Artikeln in Wertgruppen genutzt. Die Wertgruppen werden nach den folgenden Kriterien gebildet:
A – hoher Wertanteil bei geringem Mengenanteil,
B – mittlerer Wertanteil bei mittlerem Mengenanteil,
C – geringer Wertanteil bei hohem Mengenanteil.

Die Artikel werden entsprechend der Einteilung bei Beschaffung und Lagerhaltung unterschiedlich behandelt, z.B.

A-Artikel – Intensive Beschaffungsmarktforschung, umfangreiche Beschaffungsaktivitäten, genaue Festlegung von Mengen und Qualitäten, sorgfältige Prüfung von Preisen und Konditionen, bevorzugte Überwachung bei Eingang und Lagerung, sorgfältige Prüfung der Eingangsrechnungen (sachlich, rechnerisch und preislich), Beschaffung häufig und in kleinen Mengen, keine Delegation der Beschaffungszuständigkeiten ...

C-Artikel – Sammellagerung, telefonische Bestellung, Bestellung relativ selten und großen Mengen, geringe Überwachung, Delegation der Beschaffung an untere Stellen ...

8	Rationalisierung in der Materialwirtschaft	Materialnummerung

1. Diese Nummer gibt lediglich einen Teil der Informationen wieder, die die Gesamtnummer enthält. Es wird hier angenommen, dass es sich um Informationen handelt, die bei der Materialentnahme von Bedeutung sind.

Das Material hat eine Identifikationsnummer, das ist eine Zählnummer, die unabhängig von der Art des Materials, seinem Format, seinem Lagerort usw. vergeben wird.

Die zweite Komponente der Nummer gibt an, um was für ein Teil es sich handelt, hier z.B. Metallplättchen. Der Umfang der Stellenzahl deutet auf eine Vielzahl von Materialien, Teilen usw. hin.
Die dritte Komponente verschlüsselt die Art des Materials, hier Messing. Dieser Schlüssel ist auf drei Stellen angelegt.

Die vierte Komponente gibt in leicht lesbarer Form das Format in cm an. Zur Verschlüsselung werden hier die Maße in cm genutzt.

Die fünfte Komponente weist auf den Lagerort hin; das Material ist im 3. Lager auf Lagerplatz 667 gelagert.

2. Die Identnr. ist lediglich eine Zählnummer, sie enthält keine weiteren Information. Die übrigen Komponenten sind Klassifikationen, sie enthalten die klassifikationstypischen Informationen.

3. Ermittlung der Prüfziffer

Berechnung			Kontrolle		
1	3	3	1	3	3
2	2	4	2	2	4
3	7	21	3	7	21
6	6	36	6	6	36
7	5	35	7	5	35
8	4	32	8	4	32
9	3	27	9	3	27
0	2	0	0	2	0
2	7	14	2	7	14
3	6	18	3	6	18
5	5	25	5	5	25
6	4	24	6	4	24
7	3	21	7	3	21
1	2	2	1	2	2
		262	2	1	2
					264

262 / 11 = 23, Rest 9, 11 − 9 = 2
Prüfziffer: 2

Materialnummer: 123678902356712

Die Kontrolle ergibt eine Summe der Produkte, die ohne Rest durch 11 teilbar ist.

4. Überprüfung der Materialnummer

7	3	21
8	2	16
9	7	63
0	6	0
2	5	10
4	4	16
8	3	24
6	2	12
0	7	0
1	6	6
4	5	20
5	4	20
5	3	15
9	2	18
3	1	3
		244

244 / 11 = 22, Rest 2

Die Materialnummer ist falsch, da die Summe der Produkte aus den Ziffern der Nummer mit den Faktoren nicht ohne Rest durch 11 geteilt werden kann.

9	Bedarfsermittlung	Bedarfsprognose (gleitende Mittelwerte)

a) Wahrscheinliche Werte für Januar des Folgejahres nach der Methode der gleitenden Durchschnitte
   3. Ordnung: 1.983 Stück,
   5. Ordnung: 1.856 Stück.

b) Das Verfahren 5. Ordnung gibt den Wert wahrscheinlich genauer an; das zeigt ein Vergleich des ermittelten Wertes mit den beiden in der Statistik enthaltenen Januarwerten.
   Das Verfahren 3. Ordnung hätte wahrscheinlich einen zu hohen Wert ergeben.

10	Bedarfsermittlung	Bedarfsprognose

Schwerpunkt der Aufgabenbearbeitung ist die Anwendung einer Formel auf einen vorgegeben Sachverhalt. Die Anforderungen entsprechen deshalb dem Bereich II. Für eine Interpretation des

Lösungsvorschläge zu den zusammenfassenden Übungen 275

Ergebnisses müsste der Prüfling auch die Anwendung eines Glättungsfaktors von g = 0,9 erläutern können.

Der wahrscheinliche Wert für 2002 ergibt sich nach folgender Formel:

$wW_{05} = wW_{01} + g\,(tW_{01} - wW_{01})$

$wW_{05} = 125 + 0,9\,(123 - 125) = 125 + 0,9 \cdot -2 = 123,2$

Der wahrscheinliche Wert für 2005 liegt bei 123.200 kg.

11	Bedarfsermittlung	make oder buy

1. Fremdbezug:
   1) Kostenvorteile gegenüber Eigenproduktion,
   2) Qualitätsvorteile, Know-how eines spezialisierten und erfahrenen Herstellers wird genutzt; sonst. Gründe für Fremdbezug: Kooperation, günstige Zahlungsbedingungen, Zuverlässigkeit der Termineinhaltung ...; TÜV-Typenzulassung ...

2. Problembereiche:
   Erweiterungsinvestition (evtl. Reihenfertigung statt Werkstättenfertigung),
   Finanzierung, Sicherung der Kredite,
   Liquidität, geeignete Arbeitskräfte ...

3. Veränderungen der Kostenstruktur (fixe - , variable Kosten),
   Kosten vor der Umstellung: relativ geringe fixe und relativ hohe variable Kosten, nach Umstellung umgekehrt , - Begründung: z.B. Abschreibungen ...

4. Fremdbezug von Teilen führt zu Veränderungen des Bedarfs: Teile bzw. Bauteile anstatt Rohstoffe, andere Materialien usw. Auch die Lagerhaltung wird beeinflusst (Lagerart, Lagerkosten usw.).

12	Beschaffungsaktivitäten	Bezugsquelleninformation, Meldebestand, A-B-C-Analyse

1. Meldebestand: täglicher Bedarf · Lieferzeit in Tagen + Mindestbestand
   (10.000 · 21 + 20.000 = 230.000),
   Ziel: Vermeidung von Lieferungs- und Produktionseinschränkungen,

2. Bezugsquelleninformation:
   intern: Karteien (Waren, Lieferanten) - *auf Inhalt eingehen*
   extern: Vertreter, Kataloge, Messen ..., - *auf besondere Bedeutung von Anfragen eingehen,*

3. Vergleich von Preisen und Angebotsbedingungen,
   - Listenpreis
   - Rabatt
   - Mindermengenzuschlag
   - Zieleinkaufspreis
   - Skonto
   - Bareinkaufspreis
   - Bezugskosten
   - Einstandspreis
   - Lieferzeiten (Begriffe *erklären* ...)

   Prüfung, ob Einstandspreis angemessen ist ...,

4. Meldebestand erhöht sich - bei Konstanz der Lieferzeit und des Mindestbestandes - auf 335.000 Stück, d.h. Erhöhung des Meldebestandes bei Erhöhung des täglichen Bedarfs ...

5. Lieferant mit kürzester Lieferzeit muss nicht unbedingt der günstigste sein, andere Bedingungen sind zur Beurteilung heranzuziehen, z. B. Einstandspreise, Vergleich erforderlich: EStP unter Einbeziehung von Zahlungsbedingungen (Ziel ..) und Berücksichtigung des Umfangs der Kapitalbindung ...,

6. Politik: Rabatte für Übernahme von Funktionen (Lagerhaltung, Transport, Frühbezug ...) u.a.

7. Einteilung der Waren in Wertgruppen,
   - A - mengenmäßig relativ gering, wertmäßig stark am Umsatz beteiligt,
   - C - mengenmäßig stark, wertmäßig relativ gering am Umsatz beteiligt,
   - B - mittel ...

   Vorgang: Erfassung des Materials, Sortierung des Materials, Berechnung prozentualer Anteile von Menge und Wert, Auswertung: Festlegung der Wertgruppen, Anwendung ...

8.

Artikel Nr.	Jahresbedarf in ME	Preis je ME in €	Wert in €	Rang
150.191	12	1.451,00	17.412,00	1
150.192	890	14,55	12.949,50	2
150.193	145	11,35	1.645,75	6
150.194	500	6,00	3.000,00	3
150.195	100	22,70	2.270,00	4
150.196	90	25,00	2.250,00	5
150.197	1500	0,30	450,00	7
150.198	2000	0,20	400,00	9
150.199	1300	0,16	208,00	10
150.200	4250	0,10	425,00	8

9.

Rang	Artikel Nr.	Mengen			Wert			Wert-gruppe
		Stück	v.H.	v.H. kumul.	€	v.H.	v.H. kumul.	
1	150.191	12	0,11	0,11	17.412,00	42,46	42,46	A
2	150.192	890	8,25	8,36	12.949,50	31,58	74,03	A
3	150.194	500	4,64	13,00	3.000,00	7,32	81,35	B
4	150.195	100	0,93	13,92	2.270,00	5,54	86,88	B
5	150.196	90	0,83	14,76	2.250,00	5,49	92,37	B
6	150.193	145	1,34	16,10	1.645,75	4,01	96,38	B
7	150.197	1.500	13,91	30,01	450,00	1,10	97,48	C
8	150.200	4.250	39,40	69,41	425,00	1,04	98,52	C
9	150.198	2.000	18,54	87,95	400,00	0,98	99,49	C
10	150.199	1.300	12,05	100,00	208,00	0,51	100,00	C
		10.787	100,00		41.010,25	100,00		

Bei C-Gütern:

geringe Aktivitäten bei Beschaffung, z.B. Bestellung beim bisherigen Lieferanten, kaum Überprüfung seiner Leistungsfähigkeit durch Einholung weiterer Angebote, Bisherige Bedingungen werden weiterhin akzeptiert, große Bestellmengen ...

13	Beschaffungsmarktforschung	Beschaffungsmärkte

		Antworten
1	Ein Anbieter, viele Nachfrager. Welche Marktform liegt vor?	Angebotsmonopol
2	Viele Anbieter, viel Nachfrager. Welche Marktform liegt vor?	Polypol
3	Wenige, relativ starke Anbieter, viele Nachfrager. Welche Marktform liegt vor?	Angebotsoligopol
4	Wenige relativ starke Anbieter und Nachfrager. Welche Marktform liegt vor?	bilaterales Oligopol
5	Welche Marktform herrscht auf Beschaffungsmärkten vor?	bilaterales Oligopol
6	Beschaffungskooperation ist der Zusammenschluss von Unternehmen zu einer ..., bei der die einzelnen ... zusammengefasst werden.	Einkaufsgemeinschaft
		Bedarfsmengen
7	Bei einem ... liefert der Hersteller direkt an die Unternehmen.	Streckengeschäft
8	Wenn die Mitglieder der Einkaufsgemeinschaft die Rechnungen an die Zentrale bezahlen, die ihrerseits den Zahlungsausgleich vornimmt, liegt ein ... vor.	Zentralregulierungsgeschäft

9	Depotsysteme sind Formen der Kooperation zwischen Herstellern und Händlern.	richtig? X	falsch?
10	Rack-Jobbing-Systeme sind Formen der Kooperation zwischen Unternehmen des Einzelhandels, bei denen die Regale zur eigenen Ausstattung vermietet werden.	richtig?	falsch? X
11	Beim Category Management wird in besonderem Maße der ... berücksichtigt.	Verbraucherbedarf	
12	Bei sog. ... arbeiten Hersteller und Handel bei Beschaffung eng zusammen.	Efficient Replenishment	
13	EDI ist der ... Austausch strukturierter Geschäftsdaten. Dabei verwenden die beteiligten Unternehmen ... Datensysteme.	elektronische	
		standardisierte	
14	Was bedeutet das Kürzel B2B?	Business to Business	
15	Der Bestellvorgang im E-Commerce ist kürzer und kostengünstiger als die „klassische" Beschaffung.	richtig? X	falsch?
16	Baugruppen, die von sog. Systemlieferanten hergestellt werden, werden fast immer im E-Commerce beschafft.	richtig?	falsch? X
17	Die Strukturveränderungen im Handel zeigen sich in einem ...prozess und in einem ...prozess.	Auslese	
		Expansion	
18	Der Wettbewerb zwischen Herstellern findet zunehmend im konsumnahen Bereich statt.	richtig? X	falsch?
19	Umsatzkonzentration heißt, dass ... Unternehmen den größten Teil des ... der Branche an sich ziehen.	wenige, große	
		Umsatzes	
20	Alle Maßnahmen zur Betreuung von Großkunden werden unter dem Begriff ... zusammengefasst.	Key-Account-Management	

14	Beschaffungsmarktforschung	Beschaffungsmärkte – B2B

		Hersteller	Handel
1	betriebstypische Profilierung		X
2	zielgruppenspezifische Differenzierung des Sortiments		X
3	Vermeidung konkurrierender Sortimente	X	
4	Visualisierung von Problemlösungen durch Werbung		X
5	Aufbau von Markentreue	X	
6	Aufbau von Kundentreue		X

7	möglichst geringe Lagerbestände bei schneller Ergänzung bestimmen das Beschaffungsverhalten		X
8	Entlastung der Lagerhaltung durch große Absatzmengen	X	
9	stabiles mittleres Preisgefüge (mithilfe unverbindlicher Preisempfehlung)	X	
10	Preisdifferenzierungen in Abhängigkeit vom Verbraucher (Sonderangebote als Marketingmaßnahme)		X

15	Beschaffungsmarktforschung	Angebotsvergleich, Kaufvertrag

Der Schwerpunkt der Aufgabe liegt in den Themenbereichen Angebotsvergleich und Kaufvertrag. Der Prüfling soll auf der Grundlage relativ einfacher Vorgaben einen Angebotsvergleich formal korrekt aufbereiten (Tabelle) und mit dem Ergebnis eine Entscheidung begründen. Dazu soll er den Begriffsapparat nutzen. Die weitergehenden Aufgaben beziehen sich im Wesentlichen auf die Folgerungen aus der Entscheidung.

1. Angebotsvergleich

	1	2	3
Angebotspreis	520,00 €	490,00 €	530,00 €
abz. Rabatt	52,00 €		79,50 €
Zieleinkaufspreis	468,00 €	490,00 €	450,50 €
abz. Skonto	9,36 €	9,80 €	9,01 €
Bareinkaufspreis	458,64 €	480,20 €	441,49 €
zuzügl. Bezugskosten		Transp.-Ko	Rollgeld
Einstandspreis	....	...	....

Die Entscheidung für 1 ist zu begründen. Dabei sind Transportkosten und Rollgeld zu erklären.

2. Lieferungsbedingungen regulieren den Umfang und die Erfüllung der Verpflichtungen des Lieferers, z.B. Zeitpunkt und Ort der Warenübergabe, Berechnung der Lieferkosten (z.B. frei Haus, frei dort, ab Werk u.a.), Vertragsstrafen bei Nichterfüllung usw. Zahlungsbedingungen regulieren die Zahlungsverpflichtungen des Kunden, z.B. Zahlungsfristen, Skontoziehung, Zahlungsarten (z.B. Vorauszahlung), Sicherheiten usw.

3. Skontoziehung lohnt sich. Begründung über ein frei gewähltes Zahlenbeispiel: z.B. bei 30-tägigem Zahlungsziel und 10-tägiger Skontofrist entspricht ein Skontosatz von 3 % einem Zinssatz von 54 %; oder Vergleich Prozentrechnung - Zinsrechnung ...

4. Rabatte sind Preisnachlässe, die der Lieferer dem Kunden für die Übernahme bestimmter Funktionen gewährt, z.B. für Lagerhaltung - Mengenrabatt u.dgl. Rabatte sind bereits vom

Listenpreis abgesetzt, Entgelte für Leistungen, Skonto wird vom Kunden bei vorzeitiger Zahlung abgesetzt usw.

5. Freizeichnungsklauseln: Die sonst übliche Bindung des Anbieters an sein Angebot oder an Teile des Angebots, z.B. an den Angebotspreis, entfällt.

6. Der Kaufvertrag entsteht durch zwei übereinstimmende Willenserklärungen: Antrag und Annahme,
   1) Angebot - Bestellung,
   2) Bestellung - Bestellungsannahme (Lieferung),
   3) Lieferung - Annahme.
   Pflichten des Verkäufers: Lieferung an den richtigen Ort, zur rechten Zeit, in der richtigen Art und Weise.
   Pflichten des Käufers: Annahme, Bezahlung, Prüfung.

16	Beschaffungsplanung	Angebotsvergleich

1. Bestellpunkte – Ermittlung der Bestellbestände unter Berücksichtigung der Lieferzeiten:
   A: 630 Stück,
   B: 1.980 Stück.

2. Angebotsvergleich

	A	B
Angebotspreis pro Stück in €	3,60	3,55
= Zieleinkaufspreis		
abzüglich Skonto	0,07	0,11
Bareinkaufspreis in €	3,53	3,44
Fracht	+ Frachtkostenanteil	frachtfrei
Lieferzeit	10 Tage	40 Tage

3. Bereits bei dem Vergleich der Bareinkaufspreise zeigt sich, dass B günstiger liefern kann. Der Preisvorteil von B wird noch deutlicher, wenn die frachtfreie Lieferung berücksichtigt wird. B ist also eindeutig günstiger; wegen des Lagerbestandes von 700 Stück muss allerdings auf A zurückgegriffen werden.

4. Es ist sinnvoll, die Bestellmenge aufzuteilen.
   B kann frühestens nach 40 Tagen liefern. Zur Überbrückung der Zeit werden bei A 1.280 Stück bestellt. Die Stückzahl ergibt sich unter Berücksichtigung des Lagerbestandes von 700 Stück und des Mindestbestandes von 180 Stück (700 – 180 = 520) folgendermaßen:
   40 (Tage) · 45 (Stück tägl. Bedarf) - 520 (Stück, Lagerbestand abzügl. Mindestbestand)
   = 1.280 Stück. Wenn die Bestellmenge größer ist, sollte der Rest bei B bestellt werden.

5. Falls sich B auf Dauer als der günstigere Lieferant erweisen sollte, könnte es u.U. sinnvoll sein, den Bestellpunkt an dessen Lieferzeit auszurichten.

Lösungsvorschläge zu den zusammenfassenden Übungen 281

(Voraussetzungen sind allerdings: Einholung weiterer Angebote und weiter gehender Angebotsvergleich und die Berechnung des Zinsnachteile bei relativ hohem Lagerbestand, der mit relativ langer Kapitalbindung verbunden ist.)

17	Preisplanung	Angebotsvergleich (3 Angebote, Tabelle)

Angebotsvergleich

	A			B			C		
	300	800	1.300	300	800	1.300	300	800	1.300
Angebotspreis	25,00	25,00	25,00	23,00	23,00	23,00	30,00	30,00	30,00
Rabatt			2,50						9,00
Mindermengenzuschlag	1,25								
Zieleinkaufspreis	26,25	25,00	22,50	23,00	23,00	23,00	30,00	30,00	21,00
Skonto	0,53	0,50	0,45				0,90	0,90	0,63
Bareinkaufspreis	25,72	24,50	22,05	23,00	23,00	23,00	29,10	29,10	20,37
Bezugskosten				0,12	0,12	0,12	0,10		
Einstandspreis pro Stück	25,72	24,50	22,05	23,12	23,12	23,12	29,20	29,10	20,37

18	Beschaffungsplanung – Preisplanung	Beschaffungspreispolitik – Skontoziehung

a) Ja, die Skontoziehung lohnt sich. Das lässt sich nachweisen bei folgenden Annahmen.
 - A mindert den Rechnungsbetrag um den Skontobetrag.
 - A überweist den geminderten Betrag am Ende der Skontofrist (also am 14. Tag).
 - A muss für in Höhe des Überweisungsbetrages sein Konto überziehen.
 - Die Überziehungszeit dauert 16 Tage, nämlich bis zum Ablauf des Zahlungsziels.

Skontobetrag (2 % von 4.556,00 €): 91,12 €
Überweisungsbetrag (4.556 – 91,12): 4.464,88 €
A überzieht sein Konto mit dem Betrag von 4.464,88 € für 16 Tage. Daraus ergeben sich Überziehungszinsen in folgender Höhe:
Zinsen = (4.464,88 · 12 · 16) / (100 · 360) = 23,81 €

Zinszahlung bei Kontoüberziehung: 23,81 €; dem steht ein Skontoertrag von 91,12 € gegenüber. Daraus ergibt sich eine Ersparnis von 67,31 €. Die Skontoziehung lohnt sich also.

b) Bei Ermittlung des Zinssatzes ist die Zeit zu berücksichtigen. Für die Zahlung 16 Tage vor Ablauf des Zahlungsziels erhält A 2 %.
Für 16 Tage – 2 %, für 360 Tage – 45 %.
Einem Skontosatz 2 % kann also ein erheblich höherer Zinssatz entsprechen.

19	Preisplanung – Beschaffungspreispolitik	Lieferbedingungen

		Lieferungsbedingungen
1	Der Hersteller (Verkäufer) trägt Transportkosten.	frei Werk, frei Lager u.Ä.
2	Der Verkäufer übernimmt keine Transportkosten.	ab Werk, ab Lager u.Ä.
3	Der Verkäufer trägt lediglich die Kosten bis zum Versandbahnhof.	ab hier, unfrei u.Ä.
4	Der Verkäufer trägt die Kosten bis zum Bestimmungsbahnhof.	frei dort, frachtfrei u.Ä.
5	Der Verkäufer trägt die Kosten bis zur Beladung (Bahntransport).	frei Waggon u.Ä.
6	Der Verkäufer (im internationalen Handel) trägt die Kosten bis an das Schiff.	fas
7	Der Verkäufer (im internationalen Handel) trägt die Kosten bis an das Schiff einschließlich der Kosten für die Verladung.	fob
8	Der Verkäufer (im internationalen Handel) trägt sämtliche Kosten des Schiffstransports einschließlich Fracht, Versicherungs- und sonstiger Kosten.	cif

20	Beschaffung von Investitionsgütern	Kostenvergleichsrechnung

	Angebot A (€)	Angebot B (€)
Abschreibungen	250.000,00	200.000,00
Zinsen	37.500,00	30.000,00
Betriebskosten	400.000,00	450.000,00
Gesamtkosten	687.500,00	608.000,00

Der Vergleich zeigt, dass das Angebot B trotz der mit dieser Investition verbundenen höheren Betriebskosten günstiger ist als das Angebot A.

Lösungsvorschläge zu den zusammenfassenden Übungen 283

21	Mengenplanung	optimale Bestellmenge

Bestell-häufigkeit	Bestellmenge	bewertete Bestellmenge	durchschnittl. Lagerbestand	Kosten der Bestellung	Kosten der Lagerhaltung	Gesamt-kosten
n	B	B · EPr	(B · EPr)/2	K_{Best}	K_{Lh}	$K = K_{Best} + K_{Lh}$
1	1.200,00	300,00	150,00	2,00	15,00	17,00
2	600,00	150,00	75,00	4,00	7,50	11,50
3	400,00	100,00	50,00	6,00	5,00	11,00
4	300,00	75,00	37,50	8,00	3,75	11,75
5	240,00	60,00	30,00	10,00	3,00	13,00
6	200,00	50,00	25,00	12,00	2,50	14,50
7	171,43	42,86	21,43	14,00	2,14	16,14
8	150,00	37,50	18,75	16,00	1,88	17,88
9	133,33	33,33	16,67	18,00	1,67	19,67
10	120,00	30,00	15,00	20,00	1,50	21,50
11	109,09	27,27	13,64	22,00	1,36	23,36
12	100,00	25,00	12,50	24,00	1,25	25,25
13	92,31	23,08	11,54	26,00	1,15	27,15
14	85,71	21,43	10,71	28,00	1,07	29,07
15	80,00	20,00	10,00	30,00	1,00	31,00
16	75,00	18,75	9,38	32,00	0,94	32,94
17	70,59	17,65	8,82	34,00	0,88	34,88
18	66,67	16,67	8,33	36,00	0,83	36,83
19	63,16	15,79	7,89	38,00	0,79	38,79
20	60,00	15,00	7,50	40,00	0,75	40,75

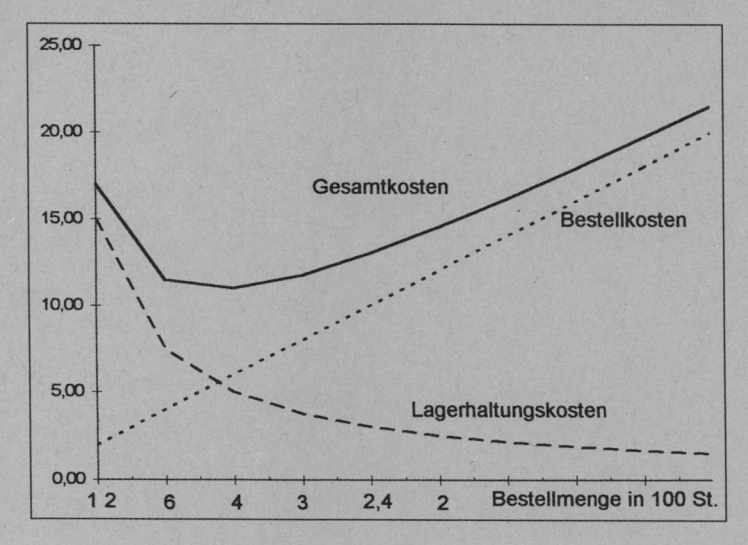

22	Mengenplanung				Kostenausgleichsverfahren				

Monate	Bedarf in ME	Bedarf kumul.	Lager-dauer	Lager-dauer kumul.	Kosten-satz der Lager-haltung	Kosten der Lager-haltung	Kosten der Lager-haltung kumul.	Kosten der Bestellung	optimale Bestell-menge
1	86	86	0,5	0,5	0,20	8,60	8,60	22,50	
2	70	156	1,0	1,5	0,20	21,00	29,60	22,50	156
3	58	58	0,5	0,5	0,20	5,80	5,80	22,50	
4	64	122	1,0	1,5	0,20	19,20	25,00	22,50	122
5	62	62	0,5	0,5	0,20	6,20	6,20	22,50	
6	54	116	1,0	1,5	0,20	16,20	22,40	22,50	116
7	40	40	0,5	0,5	0,20	4,00	4,00	22,50	
8	30	70	1,0	1,5	0,20	9,00	13,00	22,50	
9	20	90	1,0	2,5	0,20	10,00	23,00	22,50	90

Nach dem Kostenausgleichsverfahren ergeben sich folgende optimale Bestellmengen:

1. 156 ME, Zusammenfassung der Bedarfsmengen des 1. und 2. Monats,
2. 122 ME, Zusammenfassung der Bedarfsmengen des 3. und 4. Monats,
3. 116 ME, Zusammenfassung der Bedarfsmengen des 5. und 6. Monats,
4. 90 ME, Zusammenfassung der Bedarfsmengen des 7., 8. und 9. Monats.

23	Anlieferung	Eigen- vs. Fremdtransport

Kostenvergleichsrechnung bei 1.600 km

Ermittlung der festen Kosten bei Eigentransport:

	Jahr (€)	Monat (€)
Abschreibungen	30.000,00	2.500,00
Steuern	3.000,00	250,00
Lohn		2.100,00
gesamt		4.850,00

	Fremdtransport		Eigentransport	
	€	€	€	€
feste Kosten mtl.		1.000,00		
variable Kosten je km	2,00		0,20	
variable Kosten bei 1.600 km		3.200,00		320,00
		4.200,00		5.120,00

Ermittlung des kritischen Werts:

$x = (fK_{Ft} - fK_{Et}) / (kmK_{Et} - kmK_{Ft})$
$x = (1.000 - 4.850) / (0,2 - 2) = -3.850 / -1,8 = 2.139$
kritischer Wert: 2.139 km

Die Kostenvergleichsrechnung zeigt, dass der Fremdtransport dem Eigentransport kostenmäßig überlegen ist. Es lohnt sich also, die Dienstleistungen des Logistikunternehmens in Anspruch zu nehmen.

Die Ermittlung des kritischen Km-Werts zeigt, dass sich der Eigentransport erst lohnt, wenn mehr als 2.139 km gefahren werden müssen. Wenn also der Lkw nicht für weitere Transporte genutzt wird, ist der Eigentransport zu teuer.

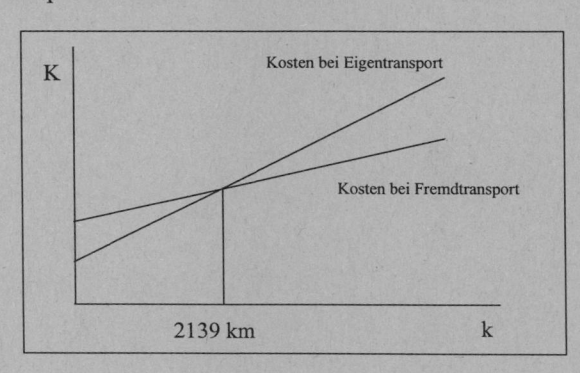

| 24 | Rechtliche Aspekte der Beschaffung | Kaufvertrag (Begründung) |

Der Prüfling soll erkennen, dass kein Kaufvertrag zu Stande kommt, weil eine Anfrage vorliegt. Die gelieferte Ware muss also nicht angenommen werden. Die Anwort ist zu begründen. Dabei kann folgendermaßen über die Begründung des Kaufvertrages vorgegangen werden.

Ein Kaufvertrag ist ein zweiseitiges Rechtsgeschäft. Er kommt zu Stande durch zwei übereinstimmende Willenserklärung: Antrag und Annahme.

Wenn das Geschäft vom Verkäufer ausgeht, wenn er also einem potenziellen Kunden eine Ware oder eine andere Sache anbietet, ist sein Angebot der Antrag, die evtl. folgende Bestellung des Kunden die Annahme. Wenn das Geschäft jedoch vom Kunden ausgeht, wenn er also bestellt, ohne dass ein Angebot vorliegt, ist die Bestellung der Antrag und die Annahme der Bestellung (Bestätigung oder Lieferung) die Annahme.

Im vorliegenden Fall wird aufgrund einer Anfrage geliefert. Die Anfrage ist keine Willenserklärung im aufgezeigten Sinn, also kein Antrag. Die Lieferung durch V ist zwar eine Willenserklärung, nämlich ein Antrag; aber da keine zwei übereinstimmenden Willenserklärungen vorliegen, kommt kein Kaufvertrag zu Stande. K muss also die Rasenmäher nicht annehmen, auch nicht die 10 Mäher des Typs, auf den sich die Anfrage richtete.

Wenn K jedoch die gelieferten Rasenmäher annimmt und die Annahme durch Bezahlung zum Ausdruck bringt, kommt der Kaufvertrag doch zu Stande, weil jetzt zwei übereinstimmende Willenserklärungen vorliegen: die Lieferung ist der Antrag, die Abnahme der Lieferung die Annahme.

| 25 | Rechtliche Aspekte der Beschaffung | Kaufvertrag |

	Fälle	Antworten
1	V. bietet dem K. Harken zu besonders günstigen Preisen an. Weitere Bedingungen sind im Angebot nicht enthalten. K. bestellt 200 Stück, V. hat aber nur noch 100 Stück dieser Harken auf Lager. Wie viel Harken muss V. liefern?	200
2	Der Kaufmann X. bestellt auf der Grundlage eines Angebots, das die Klausel „Preise freibleibend" enthält. Ist ein Kaufvertrag zu Stande gekommen?	ja
3	X. fragt bei Y. nach den Lieferbedingungen für 100 Stück eines bestimmten Rohstoffs an. Daraufhin liefert Y. die Ware. X. nimmt den dringend benötigten Rohstoff auf Lager und begleicht die Rechnung. Ist ein Kaufvertrag zu Stande gekommen?	ja

Lösungsvorschläge zu den zusammenfassenden Übungen 287

4	X. fragt bei Y. nach den Lieferbedingungen für 100 Stück eines bestimmten Rohstoffs an. Daraufhin liefert Y. die 100 Stück. Muss X. die Ware annehmen?	nein
5	Wenn eine vertragsgemäß gelieferte Ware von dem Besteller nicht angenommen wird, liegt ... vor.	Annahmeverzug
6	Wenn eine vertragsgemäß gelieferte Ware von dem Besteller nicht angenommen wird, kann der Verkäufer sie in einem öffentlichen Lagerhaus einlagern lassen und sie schließlich nach Androhung und nach Mitteilung von Ort und Termin der Versteigerung in einem sog. ... versteigern lassen.	Selbsthilfeverkauf
7	Die Einlagerung (vgl. 6) erfolgt auf ... des Käufers.	Kosten
	Die Versteigerung erfolgt auf ... des Käufers. .	Rechnung
8	Der Eintritt des Lieferungsverzugs setzt voraus: 1. Fälligkeit, 2. ... des Lieferers, 3. fruchtlose Mahnung.	Verschulden

26	Rechtliche Aspekte der Beschaffung	Kaufvertrag

	Fälle	Antworten
1	Der Kaufvertrag kommt auf der Grundlage eines Musters zu Stande.	Kauf nach Probe
2	Der Käufer erhält die Ware auf Besicht.	Kauf auf Probe
3	Der Käufer kauft eine Ware, um sie auszuprobieren.	Kauf zur Probe
4	Der Käufer besichtigt die Ware vor Abschluss des Vertrages, er kauft wie besehen.	Kauf nach Besicht
5	Der Käufer kauft in Bausch und Bogen zu einem Pauschalpreis.	Ramschkauf
6	Der Käufer kauft unter der Bedingung, die Ware später abrufen zu können.	Kauf auf Abruf
7	Der Käufer kauft die Ware unter der Bedingung, sie später spezifizieren zu können.	Spezifikationskauf
8	Der Käufer kauft die Ware unter der Bedingung, dass sie zu einem kalendermäßig genau bestimmten Termin geliefert wird.	Fixgeschäft

27	Kaufvertrag	Verbrauchsgüterkauf, Sachmängelhaftung

1. Es liegt ein Verbrauchsgüterkauf vor. Der Verkäufer ist Unternehmer, der Käufer ist Verbraucher, der den Wagen zur privaten Nutzung kauft.

2. B. muss nicht beweisen, dass er den Schaden nicht verursacht hat. Im Verbrauchsgüterkauf gilt in den ersten sechs Monaten nach Ablieferung der Sache die sog. Beweislastumkehr. Es wird angenommen, dass der Schaden bereits bei Ablieferung bestanden hat.

3. B. hat zunächst einen Anspruch auf Nacherfüllung. Dabei hat er das Recht, die Art der Nacherfüllung zu bestimmen, nämlich Beseitigung des Mangels oder Lieferung einer mangelfreien Sache.

Daneben hat B. Ansprüche auf Ersatz der Aufwendungen, die ihm entstanden sind; z.B. Aufwendungen für Taxifahrten oder für die Inanspruchnahme öffentlicher Verkehrsmittel. Wenn er wegen des defekten Wagens einen dringenden Termin nicht wahrnehmen konnte und ihm dadurch Schaden entstanden ist, könnte evtl. auch ein Anspruch auf Schadenersatz begründet sein.

4. Da die Lieferung einer mangelfreien Sache im vorliegenden Fall wahrscheinlich nicht möglich bzw. dem Verkäufer nicht zumutbar ist, hat B. lediglich einen Anspruch auf Reparatur des Schadens. Für die Dauer der Reparatur wird ihm ein Leihwagen zur Verfügung gestellt; die entsprechenden Aufwendungen trägt der Verkäufer. Weitere Aufwendungen sind nicht entstanden. B. erhebt auch keinen Anspruch auf Schadenersatz.

5. Wenn Hermthaler & Jensen die Reparatur unsachgemäß ausgeführt haben und auch beim zweiten Versuch die Beseitigung des Mangels nicht gelingt, kann B. vom Vertrag zurücktreten. Den Wagen muss er zurückgeben. Für den ihm entstanden Schaden hat er Ersatzanspruch. Schaden könnte ihm z.B. dadurch entstehen, dass er für einen vergleichbaren Wagen einen höheren Preis bezahlen muss.

28	Verjährung	Verjährung v. Forderungen u.a.

	Fälle	Verjährungsdaten
1	Der Feinkosthändler Peters lieferte am 14.03.2004 Frau Müller für eine Familienfeier Getränke, kalte Platten usw. im Wert von 750 €. Die Rechnung wurde bei Ablieferung der Waren Frau Müller ausgehändigt. – Wann verjährt die Forderung?	31.12.2007
2	Am 14.10.2005 leistet Müller eine Abschlagszahlung.– Wann verjährt die Forderung danach? (Vgl. vorstehenden Fall.)	14.10.2008
3	Der Auszubildende Ferdinand verkaufte seinem Kollegen Ludwig am 15.09.2004 ein gebrauchtes Rennrad für 300 €. – Wann verjährt die Forderung?	31.12.2007
4	Die Konditorei Bakker kaufte bei der Mühle Viktoria Mehl ein, die Rechnung über 1.500 € ist am 20.02.2003 dem Käufer zugegangen. – Wann verjährt die Forderung?	31.12.2006
5	Firma Schuster kaufte bei Firma Jäger Rohstoffe ein. Die Ware wurde am 20.10.2003 geliefert. Die Rechnung ist am 25.10.2003 zugegangen. – Wann verjährt die Forderung?	31.12.2006
6	Am 15.03.2004 stundet Jäger dem Schuster die Forderung für 8 Wochen (vgl. vorstehenden Fall). Wann verjährt die Forderung jetzt?	23.02.2007

7	Wann ist im Fall 5 der Gewährleistungsanspruch der Firma Schuster verjährt?	20.10.2005
8	K. kauft am 29.08.04 bei dem Mercedes-Händler V. einen drei Jahre alten A 140 für die private Nutzung zum Preis von 13.500 €. V. nimmt K's alten Opel Vectra mit 1.000 € in Zahlung. K. unterschreibt den Kaufvertrag, mit dem er sich zur Überweisung des Restbetrages bis zum 29.09. einverstanden erklärt. Die Frist für die Verjährung des Gewährleistungsanspruchs wird auf die Mindestzeit gekürzt. – Wann verjährt der Gewährleistungsanspruch des K.?	29.08.2005
9	Wann verjährt die Forderung des V. im vorstehenden Fall?	31.12.2007
10	Herr Müller kauft bei Zweirad-Meier ein neues Fahrrad mit 7-Gang-Getriebe für 750 €; er holt das Rad am 30.06.04 ab; die Rechnung wird dabei beglichen. – Wann verjährt der Gewährleistungsanspruch?	30.06.2006
11	Am Tage vor Ablauf der Gewährleistungsfrist (vgl. vorstehenden Fall) zeigt Müller der Firma Zweirad-Meier einen Mangel an, die Gangschaltung funktioniert nicht und muss in der Werkstatt von Meier ausgetauscht werden. – Wann verjährt der Anspruch Meiers gegenüber seinem Lieferanten (Hersteller) auf Ersatz der bei Beseitigung des Mangels entstandenen Aufwendungen?	29.08.2006

29	Wareneingang	Prüfungen, Einlagerungen

1. Prüfungen bei Wareneingang:
   Warenprüfung:
   Belegprüfung, ... (Belege erläutern)
   Mengenprüfung, ...
   Zeitprüfung, ...
   Qualitätsprüfung, ... (Stichproben ...)

2. Die Ware wird mit Gabelstaplern auf freie Flächen im Lager (geschlossene Lager) transportiert. Es gibt hier keinen festen Lagerplatz. Erforderlich wird genaue Bezeichnung des Lagerorts in der Lagerkartei (Lagerplatznummern ...)

3. Weitergabe der Belege an Einkaufsabteilung,
   Prüfungen:
   sachliche, rechnerische und preisliche Prüfungen,
   Buchungen,
   Rechnungsausgleich.

30	Bestellung und Einlagerung	Bestellpunkt und Bestellrhythmus, Lagerordnung

Der Schwerpunkt der Gesamtaufgabe ist die Thematik „Methoden der Lagerordnung"; darüber hinaus soll der Prüfling in die Bearbeitung der Aufgabe Kenntnisse über die Aufgaben der Beschaffung und der Lagerhaltung einbringen. Die Anforderungen liegen zu einem geringen Teil im Bereich I (Wiedergabe von Kenntnissen), da diese Kenntnisse aber auf Sachverhalte der konkreten Aufgabenstellung zu übertragen sind, wird vor allem der Anforderungsbereich II angesprochen. Im Zusammenhang mit der Entscheidungsfindung, mit Begründungen und evtl. mit der Einbeziehung von betrieblichen Erfahrungen kann die Prüfung den Anforderungsbereich III (Transfer) erreichen.

1. Bestellpunkt erklären: ... Meldebestand ...
   Bestellpunktverfahren: Bestellt wird zu einem bestimmten Zeitpunkt (Erreichung des Bestellpunkts)
   Bestellrhythmusverfahren: Bestelltermine wiederholen sich periodisch.
   Begründung z.B. für Bestellrhythmusverfahren: regelmäßige Lagerentnahme, aber: Nachteile ...
   Begründung z.B. für Bestellpunktverfahren.: bei unerwartet hoher Entnahme (wegen Produktionssteigerungen...) Lücken in der Versorgung ...

2. Überprüfung der Leistungsfähigkeit des bisherigen Lieferanten: Lieferzeiten, Preise, Zahlungsbedingungen usw.

3. Festplatzsystem: Jede Warenart hat festen Lagerplatz.
   Vorteile: Ordnung unter Berücksichtigung von Entnahmehäufigkeiten und Wegeverkürzungen, ...
   Nachteile: entstehen bei höherem Lagerraumbedarf, zusätzliche Organisationsarbeiten, geringe Ausnutzung freien Lagerraums.

4. Freiplatzsystem: „chaotische Lagerhaltung", Lagergut wird in freien Fächer u.dgl. untergebracht, erforderlich ist genaue Kennzeichnung durch
   Lagerplatznummern: Ziffernfolge erklären lassen (Lager - Regal - Regalebene - Fach) ...
   Vorteile: bessere Ausnutzung der Lagerkapazität, schnellere Einlagerung ...
   Nachteile: keine Rücksicht auf Entnahmehäufigkeit, längere Wege ...

5. Stellungnahme mit Abwägung der Vorteile und Nachteile, Berücksichtigung des Lagerguts und der Entnahme für Produktion bzw. Montage:
   Entscheidung für Freiplatzsystem mit Begründung ...

31	Lagerbedarf	Lagerarten, -kosten, Eigen-, Fremdlager

1. Ja, u.a. wegen
   Bedarfssicherung ...
   Sicherung der kontinuierlichen Fertigung ...
   Ausgleich von Lieferschwankungen ...
   Vermeidung von Fehlmengenkosten ...

2. Lagerarten, z.B.

   nach Standort: zentrale und dezentrale Lager,

   nach Eigentum: Eigen-, Fremdlager,

   nach Funktionsschwerpunkten: Reservelager, Sammellager, Verteilungslager, Manipulationslager, Umschlaglager, Spekulationslager, Normallager,

   nach warenspezifischen Anforderungen: geschlossene Lager, Speziallager, halboffene Lager, offene Lager, Hochregallager

   Lagereinrichtungen, z.B.
   Regale: Durchlaufregale, Compactregale, Paternosterregale. Palettenregale ...

   Lagerarbeiten, z.B.
   Pflege des Lagerguts, Lagerkontrolle, Manipulation, Kommissionierung

3. Anforderungen:
   auf Abhängigkeit von der Verwendung eingehen:
   geschlossene Lager, Trockenheit, evtl. Verbesserung der Qualität (Trockenvorgang)

4. Lagerhaltungskosten: Summe aus Lagerkosten und Zinskosten

   Lagerkosten, z.B.
   - Raumkosten ...
   - Personalkosten ...
   - Risikokosten ...

   Zinskosten ...

5. Ansätze zur Minimierung der Lagerhaltungskosten, z.B.

   Verringerung der Lagerdauer;
   Erhöhung der Umschlagshäufigkeit,
   Neuberechnung des wahrscheinlichen Bedarfs,
   Ermittlung neuer Lieferquellen ...
   Veränderung der Lagerordnung ...
   Lieferung „just in time" ...
   (die einzelnen Angaben sind jeweils zu erklären bzw. zu erörtern)

6. Neuer Lagerraum, z.B.

- bisherigen Lagerbedarf überprüfen und evtl. korrigieren, Lagerkapazität besser ausnutzen,
- Lager mieten, auf Vorteile und Nachteile der Fremdlagerung eingehen ...
- neues Lager bauen ..., auf Probleme eingehen (Finanzierung, Unsicherheit des Bedarfs u.Ä.)

7. Erforderliche Daten:

- Bedarf,
- Dauer des Bedarfs,
- Kosten der Lagerhaltung,
  Kosten für Miete, Kosten der Investition,
- Lieferzeiten.

| 32 | Lagerarten | Zielorientierte und warenspezifische Lagerung (Handel) |

1. Funktionschwerpunkte

	Funktionsschwerpunkte	Lagerart	Beispiele
1	Verkaufs- und Lieferfähigkeit	Reservelager	Lager des Einzelhändlers
2	Ausgleich starker Beschaffungsschwankungen	Sammellager	Silo
3	Ausgleich starker Absatzschwankungen	Verteilungslager	Lager des Großhändlers vor Saisonbeginn
4	Veredlung des Produkts	Manipulationslager	Holztrockenlager
5	kurzfristige Lagerung vor Weitertransport	Umschlagslager	Zwischenlager
6	Spekulation	Spekulationslager	Lager des Händlers, der Preissteigerungen erwartet

2. Warenspezifische Anforderungen

	Beispiele	Lager
1	Butter	Kühlhaus
2	Milch	Kühlhaus
3	Haferflocken (abgepackt)	geschlossene Lager
4	Kies	offene Lager
5	Klinker	offene Lager
6	Heizöl	Tank bzw. Behälter
7	Bauholz	offene Lager evtl. halboffene Lager
8	Holz für die Herstellung von Möbeln	halboffene Lager (Überdachung wg. Belüftung)
9	leere Flaschen	halboffene Lager
10	Behälter für Flüssigkeiten	offene Lager

33	Lagerhaltungskosten	Lagerbestandsplanungen

1. Lagerhaltungskosten (Kostenarten) nennen, z.B. Personalkosten, Raumkosten, Zinskosten ...

2. Lagerhaltungskosten: $K_{Lh} = K_L + K_Z$
   $q_{Lh} = q_L + i = 0,115 + 0,08 = 0,195$

   Lagerhaltungskostensatz: 19,5 %

   Lagerhaltungskosten für den Artikel Mehl:
   $dLb \cdot q_{Lh} = 15000 \cdot 0,195 = 2.250$ €

3. Lagerarbeiten:

   Einlagern, Pflege und Bearbeitung des Lagerguts, Umlagern, Buchung in Lagerfachkarten, andere Aufzeichnungen, Kommissionieren, Auslagern, Umpacken, Portionieren, Mischen usw.;

   von besonderer Bedeutung sind dabei
   z.B. lange Wege, die sich u.U. beim Freiplatzsystem ergeben können, sie wirken sich beim Kommissionieren, Auslagern usw. aus, ...
   z.B. Art der Lagerfachkartenführung mit handschriftlichen Aufzeichnungen, ...
   z.B. Art und Umfang der Kontrollarbeiten bei Wareneingang, ...
   z.B. Art der Lagereinrichtung, der Fördermittel, des Lagerhilfsgerätes ...

4. Ansätze (die Ansätze sind zu erläutern und zu erörtern):

   z.B. andere Lagerplatzordnung zur Wegeoptimierung (unter Berücksichtigung der Entnahmehäufigkeit), Verbesserung des Wegesystems für Entnahmen,
   z.B. Automatisierung der Aufzeichnungen und der weitergehenden Datenübermittlungen, z.B. Anwendung von Stichprobenplänen,
   z.B. Verbesserung der Lagereinrichtungen, besondere Regale (Palettenlagerung), Anschaffung leistungsfähiger Förder- und Entnahmeeinrichtungen, Verbesserung des Lagerhilfsgerätes, ... (Rationalisierungen in diesen Bereichen mit dem Ziel der Personaleinsparung führen allerdings zum Anstieg der mit den Investitionen verbundenen Kosten),
   z.B. Inanspruchnahme von Fremdlagern mit entsprechend qualifiziertem Personal und den erforderlichen Lagerdiensten (vor allem bei kurzfristigem zusätzlichem Lagerbedarf),
   z.B. Lieferung just in time.

5. Mögliche Ursachen für relativ hohe Zinskosten:

   lange Kapitalbindung in Folge geringen Lagerumschlags,
   zu hohe Lagerbestände, falsche Lagerplanungen, Fehleinschätzungen des Bedarfs,
   Fehleinschätzung der Absatzchancen,
   zu hohe Beschaffungsmengen für Sonderaktionen, bei Inanspruchnahme von Rabatten usw.,
   hohe Beschaffungskosten.

6. Ansätze (die Ansätze sind zu erläutern und zu erörtern):

   Erhöhung des Lagerumschlags durch entsprechende absatzpolitische Maßnahmen (z.B. Ra-

batt- und Mindestmengenpolitik, Werbung usw.),
Abbau der Lagerbestände durch entsprechende absatzpolitische Maßnahmen,
Aktualisierung der Bedarfsrechnungen,
Kauf auf Abruf,
Verringerung der Lieferbereitschaft unter Inkaufnahme höherer Fehlmengenkosten,
Verringerung der Beschaffungskosten durch neue Lieferer, Kooperation bei Beschaffung usw.

34	Lagerbestand	verfügbarer Bestand

	Monatsbestände	Bestellbestände	reservierte Bestände	verfügbare Bestände
Dezember	350	0	30	320
Januar	720	0	30	690
Februar	270	40	60	250
März	265	55	45	275
April	400	56	63	393
Mai	385	30	40	375
Juni	490	69	55	504
Juli	615	75	88	602
August	631	86	100	617
September	578	75	112	541
Oktober	299	99	123	275
November	212	255	154	313
Dezember	283	41	80	244

a) durchschnittlicher Jahresbestand: rd. 423 Stück – nach folgender Rechnung

$$dJb = \frac{5498}{13} = 422,9$$

b) verfügbare Monatsbestände

Dez	Jan	Feb	Mrz	Apr	Mai	Jun	Jul	Aug	Sep	Okt	Nov	Dez
320	690	250	275	393	375	504	602	617	541	275	313	244

c) durchschnittlicher verfügbarer Bestand im Jahr: rd. 415 Stück – nach folgender Rechnung

$$dJb_{verf} = \frac{5399}{13} = 415,3$$

35	Lagerbestand	verfügbarer Bestand

	Aufträge	ausgeführte Aufträge	Lieferbereitschaft
Januar	1254	1078	85,96
Februar	1259	1190	94,52
März	1295	1213	93,67
April	1195	1119	93,64
Mai	1300	1235	95,00
Juni	1325	1185	89,43
Juli	1330	1225	92,11
August	1375	1304	94,84
September	1390	1290	92,81
Oktober	1250	1123	89,84
November	1100	950	86,36
Dezember	1000	890	89,00
insges.	15073	13802	91,57

a) Grad der Lieferbereitschaft

$$L_A = \frac{13802}{15073} \cdot 100 = 91{,}57$$

Grad der Lieferbereitschaft im Berichtsjahr: rd. 91 (%).

b) Der ermittelte Lieferbereitschaftsgrad ist eine statistische Kennziffer. Angegeben wird, in welchem Umfang das Lager im Berichtsjahr die eingegangenen Aufträge ausführen konnte. Es ist deshalb fragwürdig, dem Plan für das Folgejahr diese Ziffer zugrunde zu legen.

Ein Lieferbereitschaftsgrad von 91 ist im Allgemeinen zu niedrig. Die anfallenden Fehlmengenkosten können evtl. zu hoch sein.

c) Fehlmengenkosten, die hier entstehen könnten:

Umsatzrückgang: Kunden sind unzufrieden, bestellen künftig bei den Mitbewerbern, Vertragsstrafen: Mit großen Abnehmern können evtl. Vertragsstrafen bei verspäteter Lieferung vereinbart sein.

Zusätzliche Beschaffungskosten: Um den Bestellungen in angemessenem Umfang nachkommen zu können, könnten Nachlieferungen erforderlich sein; für die evtl. höhere Beschaffungskosten, Mindermengenzuschläge, Bestell- und Lieferkosten usw. anfallen.

d) Viele Unternehmen halten einen Lieferbereitschaftsgrad von 95 aus Erfahrung für ausreichend. Bei dieser Lieferbereitschaft fallen zwar Fehlmengenkosten an, sie werden erfahrungsgemäß aber durch geringere Lagerhaltungskosten ausgeglichen.

e) Bei einem Lieferbereitschaftsgrad von rd. 91 liegt der durchschnittliche Lagerbestand bei rd. 1.150 Mengeneinheiten (der dLb wird hier aus den 12 Monatsbeständen ermittelt).

Einem Lieferbereitschaftsgrad von 95 würde ein dLb von rd. 1.200 ME entsprechen.

$$dLb = \frac{1150{,}17}{91} \cdot 95 = 1200{,}73$$

36	Lagerplanung	Fehlmengenkosten

1. Fehlmengenkosten können u.a. folgende Ursachen haben:
   - Personalkosten (wegen des Produktionsausfalls),
   - Betriebsmittelkosten (wegen des Produktionsausfalls stehen Abfüllanlagen und Transportbänder still u. dgl.),
   - Lagerhaltungskosten (z.B. für Hilfsstoffe, Leergut),
   - zusätzliche Beschaffungskosten für die Ersatzbeschaffung von Rohstoffen,
   - Wegfall von Preisvorteilen bei geringeren Beschaffungsmengen im Zusammenhang mit der Ersatzbeschaffung,
   - Vertragsstrafen,
   - Umsatz- und Gewinneinbußen, weil Käufer im Einzelhandel am Tag des Einkaufs das Produkt im Laden nicht vorfinden und deshalb ein entsprechendes Konkurrenzprodukt kaufen,
   - Absatzrückgang, weil Kunden zur Minimierung des Risikos eines Lieferausfalls bei einem Lieferer vermehrt Produkte von Mitbewerbern in ihre Sortimente aufnehmen.

2. Ermittlung der Fehlmengenkosten:

zusätzliche Herstellkosten usw.	6.093,75 €
12.500 Flaschen á 0,75 l, d.s. 9.375 l,	
9.375 l zu 65 €/100	
Vertragsstrafe	1.000,00 €
5 Tage á 200 €	
geschätzter Verlust	12.000,00 €
durch Imageverlust u.Ä.	
Fehlmengenkosten	19.093,75 €

37	Lagerbestandsplanung	Lagerkennziffern, zentrale – dezentrale Beschaffung

1. Ermittlung von Kennziffern (die ermittelten Kennziffern sind kurz zu interpretieren)

   1) durchschnittlicher Lagerbestand:

   $$dLb = \frac{AB + 12 \text{ MEB}}{13} = \frac{81047,6}{13} = 6234,43$$

   dLb: rd. 6234 €

   2) Umschlagshäufigkeit:

   $$Uh = \frac{\text{Wareneinsatz}}{dLb} = \frac{31626,45}{6234,43} = 5,07$$

   Uh: rd. 5,1 (der dLb wird im Durchschnitt 5,1 mal umgeschlagen)

   3) durchschnittliche Lagerdauer:

   $$dLd = \frac{360}{Uh} = \frac{360}{5,07} = 71$$

   dLd: 71 Tage (der durchschnittliche Lagerbestand war im Durchschnitt 71 Tage auf Lager)

2. Beispiele für Kostenarten der Lagerhaltung:

   Lagerkosten: Raumkosten ..., Personalkosten ..., Risikokosten ...
   Zinskosten
   Bei steigender Lagerhaltung (Bestand) nehmen die Lagerhaltungskosten (proportional) zu (evtl. Zeichnung).
   Bei steigender Umschlagshäufigkeit nehmen die Lagerhaltungskosten ab. Folgerungen für Minderung der Kosten ...

3. Bestellkosten sind die Kosten der Bestellung, Abhängigkeit von Bestellhäufigkeit aufzeigen ...
   Geringe Bestellhäufigkeit = hoher Bestand = geringe Bestellkosten bedeutet hoher Bestand.

4. Optimale Bestellmenge: Minimierung der Summe aus Bestell- und Lagerhaltungskosten ...
   Zeichnung ...

5. Direkte Beschaffung: Vermeidung der Vermittlung bei Beschaffung
   Vorteile und Nachteile ...
   Indirekte Beschaffung: Inanspruchnahme branchenüblicher Vermittlung,
   Vorteile und Nachteile ...

38	Lagerbestandplanungen	Lagerbestandsplanung und Kennziffern

a) Umschlagshäufigkeit: 9,
   270.000 / 30.000 = 9

   Der Wert für die Umschlagshäufigkeit von 9 gibt an, dass der durchschnittliche Lagerbestand neunmal im Jahr umgeschlagen wurde.

b) Durchschnittliche Lagerdauer: 40,
   360 / 9 = 40

   Der ermittelte Wert gibt an, dass der durchschnittliche Lagerbestand rd. 40 Tage im Lager war.

c) Lagerhaltungskostensatz: 12 % (0,12)
   32.400 / 270.000 · 100 = 12

   Die Zahl gibt in einem Prozentsatz an, wie hoch der Anteil der Lagerhaltungskosten am Wareneinsatz war. Die Lagerhaltungskosten werden auf den Wert der verkauften bzw. entnommenen Waren bezogen.

d) Kostensätze bei Änderungen der Umschlagshäufigkeit

Umschlags-häufigkeit	Wareneinsatz (€)	Kosten (€)	durchschnittl. Lagerdauer (Tage)	Kostensatz der Lager-haltung (%)
9	270.000,00	32.400,00	40	12
6	180.000,00	32.400,00	60	18
12	360.000,00	32.400,00	30	9

e) Das Beispiel kann zeigen, dass bei relativ niedriger Umschlagshäufigkeit der Kostensatz der Lagerhaltung relativ hoch und bei relativ hoher Umschlagshäufigkeit relativ niedrig ist.

Stichwortverzeichnis

Stichwortverzeichnis

A-B-C-Analyse 46
Abfälle 169
-, Beseitigung 170
-, Verwertung 169
Ablaufarten 22
Ablauforganisation 22
Absatzmittler 107
Absatzstatistik 66
Absatzverläufe, im Handel 67
Abschlussgeschäft 74
Abschreibungen, kalkulatorische 93
Abzinsungsfaktor 95
Abzinsungstabelle 95
allgemeine Geschäftsbedingungen 122
Analyseinstrumente 46
Anforderungen, warenspezifische 148
Anfrage 117
Angebot 117
-, befristetes 118
Angebotsmonopol 71
Angebotsoligopol 71
Angebotsvergleich 89
Anlieferung (Transportmittel) 110
Anlieferung, fertigungssynchrone
.... 68, 161
Annahme 117
Annahmeverzug 128
Antrag 117
Arbeitsablauf 22
Aufbauorganisation 12, 15
Aufgaben 27
Aufrechnung 125
Ausleseprozess 71
Auswahlverfahren 140

B2B-Geschäfte 75
B2B-Handel 70
Balanced Scorecard 33, 35
Baukastensystem 56

Bedarf, saisonbedingter 67
Bedarfsauflösung, analytische 58
-, synthetische 58
Bedarfsermittlung 57
-, programmorientierte 57
-, verbrauchsorientierte 57, 59
Begriffsnormen 55
Belegprüfung 137
Beschaffung 57
-, dezentrale 109
-, direkte 105
-, E-Commerce 76
-, indirekte 106
-, Organisation 108
-, rechtliche Aspekte 117
-, zentrale 108
Beschaffungskette 13
Beschaffungskooperation 73
Beschaffungskosten 88, 90
Beschaffungsmärkte .... 70 f.
Beschaffungsmarktforschung 78
Beschaffungsplanung 87
Beschaffungspolitik 67
Beschaffungspreispolitik 90
Beschaffungsprinzipien 104
Beschaffungsstrategien 68
Beschaffungswege 105
Beseitigung 169
Bestand, reservierter 157
-, verfügbarer 157
Bestandsarten 155
Bestandsbewertung 39
Bestellbestand 157
Bestellhäufigkeit 98
-, optimale .... 100 f.
Bestellkosten 98
Bestellmenge 99
-, optimale 99
Bestellpunkt 36, 87, 156

Bestellpunktverfahren 88
Bestellrhythmusverfahren 88
Bestellsatzkopie 36
Bestellung 117
Betriebskosten 94
Betriebstypendifferenzierung 72
Beweislastumkehr 131
Bewertung, Grundsätze 40
-, Verfahren 41
Bezugspolitik 68
Bezugsquelleninformation 69
-, externe 70
-, interne 69
Bezugsquellenverzeichnisse 70
Binnenschifffahrt 111
Bringschulden 124
Bringsystem 154
Bruttobedarf 58
Buchbestandspreis 41
Business-to-Business-Handel 70

Category Management .... 83 f.
Category Manager 84
CM 84
Container 150

Delegation 21
Delkrederegeschäft 74
Depotsysteme 74
Dokumentation 79
double sourcing 69

ECR 83
EDV-Verfahren 37
Efficient Consumer Response (ECR) .. 83
Efficient Continuous Replenishment ... 85
Efficient Product Introduction 84
Efficient Promotion 84
Efficient Store Assortment 84
Eigengeschäft 74
Eigentransport 112
Eingangsrechnung 36
Einkaufsetat 21

Einkaufsgemeinschaft .... 73 f.
Einkaufsgenossenschaft 74
Einlagerung 141
Einliniensystem 15
Einstandspreis 88
Einzelaufgaben 27
Einzelbeschaffung 104
Einzelbewertung 40
Eisenbahngüterverkehr 111
Electronic-Data-Interchange (EDI) 85
Entgeltfortzahlung 127
Entnahme, Methoden 152
Entsorgung 169
Erfüllungsort 118, 124
Ersatz für vergebliche Aufwen-
   dungen 131
Expansionsprozess 71

Fachkartenverfahren 37
Fehlmengen 158
Fehlmengenkosten 97, 158
Fernabsatzverträge 132
Fertigungsunternehmen 14
Festplatzsystem 142
Fifo-Verfahren 42
Finanzierungsleasing 121
Finanzperspektive 33
Fixgeschäft 120
Fördermittel 150
Forderungen, Verjährung 134
Frachtführer 114
Freiplatzsystem 141
Freizeichnungsklauseln 118
Fremdgeschäft 74
Fremdlager 146
Fremdtransport 112
Frühindikatoren 34

Garantieerklärung 132
Gemeinschaftslager 147
Gerichtsstand 118
Geschäftsbesorgungsvertrag 121
Geschäftsgrundlage, Wegfall 136

Stichwortverzeichnis

Gewinnmaximierung 28
global sourcing 68
Großhandlung, lagerhaltende 107
Gütenormen 55

Handelskauf 118
Handelsunternehmen 14
Handelsvertreter 107
Hauptaufgaben 27
Hauptperspektive 33
Hifo-Verfahren 44
Hochregallager 148
Höchstbestand 155
Holschulden 124
Holsystem 154

Identnummer 53
Importeur 107
Indentifikationsfunktion 52
Informationsfunktion 53
Inventur 38
-, permanente 39
Investitionsgüter, Beschaffung 93
Investitionstabelle 96

Jahresbedarf 98
Just-in-Sequence-Prinzip 87
Just-in-Time 85
Just-in-Time-Beschaffung 86
Just-in-Time-Lieferung 68, 105
Just-in-Time-Prinzip 161

Kanban-Methode 161
Kapitalbarwert 94
Kapitalwertverfahren 94
Kauf auf Abruf 120, 161
Kauf auf Probe 119
Kauf in Bausch und Bogen 120
Kauf nach Besicht 120
Kauf nach Probe 119
Kauf zur Probe 120
Käufer 119
Kaufvertrag 117

Kennzahlen 30
Ketten, freiwillige 74
Key Account 86
Key-Account-Management 86
Klassifikation 53
Klassifikationssystem 52
Klauselverbote 122
Kommissionäre 107
Kommissionierung 152
-, einstufige 153
-, mehrstufige 154
-, parallele 154
-, serielle 153
Kommissionierungsunterlagen 154
Kommunikationspolitik 68
Komponentenanbieter 115
Konkurrenz 80
Konkurrenzforschung 80
Konsignationslager 147
Konstruktionsnormen 55
Kontenverfahren 37
Kontrahierungspolitik 68
Konzentration .... 71 f.
Konzentrationskurve .... 46 f.
Kooperation .... 73 f.
Kooperationssysteme 72
Kosten, kalkulatorische 45
Kostenvergleichsrechnung 93
Kreislauf, betrieblicher 12
kritischer Weg 25
Kundenperspektive 34

Lager, eingeschlossenes 148
-, halboffenes 148
-, offenes 148
-, zentrales 146
-, zielorientiertes 147
Lagerarbeiten 151
Lagerarten 12, 144
Lagerbestand 38, 76, 157
-, durchschnittlicher 162
-, optimaler 158
Lagerbestandplanungen 154

Lagerbestandsermittlung 38
Lagerbuchführung 36
Lagerdauer 167
-, durchschnittliche 166
Lagereinrichtungen 150
Lagergeschäft 73
Lagerhalter 146
Lagerhaltung, chaotische 141
-, Funktionen 142
Lagerhaltungskosten .... 44 f., 158
Lagerhilfsgerät 151
Lagerkennziffern 162
Lagerkontrolle 151
Lagerkosten 45
Lagerordnung 141
Lagerpflege 151
Lagerplanung 167
Lagerplatznummern 141
Lagerung, dezentrale 146
Leasing, direktes 121
-, indirektes 121
Leasingvertrag 121
Leistung, Unmöglichkeit 126
-, Verzögerung 127
Leistungen 124
Leistungsanspruch, Verwirkung 136
Leistungspflicht, Einreden 136
Leistungsstörungen 125
Leistungstreiber 34
Leistungsverweigerung 126
Leistungszeit 124
Leitungssystem 15
Lernperspektive 34
Lieferantenbeurteilung 82, 86
Lieferantenforschung 78
Lieferbereitschaft 158
-, Grad 98, 159
Liefererkartei 69
Lieferschein .... 36 f.
Lieferterminkontrolle 116
Lieferung, absatzsynchrone 105
-, fertigungssynchrone 105
Lieferungsbedingungen 91, 118

Lieferungsverzug 128
Lifo-Verfahren 43
Limitplanung 21
Linienorganisation 17
Liquiditätssicherung 28
Logistik 76, 114
Logistikkette 84
Logistikunternehmen 13, 114
Losgrößenformel 101
Losverfahren 140

Make or buy 64
Management by Exception 21, 109
Mängel, offene 129
-, versteckte 129
Mängelgewährleistungsrechte 129
Manipulation 144, 151
Manipulationslager 147
Mann zur Ware 152
Marktformen 71
Marktsicherung 28
Maßnahmen 34
-, verkaufsfördernde 75
Materialbedarf 58
Materialeingang 137
Materialnummerung 52
Materialwirtschaft, Organisation 14
Matrixorganisation 19
Mehr-Linien-System 19
Meldebestand 36, 87, 156
Mengenplanung 97
Mengenprüfung 137
Methode der exponentiellen Glättung .. 64
-, der exponentiellen Glättung
    erster Ordnung 63
-, der gleitenden Durchschnitte 63
-, der gleitenden Durchschnitte
    ungerader Ordnung 61
Miete 121
Mietkauf 122
Minderung 130
Mindestbestand 87, 156
Mindestmengen 161

Mission 33
modular sourcing 69

Nacherfüllung 130
Nachfragemonopol 71
Nachfrageoligopol 71
Nahverkehr 110
Nebenbuchverfahren 38
Netzplan 24, 26
Niederstwertprinzip 40
Normen, internationale 55
-, nationale 55
Normung .... 54 f.

Oligopole, bilaterale 71
Operate Leasing 121
Organisation, funktionsorientierte 18

Pacht 121
Packmittel 150
Paletten 150
Pauschalbewertung 40
Pläne 12
Polypol 71
Preisanalysen 80
Preise 80
Preisgestaltung 76
Preisnachlässe 90
Preisplanung 88
Preisvergleich 89
Primärbedarf 57
Primärforschung 81
Produktakquisition 65
Produktionsplanung 87
Produktionsprogramm 57
Produktionssteuerung 87
Produktorientierung 19
Produktplatzierung 75
Produktpolitik 68
Prognosen 63
Prozess, lagerloser 86
Prozessperspektive, interne 34
Prüfung, preisliche 141

-, rechnerische 141
-, sachliche 140
Prüfverfahren 140
Pufferlager 149
Pufferzeiten 25

QM-Handbuch 80
Qualitätsmanagement 79
Qualitätsprüfung 138

Rabatte 90, 161
Rack-Jobbing-Systeme 74
Ramschkauf 120
Rationalisierung 52, 54
Rechnungsprüfung 140
Rechtsmangel 128
Regale 150
Reservelager 147
Risikobestand 160
Rücklieferungsschein 36
Rücktritt 130

Sachmängel .... 128 f.
Saisonartikel 67
Sammelbewertung 40
Sammellager .... 146 f.
Schadenersatz 126, 128, 130
Schickschulden 124
Schlüssel, sprechende 52
Schuldverhältnisse 124
Schwankungen, saisonale 61
Schwankungskomponente 61
Sekundärbedarf 57
Sekundärforschung 81
Selbsthilfeverkauf 128
Servicegrad 159
Shareholder Value 28
Sicherheitsbestand 158
Sicherheitsgrad 139
Sicherungsziele 28
single sourcing 69
Skalierungen, ordinale 82
Skonto 91

Sonderlager	146	Vergleichsrechnung	113
Sortiment	143	Verjährung	131
Sortimentserweiterung	65	-, Ablaufhemmung	132
Sortimentsgestaltung	75, 143	-, Einrede	134
Sortimentspolitik	68	-, Forderungen	134
Spartenorganisation	17	-, Hemmung	135
Spätindikatoren	34	-, Neubeginn	135
Spediteur	114	Verjährungsfrist	134
Spekulationslager	148	Verkäufer	118
Speziallager	148	Verpackungskosten	92
Spezifikationskauf	120	Versandkosten	91
Stäbe	16	Versandorderkopie	37
Stab-Linien-System	16	Verschlüsselung	52
Stichproben	138	Verteilungslager	147
Stichtagsinventur	38	Vertragsrecht	117
Stoffnormen	55	Vertrauensbereich	139
Straßengüterverkehr	110	Verwendungsnachweis	58
Strategien	12, 33	Verwertung	169
Streckengeschäft	73, 107, 161	Verzug	127
Streckengroßhandlung	107	Vision	33
Stückliste	58	Vorratsbeschaffung	104
Stufenlager	148		
Supply Chain Management	83 f.	**W**achstumsperspektive	34
Supply Chain	13	Ware zum Mann	152
system sourcing	69	Waren	14
Systemanbieter	115	Warenausgang	37
		Wareneingang	36, 137
Teilenormen	55	Wareneingangsbuch	38
Teilerhebung	138	Warenentnahmezettel	37
Transportmittel	110	Warengruppenmanager	84
Typen	55	Warenkartei	69
Typung	54	Warenveredelung	144
		Werbung	75
Überbrückung, mengenmäßige	143	Werksnormen	55
-, preisliche	143	Werkstoffe	14
-, zeitliche	142	Werkvertrag	120
Überbrückungsfunktion	142	Widerrufsrecht	133
Umsatzkonzentration	71	Willenserklärung	117
Umschlaglager	148		
Umschlagshäufigkeit	166	**X**-Y-Z-Analyse	50
Unternehmensziele	28	XYZ-Kriterien	51
Verbrauchsgüterkauf	118, 131	**Z**ahlungsbedingungen	91, 118

Zahlungsverzug 127
Zeitplanung 87
Zeitprüfung 137
Zeitreihen 60
-, Trend 61
-, Verläufe 60
Zeitreihenanalyse 61
Zentralfunktionen 17
Zentralregulierungsgeschäft 74
Zieldifferenz 29
Ziele 12, 27
-, materielle 30
-, nicht materielle 30
-, ökologische 28
-, operationale 30
-, soziale 28
-, strategische 30, 34
Zielgruppe 84
Zielhierarchie 30
Zielkonflikt 29
Zielkonformität 29
Zielsystem 30
Zinsen, kalkulatorische 93
Zinskosten 45
Zufallszahlentabelle 140
Zusammenarbeit 12
Zusatzbedarf 58
Zwischenlager 149

Lehrbücher für Fachwirte und Fachkaufleute

Absatzwirtschaft
Von Diplom-Volkswirt Wolfgang Vry

Beschaffung und Lagerhaltung
Materialwirtschaft für Handel und Industrie
Von Diplom-Volkswirt Wolfgang Vry

Betriebliche Personalwirtschaft
Von Diplom-Kaufmann Günther Albert

Grundlagen der Rechtslehre
Von Diplom-Handelslehrer Studiendirektor Werner Hau

Grundlagen der Statistik
Von Diplom-Volkswirt Wolfgang Vry

Kosten- und Leistungsrechnung für Industrie und Handel
Von Diplom-Handelslehrer Diplom-Kaufmann Bernt Schumacher

Volkswirtschaftslehre
Von Diplom-Volkswirt Wolfgang Vry

Lexikon der Betriebswirtschaftslehre
für Schule, Ausbildung und Beruf
Von Diplom-Kaufmann Professor Klaus Olfert und Diplom-Kaufmann Diplom-Betriebswirt Horst-Joachim Rahn

Lexikon der Industriebetriebslehre
für Schule, Ausbildung und Beruf
Von Diplom-Volkswirt Bernhard Wiezorek

Lexikon der Handelsbetriebslehre
Großhandel, Außenhandel, Einzelhandel
Von Diplom-Handelslehrer Reinhold Weberpals und Diplom-Handelslehrer Gerhard Clemenz

Lexikon für Büroberufe
Von Diplom-Handelslehrer Gerhard Clemenz und Diplom-Handelslehrer Reinhold Weberpals

Lexikon der Bankbetriebslehre
für Schule, Ausbildung und Beruf
Von Diplom-Handelslehrer Gerhard Clemenz

Kiehl-Verlagsverzeichnis online: www.kiehl.de

Hier finden Sie ausführliche Informationen zum umfangreichen Ausbildungsprogramm für die kaufmännischen Ausbildungsberufe.

Kiehl Kiehl Verlag · 67021 Ludwigshafen · www.kiehl.de